密教空間史論

冨島義幸
Tomishima Yoshiyuki

法藏館

密教空間史論＊目次

序章……3
はじめに　3
一　「密教空間」研究の視点と可能性　4
1　「密教空間」研究の課題と視点／2　中世宗教史研究の課題と建築史学／3　「密教空間」の定義と特質／4　展開の可能性――中世のコスモロジーへ――
二　「密教空間」の形成　21
1　密教諸尊を安置する建築とその空間――密教曼荼羅空間の形成――／2　修法・灌頂のための建築とその空間――密教法会空間の形成――
第Ⅰ部　塔における両界曼荼羅空間の展開
第一章　法成寺の塔について……33
はじめに　33
一　承暦三年再建の三重塔――釈迦八相成道――　34
1　構成と形式／2　妙法蓮華経二十八品と開結二経／3　八相成道／4　東西塔の構成と八相成道

二　天承二年再建の東西五重塔——顕密融合の両界曼荼羅——　41
1　規模と形式／2　東西塔の構成と両界曼荼羅の世界／3　舎利の安置形式
三　天承再建五重塔の舎利の安置形式について　49
1　心柱に舎利を安置する塔／2　舎利の安置形式からみた天承再建五重塔
おわりに　57

第二章　塔における両界曼荼羅空間の諸相

第二章　塔における両界曼荼羅空間の諸相……63
はじめに　63
一　高野山大塔と東寺五重塔　64
1　高野山大塔／2　東寺五重塔
二　両界曼荼羅諸尊を安置する層塔　80
1　大日如来を一体安置する層塔／2　大日如来を四体安置する層塔
三　両界曼荼羅空間の諸相　91
1　層塔の心柱と四面大日如来／2　両界曼荼羅四仏と四方浄土変四仏
おわりに　105

補論　醍醐寺五重塔の両界曼荼羅空間の構成について……………………117
はじめに　117
一　壁画構成の現状　117
1　両界の方位について／2　壁画諸尊の配置構成／3　本尊をめぐる諸問題
二　空間構成の検討　123
1　金剛界四仏の位置／2　両界曼荼羅空間の復元
おわりに　127

第Ⅱ部　仏堂における両界曼荼羅空間の展開

第三章　両界曼荼羅諸尊を安置する仏堂とその空間……………………133
はじめに　133
一　建築空間の構成要素としての彫刻と絵画　134
1　円勝寺三重塔と永仁再建東寺五重塔の空間構成／2　空間構成要素としての彫刻・絵画の意義
二　大日如来を中尊とする仏堂の両界曼荼羅空間　137

1　東寺講堂／2　東寺灌頂院／3　仁和寺観音院灌頂堂／4　神護寺五仏堂（講堂）／5　禅林寺仏堂／6　貞観寺金剛界堂・胎蔵界堂／7　仁和寺円堂／8　仁和寺大教院／9　高野山大伝法院／10　高野山覚皇院／11　中尊寺両界堂
三　両界曼荼羅空間の特徴　161
おわりに　163

第四章　阿弥陀堂における両界曼荼羅空間の展開……170
はじめに　170
一　阿弥陀堂の密教要素をめぐる諸問題　171
1　美術史学の研究成果／2　建築史学の研究成果と問題点／3　阿弥陀堂研究の新たな視点
二　法界寺阿弥陀堂とその空間　174
1　四天柱尊像の構成と空間構成理念／2　密教教学における大日如来と阿弥陀如来
三　両界曼荼羅諸尊を描く平安時代の阿弥陀堂　179
1　勝光明院阿弥陀堂／2　法金剛院南御堂／3　往生極楽院（三千院）本堂／4　仁和寺蓮華光院

四　両界曼荼羅空間の特徴　191
おわりに　194

第五章　阿弥陀五尊の諸形式と中世仏教的世界観……204

はじめに　204
一　常行堂の阿弥陀五尊　205
1　比叡山常行堂の阿弥陀五尊／2　常行堂阿弥陀五尊と両界曼荼羅／
3　常行堂本尊の遺品／4　顕教系四菩薩の出現／5　常行堂本尊の多様性／
6　小結――常行堂阿弥陀五尊研究の問題点――
二　阿弥陀五尊の諸形式と顕密融合の造形　218
1　密教系四菩薩の事例／2　顕教系四菩薩の事例／3　顕密融合の造形
三　阿弥陀五尊の諸説にみる顕密重層構造　225
1　勝光明院阿弥陀五尊についての覚法法親王の言説／
2　覚鑁「金剛界沙汰」にみる阿弥陀五尊／
3　輪王寺東常行堂五尊図の阿弥陀五尊／4　顕密による四菩薩配置の相違
四　顕教系四菩薩の系譜と顕密重層構造の形成　234
1　地蔵・龍樹形式と文殊・弥勒形式／2　顕教系四菩薩の位置付け／

3 密教系四菩薩の台頭／4 顕密重層構造の意義
おわりに 241

第Ⅲ部 密教修法と仏堂・伽藍

第六章 五大堂の形態変化と五壇法の成立……253

はじめに 253
一 五壇法の形式とその成立時期 254
1 五壇法における本尊の構成／2 五壇法の成立時期
二 五大明王を安置する平安時代の仏堂 263
1 平安時代初期から中期の事例／2 平安時代後期の事例
三 五大堂における五壇法 276
1 法性寺五大堂における修法／2 法性寺以降の五大堂と五壇法
四 五壇法のための五大堂の成立 280
1 修法のための五大堂の成立時期／2 修法の発達と五大堂の形態変化／
3 五大堂の形態変化と五壇法の成立／4 新たな五大堂の成立

五　東寺講堂と仁王経法　287
1　寛元三年東寺講堂での仁王経法／2　仁王経曼荼羅と東寺講堂の羯磨曼荼羅／3　仁王経法勤修の背景
おわりに——密教曼荼羅空間と密教法会空間の一体化——　292
第七章　御願寺・氏寺の伽藍と密教修法……303
はじめに　303
一　七仏薬師堂・六観音堂での修法　304
1　法成寺薬師堂における七仏薬師法／2　七仏薬師像の形式と七仏薬師堂／3　七仏薬師法の形式と変遷／4　六観音堂と六観音法
二　九体阿弥陀堂・三十三間堂における新たな修法の創出　317
1　九体阿弥陀堂と九壇阿弥陀護摩／2　三十三間堂と三十三壇修法
三　院政期の修法と御願寺伽藍　321
1　法勝寺愛染堂・北斗曼荼羅堂と修法／2　修法本尊と伽藍
おわりに——伽藍への修法空間の集積——　326
第Ⅳ部　顕密融合の両界曼荼羅とその展開

第八章　寺院伽藍における両界曼荼羅空間の展開……333
はじめに　333
一　空間的展開の可能性――建築から伽藍・山へ――　336
1　東寺講堂から神護寺伽藍へ／2　高野山と両界曼荼羅
二　思想的展開の可能性――顕密融合へ――　341
1　顕教の仏教的世界観／2　大日如来と四方浄土変四仏からなる両界曼荼羅空間
三　法成寺伽藍の構成理念と両界曼荼羅　343
1　法成寺伽藍の中心――顕密融合の大日如来――／
2　法成寺伽藍にみる仏教的世界観
四　御願寺・氏寺伽藍にみる仏教的世界観　347
1　伽藍の中心としての大日如来／2　多様化・肥大化する信仰／
3　伽藍中枢部の構成と変遷
おわりに――新たな仏教的世界観と顕密融合の大日如来――　354
第九章　中世神仏世界の形成と両界曼荼羅……361
はじめに　361

一　両界曼荼羅空間の展開と鎌倉再建東大寺大仏殿　363
1　鎌倉再建東大寺大仏殿の両界堂／
2　建築空間にみる両界曼荼羅世界の変容――顕密融合・両部不二へ――／
3　大日如来としての毘盧遮那仏
二　神祇信仰の空間と両界曼荼羅　367
1　毘盧遮那仏―大日如来―天照大神／2　神社の空間と両界曼荼羅／
3　神々の世界と仏の世界の結びつき
三　中世神仏世界の構造　374
1　中心の存在／2　信仰世界の面的広がりと重層的構造
四　経典・神話世界の統合へ　378
おわりに――中世顕密主義のコスモロジー――　384
第十章　中世の王権と両界曼荼羅
――結縁灌頂の神分投華をめぐって――……………………391
はじめに　391
一　中世の天皇・国土観と両界曼荼羅　392
1　天皇と大日如来／2　護持僧作法にみる宮城護持と両界曼荼羅／
3　国土観と両界曼荼羅

二　結縁灌頂と神分投華　402
1　院政期の結縁灌頂／2　神分投華について
三　神分投華の構成と中世神仏世界　405
1　神分投華の構成／2　結縁灌頂のコスモロジー
四　中世における結縁灌頂の広がり　423
1　京都における展開／2　武家社会への浸透／3　地方への広がり
おわりに――中世顕密主義と両界曼荼羅――　428
初出一覧……444
図版一覧……447
あとがき……449
索　引……1

密教空間史論

序章

はじめに

空海によって、『大日経』と『金剛頂経』に基づく体系的な密教が日本に導入されて以来、密教は仏教の枠をこえて、日本の宗教・社会・文化に広く、しかも深くにまで浸透していった。

本書の課題の一つは、摂関期から院政期を中心として、古代から中世へと転換していくなかで、密教に基づく建築・伽藍という空間がどのように展開したのか、それを大きく捉えるための視点と枠組を示すことにある。これは換言すれば、密教の導入により、いかなる新たな建築空間が創出され、それらが従来の仏教や信仰に基づく建築空間との関係からどのような展開をとげたかを捉え、密教が日本の空間に与えた広汎な影響を浮かび上がらせることともいえる。

密教の空間は、密教の諸尊を安置することで、また密教法会（修法・灌頂）を勤修することでつくりだされる。こうした空間には、その時代の宗教的・社会的あるいは文化的な営みが反映されているはずである。本書は、仏教史学や思想史学など従来の密教を捉える視点・枠組とはことなったところ、すなわち「空間を読み解く」という建築史学の視点から密教の展開を捉えることで、密教が日本中世の宗教・社会・文化を形成していくなかで果たした、広汎な役割の一端を明らかにしようとする試みでもある。

一　「密教空間」研究の視点と可能性

1　「密教空間」研究の課題と視点

先行研究の成果と課題

建築史学における密教の建築についての研究としては、まず天台・真言の主要な寺院を対象とした福山敏男氏の研究(1)があげられる。つづいて、伊藤延男氏(2)によって奈良時代の雑密寺院の建築をふくめたより広い範囲での事例が検討され、川上貢氏の研究(3)では、中世住宅建築にあらわれた密教法会の空間が対象とされた。さらに澤登宜久氏により、平安後期の御願寺・氏寺の建築など、従来の枠をこえたところにまで対象が広げられ、これらの空間は「密教的空間」と呼ばれた(4)。そして、密教の建築空間を修法・灌頂という密教法会に注目して捉えなおした藤井恵介氏の研究(5)は、研究の新たな可能性を示した。

藤井氏は、修法・灌頂の空間を即身成仏のための空間として、顕教の浄土の主体である仏に対して依存的働きかけをするための空間と区別して「密教空間」と捉え、その空間を内部に設けるために計画された建築を「密教建築」と呼ぶ。そのうえで、修法の本尊である絵画、法具、供養者が一体となって修法が勤修されている状態に注目し、「密教空間」がこれら本尊・法具の鋪設によって構成されることから、その特質として臨時性・多様性・流動性を指摘した。藤井氏の研究により、密教空間が寺院建築をはなれて宮城や貴族邸宅などの住宅建築、さらには神泉苑などの庭園といったさまざまな場所にあらわれる可能性をもつことが示された。すなわち、それまでの密教建築とはことなる、新たな概念としての「密教空間」が提示されたのである。

さらに、平安初期の真言密教系寺院の伽藍を検討した上野勝久氏[6]は、こうした寺院の堂塔構成が「有機的関係」によって成り立つ、新しい寺院建築観をもつと指摘する。[7]上野氏の研究で注目すべき点は、東寺講堂の金剛界五仏・五忿怒（五大明王）・五菩薩からなる羯磨曼荼羅（立体曼荼羅）が、神護寺において金剛界五仏を安置する五仏堂、五大明王を安置する五大堂、五大虚空像菩薩を安置する毘盧遮那宝塔へと展開することを指摘したところにある。つまり密教教義に基づく羯磨曼荼羅が、建築から伽藍へと広がっていくことが示されたのである。

このように、藤井・上野両氏の研究により、平安時代の密教建築・密教空間の研究は新たな展開をはじめたのであるが、いまだ大きな課題が残されている。藤井氏の研究では、密教空間を修法・灌頂という密教法会の空間に限定したため、東寺講堂や高野山上の二基の「毘盧遮那法界体性塔」など、密教諸尊を安置する建築の空間を、密教空間のなかで位置付けていくことができず、その全体像はみえてこない。また、上野氏の研究では、寺院伽藍における堂塔の「有機的関係」が何に基づくか、つまり、新しい寺院伽藍を支える理念が何であったのかが明らかにされていない。

研究の視点

近年、古代・中世の寺院建築史においては、藤井・上野両氏をはじめ、山岸常人氏[8]による研究などで、建築のみならず、その空間の在り方を問う視点が浮かび上がりつつある。ただ、これまでの建築史学では、寺院建築・神社建築・住宅建築という枠組により、対象を限定したうえでの研究が中心となってきたため、神仏習合の空間や大極殿をはじめ住宅建築での仏事の空間など、従来の領域の枠をこえたところ、あるいは複数の領域の境界に位置する事象が研究対象とされることはほとんどなかった。

しかし、平安時代中・後期においては、住宅建築に分類される大極殿でじつに頻繁に仏事が修されていたという事実[9]、あるいは黒田龍二氏の研究によって明らかにされた日吉大社や北野天満宮など神社建築における仏教的空間の存在[10]は、これまでの領域をこえたところ、あるいは境界領域の現象が日本の建築空間を考えていくうえで、重要な意味をもつことを示しているといえよう。これら仏教と関わる建築空間を包括的に捉えていくためには、一度、従来の建築という器に基づく領域の枠を取り払い、そこに構成された空間そのものを探求していくことが必要ではなかろうか。

また、近年では山岸氏の仏堂の文書保管機能の研究や黒田氏の堂蔵の研究など、新たな視点からの研究により、寺院建築が社会においてもつ多様な意義が明らかになってきた[11]。しかし、こうした研究は、寺院建築の空間のいわば機能・社会的役割に着目していたといえ、仏教の建築空間本来の意味を理解するためには、仏教教義からの検討が必要である。仏教建築の空間はあくまでも宗教空間であり、教義・思想という宗教的理念からの裏付けがあってはじめてその存在意義をもつといえ、宗教的理念から建築空間を捉える理論が求められよう。

中世には、建築や伽藍の空間構成において、宗教的理念が重要になってくる。たとえば当麻寺伽藍では、金堂と講堂・東西塔からなる古代の南北の軸線に対して、中世には本堂（曼荼羅堂）と娑婆堂からなる東西の軸線が重視されるようになる。同じことは四天王寺についてもいえ、古代の中門・塔・金堂・講堂が一直線上に並ぶ南北の伽藍軸に対して、中世には西門が極楽の東門とされ、日想観に基づきそこから落日を拝する東西軸があらわれる。これらの寺院では、伽藍形態によって規定される古代の南北の軸線に対し、中世には阿弥陀浄土への信仰に基づく東西の軸線が浮かび上がってくるのである。

密教建築と浄土教建築

信仰という側面から、平安時代の密教と関わる建築空間を広く捉えなおそうとするならば、まず浄土教建築と密教建築の関係が問題となろう。ここには、平安時代の寺院建築史、ひいては仏教史を研究するうえでの重大な問題が潜んでいると考えられる。

これまで平安時代の寺院建築史は、塚本善隆氏[12]から井上光貞氏[13]によって確立された仏教史の流れに基づいて、初期の密教建築からはじまり、天台浄土教の発展とそれにともなう浄土教建築の発生、中・後期の浄土教の貴族社会への浸透による浄土教建築の隆盛と描かれてきた[14]。そして、平等院鳳凰堂をはじめ阿弥陀堂は、密教建築の対置概念として、すべて浄土教建築の系譜に位置付けられてきた。

しかし、密教・浄土教の関係に関わる研究をみると、田村隆照氏[15]は平安時代の阿弥陀如来像を一律に浄土教におさめてしまうことに疑問をなげかけ、濱田隆氏[16]は定印阿弥陀如来の成立に両界曼荼羅が密接に関わっていたことを指摘する。法成寺や法勝寺、尊勝寺の九体阿弥陀堂では、法華八講や不断念仏[17]をはじめ、第七章で論じるように、密教の九壇阿弥陀護摩までもが修されていたのであり、それらは顕教・密教の双方をもって極楽往生を祈る場であった。速水侑氏[18]は密教修法の発達と浄土信仰の隆盛を共通の場で捉える必要性を説き、苫米地誠一氏[19]は、「密教浄土教」と「顕教浄土教」という概念を提示し、平安時代の浄土教が密教・顕教の双方にまたがることを論じている。これらの研究成果が端的に示すように、そもそも浄土教は密教と不可分なものであった。

建築史学では、平安時代の浄土教建築についての代表的な研究成果として、清水擴氏の一連の研究[20]があり、平等院より後の阿弥陀堂に両界曼荼羅諸尊が進出するという重要な指摘がなされている。にもかかわらず、浄土教中心の歴史を描く建築史学においては、平安時代後期の阿弥陀堂にあらわれたこうした密教要素は、純粋な浄土教建築への不純物の流入(21)とみなされてきたのである。しかし、第四章で論じるように、院政期以降には、勝光明院阿弥陀堂や法界寺阿弥陀堂など、密教を根本的基盤として成り立つ阿弥陀堂が認められる。今一度、建築空間や美術作品など具体的な事象から、素直に密教と浄土教の関係を検討しなおすならば、通説とはことなった両者の関係の歴史が描かれるのではなかろうか。ただし、その検討に入る前に、これらの建築を見る視点を整理しておかなければならない。

このように浄土教建築を捉えるさい、一つには阿弥陀浄土信仰という視点がある。これまで、平安時代の阿弥陀如来を安置する建築や極楽往生を祈るための建築は、形態・造形によらず、すべて浄土教建築と位置付けられてきた。しかし、建築史学には、これに加えもう一つ、建築・伽藍形式という視点があり、この形式に基づく定義の独り歩きと、複数の視点の混用が問題を生むことになった。

確かに、鳳凰堂と園池からなる平等院の造形には、仏の浄土を現世につくりだそうとした意図を認めることができ、その建築形態からは浄土教建築・浄土教伽藍ということができよう。しかしその延長で、園池をそなえる伽藍を、信仰の在り方とは無関係にすべて浄土教伽藍とみなし、その概念を拡大してきたこと(22)には問題があろう。というのも、いったん浄土教伽藍と評されると、その伽藍は浄土教という巨大な観念に覆い尽くされ、それ以外の信仰が正当に評価されなくなってしまうからである。

またその一方で、建築史学では阿弥陀来迎という浄土信仰に関わるきわめて重要な場面を建築空間として具現化し、本来ならば浄土教建築の代表とされるべき重源の浄土寺浄土堂(国宝、建久三年〈一一九二〉)は、鎌倉時代に導入された建築史上重要な建築様式をとることから、その様式に基づき大仏様建築と位置付けられてきた[23]。そして浄土教建築に対する密教建築になると、平安時代初期の密教導入段階において主導的な位置にあった天台・真言寺院の建築として、教団組織によって規定してきたのである。

浄土教建築と密教建築は、信仰の在り方あるいは建築造形・様式、さらには教団組織と、複数の視点を使って規定されてきたため、時によって、それらの示す内容に大きな誤差を生じたのである。その関係を明確にするには、視点を絞り込んだうえで、両者を包括する視野をもって捉えなおさなければならない。

2　中世宗教史研究の課題と建築史学

顕密体制論の意義と課題

中世仏教史研究は、黒田俊雄氏の「顕密体制論[24]」によって大きな転換をとげた。顕密体制論では、密教を主軸に一切の宗教が統合されたものを「顕密体制」と呼び、平安中期以降、「王法」と「仏法」は相依相即の関係にあり、顕密仏教が正統にまで高められていたとされる。顕密体制論がそれまで宗教・宗派別にすすめられてきた仏教史研究を、中世仏教という大きな枠組へと転換させ、旧仏教と新仏教の評価を反転させたことは周知のとおりで、平雅行氏の研究[25]は顕密体制論を継承した最も重要な成果の一つといえよう。

さらに、宗教が中世社会において重要な位置を占めたことを示したことにより、社会史の一部としての寺院社会の探求など、新たな研究の地平が開かれた。建築史学においても、山岸常人氏の伽藍と僧団の関係に注目した研究など[26]、新たな問題意識に基づく研究が展開されつつある。また、美術作品にあらわれた九品往生思想を、中世身分秩序に基づく支配イデオロギーとの関わりから捉えなおした大原嘉豊氏の研究[27]は、顕密体制論以降の美術史研究における注目すべき成果といえる。

しかしその一方で、顕密体制論において密教が諸宗教統合の核に据えられる点に対しては、末木文美士氏による批判があり[28]、上島享氏[29]の研究のように、顕教から中世仏教を捉えなおす取り組みも重要な成果をあげてきている。また、末木氏によって指摘されているように、顕密体制論では密教の定義を明確に示していないという問題もある。さらに、佐藤弘夫氏は顕密体制論で共通の基盤が密教であると位置付けられながら、その論理が具体的に明らかにされていないことを指摘、顕密主義の内容を示す論理や世界観を解明する必要があることを説く[30]。

この点について、黒田氏は「密教という概念あるいは範囲をどう規定するかは難しい問題[31]」として、密教の明確な定義を避けている。確かに、中世に新たに成立する両部神道や修験など、密教は宗教的融合によってきわめて大きな広がりをみせており、顕密仏教のような広い視野から、密教を明確に定義することは困難である。しかし、逆に顕密体制論以前は、密教そのものが限定された枠組のなかで論じられてきたため、その広汎な影響の実態が捉えきれなかったともいえるのではなかろうか。もちろん、核となる密教の在り方を明らかにしなければ、顕密仏教の具体的な姿もみえてこないことはいうまでもない。

これまで、平安浄土教に対置された密教は、精神的・思想的側面が注目された鎌倉新仏教とも対置されることになり、その呪術的側面が強調されてきた。黒田氏ですら、顕密体制の共通の基盤としての密教の本質を、修法のもつ鎮魂・呪術的側面に求めているのである。修法にあらわれた呪術的性格は、密教の重要な側面であるが、それはあくまでも密教の一面にすぎない。顕密体制論が残した大きな課題の一つは、密教が中世の信仰・社会において果たした役割をより広く、しかもより具体的に明らかにしていくことであろう。本書は、こうした課題に対する、建築史学からのアプローチでもある。

中世宗教史研究としての密教空間研究

中世は、顕密融合、さらには神仏習合という、宗教的融合が急激に進む時期でもある。

近年の神道史研究においては、井上寛司氏[32]が仏教思想を共通の基盤として寺院と神社が一体となった構造を顕密体制と捉え、高橋美由紀氏[33]も仏家神道・伊勢神道はいずれも平安時代末期に準備された共通の基盤から生みだされたとみるなど、神仏にまたがる仏教的思想基盤の存在が想定されている。また、山本ひろ子氏[34]や伊藤聡氏[35]の研究など、中世日本紀や中世神道説の検討がすすめられているが、これら一見すると混沌とした信仰世界についても、何らかの共通の基盤が存在していたはずである。こうした、諸信仰の共通の基盤を探求していくうえで不可欠な視点が、宗教的融合と考えられる。

宗教的融合現象を読み解いていくには、建築空間などにあらわれた、具体的事象からの考察が有効と考えられる。たとえば、法成寺（図8―1）や法勝寺（図8―2）の伽藍は、園池と建築からなる形態から、平等院とともに浄土教伽藍とみなされてきた。しかし、これらの伽藍では、金堂の中尊として大日如来を据え、密教修法のための仏堂が建つなど、密教が重要な位置を占めていたことは明らかである。もちろんここには密教の建築だけではなく、釈迦を中尊とする講堂や常行堂・法華堂も建立されていたのであり、それらは平安時代の信仰世界、すなわち顕密からなる仏教的世界観を体現するものであったといえよう。

具体的な作品や現象をあつかうという点で建築史学と共通の視点をもち、また共通の問題をかかえているのが美術史学である。建築史学・美術史学いずれも、個々の建築遺構や美術作品そのものの評価を重要な目的としてきた。これまで、作品の技法や様式については、評価のための独自の体系を構築してきたが、社会史や思想史上での位置付けとなると、その基盤は日本史学・宗教史学など他分野の成果に寄りかかってきた。しかし、個々の建築遺構・

空間や美術作品の分析を通じて、それらの背景となる信仰や思想を読み取り、関連諸学へと積極的に発言していくことも可能と考えられる。そして何よりも、こうした信仰・思想世界の解明こそが、建築や美術作品の正当な評価へと結びついていくのである。

たとえば法勝寺伽藍に、金堂の胎蔵界五仏と九重塔の金剛界五仏からなる両界曼荼羅世界が構成されていたことは周知の事実であるが、この伽藍を正当に評価するためには、顕密からなる伽藍において両界曼荼羅の理念がいかなる意味をもっていたのか、そしてなぜ両界曼荼羅の理念が平安時代後期の鎮護国家伽藍に求められたのかが問われなければならない。さらにいえば、顕密体制論によって開かれた中世宗教史研究の可能性を活かし、展開していくうえで重要な課題とは、社会と宗教を結びつける論理体系とそれらを包括する世界観——これを本書では「顕密主義のコスモロジー」と呼ぶ——を具体的に明らかにし、そこにおける密教の役割を示すことであろう。

本書で、仏教の教義内容や神祇信仰の在り方そのものに深く踏み込むことはできなくとも、「空間を読み解く」という建築史学独自の視点からは、他の研究分野からは捉えることのできない教義・信仰の変化や宗教的融合の機構、あるいは顕密主義が描くコスモロジーや、その形成過程の一端を解き明かすことも可能と考える。そのためには、密教に注目しつつも顕教・密教の区分、あるは神・仏の区別にとらわれることなく、むしろ顕密仏教という大きな枠組のなかで、密教空間の展開を捉えていかなければならないであろう。

3 「密教空間」の定義と特質

「密教空間」の定義

これまで述べてきたように、「密教空間」を限定的に定義するならば、密教が建築空間に及ぼした広汎な影響がみえてこないだけでなく、他の信仰との関係を捉えることもできなくなる。したがって本書では、広く密教教義に基づいて構成された空間を「密教空間」と定義したい。より具体的に示すならば、両界曼荼羅を核に、そこから派生する教義に基づいて構成された空間である。密教教義の根本は『大日経』『金剛頂経』に基づく両界曼荼羅に集約されている。さらに後に述べるように、密教導入時の空海による建築に関わる事績、その後の密教と関わる建築空間の在り方をみても、両界曼荼羅の理念がきわめて重要な役割を果たしてきた。

密教教義を空間として実体化する要素には、修法の本尊・法具・諸作法のほか、建築の安置仏である彫刻、あるいは内部荘厳として絵画で表現された尊像などをあげることができる。こうした諸要素を、密教の曼荼羅図・経典・儀軌などの基底をなす、密教教義に基づいて構成した空間が「密教空間」である。

藤井氏は限定的な密教空間の定義に基づき、その特徴として流動性・臨時性をあげるが、この性質は本尊が移動できるものであってはじめて可能となる。しかし、法会の本尊が建築の安置仏である場合、あるいは柱絵・壁画として建築内部に描かれた尊像であった場合、法会以外のときも移動されず、そこにはおのずと恒常的・固定的な密教空間がつくりだされる。つまり、密教空間には、臨時的・流動的空間と、恒常的・固定的空間の二つが存在していた。そもそも、密教導入時の空海のもくろみには、一つには修法・灌頂という密教法会を開設すること、もう一つには東寺講堂や高野山の「毘盧遮那法界体性塔」に代表されるような、尊像を安置し、密教教義を建築空間として表現することの二つがあった。日本の密教空間は、こうした二つの様態をもってはじまったのである。

前者は宮中真言院などといった、特定の法会と密接に結びついた建築を生みだしもしたが、その多くは住宅をはじめさまざまな場所に本尊を鋪設する、流動的・臨時的な修法の空間として出現した。一方、後者は東寺講堂の空間のように、密教諸尊を安置仏として彫刻・柱絵・壁画等で表現し、密教教義に基づいて配置することで、恒常

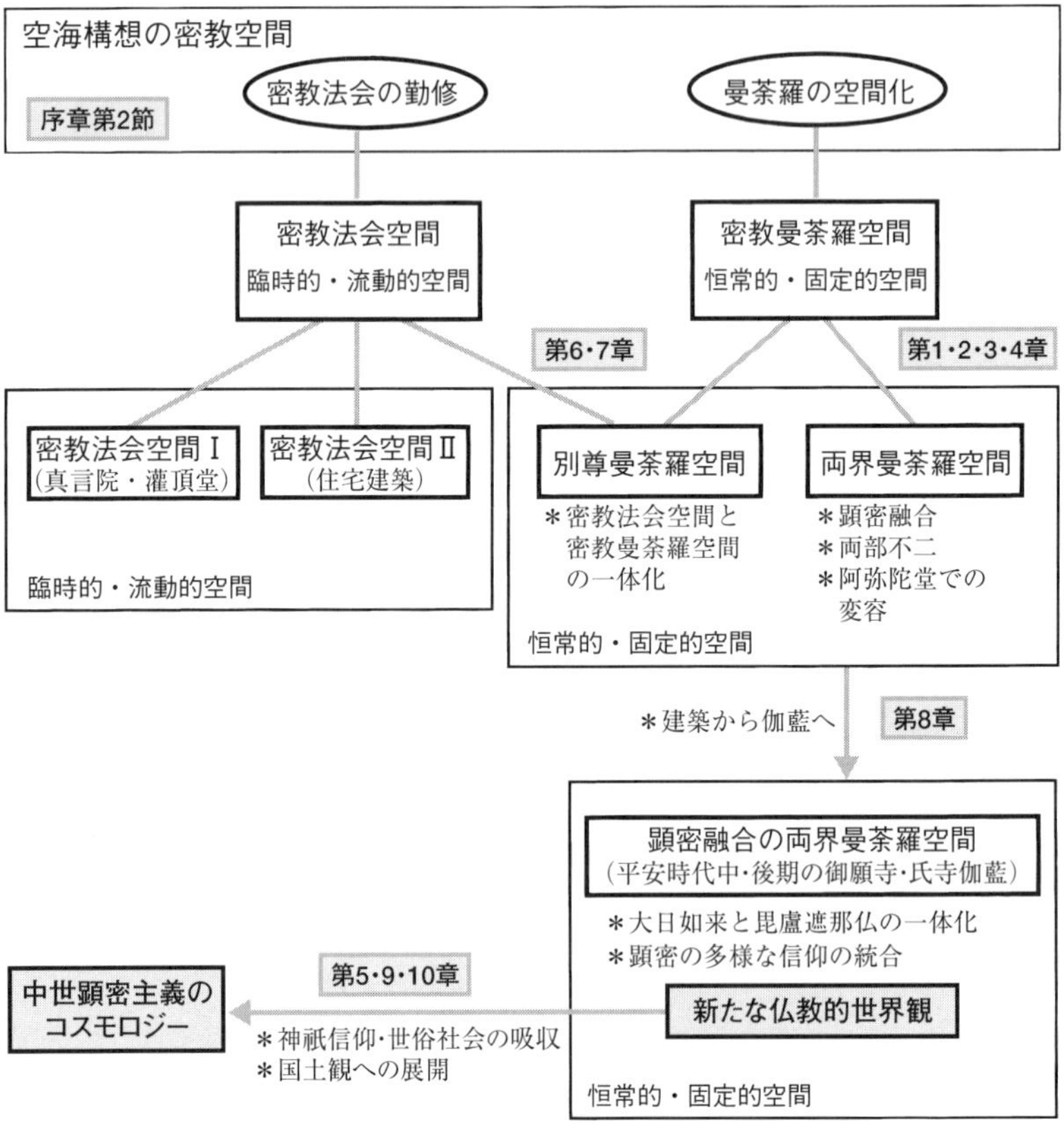
空海構想の密教空間
密教法会の勤修
曼荼羅の空間化
序章第2節
密教法会空間
臨時的・流動的空間
密教曼荼羅空間
恒常的・固定的空間
第6・7章
第1・2・3・4章
密教法会空間Ⅰ
(真言院・灌頂堂)
密教法会空間Ⅱ
(住宅建築)
臨時的・流動的空間
別尊曼荼羅空間
＊密教法会空間と
密教曼荼羅空間
の一体化
両界曼荼羅空間
＊顕密融合
＊両部不二
＊阿弥陀堂での
変容
恒常的・固定的空間
＊建築から伽藍へ
第8章
顕密融合の両界曼荼羅空間
(平安時代中・後期の御願寺・氏寺伽藍)
＊大日如来と毘盧遮那仏の一体化
＊顕密の多様な信仰の統合
新たな仏教的世界観
恒常的・固定的空間
第5・9・10章
中世顕密主義の
コスモロジー
＊神祇信仰・世俗社会の吸収
＊国土観への展開

図序—1　密教空間の形成と展開

的・固定的な立体曼荼羅としてあらわれた。本書では、前者を「密教法会空間」、後者を「密教曼荼羅空間」と呼ぶ。また、後者のうち、とくに両界曼荼羅に基づいて構成された空間を「両界曼荼羅空間」、そして両界曼荼羅以外の別尊曼荼羅を構成する空間を「別尊曼荼羅空間」と呼ぶことにする。

密教空間の展開のうち、密教法会空間の成立と展開については、藤井氏の研究により、その実体が明らかにされてきた。したがって、その展開をより大きく捉えるためには、①密教曼荼羅空間の形成と展開、②密教曼荼羅空間と密教法会空間の交渉、③密教空間における宗教的融合の実態を明らかにしていかなければならない。

本書では、まず序章第二節において、密教曼荼羅空間と密教法会空間からなる密教空間の規定を確認すべく、密教導入段階において形成された建築空間を検討する。つづいて第Ⅰ・Ⅱ部では、①の問題について、両界曼荼羅に注目し、密教曼荼羅空間が建築のなかでいかに展開したかを、③の顕密融合を視野に入れて考察し、第Ⅲ部では、②の問題を五大堂や東寺講堂などの仏堂と密教修法の関係に注目して検討する。最後に第Ⅳ部では、①のうち両界曼荼羅空間が、建築という枠をこえて、伽藍あるいは周辺の環境へといかなる広がりをもって展開したのかを論じ、あわせて③の宗教的融合に注目して、中世の宗教的世界観を読み解くことを試みる。こうした視点に基づき、平安時代を中心とする密教空間の展開を図示すると、**図序―1**のようになる。

「密教空間」と顕教の空間

密教空間の在り方として、先に空海の事績に基づいて二つをあげたが、建築に尊像を安置し、仏教的世界をつくりあげる恒常的・固定的空間は、密教に限らず、奈良時代以来の顕教の建築でも認められるところである。また、本尊を鋪設し、臨時的・流動的空間を構成する顕教法会として、大極殿御斎会があげられる。御斎会にさいしては、大極殿に本尊である毘盧遮那仏・観世音菩薩・虚空蔵菩薩・四天王を安置し、『金光明最勝王経』を講説する。『延喜式』巻第十三「図書寮」によれば、本尊や最勝王経などは、法会のとき以外は図書寮の寮庫に保管されていた。固定的・恒常的空間と、流動的・臨時的空間という二つの在り方は、広く顕教の空間にも認められるもので、密教空間のみならず、日本の宗教空間の在り方や、その特質を広く捉えるうえでも必要な視点となろう。

修法の空間、すなわち密教法会空間に注目した藤井氏は、顕教との対比において、仏は彫刻として仏堂に安置されるものではなく、修法の対象者の眼前に出現するもの、すなわち観念するものとみなし(36)、密教空間を顕教の空間と区別する。確かに観念という行法をとる密教修法は、理念・作法ともに、読経や論義など顕教の法会とはことなる。しかし、それは仏教建築の空間の在り方そのものに、本質的な変化を生んだのであろうか。密教の導入により、宮中真言院のような建築があらわれ、法会も多様化し、これ自体は密教空間の重要な特質といえるが、本尊に対して法会を勤修することで生じるという点において、空間の存在様態そのものに、顕教との大きな差はなかったといえよう。

また、佐和隆研氏は密教美術の特質を、それまでの顕教美術の浄土描写表現と対比して、経典・儀軌に基づいた理念的表現とし、それを「曼荼羅的表現」と呼ぶ(37)。この点を建築空間にみていくと、たとえば、本書第二章で論じるように、塔の安置仏として広くみられる四方浄土変四仏は、奈良時代には彫塑群によりそれぞれの仏の浄土を描写する、浄土変相図の形式をとっていたが、平安時代になると各浄土は一尊、あるいは三尊形式で表現されるようになる。顕教の四方浄土変は、密教の両界曼荼羅四仏の表現と同様の、より観念的な形式となったのである。

佐和氏の指摘のうち、建築空間を考えていくうえで注目すべき点は、密教の曼荼羅において、中央の一尊が重要な意味をもち、各尊と中心との関係が論理的関係をもつとするところにある。密教空間の重要な特質は、空間としての存在様態や表現形式よりも、むしろそこにあらわれる各尊の関係、つまり諸仏・諸菩薩からなる宗教的空間の構成理念に求められるであろう。

4　展開の可能性――中世のコスモロジーへ――

密教空間、なかでも密教曼荼羅空間の展開について、本書では次の二つの視点から捉えていくことにしたい。すなわち、一つは組織的構成に基づく空間的な広がりを捉える視点、もう一つは宗教的融合という、信仰における広がりを捉える視点である。

空間としての展開――建築から国土へ

両界曼荼羅図は、大日如来を中心に、個性をもつ多様な仏を組織的に配する密教の世界観を、平面的に図化したものである。その構造は、胎蔵界曼荼羅図（**図序―2**）では中台八葉院を中心とし、その周囲を分節された十一院が幾重にも取り囲む。金剛界曼荼羅図（**図序―3**）でも中心となる成身会をみると、全体は四角と円の組み合わせによって分節され、その分節された部分の総体として成り立つ。そして、それぞれの仏は密教教義に基づいて、大日如来を中心に組織的に結合されている。すなわち両界曼荼羅は、個別の仏の密教教義に基づく分節と結合からなる。

このような分節と結合からなる両界曼荼羅世界は、その全体を一つの建築におさめることによっても、あるいはその一部分を取り出すことによっても密教曼荼羅空間をつくりだすことが可能である。また、両界曼荼羅を分割して別々の建築に安置したとしても、各々の仏の関係が断ち切られることはなく、建築という枠をこえて密教曼荼羅

図序―2　胎蔵界曼荼羅図（西院本）（教王護国寺蔵）

図序—3　金剛界曼荼羅図（西院本）（教王護国寺蔵）

空間がつくりだされる。両界曼荼羅空間は、本書第Ⅰ・Ⅱ部で論じる塔や阿弥陀堂などの建築あるいは建築の一部に集約される可能性も、第Ⅳ部で述べるように建築という枠をこえて伽藍へ、さらには山や都市、国土にまで広がっていく可能性をもそなえている。換言すれば、両界曼荼羅の理念によって、空間全体が個別の部分からなる組織的構成として捉えられるのであり、ここに密教空間の重要な特質があると考えられる。

信仰世界としての展開――中世顕密主義のコスモロジーへ

次に、宗教的融合という視点についていえば、密教曼荼羅空間には顕密融合、神仏習合の二つの展開がみられる。さらにこうして形成された神仏のコスモロジーには、天皇や人民からなる世俗社会までもが吸収されていくことを見落としてはならない。

第Ⅰ部で論じるように、平安時代になって、奈良時代からの形式の塔である層塔に、密教の両界曼荼羅諸尊が安置されるようになると、それ以前からの層塔の安置仏である四方浄土変との融合がおこる。さらに、第Ⅳ部で論じるように、平安時代中期の法成寺では、金堂の中尊として密教の大日如来と顕教の毘盧遮那仏を融合した仏があらわれる。すなわち、両界曼荼羅という新たな仏教的世界観が導入されると、それまでの四方浄土変・蓮華蔵世界という顕教の仏教的世界と融合し、新たな仏教的世界観が形成されてくるのである。

また、密教曼荼羅空間の展開は、寺院に限られたものではない。第Ⅳ部で述べるように、平安時代末期に成立する両部神道[38]では、伊勢神宮の内宮（天照大神）を胎蔵界大日如来、外宮（豊受大神）を金剛界大日如来とみなす。この時期には、［毘盧遮那仏―大日如来―天照大神］というような顕教仏・密教仏・神の関連付けがなされ[39]、さらにここに天皇までもが結びつけられ、神仏はもとより世俗の世界までも包括する、広大かつ重層的な世界観が形成されてくる。中世の宗教や社会を捉えていくうえで、こうした世界観の全体――顕密主義のコスモロジー――を包括する視点が求められよう。

顕密体制論の提示する密教を基底とした宗教的統合は、密教がすべてを支配したとはいえないまでも、中世における多様な信仰の融合という、密教の展開の重要な一方向、ひいては中世の宗教の特質にふれるものとして注目される。宗教的融合性を視野に入れることで、密教空間のより広く、より豊かな展開がみえてくるであろうし、密教空間の展開をみていくなかで、中世のコスモロジーにおける、個別の信仰や宗派・教団をこえた、共通の基盤としての密教の意義が見いだされるであろう。さらに、中世のコスモロジーの展開からは、中世仏教の特質や変容を読み取ることも可能と考えられる。

近年、上川通夫氏(40)や横内裕人氏(41)によって、院政期仏教について院と真言密教の密接な関係に注目した研究がなされる一方、上島享氏(42)や山岸常人氏(43)によって、摂関期仏教からの連続性のもとに捉える研究もすすめられている。この点について本書の主題に則して概観するならば、摂関期は両界曼荼羅に基づき顕密が融合・一体化した仏教的世界観があらわれる段階であり、院政期仏教においては、摂関期のコスモロジーを継承しながらも、その基盤としての両界曼荼羅理念の明確化と、顕密に加え、神仏さらには聖俗の重層化という、構造的・領域的変化が認められる。院政の成立期に、宗教の在り方にも重要な転換点を想定することができよう。

二　「密教空間」の形成

密教空間の展開を論じる前に、まずは日本に体系的な密教が導入されたとき、どのような建築空間があらわれたのかを確認しておく必要があろう。

1　密教諸尊を安置する建築とその空間――密教曼荼羅空間の形成――

平安京では弘仁十四年（八二三）、国家の寺院として創建された東寺の造営が、唐から帰朝した空海に委ねられ、講堂と塔の建設がはじめられた。五重塔の空間構成については、『東宝記』所収の指図（図2―4を参照）、によって永仁年間（一二九三〜九九）の様子が知られ、そこでは心柱の周囲東に阿閦、南に宝生、西に阿弥陀、北に不空成就の金剛界四仏を、それぞれ三尊形式で配していた。ここでは両界曼荼羅という仏教世界が、建築に安置された彫刻・絵画からなる立体曼荼羅として表現されていたのであり、これこそが本書でいう密教曼荼羅空間である。

また、弘仁七年（八一六）、空海は勅許によって高野山を賜り、伽藍の建設にとりかかった。承和元年（八三四）の「勧進奉造仏塔知識書」によって知られる二基の「毘盧遮那法界体性塔」は、空海入定前には完成されず、九世紀終わりになって胎蔵界五仏を安置する大塔、金剛界五仏を安置する西塔として建ち並ぶことになった。空海の理想は東西二基の塔を建てることで、胎蔵界・金剛界からなる両界曼荼羅世界を具現することにあった。両界曼荼羅空間は、高野山上の伽藍に展開したのである。

もちろん、密教曼荼羅空間は真言教団に限られたものではない。天台教団では、最澄が全国の六か所に塔を建て、法華経一千部を安置する、いわゆる「六処宝塔」を計画し

図序―4　『年中行事絵巻』宮中真言院後七日御修法の場面（田中家蔵）

た。六処宝塔にふくまれる筥崎宮多宝塔・豊前宝塔院・筑前宝塔院では、法華経を安置するとともに法華三昧が修された。そして、九世紀半ばに建立された六処宝塔の一つである比叡山の総持院多宝塔は、法華経一千部とともに胎蔵界五仏を安置し、延長二年（九二四）建立の比叡山西塔院でも法華経千部と毘盧遮那五仏を安置した。総持院多宝塔が建立されたのは、円仁・円珍等によって天台密教が確立されていく時期にあたる。密教の根本ともいうべき両界曼荼羅五仏を安置し、あわせて天台の根本経典である法華経を安置するこれらの塔は、顕密からなる天台教学を集約・象徴した建築といえる[44]。

2　修法・灌頂のための建築とその空間

――密教法会空間の形成――

帰国後、高雄山寺に入った空海は、弘仁三年（八一二）に灌頂を修し、承和三年（八三六）には鎮護国家の修法のため、東大寺に真言院を設けた。また、宮中では毎年正月に御斎会がおこなわれていたが、これに密教修法を加えることが認められ、承和二年（八三五）正月には勘解由使庁で修法が修された。翌々年には、その壇所として宮中に真言院という新たな建築が設けられ、この修法は後七日御修法として、毎年正月恒例の仏事と位置付けられた。後七日御修法では、真言院に両界曼荼羅図が東西に向かい合うように懸けられる（図序―4）。宮中での御斎会・後七日御修法の並立、すなわち毘盧遮那仏を本尊とする読経と、両界曼荼羅に基づく修法を対等に位置付けることにより、密教修法の護国法会としての地位が固められたのである。

さらに承和十年（八四三）には、東寺で毎年春秋二季に鎮護国家の灌頂がはじめられ、そのための建築として灌頂院が建立された。この灌頂は後に結縁灌頂ともいわれ、道俗男女を問わず、人々が両界曼荼羅図に投華し、華の落ちた場所の仏と結縁する法会である。秘密性が重視される密教であるが、それは決して閉ざされたものばかりでなく、結縁灌頂などの法会を通じて、両界曼荼羅という仏教的世界観が人々の精神世界へと浸透していったのである。

一方、天台密教では唐から帰国した円仁が、嘉祥元年（八四八）、比叡山で恒例の灌頂を修する勅許を得て、秋季の結縁灌頂をはじめた。また、唐での鎮護国家の修法にならい、熾盛光法を修するため、比叡山総持院を建立した。その構成は中央に先に述べた方五間の多宝塔、その西に熾盛光法の場となる方五間の真言堂、東に同じく方五間の灌頂堂が並び建ち、廊によって連結されていた。この灌頂堂では秋季の結縁灌頂が修され、総持院は初期天台密教の重要な核となった。

このように、九世紀半ばには鎮護国家の修法・灌頂がはじめられ、真言密教の東大寺真言院・宮中真言院、天台密教の総持院灌頂堂・真言堂など、修法・灌頂のための建築が成立した。しかし、東寺講堂や高野山大塔、あるいは総持院多宝塔など密教諸尊を安置する建築で、鎮護国家の修法や灌頂が修されたことは確認できない。密教導入当初、密教曼荼羅空間と密教法会空間は別々に存在していたのである。

註

（1）福山敏男「初期天台真言寺院の建築」（『福山敏男著作集　第三巻　寺院建築の研究　下』中央公論美術出版、一九八三）。
（2）伊藤延男『日本の美術　一四三　密教建築』（至文堂、一九七八）。
（3）川上貢『日本中世住宅の研究』（墨水書房、一九六七）。
（4）澤登宜久「密教的空間の研究―灌頂と灌頂堂　その1・2・3―」（『日本建築学会論文報告集』三〇五・三一〇・三一七、一九八一・八二）、「密教修法の道場空間について―その1・2―」（同三二四・三二九、一九八三）、「秘密修法の道場と仏堂空間について―その1・2―　―密教的空間の研究（3）―」（同三三七・三五一、一九八四・八五）。
（5）藤井恵介『密教建築空間論』（中央公論美術出版、一九九八）。
（6）上野勝久「平安初期神護寺の伽藍構成とその配置」（『日本建築学会計画系論文報告集』三七二、一九八七）、「文覚の造営事績と神護寺の鎌倉初期再建堂塔」（同三九五、一九八九）、「東寺金堂の創建形態について」（同四一五、一九九〇）、「平安時代の東寺食堂の形態について」（同四五九、一九九四）、「鎌倉時代の東寺伝法灌頂図について」（『日本建築学会大会学術講演梗概集（東北）』、一九九一）、「東寺講堂と仁王経法について」（『日本建築学会大会学術講演梗概集（東海）』、一九九四）。これらは同学位論文『平安初期寺院の仏堂と堂塔構成に関する研究』（私家版、一九九五）にまとめられている。
（7）前掲註（6）上野学位論文「結論―平安初期寺院の仏堂と堂塔構成の特徴―」。
（8）山岸常人『中世寺院社会と仏堂』（塙書房、一九九〇）、同『中世寺院の僧団・法会・文書』（東京大学出版会、二〇〇四）。
（9）冨島義幸「白河―院政期「王家」の都市空間」（院政期文化研究会編『院政期文化論集　第三巻　時間と空間』森話社、二〇〇三）。

（10）黒田龍二「日吉七社本殿の構成―床下祭場をめぐって―」・「北野天満宮本殿と舎利信仰」（初出は『日本建築学会論文報告集』三一七・三三六〈一九八二・八五〉。『中世寺社信仰の場』〈思文閣出版、一九九九〉に再録）。

（11）山岸常人「仏堂納置文書考」（『国立歴史民族博物館研究報告』四五、一九九二）、同「仏堂と文書―板・柱・壁に書かれた文書をめぐって―」（『学士会会報』七九六、一九九二）、黒田龍二「堂蔵の存在様態」・「堂蔵の史的意義」（初出は『日本建築学会計画系論文報告集』四三六・四四四〈一九九二・九三〉。前掲註（10）黒田著書に再録）。中世の仏堂がもっていた多様な役割については、山岸「仏堂」（地方史研究協議会編『地方史事典』弘文堂、一九九七）にまとめられている。

（12）塚本善隆「常行堂の研究」（初出は『芸文』一五―三〈一九二四〉。『塚本善隆著作集　第七巻　浄土宗史・美術篇』〈大東出版社、一九七五〉に再録）。

（13）井上光貞『日本浄土教成立史の研究』（山川出版社、一九五六）。

（14）太田博太郎『日本建築史序説』増補第二版（彰国社、一九八九）において、古代の寺院建築は、

（前略）

三　仏教建築の伝来

四　仏教建築の発展

五　密教建築の特徴

（中略）

七　浄土教建築の流行

（後略）

という構成で論じられ、七「浄土教建築の流行」においては、「藤原時代に入って貴族の信仰は密教から浄土教に移っていった」として、浄土教建築の隆盛が描かれている。

また、清水擴「平安時代の寺院建築」（『文化財講座　日本の建築2　古代Ⅱ・中世Ⅰ』第一法規出版、一九七六）の構成は、

一　密教建築

二　藤原時代の建築
三　常行堂と法華堂
四　阿弥陀堂の成立
五　法成寺と平等院
六　白川・鳥羽の寺
七　一間四面堂と九体堂
八　住宅風仏堂の誕生

となり、初期の密教建築から、歴史学の描く平安時代の仏教史を背景とした天台密教における浄土信仰の発生、平安時代中・後期の浄土信仰の貴族社会への浸透による、阿弥陀堂をはじめとする浄土教建築の隆盛という流れが描かれている。

(15)　田村隆照「定印阿弥陀をめぐる諸問題」(『仏教芸術』六五、一九六七)。
(16)　濱田隆「定印阿弥陀像成立史考　上・下」(『仏教芸術』一〇〇・一〇四、一九七五)。
(17)　冨島義幸「九体阿弥陀堂と常行堂―尊勝寺阿弥陀堂の復元と位置付けをめぐって―」(『仏教芸術』二八三、二〇〇五)。
(18)　速水侑『平安貴族社会と仏教』(吉川弘文館、一九七五)、同『浄土信仰論』(雄山閣出版、一九七八)。
(19)　苫米地誠一「『日本往生極楽記』と密教浄土教」(『仏教文化学会紀要』二、一九九五)。
(20)　清水擴『平安時代仏教建築史の研究』(中央公論美術出版、一九九二)。
(21)　清水擴「阿弥陀堂の荘厳とその系譜」(初出は『日本建築学会計画系論文報告集』三八九〈一九八八〉。前掲註(20)同著書に再録)。
(22)　これはひとり建築史学の問題でなく、広く歴史学全体をみても、浄土教は「阿弥陀仏とその極楽浄土に関した思想・教理」として、「阿弥陀信仰、浄土信仰などの語は厳密に区別することなく、学術的にも混用」(伊藤唯真「阿弥陀信仰研究史の回顧と展望」〈同編『民衆宗教史叢書11　阿弥陀信仰』雄山閣出版、一九八四〉)されることで、その概念の枠が広げられていったといえるであろう。

(23) 日本建築学会編『新訂日本建築史図集』(彰国社、一九八〇)、藤田勝也・古賀秀策編『日本建築史』(昭和堂、一九九九)、太田博太郎監修『日本建築様式史』(美術出版社、一九九九)、後藤治『建築学の基礎6 日本建築史』(共立出版株式会社、二〇〇三)では、いずれにおいても大仏様建築としてあつかわれ、それが浄土信仰と関わることにはふれられない。

(24) 黒田俊雄『日本中世の社会と宗教』(岩波書店、一九九〇)、同「中世寺社勢力論」(『岩波講座 日本通史六 中世2』岩波書店、一九七五)。

(25) 平雅行「浄土教研究の課題」(同『日本中世の社会と仏教』塙書房、一九九二)。

(26) 山岸常人『中世寺院の僧団・法会・文書』(東京大学出版会、二〇〇四)。

(27) 大原嘉豊「九品来迎図研究における顕密体制論の実効性」(『哲学研究』五七二、二〇〇一)。

(28) 末木文美士「鎌倉仏教の形成をめぐって」(速水侑編『院政期の仏教』吉川弘文館、一九九八)。

(29) 上島享「中世前期の国家と仏教」(『日本史研究』四〇三、一九九六)、同「真言密教の日本的展開」(『洛北史学』創刊号、二〇〇〇)。

(30) 佐藤弘夫「顕密体制論の現在」(同『神・仏・王権の中世』法藏館、一九九八)。

(31) 黒田俊雄「中世における顕密体制の展開」(『黒田俊雄著作集 第二巻 顕密体制論』法藏館、一九九四)。

(32) 井上寛司「「神道」の成立―神社史研究序説―」(『大阪工業大学紀要』四六―一〈人文社会篇〉、二〇〇一)。同氏の見解は、黒田俊雄「中世宗教史における神道の位置」(同『日本中世の社会と宗教』岩波書店、一九九〇)における「神道」の評価を継承したものとみなされる。

(33) 高橋美由紀「伊勢神道の成立とその時代」(石田一良編『日本精神史』ぺりかん社、一九八八)。

(34) 山本ひろ子『変成譜 中世神仏習合の世界』(春秋社、一九九六)、同『中世神話』(岩波書店、一九九八)。

(35) 伊藤聡「中世神道説における天照大神―特に十一面観音との同体説を巡って」(斎藤英喜編『アマテラス神話の変身譜』森話社、一九九六)。

(36) 藤井恵介「修法空間の神秘」(立川武蔵・頼富本宏編『シリーズ密教4 日本密教』春秋社、二〇〇〇)。

(37) 佐和隆研「密教美術の特質と展開」「密教絵画の特質」(『佐和隆研著作集 第一巻 密教美術論』法藏館、一九九七）。
(38) 岡田荘司「両部神道の成立期」（安津素彦博士古希祝賀会編『神道思想史研究』、一九八三）。
(39) 東大寺毘盧遮那仏と伊勢神宮天照大神との関係は、阿部泰郎「『東大寺衆徒参詣伊勢大神宮記』解題」（『真福寺善本叢刊8　古文書集一』臨川書店、二〇〇〇）などで論じられている。
(40) 上川通夫「院政と真言密教—守覚法親王の史的位置—」（阿部泰郎・山崎誠編『守覚法親王の仁和寺御流の文献学的研究』勉誠社、一九九八）。
(41) 横内裕人「仁和寺御室考—中世前期における院権力と真言密教—」（『史林』七九—四、一九九六）。
(42) 上島享「中世王権の創出と院政」（『日本の歴史8　古代天皇制を考える』講談社、二〇〇一）。
(43) 山岸常人「顕密仏教と浄土の世界」（『日本の時代史7　院政の展開と内乱』吉川弘文館、二〇〇二）。
(44) こうした両界曼荼羅と法華経の組み合わせは、西明寺三重塔（鎌倉前期の建立）のように、初重内部、須弥壇上に彫刻の大日如来を安置し、四天柱に両界曼荼羅諸尊を描いて両界曼荼羅空間を構成しつつ、同じく初重内部の四方の壁に法華経二十八品を描く塔へと継承されていく。

第Ⅰ部　塔における両界曼荼羅空間の展開

第一章　法成寺の塔について

はじめに

藤原道長によって建てられた法成寺は、摂関時代の京都を代表する寺院として、今日までにさまざまな視点から論じられてきた。

建築史の分野では、杉山信三氏によって通史的研究がなされ(1)、清水擴氏により道長造営に関わる建築と伽藍の性格が論じられた(2)。塔については、足立康氏が承暦三年（一〇七九）再建の三重塔が本薬師寺塔婆の移建であるとする説を提唱したことがきっかけとなり(3)、移築・新築の論争が繰り広げられた。この論争において、丸山二郎氏は足立説に対する疑問を投げかけ(4)、板橋倫行氏は文献史料の検討により模倣説を提唱した(5)。今日、模倣説が有力となりつつも、模倣・移建二説の論争に結論がでたというわけではない(6)。

さて、法成寺における塔の建設は、はじめ道長によって構想され、万寿元年（一〇二四）造営がはじめられたことが知られる。しかし、道長の代には完成せず、長元三年（一〇三〇）、頼通によって五重塔が供養された。その後、天喜六年（一〇五八）に焼失し、頼通によって再建がすすめられつつも完成にはいたらず、承暦三年、師実によって東西二基の三重塔が供養された。さらに、永久五年（一一一七）にふたたび焼失し、天承二年（一一三二）、忠通によって、今度は東西二基の五重塔が建立された。

このように法成寺の塔は、焼失・再建を繰り返すなかで形式を変え、それと同時に信仰の在り方までもが変化している。法成寺の塔再建でみられる、塔の形式と構成、仏像・経典・舎利などの安置形式およびそれらの変遷は、塔の性格を考察するうえで興味深い論点をふくんでいると考えられる。しかし、再建にともなってあらわれたこうした問題点については、いずれの研究においても詳細に論じられることはなかった。

本章では、平安時代に建立された塔に関する一連の研究の一つとして、法成寺の塔を中心に、建築形式と構成、安置された仏像・経典・舎利に注目し、それらの変遷を検討する。なお、道長の構想による長元三年の五重塔については、安置仏等を直接示す史料はなく、次の承暦三年再建の三重塔とあわせて考察する。

一　承暦三年再建の三重塔——釈迦八相成道——

1　構成と形式

承暦三年の「法成寺塔供養願文」[7]（以下、供養願文とする）には、天喜六年に法成寺が焼失した後に堂塔が再建されるときの方針として、

是以先公太相国、殊守前規、如旧造立、其未複者、釈迦堂、十斎堂、宝塔等也、爾時先公相議曰、至于塔婆者、新加一基、宜立両所、

と記される。「先公太相国」すなわち頼通は、再建にあたって旧規を守り、伽藍をもとのように造立したが、釈迦

堂・十斎堂・塔などは、まだ再建されていなかった。頼通は、とくに塔については、新たに一基を加え、「両所」に建てることにした。供養願文には造営途中の二基の塔について「露盤之在東西也」という記述があり、東西の配置であったことがわかる。こうして、法成寺には東西二基の瓦葺(8)の三重塔が建ち並ぶことになった。

後の天承二年二月二十八日、東西五重塔が再建・供養されたときの『中右記(9)』の記事では、承暦再建の東西三重塔について、

移薬師寺塔、成二基三重、毎重有母層、作八相成道、

とあり、また同日の『平知信記(10)』の記事に、

件御塔元者各三重東西両塔、模薬師寺塔八相成道也、

とある。これらによって、承暦三年再建の法成寺三重塔は、各重に裳階をそなえた薬師寺三重塔と同じ形式をとり、やはり薬師寺と同じ八相成道を安置していたことが知られる。承暦再建の三重塔については、薬師寺三重塔の移築か模倣か、という古くからの問題もあるが、ここでは三重塔に納められた仏像・経典を中心に考察していくことにする。

さて、『中右記』『平知信記』の記事によって、承暦再建法成寺東西三重塔には薬師寺三重塔と同じ「八相成道」が納められたことが知られるが、前掲供養願文には、塔内の様子が記され、

乃以八相之旧造、各安両塔之新壇、又妙法蓮華経廿八品、開結二経、分其大意、毎柱図絵、丹青交功、荘厳尽美、

とあるように、「旧造」の「八相」を安置し、さらに「妙法蓮華経廿八品」と「開結二経」を、東西の塔に大意を分けて、柱ごとに「図絵」していた。この「八相」については後に詳しく考察することにして、まず「妙法蓮華経

廿八品」と「開結二経」について述べよう。

2　妙法蓮華経二十八品と開結二経

最澄の計画した「六処宝塔」が、天台宗の根本経典である千部法華経を安置する塔であったことが示すように、初期天台宗の多宝塔は、法華経を安置するための塔であった。承暦再建の法成寺の東西三重塔に、「妙法蓮華経廿八品」と「開結二経」[11]が「図絵」されていたことから、まず、これらの三重塔が、初期天台の多宝塔と同じ性格を有していたことが指摘できるであろう。

また、前掲供養願文に、「非唯複寺家之旧儀、兼又賓父祖之宿志也」としているところをみると、法成寺の再建にあたっては、寺家の旧儀に復するだけでなく、父祖である道長・頼通の宿志をも受け継いでいた。供養願文では、東西二基の塔を建てる形式は頼通の構想とされるから、道長の構想としては、「八相」を安置すること、そして「妙法蓮華経廿八品」と「開結二経」を「図絵」することがありうるが、このうち、まず後者は道長の構想によっていたと考えられる。

そもそも、妙法蓮華経二十八品と開結二経は、道長の発願によってはじめられた法華三十講で講説された経典である。道長は、治安三年（一〇二三）からは法成寺においてこれを修し、毎年の恒例となっていた[12]。また、寛弘四年（一〇〇七）、道長が自ら写経した法華経一部八巻を金峰山に納経したことも知られている。承暦再建の三重塔に妙法蓮華経が納められたのは、法華経を世に広める功績を自負するほど[13]、この経典に執着していた道長の構想が受け継がれていたためと考えられる。

ところで、妙法蓮華経二十八品は、前の十四品は迹門、後の十四品は本門と呼ばれ、教義の上で明確に二つに分けられる[14]。前半の十四品は因、後半の十四品は果を説くものであるという[15]。法成寺で東西三重塔に大意が分けられたというのは、開経と前半の十四品、後半の十四品と結経とに分けて、それぞれ東塔と西塔に「図絵」されていたと推測される。

3　八相成道

承暦再建法成寺三重塔には、安置仏として八相成道が納められた。この八相成道について、『中右記』の「移薬師寺塔」「作八相成道」という記述からは、薬師寺の塔を移し、八相成道を造ったと解釈できる。また、『平知信記』の「模薬師寺塔八相成道也」という記述からは、薬師寺の塔と八相成道を模倣した、あるいは薬師寺の塔の八相成道を模倣したと解釈できる。

ところで、供養願文には「乃以八相之旧造、各安両塔之新壇」とあり、東西の両塔に新しい壇を造り、「旧造」の八相を安置したとする。八相成道は薬師寺のものを模倣したというから、「旧造」の八相は法成寺にあったものと考えるのが自然であろうが、ここで論を補っておくことにする。

まず、これらの記録にあらわれる「薬師寺」には、藤原京薬師寺すなわち本薬師寺と、平城京薬師寺すなわち薬師寺の二つの可能性が考えられる。

足立氏は、「旧造」の八相を本薬師寺のものとしたが[16]、その根拠は、「八相之旧造」とある以上、承暦ころ新たに造られたものではなく、八相の八場面の彫塑群を安置するためには二基の塔が必要で、もともと法成寺にあった五重塔一基だけに安置できたはずはないこと、もとの五重塔に八相があったとしても、天喜六年の火災は激しいもので、八相が取り出されたはずはないということである。また杉山氏も、「旧造」の八相を、薬師寺あるいは本薬師寺のものであったという可能性を捨てているわけではない[17]。

醍醐寺本『薬師寺縁起』では、天平十九年（七四七）の記録と考えられている流記を引いて、「宝塔四基、二口在本寺」とあることから、承暦年間の法成寺三重塔の再建まで三世紀以上の隔たりがあるものの、本薬師寺に塔が存続していたことを一概に否定することもできない[18]。また、『中右記』承徳二年（一〇九八）十月十二日の条に、嘉保二年（一〇九五）「本薬師寺」の塔跡から舎利を掘り出したという記述があり[19]、このときにはかなり興廃していたことが推測されるが、この記事も法成寺三重塔建立から二十年近くも後のことで、承暦三年における本薬師寺での塔の存在を否定することはできない。

法成寺三重塔の八相を考えるとき、『中右記』『平知信記』のどちらにも「本薬師寺」ではなく、「薬師寺」と記されていることに注意する必要があろう。これらの記事に前後する『中右記』の記事では、藤原京薬師寺に関わる記述中には「本薬師寺」、平城京薬師寺に関わる記述中においては「薬師寺」と記される[20]。嘉承元年（一一〇六）に書かれたとされる『七大寺日記』[21]においても同様の記述の区別がなされ[22]、薬師寺と本薬師寺の区別が明確になされていたことがうかがえる。とくに『平知信記』の著者である平知信は、『中右記』天承二年（一一三二）二月二十八日の記事中で「御塔行事知信叙正五位下」とあるように、塔供養の行事を勤めていた。このように、塔の造営に重要な役職として関わる人物までもが、「本薬師寺」と「薬師寺」の区別をしていなかったとは考え難く、法成寺三重塔に関する記述における「薬師寺」は、平城薬師寺と考えるべきであろう。

平城薬師寺には、現在でも、八相の塑像の心木をはじめ、人物の頭部など多くの断片が残り、これらは天平時代の遺品と考えられている[23]。また、西塔跡での発掘調査の結果、奈良時代の遺品と考えられる彫塑破片が発見され、これらの彫塑は享禄元年（一五二八）薬師寺西塔が焼失したさい、ともに焼けたと考えられている[24]。つまり、法成寺三重塔が建てられた承暦年間には、八相成道は平城薬師寺の西塔に安置されていたのであり、法成寺に持ち込まれたとは考えられない(25)。とすれば、願文でいう「旧造」の八相とは、長元三年に供養された五重塔に安置されたものであった可能性が高い。

法成寺では承暦三年、東西の三重塔の建立と同時に、十斎堂・釈迦堂・法華三昧堂が再建・供養されたのであるが、供養願文に、

釈迦堂一宇、安置旧像之釈迦、（中略）法花三昧堂一宇、奉安置旧像普賢菩薩一体、（中略）堂則先後畢功、仏又新古並像、

とあるところをみると、これらの建築には、新しい仏像とともに「旧像」が並べられたのであり、天喜の火災のとき、いくつかの仏像が火災から逃れていた。八相も、長元三年の五重塔に納められていたものが部分的にではあっても取り出され、焼失をまぬがれた可能性が考えられる。

治安二年（一〇二二）、道長によって建立・供養された金堂の荘厳をみると、柱には両界曼荼羅、扉の内側には八相成道が描かれていた(26)。道長による法成寺金堂の構想には、八相成道が取り入れられていたのであるから、同じく道長によって構想された五重塔に、八相成道が納められていても決して不思議ではない。

したがって、承暦再建の東西三重塔では、道長によって構想され、長元三年に建立された五重塔に安置していた八相を、薬師寺の八相成道にならって造りなおし、納めたと考えるのが妥当であろう。

4　東西塔の構成と八相成道

法成寺三重塔は、薬師寺三重塔の「八相成道」を模倣したのであるが、薬師寺塔婆の「八相成道」は、『薬師寺

縁起』をはじめ、嘉承元年の『七大寺日記』、保延六年（一一四〇）の『七大寺巡礼私記』に記されている。

「八相」とは、釈迦の生涯の重要な八つの出来事を指すものであり、普通、降兜卒・托胎・出胎・出家・降魔・成道・転法輪・入涅槃とされる[27]。ところが、薬師寺の東西三重塔の八相について『七大寺巡礼私記』では、

東塔安入胎、受生、受楽、苦行之相、西塔安成道、転法輪、涅槃、分舎利□〔之〕相、

と記され、普通にいう八相とはことなっている。とくに、第八相に分舎利を加え、さらに本来第六相にあたる成道を第五相としていたことは重要な相違点である。吉祥真雄氏は、八相を仏教経典に求めても、とくに「分舎利」の相を加えたものは類例がなく、薬師寺の八相のようなものは見当たらないことから、仏伝をもとに、美術上および信仰上、最もふさわしいと信じられる場面を選んだものと指摘している[28]。

『七大寺日記』では、薬師寺東西塔の八相について、「八相成道之相造之」とあるが、この「八相成道」は、八相のなかでもとくに第六相である「成道」を重んじた言いあらわし方である[29]。「成道」は、釈迦が悟りを開いて仏陀の地位に就くことをあらわしているが、これを起点として東西に分けたということは、塔の配置構成においても重要な意義をもつと考えられる。

すなわち、この特異な八相成道は、釈迦の生涯を入胎と成道を起点としてそれぞれ四相ずつに分け、東塔には入胎から苦行までが、西塔には成道から分舎利までが納められていた。東塔に安置された入胎から苦行までの相は、釈迦のいわば俗な生涯が、西塔に安置された成道から分舎利までは、いわば聖の生涯が象徴されていたと考えられる。つまり、『七大寺巡礼私記』によるならば、薬師寺では東塔と西塔を対置させることによって、釈迦の俗と聖の生涯を象徴していたことになる。

また、薬師寺本『薬師寺縁起[30]』には、

右両塔内安置釈迦如来八相成道形也、東塔因相、入胎、受生、受楽、苦行、西塔果相、成道、転法輪、涅槃、分舎利、

とあり、この東西両塔の対置は、因相と果相の対置とされている。

平安時代後期において、薬師寺東西塔の安置仏である「八相成道」は、『薬師寺縁起』『七大寺巡礼私記』などの記録にみられるように、釈迦の生涯を聖と俗、因相と果相に二分し、対置させる形式であると考えられていたのであり、薬師寺塔婆の「八相成道」を模倣した承暦再建の法成寺東西三重塔においても、その東塔と西塔は、釈迦の生涯を［俗＝因相］と［聖＝果相］として象徴し、対峙する構成であったとみることができよう。

二　天承二年再建の東西五重塔――顕密融合の両界曼荼羅――

1　規模と形式

天承再建の塔は、『平知信記』天承二年二月二十七日の条に塔供養の準備について記されるなか、

御塔五重四角懸宝幢廿流、

とあることから、五重塔であったことがわかる。また、この供養記には塔の指図（図1―1）がのせられ、これによれば塔の規模は、母屋柱間が九尺五寸、庇柱間が八尺五寸であった。また、四面の建具は中央柱間には方立てを入れて扉とし、両脇柱間は連子としている。

建立年代、規模ともに近く、現存する五重塔は、平安前期の醍醐寺五重塔であるが、その平面規模は、母屋の柱

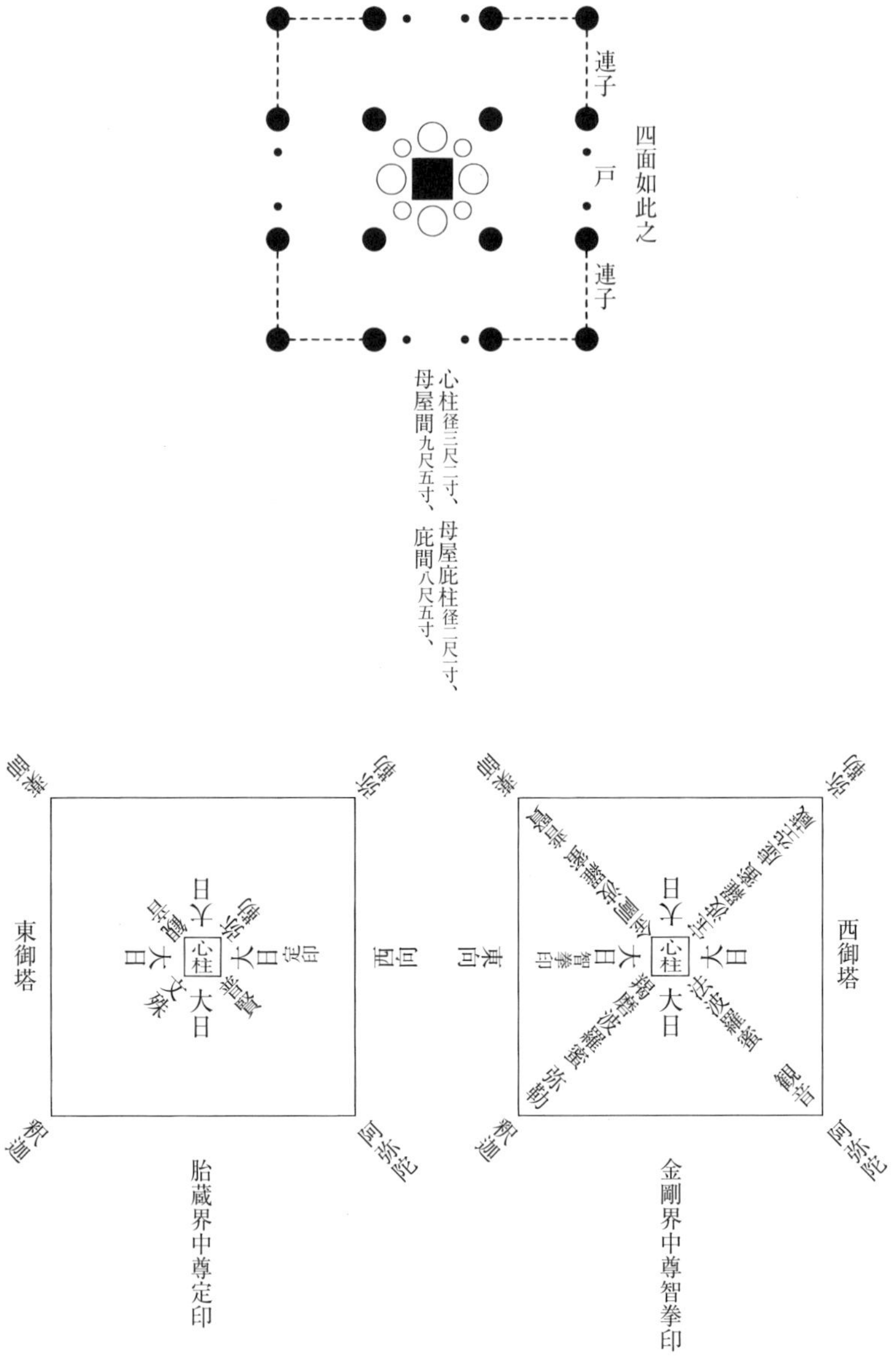

図1—1 『平知信記』所収 天承再建法成寺東西五重塔指図

間の実測値が七・九六尺であるから約八尺、庇柱間が六・九六五尺であるから約七尺であり、(31) 法成寺五重塔は醍醐寺五重塔よりもさらに規模が大きかったことがわかる。醍醐寺五重塔の高さが約三九メートルであるから、法成寺五重塔はさらに高く、四五メートル程度であったと推測される。心柱の直径は三尺二寸と記され、丸あるいは八角形でなく四角に描かれているので、醍醐寺五重塔の心柱のように、四面に覆板がついていたと考えられる。母屋柱・側柱の直径は、いずれも二尺一寸と記されている。

2　東西塔の構成と両界曼荼羅の世界

天承二年再建の東西五重塔の安置仏について、『平知信記』同年二月二十八日の条には、

　同剋御仏十六体迎渡、即奉安置東西御塔、

とあり、東西塔に合計十六体の仏像が安置されたことを知る。その内容について『中右記』同日の条では、

　寅時奉安置御仏西塔心柱四面、金剛界大日四体、西角（四カ）四方四仏、東塔、胎蔵界大日四体、四角四方四仏、

また、『平知信記』には、

　中尊等身大日如来八体脇士三尺五寸釈迦、阿弥陀、薬師、弥勒各二体、
西御塔、金剛界、中尊四体、知拳印、
　脇士薬師巽、釈迦艮、阿弥陀乾、弥勒坤、
東御塔、胎蔵界、中尊四体、定印、
　脇士薬師巽、釈迦艮、阿弥陀乾、弥勒坤、

とある。このように天承の再建では、中尊として東塔に胎蔵界、西塔に金剛界の大日如来四体ずつを、東西両塔と

もに脇侍として東南に薬師、東北に釈迦、西北に阿弥陀、西南に弥勒各一体を安置した。

また、『平知信記』所収の東西両塔の指図（**図1―1**）によれば、東塔は「胎蔵界定印」とされ、西を正面として心柱まわり四方に胎蔵界大日如来を四体安置する。西塔は「金剛界智拳印」とされ、東を正面として心柱まわり四方に金剛界大日如来を四体安置し、東西両塔は胎蔵・金剛両界を東西に対置させる構成をとっていた。

一つの塔の中に大日如来像を四体安置する形式は特殊であるが、『中右記』元永二年（一一一九）六月十九日の条には、法成寺の塔に安置する仏像を造りはじめたことが記され、ここには、

殿下於東三条西透廊方、法成寺両塔仏被作始大日八体、

とある。この記事から、藤原忠実が東三条殿の西透廊で、法成寺東西両塔のために合わせて八体の大日如来像を造りはじめていたことがわかる。いずれの史料でも一致することから、東西各塔に四体ずつの大日如来像を納めたのは確かであろう。

次に、大日如来以外の四仏をみていくと、『平知信記』の記事および指図（**図1―1**）によるならば、大日如来の脇侍として、東西両塔とも薬師・弥勒・阿弥陀・釈迦の各像が安置されていた。

まず、これらが両界曼荼羅の四仏の名号でなく、顕教の諸尊の名号であることが注目されよう。四方四仏を安置した先例である興福寺五重塔には、奈良時代から四方浄土変、すなわち東方に薬師、南方に釈迦、西方に阿弥陀、北方に弥勒の各浄土変が安置されていたことが知られる(32)。ところが、法成寺東西五重塔の四仏は、薬師を東、阿弥陀を西と考えると、四方浄土変の四仏とくらべ釈迦と弥勒の配列順序が反対になっている点は注意すべきである。というのも、四方浄土変の四仏は、それぞれに方位が規定されており、これが守られないということは、他の何らかの意味があったと考えられるからである。

両界曼荼羅の四仏は周知のように、胎蔵界が東の宝幢、南の開敷華王、西の無量寿、北の天鼓雷音の各如来であり、金剛界が東の阿閦、南の宝生、西の阿弥陀、北の不空成就の各如来である。『平知信記』では、同年二月二十六日、五重塔の供養に先立って仏像の名号の説明がなされたことを記し、

阿閦、宝幢、已上薬師如来同号歟、

宝生、花開敷、已上弥勒同号歟、

不空成就、釈迦如来同号、

とある。すなわち、西塔の薬師と阿閦が同号かと述べ、同様に、東塔の薬師と宝幢、西塔の弥勒と宝生、東塔の弥勒と花開敷（開敷華王）、西塔の釈迦と不空成就が同号か、と述べている。密教においては、薬師如来を金剛界の阿閦如来と同体とし[33]、釈迦如来を金剛界の不空成就如来、胎蔵界の天鼓雷音如来と同体とする説があり[34]、法成寺での説明もこれらの同体説と関係あると考えられる。

『平知信記』には、東塔の釈迦が天鼓雷音と同号とする記述が漏れていると考えられ、東塔の阿弥陀は胎蔵界の無量寿如来を指し、西塔の指図に記された阿弥陀は金剛界の阿弥陀如来を指すので、胎蔵界・金剛界の四仏がそろう。つまり、これらの四仏は顕教の四方浄土の四仏の名号をとりながらも、思想的には両界曼荼羅の四方四仏としての性格をそなえていたのである。

東西塔の指図（**図1―1**）のうち東塔の指図にもどると、四体の大日如来の間、東南に観音、南西に弥勒、西北に普賢、北東に文殊の四菩薩が記されている。これら菩薩は仏像ではなく、おそらく四天柱に描かれた絵画であったと推測される。胎蔵界曼荼羅の中心である中台八葉院には、大日如来の周りを胎蔵界四仏と四菩薩が取り巻くが、東塔の指図に記された四菩薩は、この胎蔵界中台八葉院の四菩薩と一致する。ただし、中台八葉院の四菩薩は東南

に普賢、西南に文殊、西北に観音、東北に弥勒が配され[35]、東塔の指図では東西、南北ともに反対になっている。このように四菩薩の方位に問題を残すものの、東塔には、大日如来・四仏・四菩薩から胎蔵界中台八葉院を構成しようとした意図を認めることができる。

次に、西塔の指図には、四体の大日如来の間に、金剛波羅蜜・羯磨波羅蜜・法波羅蜜・宝波羅蜜の四波羅蜜が記されている。これら四波羅蜜も、おそらく四天柱に描かれていたと推測される。四波羅蜜は、金剛界曼荼羅の中心となる成身会において、大日如来の四方を囲むように配置される。西塔の指図では、金剛波羅蜜と阿閦すなわち薬師が同じ方位に記され、同様に羯磨波羅蜜と不空成就すなわち釈迦、法波羅蜜と阿弥陀、宝波羅蜜と宝生すなわち弥勒が同じ方位に記されて、その対応関係を保っている。つまり、西塔では、大日如来と四波羅蜜、四方四仏によって母屋部分に成身会を形成していたのである（図1―2を参照）。

なお、西塔の指図には金剛界であるにもかかわらず、東南に普賢、東北に弥勒、西北に観音と、胎蔵界中台八葉院の菩薩が正しい方位で記されるが、これらは東塔に記されるべきものが誤って記されたのかもしれない。

以上、天承再建の東西五重塔は、四方四仏に薬師・釈迦・阿弥陀・弥勒の名号を与え、顕教の色合いをみせているが、その意義は西塔が金剛界を、東塔が胎蔵界を象徴し、両者が向かい合うことで密教の両界曼荼羅を構成していたところにある。また、これら東西五重塔は、大日如来を四体ずつ安置したことも大きな特徴といえるが、この点については第二章で詳しく論じることにしたい。

さて、このような東西二基の塔の配置構成は、空海が高野山上に構想した、二基の「毘盧遮那法界体性塔」と共通する。「毘盧遮那法界体性塔」は、毘盧遮那仏すなわち大日如来そのものをあらわす塔で、空海はこの塔を二基建立することによって、胎蔵・金剛の両界曼荼羅を象徴し、高野山上に両界からなる密教教義を具現しようとした[36]。

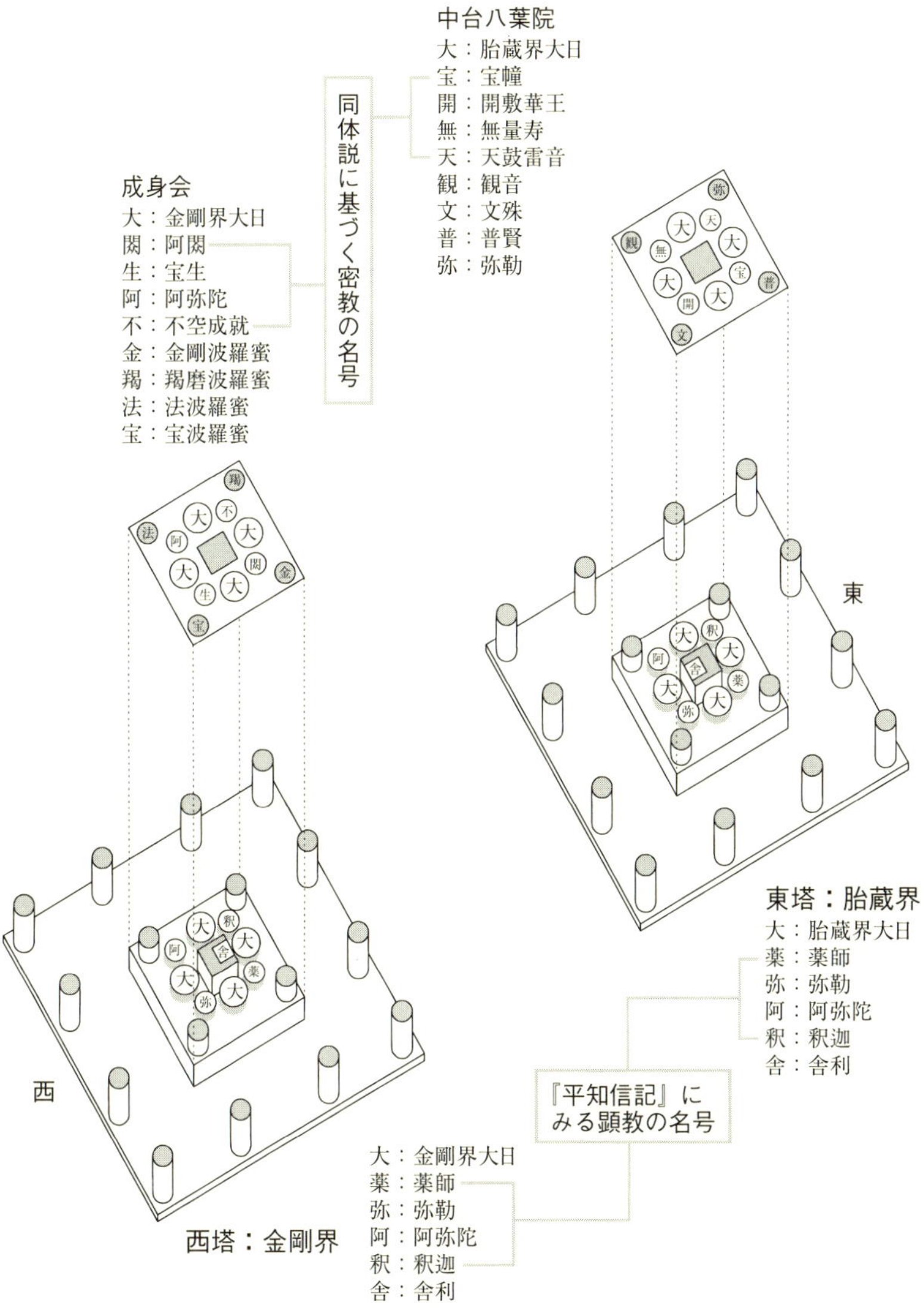

図1―2　天承再建法成寺東西五重塔の両界曼荼羅空間

法成寺でも東西二基の五重塔で胎蔵界と金剛界を象徴し、伽藍に両界曼荼羅の世界を形成していた。

法成寺東西五重塔でみられる胎蔵・金剛両界の配置構成は、『秘蔵記』(37)に、

東　理因蓮華部

西　智果金剛部

とあるように、東に蓮華部すなわち胎蔵界(38)、西に金剛界を対置させる思想のもとに成り立ち、東の理と西の智、東の因と西の果を対置させることになる。したがって、天承二年再建の東西五重塔で形成された両界曼荼羅は、承暦三年再建の東西三重塔が、八相成道によって東を因相、西を果相とした対置構成を継承していたといえる。

3　舎利の安置形式

天承再建の法成寺東西五重塔の舎利について、『平知信記』天承二年二月二十四日の条に、

一、唐招提寺舎利奉渡事

彼寺所司四人相副奉渡、殿下於簾中奉開納壺封令取出舎利云々、件舎利為奉籠御塔心柱所被奉請也、依春日御塔供養時例也、白河院御時被付御封由所司令申、

とある。すなわち、「春日御塔」の供養のときの例にならい、唐招提寺の舎利を奉請し、これを法成寺の塔の心柱に納めた。また、その安置形式については、『平知信記』の供養記に、

御塔心柱奉籠仏舎利（天井上彫柱籠之、即以漆堅□□□御塔東面、東御塔柱西面、水精壺上銀壺其上銅壺、弁三重也、加入白芥子云々、）

とあるように、内側から水精・銀・銅の三重の壺に舎利を入れ、心柱の天井の上に、西塔は東面、東塔は西面に空隙を彫ってこれを納め、漆で塗り固めている。『平知信記』所収の指図（**図1―1**）、供養時の記録(39)によれば、西塔

は東を正面、東塔は西を正面としていたので、舎利は、互いに向かい合うように心柱の正面に安置されていたことになる（**図1—2**を参照）。天承再建の法成寺五重塔は、密教の大日如来を中尊とする塔であったが、その心柱には舎利が納められ、両者が併存していたことは興味深い。

三　天承再建五重塔の舎利の安置形式について

飛鳥時代から奈良時代初期の塔は、舎利を安置することが最も重要な目的であり、舎利を舎利容器に入れ、心礎の下、もしくは心礎に穿たれた舎利孔に安置する形式が一般的であった。ところが平安時代になると、舎利が安置されたか否かが明らかでない塔もみられる。とくに、天台・真言の多宝塔についていえば、舎利を安置した記録はみられないという[40]。

とはいえ、平安時代になっても、天承再建の法成寺五重塔のように、舎利を安置する塔は依然として建てられていた。以下に考察する法勝寺八角九重塔・尊勝寺五重塔・春日西五重塔にも舎利が安置されていたし、鳥羽院によって保延六年（一一四〇）に供養された、春日東五重塔にも舎利が納められていたらしい[41]。ここでは、平安時代の塔にみられる舎利の安置形式について、時代の前後する塔をあわせて概観し、法成寺天承再建五重塔の舎利安置形式の位置付けを試みたい。

1　心柱に舎利を安置する塔

法勝寺八角九重塔

平安時代後期に属する塔で舎利を心柱に納めた事例として、まず、永保三年（一〇八三）建立の、法勝寺八角九重塔をあげることができる。法勝寺の塔が建立された当初の記録から舎利の安置を確認することはできないが、承元二年（一二〇八）五月十一日の火災の後、建暦三年（一二一三）四月二十六日に再建・供養された塔に関する『三僧記類聚』第六「九重塔被籠真言事(42)」には、

建暦三年四月廿四日、法勝寺九重塔心柱可被奉籠真言一巻、自御室付按察中納言光親卿被進院了、明日可被奉籠云々、此外金泥法華経一部被籠云々、仏舎利任永保例可奉籠哉否有評議云々、恐雷難無此事歟、

とある。永保の例にならって、再建の塔に舎利を納めるか否かについての議論があったというので、永保建立の九重塔で舎利は心柱に籠められていたと考えられる。永保三年の「法勝寺御塔供養呪願文(43)」によれば、法勝寺の塔には「金剛界会、五智如来」、すなわち金剛界五仏が納められていたので、天承再建の法成寺五重塔と同様、舎利と密教の諸尊を合わせて安置する塔であった。

尊勝寺五重塔

康和四年（一一〇二）に建立された尊勝寺五重塔では、「尊勝寺供養記(44)」に、

兼亦東西心柱第四層奉籠金泥般若心経法華経等并開結二経、一巻々々在金銅軸、其中籠仏舎利、件仏舎利召東寺、以御経納金銅筒之上有銘、

とあり、金泥般若心経、法華経、開結二経を、それぞれ金銅の軸に巻き、この軸に東寺から取り寄せた仏舎利を籠め、金銅の筒に納めて、心柱の第四重部分に安置したことがわかる。尊勝寺の塔では、舎利を経軸に納めた点が法成寺五重塔とことなっているが、これを心柱に納めるという点では共通している。

春日西五重塔

『平知信記』天承二年二月二十四日の記事によれば、天承再建法成寺五重塔の舎利の納め方は、「春日御塔」の例にならったとされる。春日には一の鳥居の内、参道の左に、永久四年（一一一六）に西五重塔、保延六年には東五重塔が建てられた。『平知信記』天承二年の記事にあらわれる「春日御塔」は、これらのうちの西五重塔を指す。春日西塔については、すでに足立康氏が承暦二年（一〇七八）再建の興福寺五重塔の模倣であったことを指摘し、舎利の安置形式を問題としている[45]。足立氏は、現在も残されている春日西塔の心礎が凸型であること、『殿暦』[46]永久四年三月三日の記事に、

心柱ニ最勝王経・金剛般若経を奉籠、蓋重也、下重舎利幷余自筆不空羂索経内府同書奥、又陀羅尼を奉籠也、

とあるように、舎利を経典とともに心柱に安置したことをうかがわせる記述があることから、舎利は心礎ではなく、心柱に安置されたと推測する。しかし、これだけの記事からは、必ずしも心柱内部に安置したとは確定できず、心柱に接近して舎利容器を置き、この形式をもって心柱に籠めると表現した可能性を考えたうえで、結論を持ち越している。

ここで、もう一度『平知信記』の供養記にもどると、その裏書には「籠仏舎利事」として、

春日御塔自壇際七八尺上正面南面、彫柱被籠由玄覚法印被注申之、但頗不見其所秘蔵云々、

と、春日西塔では心柱の南面、仏壇から七、八尺上の部分に空隙を設け、舎利を納めていた。つまり、舎利は心柱の中に埋め込まれていたのである。なお、春日西五重塔の周囲には回廊がめぐらされ、塔の南に楼門が構えられていた。[47] したがって、春日西塔は南が正面であり、天承再建の法成寺五重塔と同様に、舎利は心柱の正面に納められていたことになる。

春日西塔が模倣したという興福寺五重塔の平面規模は、『中右記』天永三年（一一一二）六月十七日の記事によれば、母屋で十尺、庇で九尺五寸、一辺二十九尺であった。[48] 現存する春日西塔の礎石から知られる平面規模が一辺約二十九尺、[49] 現存する興福寺五重塔の平面規模が二十九・二尺であり、[50]『中右記』に記された承暦再建の興福寺五重塔の平面規模とほぼ一致している。したがって、春日西塔で舎利が安置された位置を、現存する興福寺五重塔に当てはめても大きな誤りはないとして推測してみると、初重天井の下あたりに相当する。このように春日西塔でも、舎利を心柱の初重天井付近に籠めていたのであり、この点で法成寺五重塔と共通している。

また、前掲『殿暦』永久四年の記事によれば、春日西塔の心柱には舎利のほか、最勝王経・金剛般若経をはじめ不空羂索経・陀羅尼が籠められたのであり、法勝寺八角九重塔や尊勝寺五重塔と同様、心柱に舎利とともに経典を安置する形式であった。

以上のような例をみていくと、平安時代中期以降、舎利を経典などとともに心柱に籠めるという一つの形式が成立していたといえよう。次に、このことを傍証する事例を一つあげておこう。

四天王寺五重塔

『四天王寺御手印縁起』[51] には、四天王寺五重塔の舎利の安置形式について、

宝塔金堂相当極楽浄土東門中心、以髻髪六毛相加仏舎利六粒、籠納塔心柱中、

（中略）

宝塔一基、五重、瓦葺、心柱中籠仏舎利髻毛、四天王四体、

とあり、舎利六粒が心柱に籠められていたとする。『四天王寺御手印縁起』は、平安時代中期、寛弘（一〇〇四〜一二）ころの成立とされるが[52]、この縁起より前、延暦二十二年（八〇三）に書かれたとされる『大同縁起』[53]によれば、金瓶に一粒、瑠璃瓶に五粒の舎利を入れ、初重内陣でこれを婆羅門六体が担ぐ形式であった[54]。『四天王寺御手印縁起』の舎利六粒という記事は『大同縁起』によるとみられ、『四天王寺御手印縁起』が執筆される平安時代中期において、舎利を心柱の中に納めたという記述に変えられたことになる。もちろん、四天王寺五重塔で舎利を心柱に籠める形式に変わった可能性も考えられるが、実態は明確にし得ない。いずれにしても、このような記述の相違からは、平安時代中期において、舎利を心柱に安置する形式が存在していたことが知られよう。

2　舎利の安置形式からみた天承再建五重塔

奈良時代後期から平安時代初期には、鑑真や空海・円仁など、入唐僧により多くの舎利がもたらされ、舎利信仰の在り方にも変化が生じた。すなわち、舎利は塔内に秘蔵されるものではなく、礼拝の対象とされるようになり、堂内に安置されるようになったのである[55]。また、舎利会・舎利講がおこなわれるようになり、舎利を直接拝することができるようにもなる。しかし、春日西塔と天承再建法成寺東西五重塔のような例では、舎利が心柱の中に塗り籠められ、直接拝見することができない形式であった。このことは、春日西塔の舎利の安置方法について記した『平知信記』の、「但頗不見其所秘蔵云々」という記述がよく物語っている。この点において、春日西塔や法成寺五

重塔は、飛鳥時代から奈良時代初期の塔の、舎利を塔内に秘蔵するという思想を受け継いでいたといえるであろう。

さらに、天承再建法成寺東西五重塔で、水精・銀・銅と三重の容器に納められていた点は、鎌倉時代に多用される五輪塔形の直接容器[56]とことなり、法隆寺五重塔の心礎下から発見された舎利容器に代表される、飛鳥時代から奈良時代初期の一般的舎利容器の形式と共通している。しかし、舎利を心柱、しかも初重の天井あたりに納めるという形式は、飛鳥時代から奈良時代初期の塔に多くみられるような、心礎の舎利孔あるいは心礎下に舎利を安置する形式とことなり、注意を要する。以下では、飛鳥時代から鎌倉時代までの塔のうち、とくに塔の上層に舎利を安置した例をみていくことにする。

まず、『日本書紀』[57]敏達十四年（五八五）二月十五日の条に、

起塔於大野丘北、大会設斎、即以達等前所獲舎利、蔵塔柱頭、

と記されるように、大野丘北の塔では、舎利を塔の柱頭に納めたとする。しかし、この塔の形式は、今でいう塔とは大きくことなった形式で、実際には刹を立てたものであったとする説がある[58]。

また、心柱ではないものの、上層に舎利が安置される古い例には、長谷寺の銅板法華説相図（国宝）がある。ここには、三重塔の各層の扉が開かれ、上層に舎利壺、中層に多宝仏、下層に釈迦・多宝を並座している様子が示され、舎利を舎利壺に入れ、塔の三重に安置する形式であったことが注目される。この法華説相図の制作年代については、六八六年あるいは六九八年の二説があるが、奈良時代にすでに塔の上層に舎利を安置するという考え方があったことを示している。

興福寺蔵写本『興福寺流記』[59]では、天平二年（七三〇）創建時の興福寺五重塔について、

宝字記云、（中略）天平十六、年記同之層別在水精小塔四基、幷銀朴浅著屋、無垢浄光陀羅尼、延暦記云、中四層層別、在

小塔四基、金銀儀形上金銅花座重立水精塔、別納舎利一粒、各納浅塔形八口著鎖云々、

とある。すなわち、天平十六年記（七五四）、宝字記（七五七〜六五）では、四層層別に水精小塔を四基安置したとし、延暦記（七八二〜八〇六）では、これらの小塔に舎利を一粒ずつ納め、金銀の儀形の上に金銅の花座を重ね、その上に立てていたという。この流記の記述にしたがうならば、八世紀後半ころから九世紀初頭までには、形式は不明ながら水精の小塔に舎利を納め、塔の上層に安置するという形式が存在していたことになる。納めた場所が心柱であったか否かは明らかではないが、興福寺五重塔の安置形式は、飛鳥時代から奈良時代初期の形式とは明らかにことなってきている。

東大寺東七重塔は、相輪に舎利を納める形式をとっていた。『東大寺要録』[60]第七には、「一、構上東塔露盤事」として、

露盤一具、

（中略）

匏形中、安置金字最勝王経一部舎利十粒、維時宝字八歳次甲辰、

とあり、天平宝字八年（七六四）に、東大寺東七重塔の露盤すなわち相輪[61]を組み上げ、「匏形」の中に金字最勝王経一部と舎利十粒を安置したという。ここでいう「匏形」とは、相輪の宝珠を指すと考えられ、東大寺東七重塔では、舎利を相輪の頂上に安置していたことになるであろう[62]。

鎌倉時代の事例になると、当麻寺西三重塔で、明治から大正にかけての解体修理のさい、心柱頂上（相輪のうち水煙の中央にあたる）の窪みから舎利が発見されている。これと合わせて発見された明和四年（一七六七）の修理記録には、

二重三重悉及成就、時自真柱之上以黄金得一器、開蓋則其内有仏舎利三粒、一者入黄金之小壺、弐者入水晶之宝幢、壱者入紙包且書願主姓名等也矣、（中略）今新以布包之而亦如始納于真柱之上者也、

とあり、この舎利は明和の修理において発見され、納めなおされたものであった。これは同時に発見された建保七年（一二一九）の文書に、

奉納、御舎利三粒、赤地錦袋三、水晶五輪塔一基、

とある舎利とみられ、建保に舎利が奉納された当初から、心柱頂上に安置されたと考えられる[63]。

また、叡尊によって再建がすすめられた般若寺十三重石塔では、延応二年（一二四〇）、五重に舎利と舎利心経が納められたという記録がある[64]。長年にわたる造営の過程で納入されたものは、初重の舎利塔群、五重の舎利・経典と仏像、十重の舎利と経典、十二重の法華経などであり[65]、これらは当時の南都の舎利信仰と直接結びつく遺品とされている[66]。般若寺のほか、宇治の放生院十三重石塔の初重軸部からは、江戸時代の洪水で倒壊したさい、紺紙金字法華経とともに五輪塔形の舎利容器などが発見されたといい[67]、京都馬町の南十三重石塔の初重軸部からも舎利を納めた水晶五輪塔が発見されている[68]。鎌倉時代の十三重石塔でみられる、舎利が経典とともに初重から十二重の間、すなわち塔身部分に納める形式は、法成寺五重塔の形式と共通するが、五輪塔形の舎利塔を舎利容器としている点に、鎌倉時代の舎利信仰の特徴が色濃くあらわれている。

以上、天承再建法成寺五重塔の水精・銀・銅の入子状の容器に舎利を納める形式は、平安時代後期の尊勝寺五重塔でみられるような、経軸に舎利を納める形式、あるいは五輪塔形の舎利容器を多用する鎌倉時代の形式とはことなり、古代の塔の形式と共通している。また、安置する場所が心柱の初重天井上であった点は、心礎に安置するという形式、相輪の頂上付近に安置する形式ともことなる。これは、舎利を経典とともに心柱に籠める平安時代の特

徴的な形式に属し、鎌倉時代の般若寺・放生院・京都馬町の十三重石塔に継承されていくと考えられる。

おわりに

法成寺の塔に関する考察の要点は、次のとおりである。

一、承暦三年再建の東西三重塔に納められた八相成道は、道長により計画され、長元三年に完成された五重塔の八相を、薬師寺塔婆の八相成道にならって造りなおしたものであったと考えられる。この八相成道は、東塔が釈迦の俗の生涯、西塔が聖の生涯を象徴し、教義上、因相と果相として対置する構成をとっていた。法成寺において薬師寺三重塔の形式が復古的に採用されたのは、長元建立の五重塔の八相成道を納めなおすさい、薬師寺三重塔の形式こそが、八相成道を安置する塔としてふさわしい形式とされていたためではなかろうか。

また、妙法蓮華経二十八品と開結二経の図が東西塔内に分けて描かれていたが、これも道長の構想を受け継いでいたと考えられる。

二、天承二年再建の東西五重塔は、現存する醍醐寺五重塔よりも大規模であった。

三、天承再建五重塔の中尊は、東塔が胎蔵界大日如来四体、西塔が金剛界大日如来四体と、ともに大日如来を四体ずつ安置した。また、脇侍として安置された四仏には、四方浄土変の諸尊と同じ名号が与えられているが、思想的には東塔が胎蔵界四仏、西塔が金剛界四仏としての意義をもっていた。法成寺では、これらの仏像と内部荘厳とによって、東塔の母屋に胎蔵界曼荼羅の中台八葉院を、西塔の母屋に金剛界曼荼羅の成身会を形成し、東西五重塔を対置することで、両界曼荼羅の世界を形成していた。

四、天承再建五重塔では、舎利を水精・金・銅からなる三重の舎利容器に納め、東西両塔とも心柱の正面の初重天井上に、互いに向かい合うように安置していた。その舎利容器は古代の塔にみられる形式をとり、ひいては古代の舎利信仰を継承していた可能性も考えられ、これが密教の大日如来と併存していた点が大きな特徴といえる。また、この舎利の安置形式は、舎利を経典とともに心柱に籠める平安時代の特徴的な形式に属し、全体として、奈良時代以前の形式から鎌倉時代への過渡期的様相を示していると考えられる。

五、長元建立の五重塔と承暦再建の三重塔には八相成道、天承再建の五重塔には舎利が納められ、二度の再建を通して釈迦信仰が継承されていた点は注目すべきである。

註

(1) 杉山信三「法成寺について」(同『院家建築の研究』吉川弘文館、一九八四)。
(2) 清水擴「法成寺伽藍の構成と性格」(同『平安時代仏教建築史の研究』中央公論美術出版、一九九二)。
(3) 足立康「本薬師寺塔婆に関する疑問に就いて」(初出は『考古学雑誌』二〇―一一〈一九三〇〉。『足立康著作集第一巻　古代建築の研究　上』〈中央公論美術出版、一九八六〉に再録)、同「法成寺三重塔考」(初出は『考古学雑誌』二一―二・三〈一九三一〉。前掲同著書に再録)。
(4) 丸山二郎「『本薬師寺塔婆に関する疑問に就いて』の疑」(『歴史地理』五七、一九三一)。
(5) 板橋倫行「法成寺三重塔は薬師寺塔の移築でなくて模建」(『日本歴史』六九、一九五四)。
(6) 宮上茂隆氏は「藤原京薬師寺宝塔の形態と平城京移建」(『日本建築学会論文報告集』二二六、一九七四)において、足立説を正しいとするが、その根拠については述べていない。
(7) 『本朝続文粋』巻第十二所収。
(8) 前掲供養願文に、「営造瓦葺三重宝塔二基」とある。
(9) 増補史料大成本。

(10) 陽明文庫蔵。『校刊美術史料』四三（一九五三）の翻刻をもとに、東京大学史料編纂所蔵謄写本により校訂。
(11) 中村元『仏教語大辞典』によれば、『法華経』の『開経』は『無量義経』、『結経』は『観普賢経』である。
(12) 望月信亨『仏教大辞典』法華八講の項を参照。
(13) 岩波日本古典文学大系『栄花物語』巻第十五「うたがひ」に、「この世に道弘めさせ給ふ事、多くは某が仕うまつれる事なり」とある。
(14) 中村元『仏教語大辞典』本迹二門の項を参照。
(15) 織田得能『仏教大辞典』妙法蓮華の項を参照。
(16) 前掲註（3）足立論文。
(17) 前掲註（1）杉山論文。
(18) 宮上茂隆「薬師寺仏門・回廊の規模形態と造営事情」（『日本建築学会論文報告集』二〇九、一九七三）。
(19) 『中右記』承徳二年十月十二日の記事に、「参詣薬師寺、奉見仏舎利、（中略）件舎利、去嘉保二年寺僧依夢告、従本薬師寺塔跡奉掘出也」とある。
(20) 『中右記』永長元年（一〇九六）五月二十三日の記事では、「昨日暁詣薬師寺令奉見仏舎利、（中略）件舎利者、本是従本薬師寺之地、去年依夢想告所奉掘出也」と、「薬師寺」と「本薬師寺」の明確な区別をしている。また、前掲註（19）同記承徳二年十月十二日をはじめ、嘉承元年（一一〇六）八月二十一日の各条にも平城京「薬師寺」で、藤原京「本薬師寺」の塔下から掘り出した舎利を奉見したと記される。
(21) 藤田経世編『校刊美術史料　寺院篇上』（中央公論美術出版、一九七二）における、福山敏男氏の解題による。近年の『奈良国立文化財研究所史料　第二十二冊　七大寺巡礼私記』（一九八二）解題では、『七大寺巡礼私記』は、『七大寺日記』『十五大寺日記』を主たる材料として、それに他の所伝を加えて机上で作成されたとする。
(22) 『七大寺日記』には、「金堂之内、被安置舎利三粒給、是薬師寺専道法師長徳、依度々夢告、古京本薬師寺之塔心柱礎下掘出、所奉渡之舎利也、尤可拝見」とある。
(23) 田辺三郎助「塔本釈迦八相残欠」（『奈良六大寺大観　第六巻　薬師寺』岩波書店、一九七〇）。
(24) 「薬師寺西塔跡の発掘」（日本古文化研究所『日本古文化研究所報告　五　薬師寺伽藍の研究』一九三七）。

（25）なお、承暦の法成寺三重塔供養の後、保延六年（一一四〇）の『七大寺巡礼私記』には、同年三月十五日、薬師寺に参詣したさい、八相を拝見した詳細な記述が残されている。しかし、先にも記したように、実際に薬師寺に参詣したかには疑いもある。

（26）前掲『校刊美術史料　寺院篇上』所収「諸寺供養類記」に、「毎柱図両界曼荼羅、毎扉書八相成道変」とあり、また岩波日本古典文学大系『栄花物語』巻第十七「おむがく」にも、「扉押し開きたるを御覧ずれば、八相成道をかかせ給へり」とある。

（27）中村元『仏教語大辞典』八相の項を参照。

（28）吉祥真雄「薬師寺両塔の釈迦八相について」（『南都七大寺叢書　二　薬師寺の新研究』一九四五）。

（29）中村元『仏教語大辞典』八相成道の項を参照。

（30）藤田経世編『校刊美術史料　寺院篇中』（中央公論美術出版、一九七五）所収。

（31）京都府教育委員会『国宝醍醐寺五重塔修理工事報告書』（一九六〇）。

（32）『興福寺流記』、護国寺本『諸寺縁起集』、『七大寺巡礼私記』など。

（33）『密教大辞典』薬師如来の項を参照。

（34）『密教大辞典』釈迦如来の項を参照。

（35）『密教大辞典』中台八葉院の項を参照。

（36）金森遵「密教寺院に於ける多宝塔の意義　上・下」（『國華』五二一―一〇・一一、一九四二）。

（37）『弘法大師空海全集　第四巻』（筑摩書房、一九八四）。引用文は『日本大蔵経』真言宗事相章疏所収の「秘蔵記私本鈔」巻四第二十六章による。

（38）本来ならば「胎蔵」とすべきであろうが、ここでは胎蔵と金剛界の二元的対置構成について論じているので、あえて「胎蔵界」とした。

（39）『平知信記』の供養当日の記事に、「奉仕御仏開眼、先西御塔於東面勤行之、（中略）次東御塔於西面勤行之」とあり、西塔が東正面、東塔が西正面であったと考えられる。

（40）濱島正士「宝塔と多宝塔」（『仏教芸術』一五〇、一九八三）。

(41)『興福寺濫觴記』(『続々群書類従』第十一所収)に、「東御塔本願御本尊御神影者、于今大乗院殿ニ在之、拾芥抄云、本尊四仏幷仏舎利在之云々」とある。

(42)『仁和寺研究』一〜四(二〇〇二〜〇四)「仁和寺蔵七冊本『三僧記類聚』影印」、『大日本史料』同年同月二十五日の条所収。

(43)『朝野群載』巻第二所収。

(44)『群書類従』第十五巻。

(45)足立康「春日西塔と興福寺塔との関係」(『足立康著作集　第三巻　塔婆建築の研究』中央公論美術出版、一九八七)。

(46)大日本古記録本。

(47)黒田昇義著、福山敏男編『春日大社建築史論』(綜芸舎、一九七八)。

(48)春日西塔の建設にあたって、大工により興福寺五重塔の実測がおこなわれ、『中右記』同日の記事に、「次開御塔廻見、是以此御塔可被奉模之故也、召御寺工是助僧寂秀、令取丈尺母屋一丈、庇九尺五寸」とある。

(49)前掲註(45)足立論文。なお、前掲註(47)黒田著書には、現存する西塔の礎石から実測された寸法が記され、平面の一辺二十九尺程度、中央間十尺、両脇間九尺六寸であったという。

(50)『日本建築史基礎資料集成　十一　塔婆一』(中央公論美術出版、一九八四)による。

(51)『大日本仏教全書』寺誌叢書第二所収。

(52)福山敏男「四天王寺伽藍の歴史と金堂の復元」(『福山敏男著作集　第一巻　寺院建築の研究　上』中央公論美術出版、一九八二)。

(53)鎌倉時代成立の『太子伝古今目録抄』に引用される。

(54)福山敏男「初期の四天王寺史」(前掲註(52)同著書)。

(55)河田貞「インド・中国・朝鮮の仏舎利荘厳」(奈良国立博物館編『仏舎利の荘厳』同朋舎出版、一九八三)。

(56)前掲註(55)河田論文。

(57)岩波日本古典文学大系『日本書紀』。

(58)村田治郎「仏舎利をまつる建築」(『仏教芸術』三八、一九五九)。
(59)『奈良六大寺大観　第七巻　興福寺二』(岩波書店、一九六九)所収。
(60)『続々群書類従』第十一所収。
(61)『建築大辞典』(彰国社、一九九三)露盤の項を参照。また、足立康「東大寺東塔の落成年代」(前掲註(45)同著書)においても、相輪宝珠に舎利と経典が納められたとされる。
(62)教王護国寺五重塔でも、宝菩提院蔵『聞書并日記』(京都府教育庁文化財保護課『国宝教王護国寺五重塔修理工事報告書』〈一九五九〉所収)寛永二十年(一六四三)五月二日の条には、

九輪之擦ニ仏舎利三粒銅壺ニ入籠之、

とあり、現在の五重塔では、心柱の頂上から一尺ほど下に横穴を穿ち、舎利容器を納めているというが、それ以前の安置形式については不明である。濱島正士「教王護国寺五重塔」(前掲『日本建築史基礎資料集成　十一　塔婆一』)を参照。
(63)天沼俊一「大和当麻寺西塔発見の舎利容器」(『考古学雑誌』三―一、一九一二)、『大和古寺大観　第二巻』(岩波書店、一九八七)岡田英男「西塔」解説を参照。明和四年(一七六七)の修理記録、建保七年(一二一九)の文書は岡田解説による。
(64)『東大寺別当次第断簡』延応二年(一二四〇)預慶賢の項(『重要文化財般若寺塔婆解体修理報告書』〈一九六五〉所収)に、「順定法橋北山、般若寺石塔五重之中所々御舎利、貴所御自筆御舎利心経奉籠、道俗男女群集」とある。
(65)『大和古寺大観　第七巻』(岩波書店、一九七七)阪田宗彦「十三重石塔納入品」解説。
(66)前掲註(64)『重要文化財般若寺塔婆解体修理報告書』、岡田英男「十三重石塔」(『大和古寺大観　第三巻』岩波書店、一九七七)。
(67)前掲註(55)『仏舎利の荘厳』所収「山城浮島十三重石塔納置舎利容器」解説を参照。
(68)川勝政太郎「馬町十三重石塔と納入遺物」(『史迹と美術』一二六、一九四一)。

第二章　塔における両界曼荼羅空間の諸相

はじめに

平安時代、天台・真言の新たな仏教が開かれ、仏教界は大きな転換期を迎えることになった。とくに、体系化された密教の導入と急激な浸透は、平安時代の仏教に多大な影響を与えた。仏教界におけるこうした動きは、塔に関わる信仰にも大きな変化をもたらすことになった。その変化は、空海が高野山上の「毘盧遮那法界体性塔」、東寺の五重塔という、二つの造営事業を開始したことにはじまる。

弘仁七年（八一六）、空海は勅許によって高野山を賜り、伽藍の建設にとりかかった。承和元年（八三四）の「勧進奉造仏塔知識書」(1)によって知られる二基の「毘盧遮那法界体性塔」は、空海入定前には完成されず、九世紀終わりになって大塔・西塔として建ち並ぶことになった。(2)これら二基の塔は、康保五年（九六八）の「金剛峯寺建立修行縁起」(3)では、多宝塔と呼ばれている。(4)一方、平安京では弘仁十四年（八二三）、国家の寺院である東寺の造営が空海に委ねられる。ここでも空海により塔の建設がはじめられ、空海入定後、五重塔が完成した。(5)

このように平安時代はじめ、空海によって高野山には大塔、東寺には五重塔という、同じ真言寺院にありながら、形式のことなる塔の建設がはじめられたのである。

これらのうち大塔については、これまでの研究[6]により、胎蔵界曼荼羅五仏を安置し、胎蔵界大日如来を象徴する塔であったことが明らかにされている。一方、平安時代中期以降、大日如来をはじめ、両界曼荼羅諸尊を安置する層塔が数多く建立され、そこには胎蔵・金剛両界の曼荼羅を立体化した空間がつくりだされた。しかし、層塔に構成された両界曼荼羅は決して一様ではなく、たとえば第一章でみた天承二年（一一三二）再建の法成寺東西五重塔のように、一つの塔に大日如来を四体も安置し、しかも顕教の四方浄土変の四仏からなる、きわめて特異な形式も認められる。

本章は、平安時代、密教の根本ともいうべき両界曼荼羅が、在来の建築である層塔において、どのような空間として実現され、いかなる変容をとげたか、また、それにともなって、層塔の性格・形態にいかなる変化が生じたか明らかにすることを目的とする。

ところで、両界曼荼羅諸尊のうち、大日如来あるいは大日如来をふくむ五仏を納める塔は、胎蔵界・金剛界曼荼羅をつくりだすことを意図しているといえる。また、先にあげた顕密両教の諸尊を納める天承再建法成寺東西五重塔も、その意図は密教の両界曼荼羅を具現するところにある。こうした点をふまえ本章では、胎蔵界、金剛界あるいは両界曼荼羅を意図して構成された空間を「両界曼荼羅空間」、とくに胎蔵界、金剛界を明確にしうる場合は、それぞれ「胎蔵界曼荼羅空間」、「金剛界曼荼羅空間」と呼ぶことにする。

一　高野山大塔と東寺五重塔

1　高野山大塔

高野山大塔をはじめ、初期真言寺院の多宝塔は大日如来を象徴する塔であった。後に、密教の多宝塔は、真言寺院に限らず広く建立されるようになる。[7] 塔が密教と結びついた最も早い事例の一つとして、高野山大塔をみておく必要がある。

空海は承和元年（八三四）の「勧進奉造仏知識書」において、二基の「毘盧遮那法界体性塔」建立の構想を述べているが、「毘盧遮那」は密教において大日如来と同体であり、[8]「毘盧遮那法界体性塔」は大日如来そのものをあらわす塔であった。高野山での空海の理想は、東西二基の大日如来の塔を建てることによって、胎蔵・金剛両界不二の密教理念を具現することであった。[9] その形式は単層塔に裳階をまわし、これは金剛界九会曼荼羅のうち、三昧耶会中台に描かれた大日如来の三昧耶形をもとにしたともいわれる。[10]

東塔である大塔は、九世紀半ばに完成されて以来、正暦五年（九九四）雷火によって失われるまで、幾度も修理を受けつつ維持されていた。ここでは、正暦五年焼失後の再建の過程をみることで、創建大塔の安置仏・内部荘厳について考察を加えてみたい。

創建高野山大塔とその再建

創建大塔の安置仏について、康保五年（九六八）の「金剛峯寺建立修行縁起」には、

多宝塔一基、高十六丈、一層之勢是勝数重塔、奉安置一丈八尺六寸大日、一丈四尺四仏胎蔵、

と、一丈八尺六寸の胎蔵界大日如来と一丈四尺の胎蔵界四仏とする。また、西塔については、

九丈多宝塔一基、奉安置八尺大日、五尺四仏金剛、

とあり、金剛界五仏を納めていた(11)。この記録をもって、二基の「毘盧遮那法界体性塔」を建立しようとした空海の意図が、二基の塔から両界曼荼羅を体現するところにあったことが知られる。

なお、金剛峯寺に現存する金剛界大日如来像（重要文化財）は、創建西塔に安置されていた八尺の大日如来と考えられ、像高は九八・五センチメートルである。仮にこの寸法の対応関係を用いると、「金剛峯寺建立修行縁起」に一丈八尺六寸とされる大塔の大日如来の像高は二二九・〇センチメートルであり、丈六像（平等院鳳凰堂の丈六阿弥陀如来像の像高は二七八・八センチメートル）よりやや小さいが、ほぼ同程度の規模が想定される。

さて、大塔の焼失後、寛弘四年（一〇〇七）十月十一日の奥書をもつ「紀伊国金剛峯寺解案(12)」に、大塔の安置仏・内部荘厳が記され、ここには、

一宝塔高十六丈
柱十六本、図絵両部曼荼羅仏像、外陳(陣)柱十二本、内方図絵柱絵、
一五仏中尊大日如来居高八尺八寸、坐高五尺五寸光一丈五尺五寸、
四仏　薬師　宝生　無量寿　釈迦
四仏各居高七尺坐高四尺五寸光一丈二尺
一同御塔金具高五丈、古記云、料鉄十五万斤稲斤定五仏木作

と、十六本の柱に描かれた両界曼荼羅諸尊、五仏の中尊として大日如来、四仏として薬師・宝生・無量寿・釈迦が記される。

この解案は、仁海が焼失した大塔の再建を朝廷に訴えたもので、ここに書かれた内容は、今後再建されるべき大

塔を示しているとみられ、それは創建大塔を継承したものであったと推測される。ただし、創建大塔の安置仏が胎蔵界五仏とされるにもかかわらず、ここでは四仏に金剛界の宝生、顕教仏である薬師・釈迦がふくまれている点に注意しておきたい。

大塔の再建がはじめられるのは、創建大塔が失われてからおよそ一世紀後の嘉保二年（一〇九五）のことで、その供養は康和五年（一一〇三）におこなわれている。

再建の経過は「高野山根本大塔興廃日記」(13)に詳しく、とくに嘉保二年と康和二年（一一〇〇）の記録から大塔の姿をうかがうことができる。

嘉保二年の記録には、

以嘉保二年三月可造院宣下云々、
四月十日杣始、六月七日斧始、并壇除、仍テ依旧基図、
大塔旧基図土壇九丈余、石居定八丈、
五仏大日居長八尺八寸、座高五尺五寸、薬師、宝生、無量寿、釈迦各居長七尺、座高四尺五寸、光丈二尺云々、
嘉保二年乙亥六月七日手斧始、旧基土壇掃除之次、四方砋（礎カ）所図記之、
母屋柱十六本、裳層内角扶柱四本、水輪柱十二本当有小石居、裳層柱廿本、
　已上柱数六十本云々、壇三重也、最中八角一尺許高、次輪壇高八尺、次方壇云々、
但右記云、柱十六本、図絵両部曼荼羅仏像、外陳（陣）杖（柱）十二、内方図絵柱云々、今以石居案之、
若彼十二者文上下歟、外陳（陣）水輪□（歟カ）、今見不居廿也云々、若以裳級之、外陣不可也、
若外陣石廿者、間柱□（歟カ）、今見間柱也、

大塔心柱長十五丈五尺二寸、
凡柱共各三丈二尺径三尺□《(賺カ)》、朽《(朽カ)》残二尺五寸、金具高五丈、宝塔高十六丈云々、
已上旧基図之

とある。「旧基土壇」「旧基図」に基づいているところをみると、大塔の再建は、創建大塔にならってなされたのであろう。「右記」とある記録が何を指すか明らかでないが、その内容は「紀伊国金剛峯寺解案」と同じであり、この解案通りに再建がすすめられたとみられる。

承徳二年（一〇九八）、工事は中断したようで、

承徳二年戊寅四月一日、依妃《(飛)》香舎作行事、大工等皆悉下云々、

とあるが、

康和元年又改造、此時行事所行事替忠季、以成宗判官代令沙汰云々、

と、康和元年（一〇九九）、ふたたび改造された。同年十一月に檜皮が葺かれているので、再建大塔は檜皮葺であったと考えられる。翌二年には、

康和二年七月七日、絵師下、播磨講師不下、以四良子為名代、卅日間絵之、料物三千三百石云々、

と、絵師が入った。完成はこの年の十月で、

十月廿三日、覆勘使下、史生一人、史部二人、多宝塔一基、高十六丈、下壇広八丈、礎定土壇九丈六尺、大工
東大寺大工加茂成国、
鋳師河内国能登介時貞、
木造

母屋内柱十二（四）[14]本円形、次仏壇柱十二本八角、次水輪柱十二本円形、已上径二尺八寸、高三丈一尺、礎以上本三丈二尺也、

内陣柱十六、図絵両界仏等、外陳（陣）水輪柱十二本、有絵今有絵、

金物高四丈三尺、本五丈、心柱八丈本七丈、末一丈三尺、今塔高十三丈五尺歟[15]、

裳層四面各五間、柱廿本、径二尺、高二丈、南西（面カ）戸三西（間カ）、左右連子、今三方、各戸一間、従本体減少□□云々、

とあり、再建大塔の高さは創建大塔と同じ十六丈で、基壇は九丈六尺の規模であった。

安置仏については、『中右記』同年十一月二十五日の条に、

造立御五体各丈六、中尊頗勝、胎蔵五仏、

とあるように、五仏は丈六程度、創建大塔の五仏と同程度の規模を有していた。「紀伊国金剛峯寺解案」の記事などと合わせてみると、中尊大日如来像がとくに大きかったことが考えられる。

創建大塔の平面と仏像の配置構成

創建大塔の平面形態は、「高野山根本大塔興廃日記」をもとに、足立康氏により復元考証され、後に清水擴・藤井恵介両氏によって再考され、より具体的なものとなってきた（**図2―1**）[16]。三氏の復元では、いずれも内側に四本、外側に十二本の柱を配し、計十六本の柱で母屋を構成している。両界曼荼羅諸尊を描いた十六本の柱は、この母屋柱に相当すると考えられる。

三氏の復元で最も大きくことなる点は、①仏壇上の心柱の有無、②八角形仏壇の規模・構成である。②について、藤井説は母屋部分に八角形の仏壇を置くが、久寿三年（一一五六）再建大塔をあらわす弘安八年（一二八五）の称

名寺蔵「石町率都婆供養曼荼羅供指図」[17]（図2—2）、慶長二年（一五九七）再建大塔をあらわす『匠明』「高野大塔図」[18]をもとに考察したこの説が説得力をもつ。しかし、①の仏壇上の心柱については、五仏の配置構成と密接な関係にあり、検討しなおしておく必要があろう。称名寺蔵指図をみる限り、久寿再建大塔では、仏壇上に心柱は通っていなかったと考えられる。

足立説は、康和二年の記録に「心柱八丈、本七丈、末一丈三尺、」とあることをもって、創建大塔の心柱長を七丈と考える。これに「金物高」すなわち相輪長の五丈、母屋柱長三丈二尺を加えた高さが十五丈二尺となり、総高の十六丈に近くなることをもって、仏壇上に心柱を通さない。

一方、清水説は心柱が七丈では短すぎるとし、嘉保二年の「大塔心柱長十五丈五尺二寸」という記事から心柱の

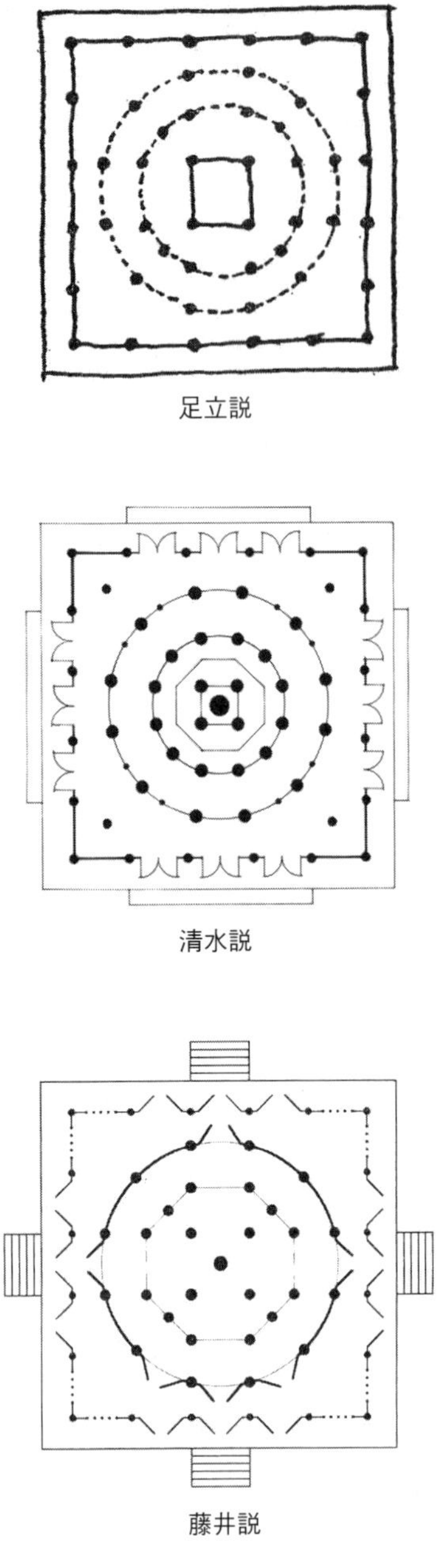

図2—1　高野山大塔復元諸説

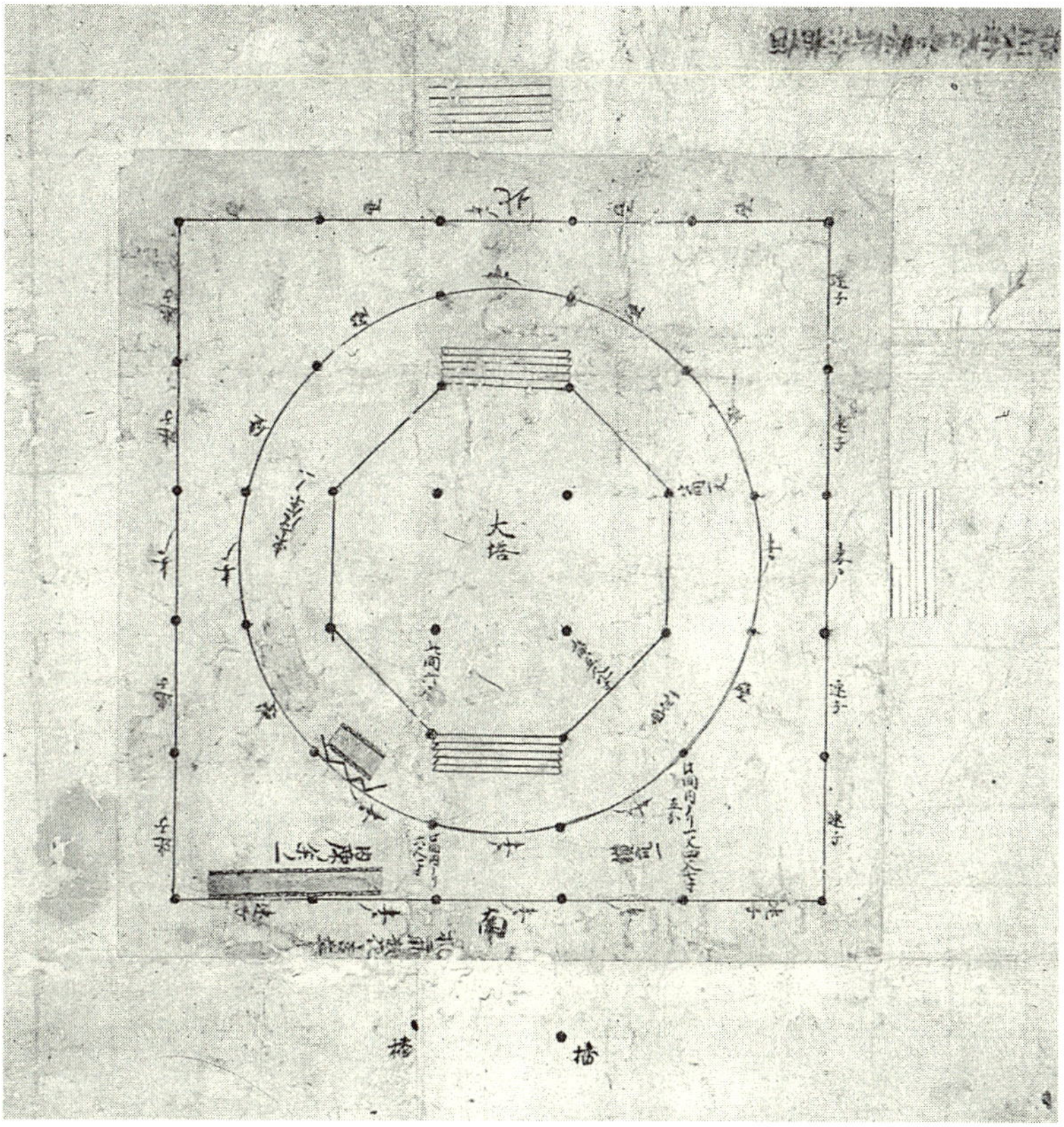

図2―2　石町率都婆供養曼荼羅供指図　大塔部分
（称名寺蔵、神奈川県立金沢文庫保管）

長さを十五丈五尺二寸と考え、心柱を仏壇上に通している。藤井説も初重の仏壇上に心柱を通すが、その根拠は清水説と同じく、この記事によっている。

ここでもう一度再建記録をみていくと、嘉保二年六月七日の条に「旧基土壇掃除之次、四方徒《（礎カ）》所図記之」とあるところをみると、創建大塔の基壇跡を実見し、礎石を図に記録したことがうかがえるが、ここには心礎の報告がなされていない。また、柱の総数六十本とされ、ここに心柱がふくめられないことからも、心礎はなかった可能性が考えられる。とすれば、初重に心柱が通っていなかったことも充分考えられる。そして、五仏の配置を考慮するならば、創建大塔でも仏壇上に心柱は通っていなかった可能性が高いという結論にいたらざるをえない。

両界曼荼羅図の中心部は、大日如来と四方四仏の五仏によって構成され、中心に大日如来、四方に四仏を配する。貞応三年（一二二四）建立とされる高野山金剛三昧院多宝塔では、中心に金剛界大日如来、四角に四仏を配しており、大日如来を中心に、それを取り巻くように四方、あるいは四角に四仏を置く形式が、多宝塔における典型的な五仏の安置形式であった。

ここで、創建大塔での五仏の配置を考えてみたい。

まず、四仏の配置について、藤井説によれば、大塔の八角形仏壇四角の辺では中央に柱が立っていることから、四仏を四角に配するのは不自然であり、四方に安置していたと考えるべきであろう。

次に、本来、大日如来が置かれる仏壇中心に心柱が通るならば、大日如来を中心に置くことはできない。しかも、創建大塔の大日如来は「一丈八尺六寸」であり、その規模はいわゆる丈六像程度に想定される。仏壇上に心柱が通っていた場合、丈六程度の規模をもつ大日如来と一丈四尺の四仏とともに安置できたか、はなはだ疑問である。藤井説では、中央の四本の柱に囲まれた部分は、一丈六尺程度に想定されるという。現存する事例でみると、たとえば平等院鳳凰堂では、丈六の阿弥陀如来の置かれている正面中央柱間は十四尺、須弥壇は約十五尺四方であり、須弥壇上ほぼいっぱいに阿弥陀如来像が納まっている。この中心に心柱に相当する柱が通った場合、丈六という大規模な仏像を安置することはとうてい不可能である。大塔でも、仏壇上に心柱が通るならば、中央四本の柱に囲まれた部分に、ほぼ同等の規模の大日如来を安置することはできなかったはずである[19]。

以上のように、創建高野山大塔では、仏壇上に心柱は通らず、五仏は両界曼荼羅図のように、中心に大日如来、四方に四仏を配置していたと考えるべきで、嘉保二年の記録にある「心柱長十五丈五尺二寸」は、何らかの誤りであったとみなされよう。

高野山大塔の両界曼荼羅空間

「金剛峯寺建立修行縁起」によれば、創建大塔の安置仏は胎蔵界五仏で、胎蔵界曼荼羅を具現する塔であった。二基の「毘盧遮那法界体性塔」の建立を計画した空海の構想でも、大塔は胎蔵界曼荼羅を形成するものであったと考えられる。ところが、十一世紀初頭の「紀伊国金剛峯寺解案」に記された大塔は、四仏に金剛界の宝生、顕教仏の薬師・釈迦がふくまれ、内部の柱には両界曼荼羅諸尊が描かれていた。このとき大塔は厳密な胎蔵界四仏を納めず、空海の当初の計画とは必ずしも一致しない。ここに記された大塔を理解するためには、高野山において大塔がいかなる意義をもっていたか考えておく必要があろう。

「金剛峯寺建立修行縁起」では、空海によって建立されたのは十六丈の多宝塔（大塔）と講堂であり、九丈の多宝塔（西塔）は、仁和三年（八八七）、真然が「小松天皇」すなわち光孝天皇（在位八八四〜八七）の勅願により建立したとする。西塔は大塔とともに両界曼荼羅をつくりだす塔であり、一対のものとして造営されたにしては、あまりにも規模がことなりすぎる。

また、空海が高野山金剛峯寺を造営していた当時、その運営状況は決して恵まれたものではなかった。金剛峯寺が定額寺に列せられたのも、空海入定の年、承和二年（八三五）のことである。延長二年（九二四）の太政官符[20]によれば、造塔料として紀伊国正税が貞観二年（八六〇）に四千九百束、貞観四年（八六二）に二千束下されたが、その後修理を加えず破損がはなはだしいとされる。藤井恵介氏は、塔の造営は承和と貞観の二期にわたり、貞観二

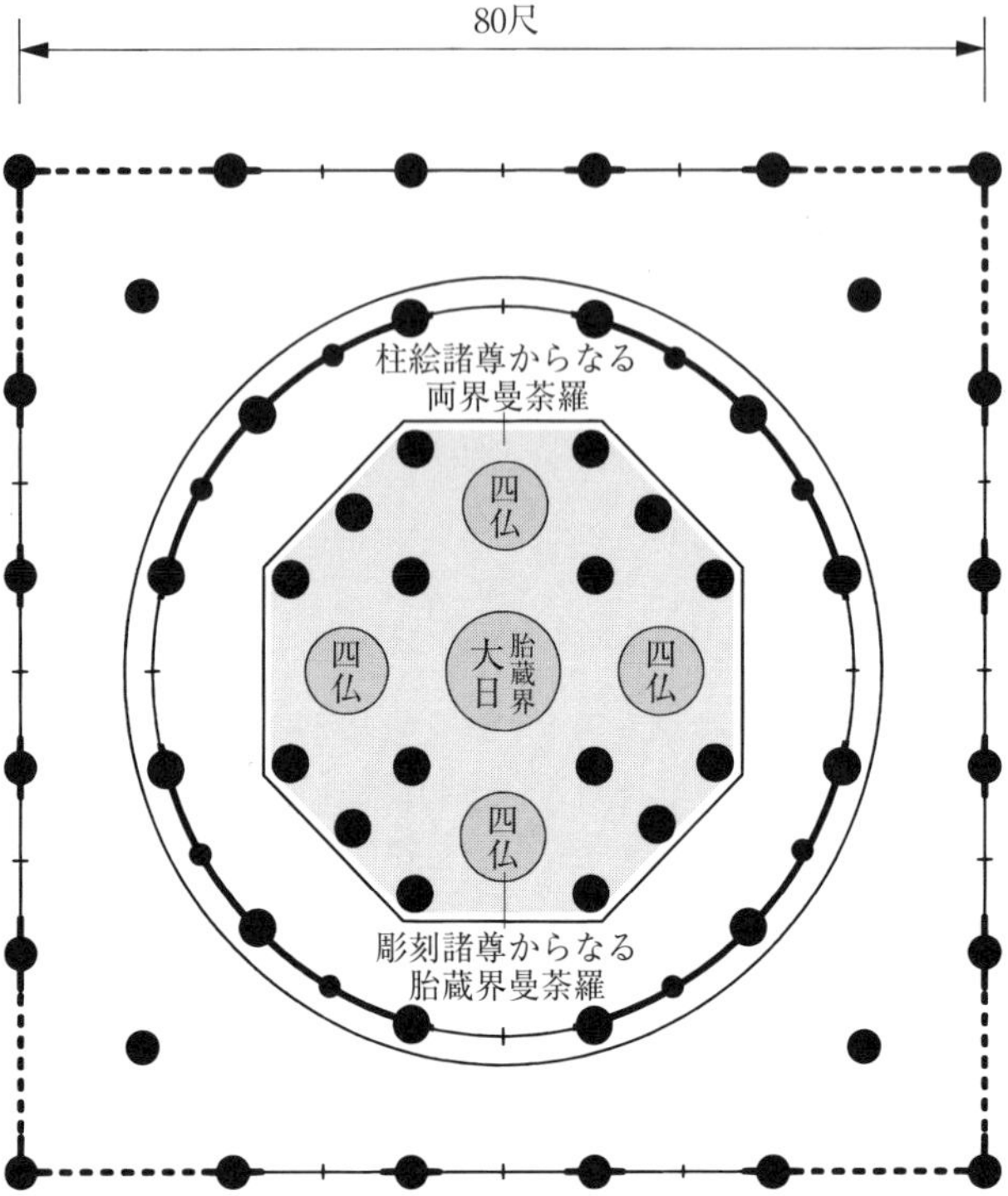

図2―3　創建高野山大塔空間構成概念図

年の造塔料が多いことから、このときの造塔、あるいは修理に、西塔の造営もふくまれたと考える。西塔の完成が仁和三年とされることからも、西塔の建設は大塔からかなり遅れていたとみてよいであろう。

こうした点から判断して、空海の理想に反し、現実には大塔一基の造営にしか取りかかれず、空海在世中はもっぱら大塔に「毘盧遮那法界体性塔」建設の総力が注がれ、西塔は建設されていなかったと考えられる。大塔一基しか建設できない状況において、大塔は高野山の中心として、一基のみで両部不二の密教理念を体現することを負わされることになったのではなかろうか。大塔でみられる四仏の混乱、母屋柱に描かれた両界曼荼羅諸尊は、空海の理想と現実の相違、それにともなう大塔の意義の変質から生じたと理解されよう[21]。こうして完成された創建高野山大塔の空間構成を復元し、図示するならば、**図2―3**のようになる。大塔には、彫刻からなる胎蔵界曼荼羅、母屋柱に描かれた絵画からなる両界曼荼羅という、二つの曼荼羅を重ねて両界曼荼羅空間が構成されていたと考えられる。

さらに、この他にも空海が大日如来の塔を建立し、そこに両界曼荼羅空間をつくりだそうとしていたことを示す事業があった。東寺五重塔の造営である。

2　東寺五重塔

創建東寺五重塔の安置仏

空海によって建設がはじめられた東寺五重塔は、空海入定後、仁和二年（八八六）ころには完成されたと考えられる。しかし、空海が構想した五重塔の安置仏を直接知るための史料はなく、『東宝記』[22]によって永仁年間（一二九三～九九）の様子が知られるのみである。

『東宝記』には、永仁年間の五重塔の指図がのせられ（**図2―4**）、これによって母屋の仏壇上、東に阿閦、南に宝生、西に阿弥陀、北に不空成就の金剛界四仏を配し、それぞれ脇に二体の菩薩をそなえていたことがわかる。仏像の形式については、同記に、

仏壇四方安金剛四仏坐像、印相如常、左右各安二菩薩八菩薩皆二体立像也、不詳其尊号、

と記されるように、仏壇四方の金剛界四仏は坐像、それぞれ二体ずつの菩薩は立像であった。各菩薩の尊号は不詳とされるが、四仏はいずれも三尊形式で、合計十二体の仏像が納められていた。

さて、東寺五重塔は、空海によって建設がはじめられた創建五重塔の完成から永仁年間までに、仁和二年（八八

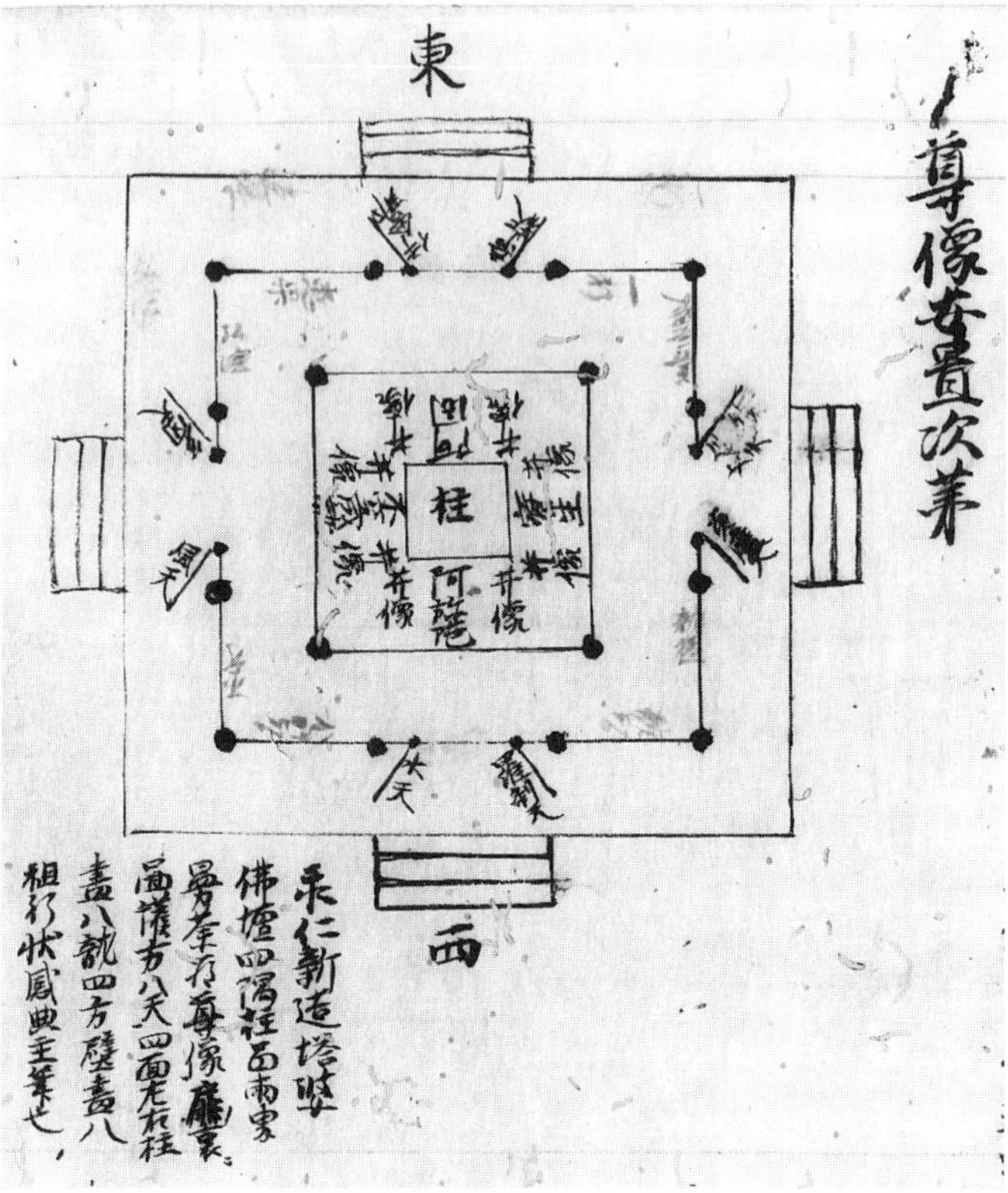

図２―４　『東宝記』所収　東寺五重塔指図（教王護国寺蔵）

六）に落雷の被害を受け、天喜三年（一〇五五）に落雷によって焼失、応徳三年（一〇八六）再建され、文永七年（一二七〇）にも火災により失われている。この後の再建は永仁年間に終わっていたが、かなり遅れた建武元年（一三三四）に供養されている。

安置仏について『東宝記』では、

件仏菩薩像悉大師御作也、
度々炎上之時、毎度奉取出遁
火難畢、

と、仏菩薩像はすべて大師すなわち空海の作で、火災の度に取り出されて焼失をまぬがれたとするが、これは重要な論点であり、考察を加えておくことにする。

まず、仁和年間の落雷について

『日本三代実録』同二年三月十三日の条には、

　暴風雷雨、東寺新造塔火、時人謂雷火也、

とある。『東宝記』では、落雷は仁和四年の同日のこととして、

　至仁和四年為雷火焼失、

とあり、このとき焼失したとする。しかし、同記では官長者兼治の勘文を引き、

　師緒勘進四年云々、如何
　仁和二年三月十三日新塔角木焼、

と、同じ火災について、隅木が燃えたともある。『東宝記』のとおり、仁和四年に塔が焼失していたとすれば、この後の再建に関わる記録がみられて然るべきであろうがまったくみられない。したがって、仁和の二つの落雷の記事は同一の被害を指し、それは隅木が焼ける程度のもので、安置仏もそのままであったと考えられる。

　つづく天喜三年の落雷・焼失の後は、「東寺塔供養記」(23)にのせる応徳三年の供養願文に、

　重複旧儀更安前仏、

同供養記に、

　卯刻安置御仏奉修補奉仕、

とあり、前の仏を修理して安置したという。さらに『東宝記』に、

　東要記下云、天喜三年（中略）夜半東寺塔為雷火焼亡、仏像幷八幡三所御影皆奉取出之、安置金堂云々、或記云、安置金堂西庇云々、

と、天喜の火災のとき仏像は焼失をまぬがれていたともある。また、この火災のとき、五重塔の再建について「東寺権上座定俊申状写」(24)には、

而天喜二年八月廿一日夜、当寺御塔焼失畢、於本仏十二体者慶寿奉取出畢、（中略）当寺御塔、任旧跡可奉造立供養之由、

とあり、仏像は十二体ともすべて取り出され、五重塔は「旧跡」にまかせて建てられることになっていた。これら十二体の仏像を、金剛界四仏とそれらの脇侍各二体であったと考えれば、『東宝記』の永仁五重塔についての記述・指図の内容と一致する。

文永七年の火災については『高野春秋編年集録』[25]に、

震于東寺塔雷火焼失至第三度、本尊等取出之了、

と記され、本尊は取り出されたとする。また、『東宝記』および「東寺塔供養記」に引用される供養願文には、胎蔵・金剛両部曼荼羅を図絵したこと、金字妙法蓮華経等を書写したことが記されるが[26]、本尊を造ったことは記されず、安置仏については、

本自安置之仏像者、高祖雕刻之尊容也、

と、もとから安置されている仏像は、「高祖」すなわち空海彫刻の尊容であるとする。つまり永仁年間、東寺五重塔では創建五重塔の安置仏を納めていたと考えられる。創建から永仁年間にいたるまで、彫刻の尊像として、大日如来が安置されていなかった点にも注意しておきたい。

東寺五重塔の両界曼荼羅空間

『東宝記』には、内部荘厳について、

塔婆柱絵

> 永仁新造塔婆仏壇中心柱不図仏像、四隅柱内西二本金剛界四仏、十六大菩薩、四摂尊像図之、東二本胎蔵界四仏、四菩薩及諸院上首等図之、又仏壇四隅柱最下一重、十二天幷四種毘那夜迦天各座像也、図遶之都合十六天也、両界諸尊皆月輪内蓮華座上図之、諸天像通月輪内荷葉座上図之、

と、四天柱のうち西の二本には金剛界四仏と十六大菩薩、四摂菩薩の各像が、東の二本には胎蔵界四仏、四菩薩、諸院の中心となる諸尊などが描かれていたという。永仁東寺五重塔では、四天柱の東西二本ずつに胎蔵・金剛両界の諸尊を描くことで母屋に両界曼荼羅を形成し、中心に安置された五仏に金剛界・胎蔵界の違いはあるものの、高野山大塔と同じ両界曼荼羅空間の構成をとっていた（**図2—5**）。

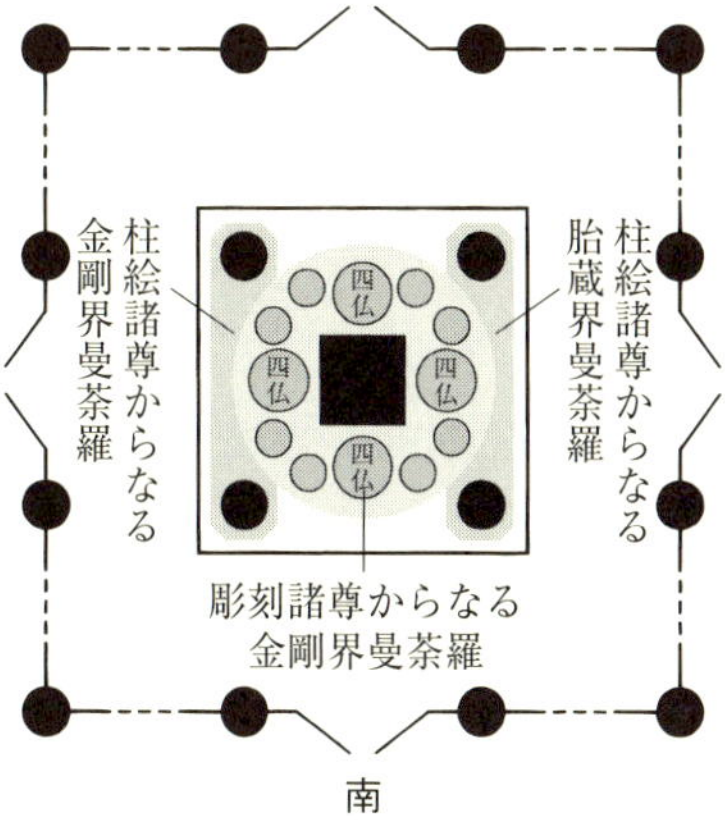

図2—5　永仁再建東寺五重塔空間構成概念図

また、永仁再建五重塔では、心柱に仏像が描かれなかったという点が注目される。「金剛界四仏」と「胎蔵界四仏」は、両界曼荼羅五仏から大日如来を除いた諸尊を指すので、永仁再建五重塔では、安置された仏像と同様、塔内の絵画においても大日如来を表現していなかったことになる。佐和隆研氏は、東寺五重塔の心柱の意義を、金剛界大日如来と、四天柱に描かれた両界曼荼羅四仏に対する大日如来とみなす(27)。

東寺は、空海が造東寺別当に就く以前からの寺院であり、限定された条件のなかでしか密教伽藍が実現できなかった。塔の造営もその例外ではなく、西塔が占めるべき場所に灌頂院が置かれていることからも(28)、空海に二基の塔を建立する計画はなかったとみられる。つまり東寺でも、空海によって一基の塔しか建設されず、五重塔は

高野山大塔と同様、一基で両部不二の密教理念を体現することを負わされたと考えられる。

五重塔造営にさいしての空海の思想は、塔の木材を運搬するため朝廷に奏した、天長三年（八二六）十一月二十四日の「大師草勧進表」[29]にみることができる。

空海はこの勧進表で、

塔名功徳聚、（中略）功徳聚則毘盧遮那万徳之所集成、

と、塔を功徳聚と名づけ、功徳聚は毘盧遮那、すなわち大日如来の万徳を集成したものと説いている。空海は東寺五重塔造営の本義を、大日如来の功徳に求めたのであった。この勧進表にあらわれた空海の思想は、大日如来を前面に押し出すという点において、「勧進奉造仏塔知識書」の「毘盧遮那法界体性塔」の構想に通じる。

空海は、高野山では大塔、東寺では五重塔という形式のことなった塔を、同じ大日如来の塔として建設した。このとき、五重塔という奈良時代以前からの塔が、密教の大日如来と結びついたのである。

二　両界曼荼羅諸尊を安置する層塔

東寺五重塔が大日如来の塔として建設されたのを初見として、大日如来あるいは両界曼荼羅五仏を安置する層塔が数多く建てられた。多宝塔では、中尊である大日如来一体を取り巻くように四仏を置くのが典型的な形式であったが、平安時代後期の層塔には、大日如来を四体安置するという、特異な形式をとるものがあらわれる。

ここでは、平安時代建立の両界曼荼羅諸尊を納める層塔について、大日如来を一体安置する形式、大日如来を四体安置する形式に分け、両界曼荼羅空間の具体的構成を考察する。

1　大日如来を一体安置する層塔

円勝寺東三重塔

大治三年（一一二八）、待賢門院の御願寺として供養された円勝寺には、中央に一基の五重塔と、東西二基の三重塔、計三基の塔が建ち並んでいた。大治元年（一一二六）三月七日供養の東三重塔、大治二年（一一二七）正月十二日の中央の五重塔、同年三月十九日の西三重塔である。これら三基の塔は、いずれも白河法皇によって、円勝寺供養前に建立されている(30)。

『永昌記』の東三重塔供養記事には、

御塔内安等身皆金色大日如来像、（中略）四柱図金剛堺(界)三十六尊、扉図十二天、

とあり、塔内には、等身金色の大日如来を安置し、「四柱」すなわち四天柱には金剛界三十六尊を、扉には十二天を描いていた。この三重塔では、大日如来は仏像彫刻として納めていたので、四天柱に描かれた三十六尊とは、金剛界三十七尊から大日如来を除いたものであったと考えられる。つまり円勝寺東三重塔では、仏像彫刻である大日如来と、四天柱に描かれた他の三十六尊とで母屋部分に金剛界成身会を、さらに扉の十二天を合わせて金剛界曼荼羅空間を形成していた（**図2―6**）。

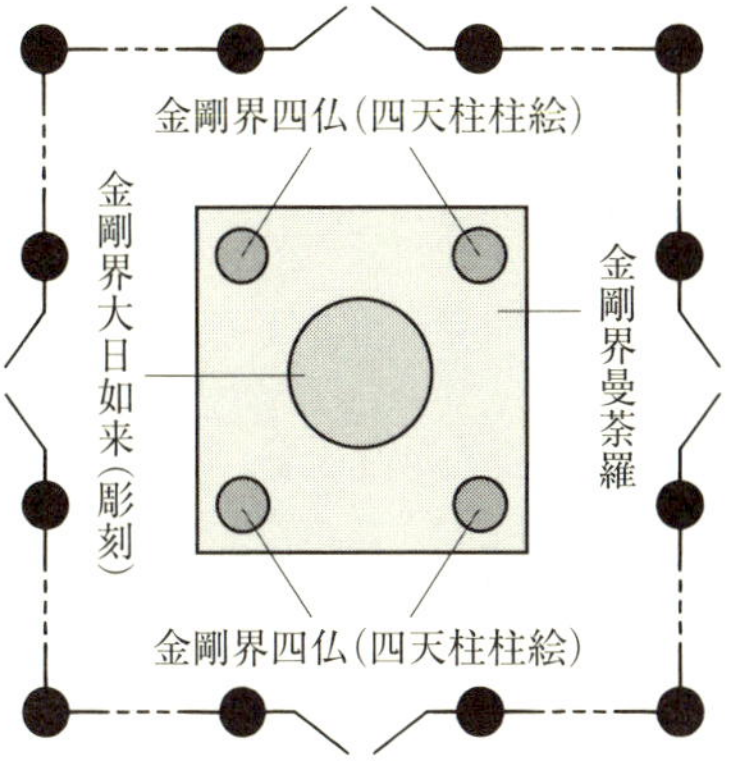

図2―6　円勝寺東三重塔
空間構成概念図

仁和寺南院三重塔

仁和寺南院は、覚法法親王によって建てられた院家である。(31) 顕證本『仁和寺諸院家記』(32) では「古徳記」を引いて、

> 南院塔、三層、安金色等身大日如来像一躯、長承元年八月十七日甲辰、供養、

とあり、長承元年（一一三二）、金色の等身大日如来一体を安置する三重塔が供養されたことがわかる。

法金剛院三重塔

法金剛院三重塔は、顕證本『仁和寺諸院家記』によれば、保延二年（一一三六）十月十六日、待賢門院によって建立された。この三重塔の安置仏は、中尊一体、脇侍四体の計五体であった。

『吉記』承安四年（一一七四）二月十七日の条に、蓮華王院五重塔の仏像の安置形式を決めるさい、法金剛院三重塔の仏像の安置形式が参照されたことが、

> 院仰云、蓮華王院御塔仏被始八体了、而御覧（蓮華王院御塔御仏雖被始八仏、御覧法金剛院御塔御仏処五体也、宜様御覧由有院仰事、）法金剛院御塔之処、中尊一体脇士四体也、頗宜之様御覧之、已雖被始了、閑有造立、別有供養如何、可仰合公顕者、（五重塔有心柱安置八体、三重塔無心柱安置五体由、奏聞事、）予申云、五重塔有心柱被安置八体也、三重塔無心柱、安置五体歟、法金剛院三重御塔歟、此条雖不及異議、不及執奏、

と記される。すなわち、心柱があり、仏像八体を安置する蓮華王院五重塔に対し、法金剛院三重塔には心柱がなく、よって五仏を安置できたのである。

顕證本『仁和寺諸院家記』には、

> 同瓦葺三重塔、四柱図両部諸尊、四扉釈迦八相成道、安金色等身大日、

とあり、法金剛院三重塔の内部には金色等身の大日如来を安置し、四天柱には両部諸尊が、四面の扉には釈迦八相成道が描かれていたという。ここには四仏の記載が漏れているとみられ、法金剛院三重塔の安置仏は大日如来を中心とする両界曼荼羅の五仏であり、これらの尊像を取り囲むように、四天柱の両界曼荼羅諸尊が配されていたと考えられる。

多武峰三重塔

多武峰の伽藍は、興福寺との闘争などによって、焼失・再建を繰り返した(33)。

『多武峰略記(34)』建久八年（一一九七）の条に、

三重塔瓦葺、

件塔者、松殿関白太政大臣基房公之御願也、但於造営者、検校慶深之沙汰也、仁安二年十一月十日立柱、（中略）承安元年五月九日、上金物、同十一月晦日供養、（中略）同三年焼失了、

とあるように、承安元年（一一七一）十一月、藤原基房の御願、検校慶深の沙汰によって瓦葺三重塔が建立・供養された。しかし、はやくも承安三年（一一七三）六月二十五日に焼失し、その後再建されることはなかった。

この承安元年供養の三重塔の安置仏は、同記に、

安置大日如来像一体皆金色長五尺、

承安元年七月壬寅造始、仏師明陽範助之弟子、同三年焼失了、

とあるように、長五尺の皆金色大日如来像一体であった。この大日如来像は、三重塔とともに焼失した。

なお、『中尊寺経蔵文書』[35]には、藤原清衡による大治元年（一一二六）の供養願文がのせられ、ここには毘盧遮那如来を安置する三基の三重塔があげられるが、三重塔の空間構成の意図について現段階では明確にできず、今後の検討課題としたい[36]。

2 大日如来を四体安置する層塔

円融寺五重塔

円融寺は円融天皇によって、永観元年（九八三）に供養された。顕證本『仁和寺諸院家記』円融寺の項では、「古徳記」を引いて、

同五重塔安置大日如来四体、図絵於塔中弥陀・釈迦・薬師・弥勒等、永延二年三月廿日供養、

と、五重塔を永延二年（九八八）三月二十日に供養し[37]、塔内に大日如来四体を安置し、阿弥陀・釈迦・薬師・弥勒等の図を描いたとする。ところが『扶桑略記』には、二年後の永祚二年（九九〇）三月二十日の条に、

太上天皇供養円融寺塔、造五重塔一基、摩訶毘盧遮那如来像四体、図絵於塔中、阿弥陀、釈迦、薬師、弥勒、各一体安置於壇上、

とあり、この日、円融院によって円融寺五重塔が供養され[38]、内部に摩訶毘盧遮那如来四体の図を描き、壇上には阿弥陀・釈迦・薬師・弥勒の各像を置いたとする。

これらの記録にしたがうならば、円融寺には、永延二年と永祚二年に五重塔が建てられたことになるが、円融寺に二基の五重塔があったことは確認できない。『小右記』永延二年三月二日の条に、この日、塔落慶の舞があり、院も御幸したと記されるので、建立は永延二年とみなせよう[39]。

円融寺五重塔の中尊は、『仁和寺諸院家記』によれば大日如来、『扶桑略記』によれば摩訶毘盧遮那如来であるが、密教では毘盧遮那如来を大日如来と同体とする。阿弥陀・釈迦・薬師・弥勒は、顕教の四方浄土変の四仏であるが、後に述べるように、密教の両界曼荼羅四仏としての意義をもっていたと考えられる。なお、近世の史料であるが『山城名勝志』(40)巻ノ八、円融寺の項では、

五重塔仁和寺寺説云安置五智如来永延二年三月二十日供養大法会百四口、

とあるように寺説を引いて、五智如来、すなわち金剛界五仏を安置したとする。

さて、『仁和寺諸院家記』にしたがうならば、五重塔には四体の大日如来が彫刻として納められ、阿弥陀・釈迦・薬師・弥勒の四仏は塔内に図絵されていたことになる。しかし、大日如来四体を彫刻として安置したことが明確になるのは、永保三年（一〇八三）建立の法勝寺八角九重塔が最初であり、九世紀末に完成したと考えられる東寺五重塔では、大日如来ではなく、金剛界四仏を彫刻として安置していた。

『仁和寺諸院家記』によれば、円融寺は仁和寺別当寛朝の禅室をもとにしていた。寛朝のころの仁和寺は真言密教系寺院となり(41)、円融寺供養会では寛朝が導師を勤めている。円融寺の法脈が真言密教系であることからも、円融寺五重塔では東寺五重塔と同じ形式、すなわち四仏を彫刻で安置する形式をとっていた可能性が高い。この場合、大日如来を心柱の四面に各一体ずつ描く構成が考えられよう。いずれにしても、思想的にみれば円融寺五重塔は、大日如来四体と阿弥陀・釈迦・薬師・弥勒各一体、合計八体の尊像を納めていたことになる。

法勝寺八角九重塔

法勝寺八角九重塔は、永保三年（一〇八三）、白河天皇によって建立・供養された。その規模は、建保元年（一

二一三）の再建九重塔のものではあるが、高さ二十七丈とされる。[42] かつて岡崎に残されていた基壇跡と考えられる土壇の直径は、十五間ほど（約三〇メートル）もあったという。[43]

永保三年の「法勝寺御塔供養呪願文」[44] には、

金剛界会、五智如来、紫磨添光、百錬比影、中尊八尺、分座四方、自余諸尊、各安四角、表別之裏、蔵金字経、

八方之楹、図月輪仏、

とあり、塔内には金剛界の五智如来、すなわち金剛界五仏を安置し、金字で書かれた経を納め、八方の柱には月輪仏を描いたという。八角九重塔は、胎蔵界五仏を安置する金堂[45] とともに両界曼荼羅をつくりだす、法勝寺伽藍の最も中心となる建築であった。柱の月輪仏は、金堂の柱絵と同じく両界曼荼羅諸尊と推測され、あるいは金剛界曼荼羅で諸尊が月輪の中に描かれることから金剛界諸尊かもしれない。

安置仏については、大治三年（一一二八）の「白河法皇八幡一切経供養願文」[46] に、

八角九重塔安金色八尺五智如来、

とあり、中尊・四方四仏ともに八尺の規模であった。また、呪願文で八尺の「中尊」すなわち金剛界大日如来は「四方」に「分座」し、「自余諸尊」すなわち金剛界四仏は「四角」に安置したとあることには注意を要する。呪願文の記述をそのまま解釈すれば、中尊である大日如来は心柱まわり四方に合計四体を配し、四仏は四角に置いていたことになるからである。『覚禅鈔』両部大日には「四面二臂大日事」として、

法勝寺九重塔坐四面大日、

とあり、四面に大日如来を配する構成をとっていたことがうかがえる。

八角九重塔は、永保の建立供養の後、承元二年（一二〇八）五月十五日、雷火で失われるが、このときの様子を

記した『明月記』の記録には、

堂々仏奉取出云々、

と、諸堂から安置仏が取り出されたとあり、九重塔の安置仏が取り出された可能性は充分考えられる。再建にさいしては、『御室相承記』六「後高野御室」[47]に、

法勝寺九重塔御衣木加持事

建暦二年四月廿四日广(庚)子、

四天御衣木被加持之上卿公経卿、弁権右中弁経高、四天王者今度始被安置之、

とあるように四天王像が加えられることになり、建暦二年（一二一二）四月二十四日、その御衣木加持がなされた。同記によれば同年十二月十日、同じ火災で焼失した南大門[48]の金剛力士の御衣木加持もなされたが、九重塔の金剛界五仏の御衣木加持がなされた記録は見当たらない。鎌倉時代初頭に成立したとみられる『三僧記類聚』第六[49]に、再建供養会における安置仏の開眼について、

九重塔御仏開眼事御仏金界五仏幷被造加四天王像、

とあるのも、新たに造られたのは四天王像だけで、創建九重塔の金剛界五仏をふたたび開眼したとみるべきであろう。

この後、暦応五年（一三四二）に九重塔が焼失したときの記録である「中院一品記」[50]には、

一、九重塔婆

本尊大日如来四体、幷四仏四天等悉奉取出之畢、梵字御鏡一面同奉取出之畢、

とあり、大日如来四体と四仏、四天王、梵字御鏡一面のすべてが取り出されたとされる。したがって永保法勝寺八

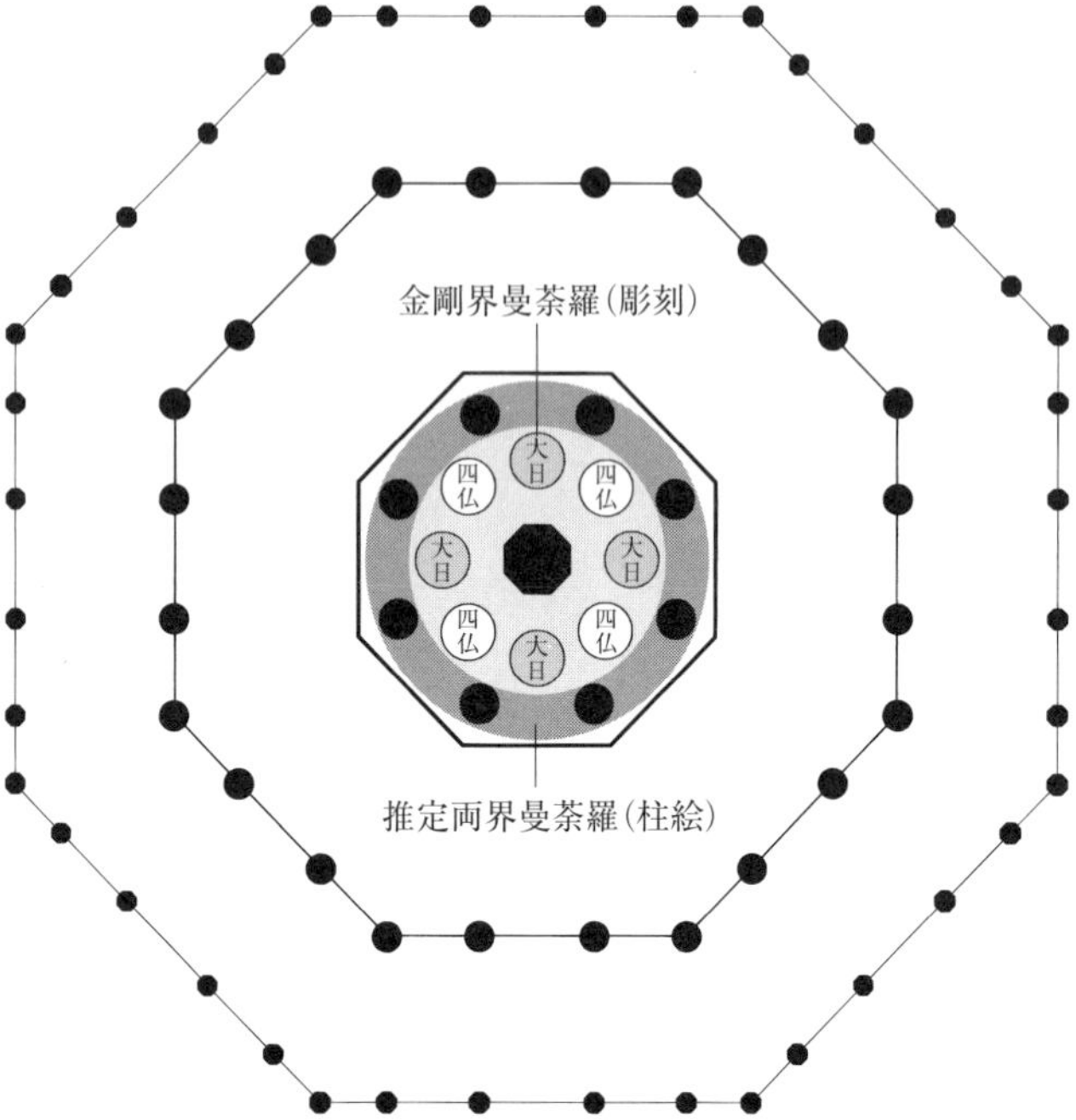

図２—７　法勝寺八角九重塔空間構成概念図

角九重塔には、大日如来四体、金剛界四仏各一体の合計八体が安置され、それがそのまま建保再建九重塔に安置されたと考えてよかろう。

法勝寺八角九重塔では、四方に金剛界大日如来各一体、四角に金剛界四仏各一体を置いて金剛界曼荼羅を形成し、それを母屋柱に描かれた諸尊が取り囲む構成をとっていた（**図２—７**）。

天承再建法成寺東西五重塔

天承二年（一一三二）再建の法成寺東西五重塔の安置仏については、第一章に詳しく論じているので、ここでは概要を記すにとどめておく。

天承再建東西五重塔の安置仏は、東西塔合わせて十六体であり、その内容は東塔に等身の胎蔵界大日如来四体と三尺の薬師・

釈迦・阿弥陀・弥勒各一体、西塔に等身の金剛界大日如来四体と三尺の薬師・釈迦・阿弥陀・弥勒各一体であった。『平知信記』には東西両塔の指図（**図1―1**）がのせられ、東塔では西を正面として心柱まわり四方に胎蔵界大日如来を、東南に薬師、東北に釈迦、西北に阿弥陀、西南に弥勒の各像を四角に配置し、西塔では東を正面として心柱まわり四方に金剛界大日如来を、薬師・釈迦・阿弥陀・弥勒の各像を東塔同様、四角に配する構成であった。

また東塔指図では、四体の大日如来の間に、観音・文殊・普賢・弥勒の四菩薩が記されるが、これら菩薩は四天柱に描かれた絵画であったと推測され、大日如来、四方四仏とともに、胎蔵界曼荼羅の中心の中台八葉院を形成していたと考えられる。一方の西塔指図には、四体の大日如来の間に、金剛波羅蜜・羯磨波羅蜜・法波羅蜜・宝波羅蜜の四波羅蜜が記されており、これら四波羅蜜も、おそらく四天柱に描かれていたと推測され、大日如来と四波羅蜜、四方四仏と合わせて成身会を形成していたと考えられる。天承再建の東西五重塔は、四方四仏に薬師・釈迦・阿弥陀・弥勒の名号を与えているが、思想的には西塔が金剛界を、東塔が胎蔵界を象徴し、両者が向かい合うことで密教の両界曼荼羅世界を形成していた。

蓮華王院五重塔

後白河法皇の勅願により創建された蓮華王院では、治承元年（一一七七）十二月十七日、五重塔が供養された(51)。この五重塔の安置仏については、法金剛院三重塔の項であげた『吉記』承安四年二月十七日の記事によって、八体の仏像彫刻を造りはじめていたことが知られる。その内容について『覚禅鈔』巻第一「両部大日」には「四面二臂大日事」として、法勝寺九重塔につづき、

又蓮花王院塔、大日四体四方被奉居金界二体、台界二体也、

行乗様
胎大日北
胎大日東
心柱
金大日西
金大日南
東マタラ仏ヲハ居東方、
西マタラ翻之、
真円様
金大日北
金大日東
胎大日西
台大日南
東マタラ仏ヲハ居西、行者向東、
西マタラ翻之、南北ニハ北ハ陰台ニ
形ル也、仍以台大日居南方ニ行者
可向北、金居北准之、
勝賢様
台大日北
金大日東
台大日西
金大日南
東西如真円、
南北ハ南方ハ正面也、仍居金
大日於其前可修行法云々、

図2—8　『三僧記類聚』所収　蓮華王院五重塔四面大日の配置諸説

とあり、塔内四方に金剛界二体と胎蔵界二体、計四体の大日如来を安置していたという。『三僧記類聚』第六「蓮華王院御塔御仏座位相論事」には、静遍（仁安元年〈一一六六〉～貞応三年〈一二二四〉）の語として、蓮華王院五重塔の両界大日如来像の配置についての三説が指図とともにあげられ（**図2—8**）、両界の大日如来像各二体ずつが、心柱を中心として四方に配されていたことが知られる。蓮華王院五重塔では、両界の大日如来を各二体ずつ納めることで、塔内に両界曼荼羅を構成していた。

八体のうち残る四体は両界曼荼羅の四仏で、法勝寺八角九重塔・天承再建法成寺東西五重塔のように、四角に配されていたと考えられるが、この点は後に検討することにしたい。

三　両界曼荼羅空間の諸相

以上のように、平安時代建立の層塔では大日如来をはじめとする両界曼荼羅諸尊を安置し、胎蔵界・金剛界あるいは両界曼荼羅空間をつくりだすものがあった（**表2—1**）。しかし、そこにあらわれた曼荼羅世界は決して一様ではない。ここでは、層塔にあらわれた両界曼荼羅空間の二つの問題点、①一基の塔に大日如来を四体安置する点、②大日如来と顕教の四方浄土変の四仏を納める点について検討していくことにしたい。

1　層塔の心柱と四面大日如来

両界曼荼羅空間を形成する層塔のうち、法勝寺八角九重塔、天承再建法成寺東西五重塔、蓮華王院五重塔は、大日如来四体を彫刻として安置する塔であった。こうした両界曼荼羅空間の成立は、初重心柱の存在と密接に関係していると考えられる。仏像を納めるのに心柱の存在が大きな障害となっていたことは、先にあげた『吉記』承安四年二月十七日の記事からもうかがうことができる。

三重塔における両界曼荼羅諸尊の配置構成と心柱

両界曼荼羅図では胎蔵界・金剛界ともに、大日如来を中心として、その四方に四仏が配される。多宝塔では初重に心柱を設けないため、大日如来を中心に据え、その四方に残る四仏を配することが可能であった。先にあげた法

表2—1　両界曼荼羅空間を構成する平安時代の層塔

建立年代		名称	安置仏	内部荘厳	典拠
仁和二年頃	八八六頃	東寺五重塔	金剛界四仏	〔四天柱〕 両界曼荼羅諸尊カ	
永仁年間	一二九三〜九九	永仁再建東寺五重塔	金剛界四仏（大日如来を除く）	〔四天柱東二本〕 胎蔵界四仏 四菩薩 諸院中心諸尊 〔四天柱西二本〕 金剛界四仏 十六大菩薩 四摂菩薩	東宝記
天暦六年	九五二	醍醐寺五重塔	胎蔵界五仏（金剛界四仏カ）	両界曼陀羅諸尊	現存遺構 醍醐雑事記
永延二年	九八八	円融寺五重塔	毘盧遮那如来（大日如来）四体 （阿弥陀・釈迦・薬師・弥勒カ）	阿弥陀・釈迦 薬師・弥勒 （毘盧遮那如来四体カ）	仁和寺諸院家記 扶桑略記
永保三年	一〇八三	法勝寺八角九重塔	金剛界五仏（大日如来四体）	八方の柱に月輪仏	法勝寺御塔供養呪願文 中院一品記
大治元年	一一二六	中尊寺三重塔（三基）	摩訶毘盧遮那如来三尊像各一体 釈迦牟尼如来三尊像各一体		中尊寺経蔵文書

			薬師瑠璃光如来三尊像各一体 弥勒慈尊三尊像各一体		
大治元年	一一二六	円勝寺東三重塔	等身大日如来	〔四天柱〕金剛界三十六尊 〔扉〕十二天像	永昌記
大治二年	一一二七	円勝寺五重塔	仏像八体		中右記
天承二年	一一三二	法成寺東西五重塔	〔東塔〕胎蔵界五仏（大日如来四体） 〔西塔〕金剛界五仏（大日如来四体）	〔東塔四天柱〕四菩薩 〔西塔四天柱〕四波羅蜜	平知信記 中右記
長承元年	一一三二	仁和寺南院三重塔	等身大日如来像一体		仁和寺諸院家記
保延二年	一一三六	法金剛院三重塔	等身大日如来 四方四仏	〔柱〕両部諸尊 〔扉〕八相成道	仁和寺諸院家記
承安元年	一一七一	多武峰三重塔	五尺大日如来一体		多武峰略記
治承元年	一一七七	蓮華王院五重塔	両界大日如来各二体・四方四仏		吉記・覚禅鈔

金剛院三重塔は、層塔であっても初重に心柱を設けず、このため五仏を両界曼荼羅図のように配することができた。

大日如来を一体のみ安置する層塔をみていくと、いずれも三重塔であり、大日如来の規模は五尺、あるいは等身とほぼ一定している。しかし、狭い塔の内部に等身規模の大日如来を安置するには、よほど大規模な塔でない限り、心柱を取り除くことが必要である。天承再建法成寺東西五重塔は初重に心柱を有し、しかも等身の大日如来像を安置するが、その母屋柱間は九・五尺と大規模な塔であった。

初重に心柱のないことが知られる最初の層塔は、保延二年（一一三六）建立の法金剛院三重塔であるが、大治二年（一一二七）の円勝寺東三重塔、長承元年（一一三二）の仁和寺南院三重塔は建立年代が近接しており、初重に心柱が通っていなかった可能性も充分考えられる。円勝寺東三重塔は、等身大日如来一体のみを彫刻で安置し、四仏は他の金剛界諸尊とともに四天柱絵としてあらわしたが、もしこの三重塔の初重に心柱が通っていたのならば、その平面規模は天承再建法成寺東西五重塔ほどが必要となり、とすれば同じく白河天皇が先行して建立した法勝寺八角九重塔と同様に、大日如来を四体として、五仏すべてを彫刻として安置したであろう。

すなわち、初重に心柱の通らない三重塔は、等身の大日如来一体を安置する小規模な層塔としてあらわれた形式と考えられ、その成立は十二世紀初頭とみなされよう。

八体の仏像を安置する層塔

三重塔に対し、天承再建法成寺五重塔では、『平知信記』の指図から明らかなように、初重の仏壇中心に心柱が通り、本来、大日如来が置かれるべき場所を占有していたため、五仏を両界曼荼羅図のように配置することはできない。

法勝寺八角九重塔でも、『百錬抄』保延六年（一一四〇）十一月十四日の条に、

被直法勝寺九重塔心柱基、土気二尺許朽損之故也、

とあり、また『醍醐雑事記』巻七に、

法勝寺九重塔心柱礎際三尺四寸、以東大寺大工二人国永、重成、切続了、

とあるように、心柱の下部が朽損したため、礎石の際から三尺四寸を切り継いでいた。これらの記事から、心柱が

初重に通っていたことは明らかであり、法勝寺八角九重塔でも四仏の中心に大日如来を置くことはできない。平安時代の建築技術では、こうした大規模な層塔の初重心柱を取り去ることができなかったと考えられる。

正方形の平面をもち、かつ中心に心柱が通る層塔では、四仏を四面に各一体ずつ置くのが都合よく、心柱を大日如来とみなし、四方に四仏を配する東寺五重塔の形式は、心柱の問題を解決するうえできわめて有効であった。また、円融寺五重塔の大日如来四体と四仏のいずれか一方を彫刻として安置し、残る諸尊を絵画として納める形式も、心柱の問題を回避するためのものであったと考えられる。そして法勝寺八角九重塔・天承再建法成寺五重塔では、心柱まわり四方に大日如来を、四角に四仏を配し、合計八体の仏像彫刻を安置する形式にいたったと考えられる。

なお、八体の仏像を彫刻として安置する事例はこれら以外にもみられる。先に述べたとおり、大治二年（一一二七）正月十二日、白河法皇によって円勝寺五重塔が供養されたが、このとき『中右記』の記事には、

今日白河五重塔供養也、（中略）御塔中安置御仏八体、四方四角各一体、

とあり、安置仏は計八体、四方と四角に各一体を配した。円勝寺では、先立って供養された東三重塔に金剛界大日如来、金堂には胎蔵界五仏を安置していた[52]。五重塔で八体の仏像を「四方四角」に「各一体」配する形式も、白河天皇によって建立された法勝寺八角九重塔とまったく同じであり、円勝寺五重塔にも大日如来四体と四仏各一体が安置されていた可能性が高いと考えられる。

四体の大日如来の意味

法勝寺八角九重塔以降、大日如来四体と四仏各一体、合計八体の仏像を彫刻として納める形式は、心柱を有する層塔特有の形式として、平安時代後期に定着していたと考えられる。

円融寺五重塔は、思想的には大日如来四体と四仏の合計八体を納める塔であったが、先にも述べたとおり、四仏を彫刻で納めていた可能性が高く、いずれにしても彫刻として仏像四体を安置する形式を越えるものではない。法勝寺八角九重塔には、それ以前の層塔から大きな飛躍がみられ、層塔における仏像安置形式の大きな画期になったといえるであろう。

法勝寺は、八角九重塔供養の六年前、承暦元年（一〇七七）に供養され、このとき金堂をはじめ講堂・阿弥陀堂・五大堂など、主要な建築が建立されていた。金堂には胎蔵界五仏を安置しており、法勝寺における塔造営の意図は、胎蔵界五仏を安置する巨大な金堂と、金剛界五仏を安置する高さ二十七丈もの九重塔とによって、両界曼荼羅世界を大空間として展開することにあった。

金堂に安置された中尊大日如来は三丈二尺であり、両界曼荼羅世界を形成するためには、九重塔にもこれと同等の規模の大日如来が必要とされたはずである。しかし、いくら巨大な塔とはいえ、中心に心柱の通る塔内に三丈二尺の仏像を置くことはできない。心柱が通らなかったと考えられる高野山大塔ですら、「金剛峯寺建立修行縁起」にいう一丈八尺六寸の大日如来しか安置することができなかった。

したがって、「法勝寺御塔供養呪願文」で「中尊八尺、分座四方」とあるのは、中尊を大規模な仏像一体で納めることができないため、四体に分け、四方に置いたと解釈されよう[53]。つまり、法勝寺八角九重塔の四体の大日如来は、五仏をすべて彫刻として、しかも大日如来を大きな規模で納めなければならないという要求と、内部空間が狭く、しかも仏壇中心に心柱が通る層塔独自の形態との間の板挟みを解決するために採用された形式と考えられる。よって四体の大日如来の意味は、一つには四体を合わせて一体の、より大きな規模の大日如来をあらわすところにあったとみなされる。

さらに、四体の大日如来を四方に向けて配する構成は、儀軌等に説かれる「四面大日」と通ずるところがある。『覚禅鈔』両部大日には「四面二臂大日事」として、

金剛頂経義決云、四面毘盧遮那者、釈云所謂鑁字輪中法身如来四面円満、向四方作三昧相也、

と説かれる。八世紀成立の『金剛頂経』註釈書である『金剛頂経義訣』(54)から引用される「四面毘盧遮那」は、四方に向けて大日如来の三昧相をつくるとされ、これは四方に大日如来を配置する構成に通じる。また、『図像集』(55)第一「金剛界大日」には、「四面一身」として、

略出経一云、又想四面毘盧遮那仏、以諸如来真実所持之身、及以如上所説一切如来師子之座而坐云々、

金剛頂義訣云、四面毘盧遮那者、釈云、所謂鑁字盧輪中法身如来四面円満、向四方作三昧王相也云々、

と、ここでは『金剛頂経義訣』に加え、同じく『金剛頂経』註釈書である『金剛頂瑜伽中略出念誦経』(56)を引く。四面大日如来の事例として、頼富本宏氏(57)によって紹介された、ナーランダー出土の四面大日如来坐像やラダック・アルチ寺金剛界曼荼羅の中尊四面大日如来像は、智拳印を結ぶ一身二臂の頭部に四面をそなえており、『覚禅鈔』でいう「四面二臂大日」、『図像集』でいう「四面一身」の形式と一致する。これに対し、日本の層塔の四体の大日如来は、初重中心に心柱が通る層塔において、大日如来を四仏とともに彫刻として表現・安置すべく、密教経典・儀軌に説かれる四面大日如来を展開した形式と考えられよう。この後、四体の大日如来を安置する層塔はさらなる展開をみせ、蓮華王院五重塔では、一基の塔内に金剛・胎蔵両界の大日如来を各二体ずつ安置し、両界曼荼羅空間を構成するにいたった。

2　両界曼荼羅四仏と四方浄土変四仏

平安時代の層塔には、両界曼荼羅空間をつくることを意図しながら、密教の大日如来と顕教諸尊を合わせて納めるものがみられた。そもそも、四方四仏を顕教系・密教系いずれの経典に求めても決して一様ではなく、むしろ顕密混合の四方四仏が圧倒的に多い(58)。しかし、大日如来と四方浄土変四仏から両界曼荼羅空間を構成するのは、層塔独自の現象であったと考えられ、ここではこうした形式が生じた背景について考察していくことにする。

四方浄土変四仏を安置する平安時代の塔

四方浄土変は、奈良時代後半以降に建立された塔に広く浸透し(59)、興福寺五重塔をはじめ、元興寺五重塔(60)、東大寺東七重塔(61)などに納められた。平安時代にも四方浄土変を安置する塔が建立され、鎌倉時代以降も興福寺における三重塔の建立、五重塔の再建などで継承されていった。ただし、奈良時代の興福寺五重塔、元興寺五重塔では、各浄土を彫塑群によって変相図として描写していたのであるが(62)、平安時代になるとその表現に変化がみられ、各面に一体、あるいは三尊形式として安置されるようになる。

清水寺三重塔　承和十四年（八四七）建立の清水寺三重塔では、『清水寺縁起』(63)に、

三重宝塔一基、坐四仏、
件塔、承和十四年年次丁卯、故師葛井親王、嵯峨天皇々子、田村麻呂大納子女春子女御所生也、請官符建立之、東方薬師、南方釈迦、寺家別当大法師願像造立之、西方阿弥陀、北方弥勒者、寺家別当大法師安興造立之、

とあるように、東に薬師、南に釈迦、西に阿弥陀、北に弥勒を安置していた。方位からみて、これら四仏は四方浄土変を構成していたのであるが、奈良時代のように「浄土変」と記されず、「坐四仏」とあるところをみると、各面に一体ずつの坐像を安置していたようである。

四天王寺五重塔　毛利久氏の研究(64)によれば、四天王寺五重塔でも、平安時代になって心柱に顕教の四方四仏が描かれた。五重塔の内部荘厳について『上宮太子拾遺記』(65)第三に、

　心柱四面仏像（西方阿弥陀三尊舞児等、北方弥勒三尊、東方薬師三尊十二神、南方釈迦三尊、）

とあり、また康和三年（一一〇一）の「弥勒菩薩画像集」(66)に、

　四天王寺中心柱北面弥勒三尊、件塔中四仏、東薬師、南釈迦、北弥勒、此三尊同印、

とあることから、心柱には十一世紀末までに三尊形式の顕教の四仏が描かれていたことがわかる。また、『太子古今目録抄』(67)に引かれた「大同縁起」では、心柱の像について記されないことから、心柱に四仏が描かれたのは大同年間（八〇六～一〇）以降、しかもあまり降らないころと考えられる。

金峰山三重塔　『江都督納言願文集』(68)巻第六所収、応徳元年（一〇八四）二月の「金峰山詣」には、

　奉造立三層瓦葺塔婆一基、便奉安置金色三尺釈迦・薬師・阿弥陀・弥勒等仏像菩薩像各一体、

とあり、この三重塔では三尺の釈迦・薬師・阿弥陀・弥勒という、四方浄土変の四仏を各一体安置した。ただし、これら四仏の方位については不明である。

多武峰十三重塔　承安三年（一一七三）、興福寺衆徒による焼き討ちによって焼失した多武峰十三重塔は、文治元年（一一八五）に再建された。建久八年（一一九七）編纂の『多武峰略記』(69)では、

　其後文治元年供養之時、氏長者御願文云、（中略）建立檜皮葺十三重塔一基、四方奉図絵三尺弥陀釈迦薬師弥勒像各一体矣、絵師式部大輔藤原光範作（永範卿息、）

と願文を引いて、四方に絵師藤原光範の作にかかる三尺の阿弥陀・釈迦・薬師・弥勒の各像を図絵していたとする。

また、

荷西記云、塔内安置文殊菩薩像、是右大臣所奉造也、

と、塔内に藤原不比等が造立した文殊菩薩像を安置していたというが、同時に、

要記云、塔中自本无仏像、去延喜年中、沙弥仁照始安四仏絵像、于今在之矣、

と「要記」を引いて、塔内にはもとから仏像はなく、延喜年中（九〇一〜二三）が四仏の絵像を安じたともする。文殊菩薩が安置されていたか否か明らかにし得ないが、文治元年再建の十三重塔に描かれた四仏は、延喜年中の四仏を踏襲していたと考えてよかろう。多武峰では、両界曼荼羅を安置する天禄元年（九七〇）建立の曼荼羅堂、先に述べた承安元年（一一七一）供養の大日如来を安置する三重塔といった密教の建築が建てられたが、これは十世紀後半からのことであり、延喜年中のものを継承した四仏は、密教以前の顕教の四方四仏と推測される。

春日西五重塔　永久四年（一一一六）に供養された春日西五重塔の安置仏について、『殿暦』永久元年（一一一三）七月二十六日の条には、

御仏四方四仏也、各有脇士二体、但釈迦右方脇尓奉居不空羂索観音、是有所思奉居也、

とある。この五重塔にはそれぞれ脇侍を二体ずつそなえた三尊形式の四方四仏が安置され、釈迦の右方の脇侍は不空羂索観音であった(70)。春日西五重塔では永久六年（一一一八）三月十五日に、毎年恒例の唯識会がおこなわれたが(71)、このときの「春日御堂唯識会表白(72)」では、

興福精舎之東頭、春日祠壇之西畔、新択功徳之有隣、将増法楽於当社、建立五層塔婆一基、塔中東方、奉安置薬師如来、日光月光菩薩像、南方、奉安置釈迦如来、薬王不空羂索菩薩像、西方、奉安置無量寿如来、観音勢至菩薩像、北方、奉安置弥勒如来、法音林妙相菩薩像、（中略）去永久四年三月六日、供養已了、

と、東に薬師如来と脇侍の日光・月光両菩薩、南に釈迦如来と薬王・不空羂索両菩薩、西に無量寿如来と観音・勢

至両菩薩、北に弥勒如来と法音林・妙相両菩薩を安置していたとする。方位からみて、春日西五重塔の四方四仏は顕教の四方浄土変の四仏であったといえる。

永久寺多宝塔　保延三年（一一三七）建立の永久寺多宝塔の安置仏について「内山永久寺置文」(73)には、

多宝塔一基、
保延三年建立、安置釈迦、薬師、弥陀、弥勒四仏、図絵十六善神形像、

とあり、釈迦・薬師・阿弥陀・弥勒の各像を安置し、十六善神像を図絵していたという。また、ここには開白詞がのせられ、

其内安置四万《（方）》四仏幷図絵十六善神形像、心中所祈廻向区分、先宝塔一基幷釈迦像一体、又十六善神像者奉為前大相国殿下也、（中略）次薬師像一体者奉為皇后殿下也、（中略）次弥勒像一体者奉為禅尼殿下也、（中略）次弥陀像一体幷法華経一部者奉為先師法印也、

とあり、これら四仏は各一体ずつ納められた四方四仏であり、十六善神はそのうちの釈迦に対する釈迦十六善神であった。釈迦十六善神像は般若経にあらわれるが、平安時代後期には塔に般若心経を納めることも盛んにおこなわれ、般若経への信仰によっていたとみられる。

両界曼荼羅四仏と四方浄土変四仏の交替

勧修寺宝山院では天承元年（一一三一）に三重塔が建立されたが、『勧修寺文書』(74)に、

三重塔一基
奉安置

三尺金色四方四仏各一体、

とある。ここで安置仏の具体的な名号を記さないのは、内容はともかく、四方四仏各一体ずつを納めることが目的であったことをあらわしているといえよう。

平安時代になると、奈良時代の四方浄土変と同じ方位に四仏を安置する塔でも「四方浄土変」ではなく、「四仏」あるいは「四方四仏」と呼ばれるようになる。つまり、奈良時代の四方浄土変という信仰は、もはや浄土変相図という形式で表現されるものではなく、密教の両界曼荼羅四仏と同様に表現される、より観念的な四方四仏の一形式となっていたのである。

密教の両界曼荼羅四仏についても、『中右記』では天承再建法成寺東西五重塔の安置仏を大日如来と四仏に分け、四仏を「四方四仏」と呼んでいる(75)。東寺五重塔は、創建当初から各面に三尊形式(76)で金剛界四仏、いわば金剛界曼荼羅の四方四仏を安置していた。また、四仏のみで金剛界曼荼羅をあらわす事例は石塔でもみられ、平安時代末期の建立とされる栄山寺石塔では、初重の四面に金剛界四仏の梵字を刻み、塔そのものを大日如来とみなしていたとみられる(77)。空海による東寺五重塔の造営以降、両界曼荼羅四仏も四方浄土変四仏と同じく層塔の四方四仏の一形式になっていたと考えられる。嘉禄三年(一二二七)の奥書をもつ『太子伝古今目録抄』で、四天王寺五重塔に図絵された四方浄土変四仏について、

一御塔四仏事、

非真言説、守大宝積説書之也、薬師、釈迦、弥陀、弥勒也、

として、あえて真言説すなわち密教の四仏ではなく、顕教説を意味するところの『大宝積経(78)』の四仏と説くことも、このことを傍証しているといえよう。

すなわち、円融寺五重塔、天承再建法成寺東西五重塔にみられるような、大日如来と四方浄土変の四仏の名号を与えられた諸尊を合わせて安置する形式は、層塔の四方四仏と捉えられるようになった両界曼荼羅の四方四仏と、密教導入以前から四方四仏として広く定着していた顕教の四方浄土変四仏とが交替した結果として生じた形式とみなせよう。

大日如来による四方浄土変四仏の統合

このような顕密の四方四仏の交替は、顕教仏と密教仏を同体とする説と不可分の関係にあると考えられる。こうした同体説は、毘盧遮那仏と大日如来を同体とする説のほか、薬師如来を金剛界の阿閦如来、(79)釈迦如来を金剛界の不空成就如来、胎蔵界の天鼓雷音如来と同体とする説(80)などである。

「紀伊国金剛峯寺解案」には、高野山大塔の四方四仏として、薬師・宝生・無量寿・釈迦があげられているが、これら四仏と両界曼荼羅四仏の対応関係は、先にあげた同体説および天承再建法成寺五重塔の四方四仏について記した前掲『平知信記』の記事と対照すれば、より明瞭になる。

まず、薬師は東方浄瑠璃世界の中心となる仏であり、『平知信記』の説にしたがっても、金剛界曼荼羅のなかで東に位置する宝幢に対応すると考えてよい。次に宝生は、胎蔵界五仏を安置したという記録と相反するが、金剛界五仏のうち南方に位置する如来である。無量寿は、胎蔵界曼荼羅の西方仏である。残る釈迦は、同体説に基づき、北方の天鼓雷音に対応させることができる。以上、高野山大塔では、東に薬師、南に宝生、西に無量寿、北に釈迦を配していたと考えられる（**表2―2**）。

こうした同体説は塔の空間以外にも広がっており、高野山講堂の本尊と阿閦とする『金剛峯寺建立修行縁起』に

表2—2　顕密の四方四仏対照表

		東	南	西	北
密教系四仏	胎蔵界曼荼羅四仏	宝幢	開敷華王	無量寿	天鼓雷音
	金剛界曼荼羅四仏	阿閦	宝生	阿弥陀	不空成就
	密教系四方浄土変四仏	薬師	弥勒	阿弥陀	釈迦
	高野山大塔の四仏	薬師	宝生	無量寿	釈迦
顕教系四方浄土変四仏		薬師	釈迦	阿弥陀	弥勒

対し、天治元年（一一二四）の『高野御幸記』では薬師とすることも、同じく阿閦と薬師の同体説に基づくといえよう。ただし、『覚禅鈔』巻第四「薬師」には、「阿閦薬師同異事」として、

　仁海僧正奏状云、大塔五仏中尊大日如来、四仏薬師・宝生・無量・釈迦以上、

と、先にあげた仁海の「紀伊国金剛峯寺解案」を引き、薬師と阿閦を同体とする説の根拠としているところをみると、この同体説に教義上の明確な典拠はなかったことが考えられる。

また、両界曼荼羅空間における四方浄土変の四仏は、顕教の四方浄土変四仏としての意義をもつときと比べて、釈迦と弥勒の方位が入れ替わっている点に注意を要する。(81) 円珍撰とされる『法華経両界和合義』(82)では、

　金剛界称東方阿閦仏・南方宝性(生)尊・西方阿弥陀仏・北方釈迦牟尼仏・中央大日如来、此密教所説也、今所挙五智造顕約顕教也、所可称東方薬師如来・南方釈迦牟尼如来・西方阿弥陀仏・北方弥勒如来・中央大日如来也、

として、釈迦を北に置く密教説と、釈迦を南、弥勒を北に置く顕教説をあげている。顕教の四方浄土変四仏と密教の両界曼荼羅四仏はそれぞれ別に方位が規定されており、両者の交替は明確な対応関係をもってなされていたのである。

つまり、天承再建法成寺五重塔の空間においては、密教の両界曼荼羅に基づいて四方浄土変の四仏、すなわち顕

教の信仰が統合されており、これは平安時代中期以降の仏教界で主流をなした顕密仏教[83]の一形態とみなせよう。そして、顕密両教の四方四仏を同体とする説は、両教統合のための論理の一つと捉えられよう。

新たな両界曼荼羅世界へ

蓮華王院五重塔では、金剛・胎蔵両界の大日如来を合わせて安置することから、一基のみの塔で両界曼荼羅を構成しようとした意図を読み取ることができる。したがって、八体のうちの残る四体については、両界曼荼羅の四仏とみなすのが最も妥当である。

ここで注目されるのが、法成寺東西五重塔の四仏である。胎蔵界の東塔、金剛界の西塔とも、四仏は四方浄土変四仏の釈迦と弥勒を入れ替えた、まったく同じ構成をとる。この四仏は両界いずれの四仏ともなりうるのである。蓮華王院五重塔では、この四仏を安置することで両界の四仏の意義をもたせていたとみられる。その構成は、四方に大日如来を、四角に四仏を配したのであろう。つまり、一基の塔で両界曼荼羅をつくりだすべく、法成寺の東西二基の五重塔の空間を統合・一体化したものが、蓮華王院五重塔の両界曼荼羅空間であった（**図2―9**）。

平安初頭、空海によってもたらされた密教の両界曼荼羅は、およそ四世紀ののちには、塔のなかで顕教と融合し、さらに胎蔵界と金剛界を一つに統合した、まったく新しい姿へと変容していたのである。

おわりに

平安時代建立の層塔を中心に、そこにあらわれた両界曼荼羅空間の構成と変容、それにともなう層塔の性格・形

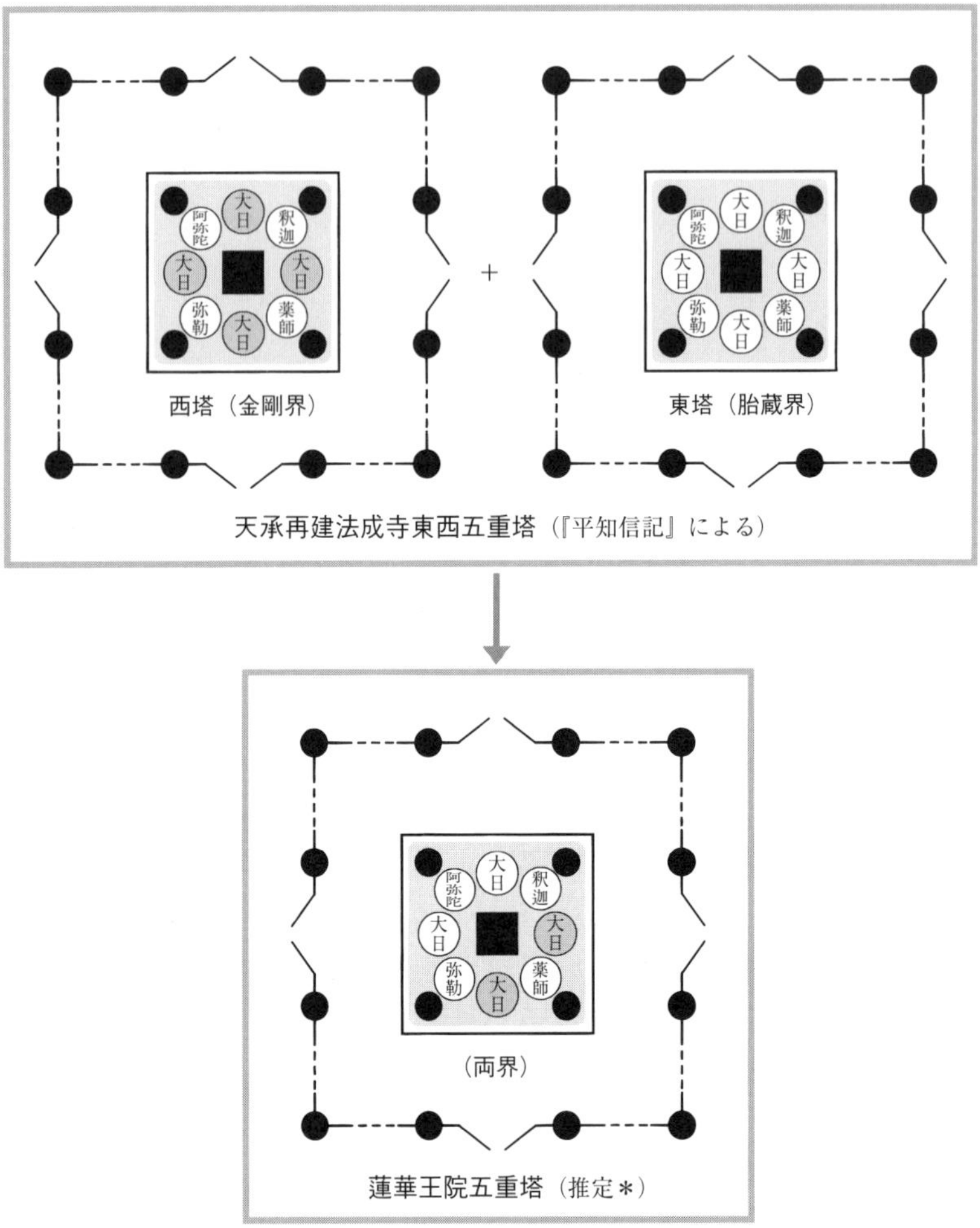

＊両界大日の配置は図2—8の中の勝賢説による。

図2—9　天承再建法成寺東西五重塔から蓮華王院五重塔へ

態の変化について考察してきた。最後に、本稿の要点をまとめるとともに、層塔・多宝塔をはじめ、両界曼荼羅空間を構成する建築の問題点、塔の両界曼荼羅空間に顕在化した当時の信仰の在り方について言及しておきたい。塔に関わる信仰に大きな変化を生じさせたのは、空海による高野山「毘盧遮那法界体性塔」と東寺五重塔の造営である。とくに東寺五重塔を大日如来の塔として建設したことにより、在来の建築である層塔に両界曼荼羅空間がつくられることになった。

層塔の両界曼荼羅空間の構成に注目すると、最初期の東寺五重塔では四方四仏のみを仏像彫刻として安置し、これは建築形態による拘束をいわば穏やかに解決した構成であった。しかし平安時代後期になると、層塔の両界曼荼羅空間は二つの進取的方向へと展開していく。

一つは、心柱を残したまま大日如来を彫刻として安置し、独自の両界曼荼羅空間を構成しようとする方向であり、もう一つは、三重塔にみられるように、初重の心柱を取り去り、中心に大日如来を置くことによって、両界曼荼羅図の構成に忠実な空間をつくろうとする方向である。

前者では、法勝寺八角九重塔・天承再建法成寺五重塔のように、大日如来を彫刻として四体安置する形式が成立する。これら四体の大日如来は、密教経典・儀軌に説かれる四面大日を独自に展開したものと捉えられる。蓮華王院五重塔では、一つの塔に胎蔵界・金剛界の大日如来をそれぞれ二体ずつ、四方四仏を各一体安置し、ここに現図曼荼羅とはまったくことなった姿の両界曼荼羅世界が出現した。

後者では、両界曼荼羅空間をつくりだすという点において、層塔と多宝塔の明確な区別はみられない。初重に心柱の通らない三重塔の出現は、層塔と多宝塔を確実に接近させたといえる。層塔と多宝塔の関係と同様、両界曼荼羅空間をつくりだすという点において、塔と仏堂との間にも明確な区別はみられない。とくに、二つの建築から構成される両界曼荼羅をみると、貞観寺では東堂と西堂、すなわち胎蔵界堂と金剛界堂という二棟の仏堂から、法勝寺では金堂と九重塔という仏堂と塔から両界曼荼羅空間をつくりだし、塔と仏堂は同じ役割を担うことになった。[84]

また、奈良時代からの層塔の安置仏である四方浄土変は、その形式が浄土変相図から四方四仏へと変容しながらも存続していた。十一世紀初頭には、両界曼荼羅と四方浄土変の四方四仏の間で交替がおこり、顕教の四方四仏からなる両界曼荼羅空間があらわれる。平安時代後期の天承再建法成寺五重塔の大日如来と四方浄土変の四仏からなる両界曼荼羅空間では、密教の仏と顕教の仏を同体とする同体説に基づき、釈迦と弥勒の方位が入れ替わっている。この五重塔の空間は、密教の両界曼荼羅のもとに顕教の四方浄土変四仏が統合された、顕密仏教の一形態にほかならない。[85]四方四仏の方位を明確にし得ないものの、十世紀末の円融寺五重塔は四方浄土変四仏と大日如来を合わせて安置する最初の塔であり、塔における顕密統合の画期と位置付けられるであろう。

なお、こうした四仏の交替は、常行堂の阿弥陀五尊の四菩薩である四親近菩薩（あるいは四摂菩薩）と顕教系四菩薩（観音・勢至・地蔵・龍樹）の混乱・交替[86]にも通ずると考えられ、この点は本書第五章で検討することにしたい。

顕密両教の信仰を統合した層塔においても、不変の地位を占めていたのは大日如来である。平安時代の層塔では、大日如来を中心に顕教の信仰を統合し、また、両界曼荼羅の構成と在来建築の形態との相互の働きかけによって、多様かつ独自の両界曼荼羅空間を展開したのである。

註

（1）　岩波日本古典文学大系『三教指帰・性霊集』（一九六五）。

（2）高野山上二基の塔の沿革は、金森遵「密教寺院に於ける多宝塔の意義　上・下」（『國華』五二一一・一一、一九四二）、足立康「高野山根本大塔とその本尊」（『足立康著作集　第三巻　塔婆建築の研究』中央公論美術出版、一九八七）、佐和隆研「金剛峯寺伽藍の草創」（五来重編『高野山と真言密教の研究』名著出版、一九七六）、藤井恵介「高野山金堂と両界曼荼羅を安置する中世本堂」（初出は『建築史学』八〈一九八六〉、同『密教建築空間論』〈中央公論美術出版、一九九八、に再録〉等でふれられる。西塔の完成は、「金剛峯寺建立修行縁起」（『続群書類従』巻第八百十七）にある仁和三年（八八七）で一致しているが、この点については後に確認する。

（3）『続群書類従』巻第八百十七所収。

（4）清水擴「多宝塔の性格と形態」（同『平安時代仏教建築史の研究』中央公論美術出版、一九九二）によれば、多宝塔という呼称は、平安時代初期においては天台寺院で用いられ、真言寺院で用いられるのは十世紀中ごろからである。本章では、層塔と区別する意味で、単層に裳階をまわした初期真言寺院の塔も、大塔を除き多宝塔と呼ぶことにする。

（5）東寺五重塔の造営沿革については、福山敏男「初期天台真言寺院の建築」（『福山敏男著作集　第三巻　寺院建築の研究　下』中央公論美術出版、一九八三）、山岸常人「五重塔」（東寺創建一千二百年記念出版編纂委員会編『東寺の歴史と美術　新東宝記』東京美術、一九九六）にまとめられている。

（6）前掲註（2）金森論文、足立論文、濱島正士「多宝塔の初期形態について」（『日本建築学会論文報告集』二二七、一九七六）、前掲註（4）清水論文。

（7）前掲註（4）清水論文、註（6）濱島論文。

（8）中村元『仏教語大辞典』毘盧遮那仏の項を参照。

（9）前掲註（2）足立論文・金森論文。

（10）跡部直治「宝塔（多宝塔）」（『仏教考古学講座　三』雄山閣、一九三六）。

（11）前掲註（2）金森論文・足立論文。

（12）『平安遺文』四四六号。この解案は寛弘三年の奥書をもつが、本文の内容と照らし合わせるならば、寛弘四年に書かれたことになる。なお、『高野春秋編年輯録』では、寛弘四年十月十一日、仁海が大塔の再興を上奏したとされている。

(13) 東京大学史料編纂所蔵『高野山旧記　一』所収。引用部分は『大日本史料』承徳元年（一〇九七）八月二十一日、康和二年（一一〇〇）十月二十五日の条にのせられる。

(14) 母屋（内陣）には十六本の柱があったが、そのうち外周の「仏壇柱」は十二本なので、「母屋内十二本」とあるのは、「母屋内四本」の誤りと考えられる。

(15) この「塔高」がどこまでの高さを指しているのか定かでない。

(16) 前掲註（2）足立論文、前掲註（4）清水論文、藤井恵介「高野山大塔の形態について」（前掲註（2）同著書）。

(17) 『金沢文庫資料全書　第九巻　寺院指図篇』（一九八八）所収九六号指図。

(18) 太田博太郎監修、伊藤要太郎校訂『匠明』（鹿島出版会、一九七一）所収。

(19) この点については、後に述べる法勝寺八角九重塔との比較も合わせて参照されたい。仮に、仏壇上に心柱が通り、しかも五仏が安置可能であった場合どのような配置になるか、一つの可能性を示したのが図2—10である。五仏の配置がきわめて困難であることがわかる。

(20) 『平安遺文』二二〇号。ここには、「件造塔料、去貞観二年七月十五日宛給四千九百束、同四年十九日所請二千束、其後于今六十余年、不加修理、破損殊甚」とある。

(21) 「金剛峯寺建立修行縁起」以降、大塔に胎蔵界五仏を安置することが明確になる記録は見られず、「紀伊国金剛峯寺解案」「高野山根本大塔興廃日記」を見る限りでは、四仏が両界いずれのものであったか明確でない。十五世紀には、大塔は胎蔵界大日如来と金剛界四仏を安置し、高野山の中心として両界不二を象徴するようになっている。この点については、本書第八章であらためて検討する。

また、大治二年（一一二七）十一月三日、鳥羽上皇によって西塔が再建されたが、同時に白河法皇によって東塔が建立され、「此山根本三基塔也」といわれている（『中右記』同日の条）。東塔が建立されたことから、大塔は西

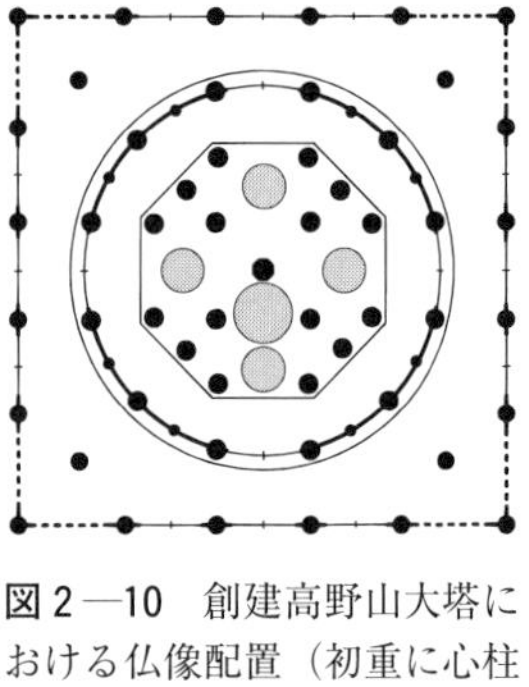

図2—10　創建高野山大塔における仏像配置（初重に心柱が通る場合の推定配置）

塔に対する東塔というよりは、むしろ三基の塔の中心となり、大塔の意義が変質してきたことが推察されよう。なお、『高野山勧発信心集』によれば、東塔には尊勝仏頂・不動・降三世を安置したという。

(22)『国宝　東宝記原本影印』（東京美術、一九八二）。

(23)『群書類従』巻第四百三十三、藤田経世編『校刊美術史料　寺院篇中』（中央公論美術出版、一九七五）所収「諸寺供養類記」。

(24)『平安遺文』一八一八号。

(25)『大日本仏教全書』。

(26)供養願文に、

建立五重塔婆一基、
奉図絵胎蔵金剛両部曼荼羅各一鋪、
斯理智之曼荼羅、其大小之種子者、専染震迹所顕梵文也、
奉書写紺紙金字妙法蓮華経一部八巻、
無量義経一巻、
観普賢経一巻、
奉模写素紙妙法蓮華経三十部二百四十巻、
無量義観普賢等経各三十巻、
奉書写紺紙金字仁王般若経二巻、
般若理趣経一巻、

とある。

(27)佐和隆研「東寺の歴史と美術」（『仏教芸術』九二、一九七三）、濱島正士「教王護国寺五重塔」（『日本建築史基礎資料集成　十一　塔婆二』中央公論美術出版、一九八四）。
なお、『東宝記』で、五重塔の柱絵について、あえて永仁新造塔婆で心柱に仏像が描かれなかったとするのは、それ以前の五重塔では心柱に大日如来を描いていたためとの推測も可能である。

（28）東寺灌頂院の沿革は、『重要文化財教王護国寺灌頂院并北門東門修理工事報告書』（一九六一）、山岸常人「灌頂院」解説（『東寺の歴史と美術　新東宝記』）を参照。灌頂院は空海在世中に計画され、入定後、実恵によって完成された。
（29）『東宝記』『三教指帰・性霊集』所収。
（30）『中右記』大治四年（一一二九）七月十五日の条には「凡雖尊勝寺、最勝寺、円勝寺皆出従法王御慮也」とあり、円勝寺は実際には白河法皇の配慮によるとする。また、大治三年（一一二八）の「白河法皇八幡一切経供養願文」（『本朝続文粋』巻第十二所収）には、これまでの白河法皇の善行が記されるなか、「白河之傍、建五重塔一基、三重塔二基」と、円勝寺の三基の塔を自らの善行にふくめている。
（31）杉山信三「仁和寺の院家建築」（同『院家建築の研究』吉川弘文館、一九八四）。
（32）『奈良国立文化財研究所史料第三冊　仁和寺史料　寺誌編一』（一九六四）所収。
（33）『重要文化財談山神社権殿修理工事報告書』（一九六四）。
（34）『大日本仏教全書』寺誌叢書第二所収。
（35）『大日本仏教全書』寺誌叢書第三所収。
（36）供養願文には、

三重塔婆三基
荘厳
金銅宝幢三十六流、
奉安置摩訶毘盧遮那如来三尊像各一体
釈迦牟尼如来三尊像各一体
薬師瑠璃光如来三尊像各一体
弥勒慈尊三尊像各一体

と、いずれも、毘盧遮那三尊、釈迦三尊、薬師三尊、弥勒三尊を安置していたとされる。
（37）『百錬抄』同日の条には「円融寺御塔供養」とあり、『扶桑略記』同日の条にも「供養太上法皇円融寺五重塔」とある。

（38）『濫觴抄』円融寺五重塔の項にも「一条五年庚寅永祚二、三月廿日法皇供養之」と、同日、円融寺五重塔が供養されたとする。

（39）円融寺五重塔の建立年代について、『日本歴史地名大系　二七　京都市の地名』（平凡社、一九七五）円融寺の項では『扶桑略記』の記事が誤っている可能性があるとし、杉山信三氏は「四円寺」（前掲註（31）同著書）において『扶桑略記』の記事を引いて永祚二年の建立とし、清水擴氏は「四円寺の構成と性格」（前掲註（4）同著書）において、『扶桑略記』『百錬抄』から永延二年の建立とする。また、円融寺の成立を詳細に論じた菊池京子「円融寺の成立過程」（『史窓』二五、一九六七）では、永祚二年建立とする『扶桑略記』の記事は永延二年の誤りの可能性を指摘する。なお、菊池氏は、『小右記』永延二年三月三日の条にある塔落慶の舞を、円融寺のものとみなしている。

（40）『新修京都叢書　第十三巻』（臨川書店、一九七六）。

（41）『京都市の地名』円融寺の項を参照。仁和寺は、はじめ天台密教勢力下にあったが、宇多法皇入室以来、真言密教系寺院となった。

（42）暦応三年（一三四〇）二月の奥書をもつ「院家雑々跡文」（『大日本史料』同年雑載所収）に、「法勝寺八角七（九）重塔　高廿七丈」とされる。

（43）西田直二郎「法勝寺遺址」（同『京都史跡の研究』吉川弘文館、一九六一）。

（44）新訂増補国史大系『朝野群載』巻第二所収。

（45）『校刊美術史料　寺院篇中』所収「承暦元年十二月法勝寺供養記」に、中尊について「奉安置金色三丈二尺毘盧遮那如来像一体」、四仏について「二丈多宝如来、花開敷如来、無量寿如来、天鼓雷音如来各一体」とある。

（46）『本朝続文粋』巻第十二所収。

（47）『仁和寺史料』寺誌編一所収。

（48）冨島義幸・高橋康夫「法勝寺の伽藍と建築　その沿革再考」（『建築史学』二六、一九九六）。

（49）『三僧記類聚』の成立については、竹居明男「『三僧記類聚』と禅覚僧都—仁和寺蔵本にもとづく知見を中心に

─」(『仁和寺研究』一、一九九九)。以下、『三僧記類聚』は、『仁和寺研究』一～四(二〇〇〇～〇四)「仁和寺蔵七冊本『三僧記類聚』影印」による。

(50)『大日本史料』康永元年三月二十日の条所収。

(51)『玉葉』同日の条。なお、蓮華王院の沿革については杉山信三「法住寺殿とその御堂」(前掲註(31)同著書)を参照。

(52)『本朝続文粋』巻第十二所収「円勝寺供養呪願」。ここには、「中央精舎、両界図楹、大日如来、二丈飾像、胎蔵新顕、四種法身、心符相諧、一切事業、其余四座、皆丈六姿、瑩紫磨金、輝白毫玉」とある。

(53)試みに、分座された法量八尺の大日如来を四体合わせると、金堂の大日如来と同じ法量の三丈二尺になる。

(54)『大正新脩大蔵経』第三十九巻所収『金剛頂経大瑜伽秘密心地法門義訣』。これは空海の請来目録にふくまれ、ここには、「初云四面毘盧遮那者、釈曰、所謂鑁字中法身如来四面円満、向四方作三昧相也」とある。

(55)『大正新脩大蔵経』図像第四所収。

(56)『大正新脩大蔵経』第十八巻所収。ここには、「又想四面毘盧遮那仏」とある。

(57)頼富本宏『密教仏の研究』(法藏館、一九九〇)。

(58)諸経典の四方四仏は、佐和隆研「両界四仏についての覚書」(『仏教芸術』一三〇、一九八〇)にまとめられている。

(59)毛利久「本邦上代塔基仏像の研究」(同『日本仏教彫刻史の研究』法藏館、一九七〇)。奈良時代建立の四方浄土変を安置した塔は、興福寺五重塔、元興寺五重塔、東大寺東七重塔をはじめ、崇福寺三重塔、豊浦寺塔が知られる。

(60)『七大寺日記』(藤田経世編『校刊美術史料　寺院篇下』中央公論美術出版、一九七六)、『奈良国立文化財研究所史料　第二十二冊　七大寺巡礼私記』(一九八二)。

(61)『東大寺要録』巻第四。

(62)興福寺蔵写本『興福寺流記』(『奈良六大寺大観　第七巻　興福寺一』〈岩波書店、一九六九〉所収)には、宝字記(七五七～六五)、延暦記(七八二～八〇六)、弘仁年記(八一〇～二四)を引いて、天平二年(七三〇)創建時の五重塔の安置仏とともに、内部につくられた浄土変相の様が克明に記されている。また『七大寺日記』『七大寺巡礼私記』には、元興寺五重塔の内部に、興福寺五重塔と同様の浄土変相がつくられていたことが記される。
(63)『大日本仏教全書』寺誌叢書一所収。
(64)毛利久「四天王寺五重塔の仏像と壁画」(『史跡と美術』一五—三、一九四四)。
(65)『大日本仏教全書』聖徳太子伝叢書所収。
(66)『大正新脩大蔵経』図像第六所収。
(67)前掲註(65)『大日本仏教全書』聖徳太子伝叢書所収。
(68)『六地蔵寺善本叢刊　第三巻　江都督納言願文集』(汲古書院、一九八四)。
(69)『大日本仏教全書』寺誌叢書二所収。
(70)足立康「春日西塔と興福寺塔との関係」(前掲註(2)同著書)では、次にあげる『殿暦』の記事に、釈迦の脇侍としてあげられる不空羂索観音が、春日本地の四仏であることを指摘しつつ、春日西五重塔が興福寺五重塔を模倣していたこと、四仏に釈迦がふくまれることから、この四方四仏を興福寺五重塔と同じ四方浄土変の四仏と推測するが、ここでは論を補っておく。
(71)『中右記』同日の条に、「殿下従今日於春日御社御塔、被行唯識会五日十座講師十人、問者十人、(中略)是毎年恒例之勤也」とある。
(72)『本朝文集』巻第五十八所収。
(73)『校刊美術史料　寺院篇下』所収。
(74)『大日本仏教全書』寺誌叢書一所収。
(75)『中右記』天承二年二月二十八日の条。
(76)両界曼荼羅の四仏が三尊形式をとることは密教教理からは説明がつかず、独自の金剛界曼荼羅空間をつくりだしたとみなせるが、『東宝記』でも脇侍の名号については明らかでないとする。脇侍の名号が何であるが、なぜ三尊形式なのかは今後の研究を待たなければならない。
(77)『重要文化財於美阿志神社石塔婆修理工事報告書』(一九七〇)、川勝政太郎「石造層塔の形態進展に関する問題」(『史跡と美術』一六—五、一九三一)。

（78）前掲註（65）毛利論文。
（79）『密教大辞典』薬師如来の項を参照。
（80）『密教大辞典』釈迦如来の項を参照。
（81）石塔でも、平安時代末期の造立とされる清凉寺石塔では、東に薬師、南に弥勒、西に阿弥陀、北に釈迦の種子が刻まれ（川勝政太郎「石塔に於ける四仏に就いて」〈『考古学』八―一、一九三七〉）、この四仏は密教系四仏とみなされる。また、前掲註（77）『重要文化財於美阿志神社石塔婆修理工事報告書』、天沼俊一『日本建築史図録　飛鳥・奈良・平安』（星野書店、一九三三）によれば、平安時代末期の建立と考えられる於美阿志神社石塔では、初重の四面には、東に阿閦、南に釈迦、西に阿弥陀、北に弥勒の梵字が刻まれているという。南に釈迦、北に弥勒とあることから、これら四仏は顕教系四仏と考えることができる。
（82）『大日本仏教全書』智証大師全集第四所収。ただし、第九章で述べるように、これが円珍撰であることを疑う説もある。
（83）黒田俊雄「中世寺社勢力論」（『岩波講座　日本歴史六　中世二』岩波書店、一九七五）。
（84）『日本三代実録』貞観十六年（八七四）三月二十三日の条には、「西堂、安置金剛界曼荼羅、（中略）東堂、安置胎蔵界曼荼羅」、『吏部王記』承平元年（九三一）九月三十日の条には「次礼金剛界堂、次礼胎蔵界堂」とある。
（85）第一章で述べたように、この東西五重塔では、舎利を奈良時代の塔にみられるような舎利容器に納め、心柱に彫り籠めていた。この五重塔は、在来の建築である層塔の形態のもと、そこに関わる信仰形態を、密教の両界曼荼羅の理念によって統合したものとも捉えられよう。ただし、この舎利が奈良時代からの舎利信仰をそのまま継承していたかは明らかでなく、この点については今後の課題としたい。
（86）比叡山東塔・西塔・横川の常行堂に安置された阿弥陀五尊の四仏について、『覚禅鈔』ではいずれも四親近菩薩とするが、『山門堂舎記』『叡岳要記』などでは必ずしも一定しない。常行堂の安置仏については、光森正士「浄土・法華信仰の諸仏と行堂」（『図説日本の仏教　三　浄土教』新潮社、一九八九）にまとめられ、常行堂の正統な安置仏は、『覚禅鈔』にあげられる宝冠阿弥陀と四親近菩薩であり、平安後期に四仏の名称に混乱をきたしたとされる。

補論　醍醐寺五重塔の両界曼荼羅空間の構成について

はじめに

醍醐寺五重塔は、承平元年（九三一）建立が計画され、天暦五年（九五一）に完成、翌六年十月二日に供養された。[1]この五重塔は、建築・壁画ともに建立当初のものが残り、平安時代の真言密教の層塔の在り方を今日に伝える唯一の遺構として、建築史上、美術史上きわめて重要であることはいうまでもない。しかし、本尊の在り方をめぐっては、美術史学では田中重久氏[2]をはじめ高田修・柳澤孝両氏[3]、濱田隆氏の各説[4]、建築史学でも濱島正士氏[5]の説など、多くの議論がなされてきたが、いまだ定説を得ていない。

この五重塔の本尊の在り方は、両界曼荼羅空間の構成を考えていくうえでも重要な問題である。ここでは、第二章でみた、平安時代の層塔における両界曼荼羅空間の展開をふまえたうえで、その空間の構成について再検討し、本尊についての新たな一説を提示することにしたい。

一　壁画構成の現状

1　両界の方位について

醍醐寺五重塔初重の内部には、心柱覆板・四天柱・扉・連子羽目板・脇間板壁などに描かれた絵画が残されている。現状では、本来ならば東に配されるはずの胎蔵界諸尊が西に、西に配されるはずの金剛界諸尊が東に配され、両界の方位が反対になっている。

昭和二十九年から同三十四年の解体修理にさいして、心柱覆板から「北」「南」という墨書が発見され、その方位に基づいて、心柱覆板が後世に九〇度回転されているとの説がだされた。この説にしたがうならば、四天柱のうち南側二本は当初のものが失われているため推測によるが、心柱覆板の南面、四天柱の南側二本、南面および東西面南側の連子内部から金剛界、心柱覆板の東西と北面、四天柱の北側二本、北面および東西面北側の連子内部から胎蔵界が形成され、南北で両界曼荼羅を形成していたことになる。この構成は、醍醐寺系真言宗の「初金後胎」の思想に合致しているという(6)。

しかし、近年ではこれら墨書を江戸時代初期のものとみなし、南に金剛界、北に胎蔵界を配する構成を疑問視する考えもだされている(7)。現在の構成そのままであったとするならば、東側に金剛界を配してこれを西に向かって拝し、西側の胎蔵界を東に向かって拝する構成となる。この構成は、鎌倉時代初頭の成立とみられる『三僧記類聚』(8)第六冊「蓮華王院御塔御仏座位相論事」にあげられた、蓮華王院五重塔における両界大日如来の配置についての、真円の説と一致しており注目される（**図2―8**を参照）。ここでは、心柱の東側に金剛界大日如来、西側に胎蔵界大日如来を据え、

　東マタラ仏ヲハ居西、行者向東、西マタラ翻之、

とある。つまり、東曼荼羅すなわち胎蔵界を西に据えて、行者は東に向かい、西の胎蔵界ではこれを翻すという。醍醐寺五重塔における現状の両界の構成は、充分ありうるものだったといえよう。

とはいえ、この方位の問題をここで解決することはできず、以下、柱絵諸尊の方位については、現位置のままで論じることにする。

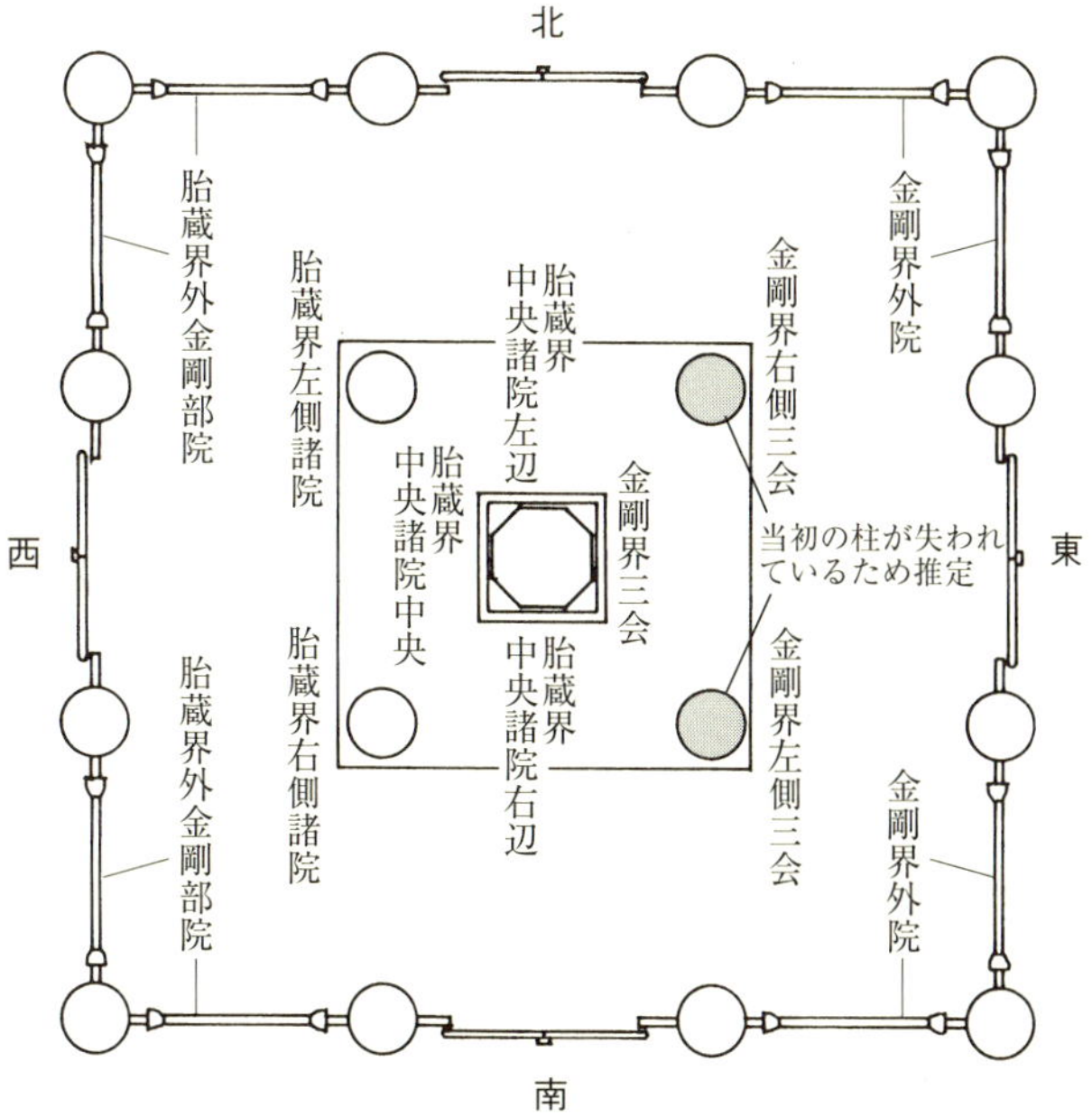

図補—1　醍醐寺五重塔初重壁画の両界曼荼羅諸尊配置

2　壁画諸尊の配置構成

高田・柳澤両氏の考証(9)によって、醍醐寺五重塔の初重内部では、心柱と四天柱に両界曼荼羅の主要部分、西半分の連子羽目板に胎蔵界外金剛部院諸尊、東半分の連子羽目板に金剛界外院諸尊が描かれ、両界曼荼羅の主要な諸尊をほとんど網羅し、それらがきわめて合理的に配置されていることが明らかになった。

まず、両界の構成を大きく捉えていくと（**図補—1**を参照）、西の胎蔵界部分では胎蔵界曼荼羅図を縦に三分割し、心柱の西面と南・北面に中央部、西側二本の四天柱の南北に、それぞれ胎蔵界中央の右部分、左部分が描かれている。

また、西側の連子窓裏板には胎蔵界外金剛部の諸尊が描かれ、西側全体で胎蔵界曼荼羅を構成している。一方、東の金剛界についても、心柱の東面に、胎蔵界同様に金剛界曼荼羅を縦に三分割した九会のうちの中央の三会が描かれている。東側二本の四天柱は失われているが、ここには左右の三会ずつを描いていたと推定されている。連子窓裏板には、金剛界曼荼羅外院の諸天・四大明王が描かれ、東側でも金剛界曼荼羅を構成しようとしていたことがわかる。

次に、心柱に描かれた諸尊を詳細に見ていくと、東面は金剛界諸尊が描かれ、その内容は中央に成身会の大日如来と四波羅蜜菩薩、上部に一印会の大日如来を中心とする主要部、下部に三昧耶会の宝塔すなわち大日如来の三昧耶形と四波羅蜜の三昧耶形である（**図補—2**）。胎蔵界である心柱の西・南・北面を見ていくと、西面には毘盧遮那如来（胎蔵界大日如来）と四菩薩、北・南面にはそれぞれ天鼓雷音・無量寿・宝幢・開敷華王の四仏が描かれ、中台八葉院の九尊がもれなくあらわれる（**図補—3**）。その上下には、胎蔵界曼荼羅の上部諸院・下部諸院の諸尊

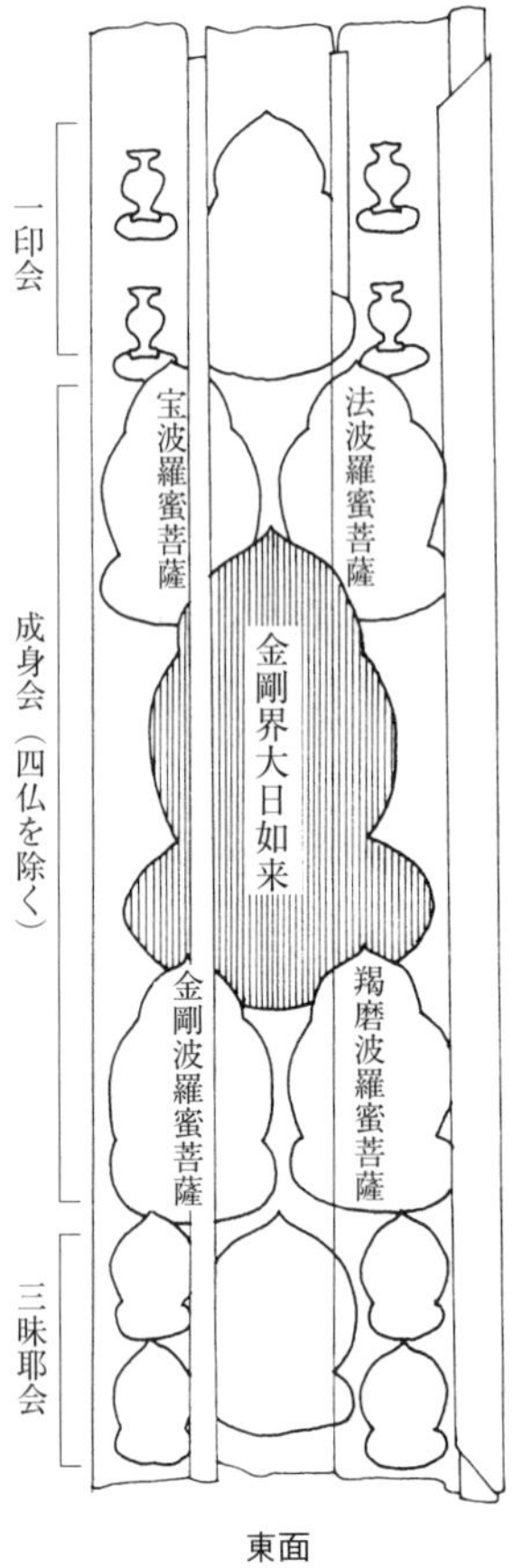

図補—2　醍醐寺五重塔初重心柱覆板壁画（金剛界）

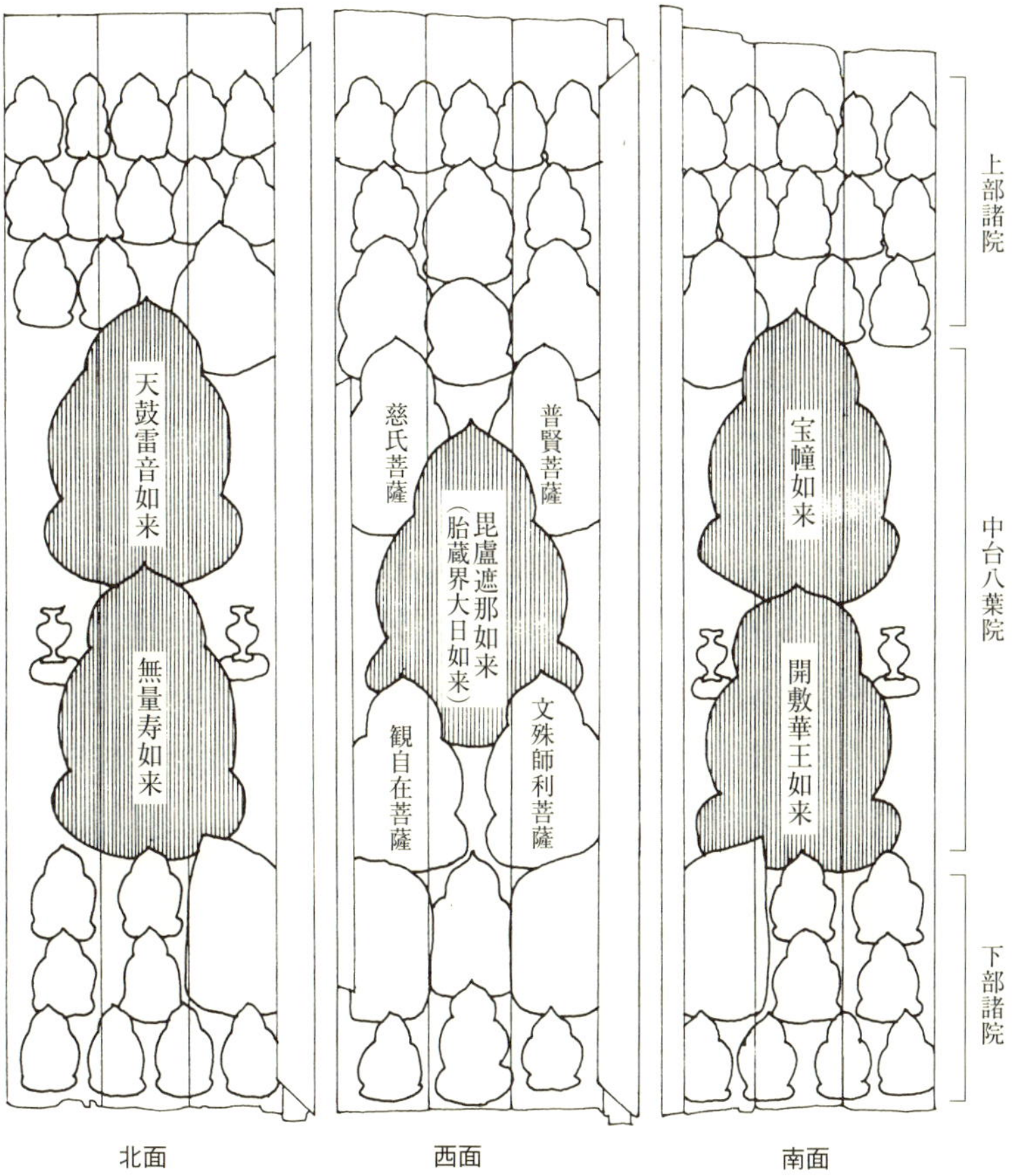

図補―3　醍醐寺五重塔初重心柱覆板壁画（胎蔵界）

が整然と配されている。

次に、こうした壁画の構成をふまえ、この五重塔の本尊の問題について考えてみたい。

3　本尊をめぐる諸問題

安置仏について、『醍醐雑事記』[10]巻第三では、

五重塔一基村上御願、瓦葺、

安置胎蔵五仏像各三尺、

と、三尺の胎蔵界五仏とされる。

天暦六年（九五二）十月二日の五重塔供養会は、朱雀院七七忌の法会とかねて執りおこなわれたが、このときの「朱雀院四十九日御願文」[11]に、

奉鋳純銀阿弥陀仏像一体、観世音菩薩并得大勢至菩薩各一体、

また、『吏部王記』[12]には、

朱雀院奉為太上天皇御七々忌、設斎会於醍醐寺、（中略）即安置銀阿弥陀仏像塔中陳供具、新写金字法華経納螺鈿経櫃、又黒字法華経・涅槃経各一部、即依先年仰彼時所写也、

とあるように、純銀の阿弥陀仏像一体と観音菩薩、得大勢至菩薩各一体を塔内に安置した。

田中重久氏は、心柱の通る初重四天柱内に三尺の五仏を安置することはできないと考え、醍醐寺に五重塔以外に一重宝塔があり、三尺の胎蔵界五仏をこの一重塔の安置仏、五重塔の安置仏は『吏部王記』にある純銀の阿弥陀三尊とみなす[13]。ただし、この阿弥陀三尊は、たとえば延長八年（九三〇）十一月十五日に醍醐天皇七七忌の法会をお

こなったときにも、白銀阿弥陀仏像と紺紙金泥法華経が用意されたように[14]、あくまでも朱雀院七七忌法会の本尊であり、五重塔本来の安置仏ではなかったと考えるべきである。

また、高田・柳澤両氏は『醍醐雑事記』の記事のとおり胎蔵界五仏を安置したと考えるのに対し[15]、濱田隆氏は壁画の構成から胎蔵界五仏のみを安置することには矛盾があると指摘する。さらに濱島正士氏は、心柱の存在から五仏を納めることは困難であり、興福寺三重塔（国宝、鎌倉時代前期）では内陣壁画の四方千仏を本尊とした例があることをもって、塔内の壁画を本尊と考える[16]。ただし、興福寺三重塔の千仏を本尊とする記事は十八世紀の『興福寺濫觴記』[17]のもので、それまでに彫刻の本尊が失われていた可能性も否定できない。

こうした本尊の問題を考えるうえで重要な論点は、心柱に描かれた諸尊において、胎蔵界ではその最も中心となる中台八葉院の四仏と四菩薩があらわれるのに対し、金剛界では四波羅蜜菩薩があらわれながら金剛界四仏が描かれていないことである。金剛界でも胎蔵界と同様に、曼荼羅図を縦に三分割して構成されているので、本来ならば四仏は心柱に描かれるべきで、少なくとも四波羅蜜菩薩よりも四仏を優先したはずであろう。では、金剛界四仏はどこにあらわされていたのであろうか。

二 空間構成の検討

1 金剛界四仏の位置

高田・柳澤両氏は、面積からみて四天柱に金剛界曼荼羅左右の三会ずつとともに四仏を描くことも可能と考え、金剛界四仏が南側二本の四天柱に描かれていたと推測する。しかし、これまで見てきた層塔の両界曼荼羅空間の諸事例では、両界曼荼羅諸尊のうち、中心に位置する大日如来、四仏から優先して心柱・仏壇・四天柱の順に表現している。醍醐寺五重塔でも北側の胎蔵界では四仏は心柱に描かれ、金剛界でも四仏は四波羅蜜よりも優先して、四天柱ではなく心柱に描かれるべきである。

心柱に描かれた胎蔵界四仏についてみると、その座高は概ね一・五尺であり、胎蔵界大日如来はこれらより大きく描かれる。金剛界大日如来も胎蔵界大日如来とほぼ同じ大きさに描かれ、金剛界四仏があらわされていたとすれば、胎蔵界四仏と同じ大きさであって然るべきである。

そこで注目されるのが、『醍醐雑事記』にあげられる三尺の胎蔵界五仏である。これらの仏像は、座高であらわせば一・五尺であり、心柱に描かれた胎蔵界四仏とほぼ同じ規模なのである。『醍醐雑事記』にいう胎蔵界五仏のうち、中尊の大日如来が他の四仏よりやや大きかったとすれば、その規模は心柱覆板に描かれた胎蔵界五仏と一致する。

とはいえ、『醍醐雑事記』には胎蔵界五仏を「安置」するとあり、「安置」と記される場合は、仏像彫刻として納めるのが普通である。絵画の五仏ならば「図絵」すると記されるはずであり、醍醐寺五重塔には何らかの彫刻の尊像が安置されていたと考えるべきであろう。しかし、濱田氏が指摘するように、胎蔵界五仏のみを彫刻で安置することは、壁画の構成からみて合理的とはいえない。

結論を先に述べれば、『醍醐雑事記』に記される「胎蔵五仏」は、金剛界四仏の誤りだったのではなかろうか。『醍醐雑事記』にいう三尺の規模は、金剛界四仏の推定規模とも一致するのである。

2　両界曼荼羅空間の復元

文献史料に平安時代建立の層塔の両界曼荼羅空間をみていくと、内部に安置された仏像彫刻と柱に描かれた絵画の尊像が一体となって、両界曼荼羅あるいは両界いずれか一方の曼荼羅をつくりだしているものがいくつも認められる。また、これらの塔では、大日如来など両界曼荼羅の中枢部から優先して塔の中心に表現する傾向がみられる。たとえば、大治三年（一一二八）の円勝寺東三重塔では大日如来を彫刻で安置し、四天柱には金剛界の三十六尊を描くことで三十七尊をそろえ、母屋部分に金剛界曼荼羅の中心である成身会を形成していた（図2—6を参照）。また、天承二年（一一三二）再建の法成寺東西五重塔では、東塔には胎蔵界大日如来と四方四仏を彫刻で納め、四天柱には四菩薩を描き、母屋部分に胎蔵界曼荼羅の中心、中台八葉院を、西塔では金剛界大日如来と四方四仏を彫刻で納め、四天柱に四波羅蜜を描き、母屋部分に金剛界曼荼羅の中心、成身会を形成していた（図1—2を参照）。醍醐寺五重塔でも、このように彫刻と絵画の尊像が一体になって両界曼荼羅空間をつくりだしていたと考えれば、その空間構成を合理的に説明することができるのである。

すなわち、醍醐寺五重塔に彫刻として三尺の金剛界四仏を安置すれば、心柱覆板南面に描かれた大日如来とともに金剛界五仏を形成し、心柱覆板に描かれた同じ規模の胎蔵界五仏とともに、両界曼荼羅をつくりだすことができる。また、このように考えれば、塔内では中心から外へ、すなわち心柱・仏壇・四天柱の順に、大日如来と四波羅蜜菩薩、四仏、その他の諸尊と配置することになり、金剛界曼荼羅の構造に忠実な構成となる。しかも金剛界四仏を仏像彫刻として安置する形式は、同じ真言密教寺院であり、かつ先行する東寺五重塔と一致する。第二章で述べたように、東寺五重塔では、創建当初から仏像彫刻として金剛界四仏を安置していたと考えられる。

中心に心柱が通る層塔では五体の仏像を納めるのは困難であり、平安時代中期の円融寺五重塔では、思想的には五体の仏像を納める塔であっても、四体のみを彫刻として安置する形式にとどまっていた。五体の仏像を置くことが可能であったとしても、四方に四仏を彫刻として安置する形式が主流をなした時期にある醍醐寺五重塔では、大日如来を除いた四仏だけを彫刻として四方に配したと考えるほうがむしろ自然である。

『醍醐雑事記』に「胎蔵五仏」と記される点については、建武元年（一三三四）、永仁東寺五重塔が再建供養されたときの「東寺塔供養記」に引かれる表白文に、

起五重之宝（塔脱カ）、其中安五仏之尊容、

とあり、「五仏」を安置するとあっても、必ずしも五仏すべてを仏像彫刻として納めていたわけではない。また四仏だけであった場合、両界曼荼羅の四仏は同一の印相をとるとする説もあるように[18]、胎蔵界・金剛界の混乱を生じやすい。さらに平安時代中期以降になると、寛弘四年（一〇〇七）の「紀伊国金剛峯寺解案」[19]にみる高野山大塔の四仏など、両界の四仏が混淆している事例もある。文治二年（一一八六）以降に編纂された『醍醐雑事記』で「胎蔵」とあっても、このときまでに四仏の名号に混乱をきたしていた可能性も考えられる。ここでは、醍醐寺五重塔に残された内部荘厳にみる、整然と分割・配置された両界曼荼羅の構成を尊重したい。

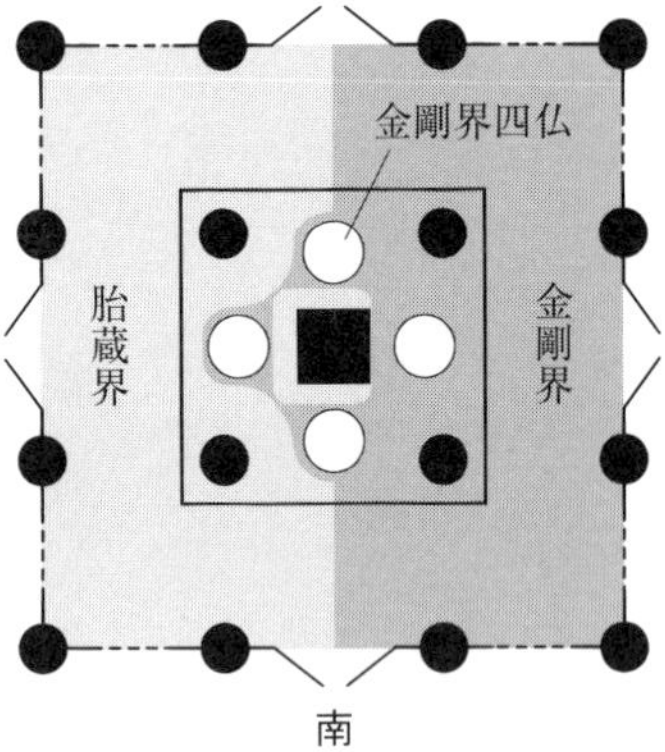

図補—4　醍醐寺五重塔
空間構成概念図

以上の考察から、醍醐寺五重塔では金剛界四仏を彫刻として安置し、内部に描かれた諸尊とともに、両界曼荼羅図に忠実な両界曼荼羅空間

をつくりだしていたと推定される（図補―4）。この彫刻と壁画からなる両界曼荼羅こそが、醍醐寺五重塔の本尊であったとみるべきであろう。

おわりに

醍醐寺五重塔の壁画の構成を検討し、両界曼荼羅空間の構成について新たな一説を提示した。

ここで推定した彫刻と壁画の尊像からなる両界曼荼羅空間は、第四章で述べるように、阿弥陀堂をはじめ仏堂にもみられるものである。たとえば、法界寺阿弥陀堂（建築・中尊は国宝、壁画は重要文化財）では、阿弥陀如来を除く金剛界三十六尊を四天柱に描き、中尊である彫刻の阿弥陀如来像と合わせて、金剛界三十七尊からなる金剛界曼荼羅を構成している。円勝寺東三重塔の事例を勘案すれば、おそくとも平安時代後期には、彫刻と壁画が一体となって両界曼荼羅空間を構成する事例が存在しているのである。こうした構成が十世紀まで遡れるかという問題もあるが、醍醐寺五重塔壁画の整然と分割・配置された両界曼荼羅の構成は、それを推測させるに充分なものといえよう。

なお、西明寺三重塔（国宝、鎌倉後期）では中心に心柱は通らず、須弥壇の中央に金剛界大日如来を安置し、四天柱に四仏を除く金剛界の三十二尊を描き、金剛界曼荼羅空間を構成している。その須弥壇は大きく、大日如来像の四角には四仏を安置する充分な空間が残されている。当初は金剛界五仏が仏像彫刻で安置され、四天柱に描かれた三十二尊とともに両界曼荼羅を構成していた可能性を指摘しておきたい。

註

（1）醍醐寺五重塔の造営沿革については、高田修「五重塔の沿革」（高田修編『醍醐寺五重塔の壁画』吉川弘文館、一九五九）、濱島正士「醍醐寺五重塔」（『日本建築史基礎資料集成　十一　塔婆二』中央公論美術出版、一九八四）を参照。
（2）田中重久「醍醐寺五重塔の壁画」（『日本壁画の研究』東華社書房、一九四四）。
（3）高田修・柳澤孝「壁画の図像」（前掲註（1）『醍醐寺五重塔の壁画』）。
（4）濱田隆「醍醐寺五重塔壁画」（文化財保護委員会『醍醐寺五重塔図譜』、一九六一）。
（5）前掲註（1）濱島論文。
（6）前掲註（4）濱田論文。
（7）有賀祥隆「五重塔初重壁画」（『醍醐寺大観　第三巻　絵画』岩波書店、二〇〇二）。
（8）竹居明男「『三僧記類聚』と禅覚僧都―仁和寺蔵本にもとづく知見を中心に―」（『仁和寺研究』一、一九九九）。『三僧記類聚』第六冊は『仁和寺研究』三（二〇〇二）による。
（9）前掲註（3）高田・柳澤論文。
（10）中島俊司校訂『醍醐雑事記』。
（11）『本朝文粋』巻第十四所収。
（12）『史料纂集　吏部王記』による。
（13）前掲註（2）田中論文。
（14）『醍醐雑事記』では『吏部王記』を引用し、
皇后奉為先帝七々日、於醍醐寺設法会、（中略）造白銀阿弥陀仏像加光及座一尺許有平文仏殿、写紺紙水精軸法華経有金銀平文経櫃又有平文花机又行香散花等具、
とある。
（15）前掲註（3）高田・柳沢論文。
（16）前掲註（1）濱島論文。
（17）『続々群書類従』宗教部所収。ここには、
東　薬師一千仏

本尊　南　釈迦一千仏
　　　西　弥陀一千仏
　　　北　弥勒一千仏
三千仏絵像　四方四面書画之
弘法大師筆

とある。

(18)『密教大辞典』中台八葉院の項を参照。胎蔵界東方の宝幢は金剛界南方の宝生、南方開敷華王は北方不空成就、北方天鼓雷音は東方阿閦、西方無量寿は西方阿弥陀と同一の印相をとる。

(19)『平安遺文』四四六号。この解案は寛弘三年（一〇〇六）の奥書をもつが、本文の内容と照らし合わせるならば、寛弘四年に書かれたことになる。詳しくは本書第二章を参照されたい。

第Ⅱ部　仏堂における両界曼荼羅空間の展開

第三章　両界曼荼羅諸尊を安置する仏堂とその空間

はじめに

平安時代初頭、新たにもたらされた密教は急速に浸透し、その影響は建築空間にも広汎に及んだ。密教の世界観を示す両界曼荼羅は、空海により建築空間として表現することが構想され、東寺講堂・高野山大塔は実現されたその代表的事例である。

本書では、これら両界曼荼羅の理念に基づいて構成された空間を「両界曼荼羅空間」と呼び、第Ⅰ部において平安時代の層塔におけるその多様な展開を論じてきた。これにつづき本章では、平安時代、仏堂において両界曼荼羅空間がとげた展開の一端を明らかにすることを目的とする。ただし、重要と考えられる事例は、鎌倉時代初期に属するものであっても、必要に応じて取り上げていくことにする。

密教教義の根本をなす両界曼荼羅図は、大日如来を中心に多くの諸尊を組織的に配する密教の世界観を、平面的に図像化したものであり、建築空間を構成するうえで直接の理念となる可能性を孕む。密教導入後の建築空間の構成理念に、両界曼荼羅およびそこにあらわされた仏教的世界観が与えた影響はきわめて大きかったと考えられ、その実態を明らかにすることは建築史学の重要な課題といえよう。

塔の空間を考察の対象とした第Ⅰ部では、顕密融合など両界曼荼羅の再構築という点に注目したが、第Ⅱ部では、両界曼荼羅空間が大日如来を中尊とする塔・仏堂から、阿弥陀堂へと展開する過程を追い、両界曼荼羅が建築空間の構成理念として与えた影響の重要性を浮き彫りにすることを目的としている。まず本章では、大日如来を中尊とする仏堂の個別事例を検討し、仏堂における両界曼荼羅空間の展開を捉え、その構成の特質を明らかにする。そして次章において、阿弥陀堂の空間に両界曼荼羅の理念がいかに反映されたのかを検討する。

なお、本章で取り上げる事例には、建築史学をはじめ、美術史学等ですでに紹介されたものもある。しかし従来の研究では、彫刻・絵画・建築など建築空間を構成する要素を、個別に分けて検討することが中心となり、本書のように両界曼荼羅を実体化した空間として総体的に捉え、その展開を論じたものはない(1)。

一 建築空間の構成要素としての彫刻と絵画

仏教の建築空間は本尊となる仏像彫刻、建築内部に描かれた仏画、そのほか経典・舎利など多様な要素によって構成される。両界曼荼羅空間は、彫刻として安置された諸尊と、柱絵あるいは壁画として内部に描かれた諸尊とによって構成されるが、第二章でみてきたように、塔の空間には若干ことなった二つの構成が認められる。ここでは塔の両界曼荼羅空間を題材として、二通りの空間構成を具体的事例で示し、彫刻と絵画の関係がいかにあったかを検討したい。

1 円勝寺三重塔と永仁再建東寺五重塔の空間構成

大治元年（一一二六）建立の円勝寺三重塔では、等身金色の大日如来像を安置し、四天柱に金剛界三十六尊を描いた[2]。この三重塔では大日如来を仏像彫刻として安置していたので、四天柱に描かれた三十六尊は、金剛界三十七尊から大日如来を除いたものと考えられる。つまり、この三重塔では彫刻の大日如来と四天柱に描かれた三十六尊とを一体にして、金剛界曼荼羅をつくりだしていたのである。

これに対し、永仁年間（一二九三〜九九）再建の東寺五重塔初重内部の空間構成は、『東宝記』第二仏宝中「塔婆」の記事・指図（**図2―5**を参照）によれば、須弥壇上に金剛界四仏を彫刻として安置し、四天柱のうち西の二本には金剛界四仏と十六大菩薩・四摂菩薩像を、東の二本には胎蔵界四仏・四菩薩、諸院の中心となる諸尊を描いていた。須弥壇上の金剛界四仏からなる金剛界曼荼羅とは別に、四天柱の東西二本ずつに胎蔵・金剛両界の諸尊を描くことで両界曼荼羅を形成していたのである。彫刻・絵画いずれでも大日如来を表現しないが、これは心柱あるいは塔全体を大日如来とみなしたためと考えられる[3]。永仁再建東寺五重塔の両界曼荼羅空間は、彫刻からなる金剛界曼荼羅に四天柱の柱絵からなる両界曼荼羅を重ねて構成されていた。

2　空間構成要素としての彫刻・絵画の意義

塔の両界曼荼羅空間は、先のいずれの場合も彫刻・絵画の尊像で構成され、どちらの尊像も密教理念を建築空間として実体化するという宗教的意義を有していたといえる。これらの尊像は主として美術史学の研究対象となってきたが、本研究のように建築空間の構成要素として、合わせて考察する研究は充分になされてこなかった。建築史学においても、仏教建築に柱絵・壁画として表現された尊像は、建築の荘厳として一括され、その宗教的意義が具体的に検討されることはほとんどなかった[4]。本研究でとる方法の有効性を示すためにも、彫刻と絵画の尊像が両界曼荼羅空間を構成するうえでもつ意義の関係を確認しておく必要があろう。

　この問題を考えるうえで興味深いのが、待賢門院御願の法金剛院三重塔（保延二年〈一一三六〉供養）造営における安置仏の計画である。第二章で述べたように、この三重塔では、最終的には初重に心柱が通らず(5)、大日如来を中心とする両界曼荼羅の五仏を安置し、四天柱に両界曼荼羅諸尊を描いていた。

『長秋記』には、待賢門院御願の塔についていくつもの記事がみられる(6)。そのうち、長承三年（一一三四）十二月十五日の条には、

仁和寺北斗堂御仏始事、
仁和寺北斗堂御仏始仏師賢円、
法金剛院御塔御仏始延引事、
御塔御仏雖可始、五仏四方四仏事未定間延引了、仏師院覚、

とある。この「仁和寺北斗堂」と「御塔」は、保延二年十月十五日に供養される法金剛院の北斗曼荼羅堂と三重塔であるが、このとき北斗曼荼羅堂の仏像が造りはじめられたのに対し、塔では仏師が院覚に決まりながら、安置仏が決まっておらず、制作もはじめられていなかった。

　つづいて、同記保延元年（一一三五）五月一日の条には、

参仕仁和寺女院、依召参御前、多被仰雑事、（中略）新造御塔大日四体被停之由、承之如何、仰云、宮示給云、
依塔狭少也、於大日可図柱絵者云々、

とある。「仁和寺女院」、すなわち待賢門院の御前に参仕した源師時が雑事を仰せられるなか、新造御塔のことがあり、この塔に安置する大日如来四体の造立が止められた。というのも、「宮」すなわち覚法法親王が、塔内が狭いため、大日如来は柱絵として描くべきとしたからである。

　大日如来を四体造立しようとしていたところをみると、第二章でみた永保三年（一〇八三）の法勝寺八角九重塔

と同じく、四体の大日如来と四方四仏各一体の計八体を安置する計画であったとみられる。これが、塔内が狭いために、中尊である大日如来を柱絵とする計画に変更されたのである。つまり、諸尊を彫刻として表現するか、柱絵・壁画で表現するかは建築的な制約にも影響されるものであった。大日如来が彫刻で安置されようと、柱絵として描いて安置されようと、両界曼荼羅空間を構成するという理念そのものは継承されていたのであるから、彫刻の大日如来と柱絵の大日如来に宗教的意義の差はなかったということになる(7)。

このように、塔内に安置された彫刻の尊像と柱絵として描かれた尊像は、両界曼荼羅空間を構成するうえで一体となり、同等の宗教的意義をもつ場合が認められる。今日では、美術史学における学問領域の分化により、彫刻と絵画は分割して考えられる傾向にあるが、当時の人々にとっては、彫刻・絵画いずれの形式をとるかという問題よりも、建築空間のなかで宗教的理念から必要とされる諸尊を何とか表現し、両界曼荼羅世界をつくりだすことこそが重要であったといえよう。したがって、彫刻とともに仏教建築に絵画として描かれた諸尊の宗教的意義は認められて然るべきであり、両者を一体として考察する方法が、建築空間の宗教的意義を明らかにするうえで有効かつ必要と考えられるのである。

二　大日如来を中尊とする仏堂の両界曼荼羅空間

両界曼荼羅諸尊を安置する最初期の仏堂として、東寺講堂がよく知られる。その後は、塔と同じく仏堂でも胎蔵界・金剛界、あるいは両界曼荼羅を建築空間として体現することを意図した事例が数多くみられる。平安時代から鎌倉時代初頭のこうした仏堂、および大日如来を中尊とする仏堂を取り上げたのが**表3―1**である。

表3—1 平安時代から鎌倉時代初期の両界曼荼羅空間を構成する仏堂および大日如来を中尊とする仏堂

建築名	**教団**	**規模・形式**	**建立年代**		**安置仏**	**内部荘厳**	**その他**	**典拠**
延暦寺講堂	天台	三間四面（天禄三に九間堂）	天長元以降	八二四以降	**胎蔵大毘盧遮那（胎蔵界大日如来）** 弥勒・十一面観音			山門堂舎記 叡岳要記 三塔諸寺縁起
東寺講堂	真言	七間四面	承和六・十六	八三九	**金剛界五仏** ［光背］**化仏三十七尊、**（最頂）宝塔 五菩薩・五忿怒・六天	百仏・百菩薩・百羅漢		東宝記 東寺金堂講堂灌頂院本尊座位
			計画案は建久八以前	一一九七以前	**同右**	［東母屋柱］**胎蔵界諸尊** ［西母屋柱］**金剛界諸尊**		
東寺灌頂院	真言	五間四面	承和十頃	八四三頃		母屋柱古材に絵あり	両界曼荼羅	東宝記
			長治二・二・二十三	一一〇五		［梁・柱・周壁］**胎蔵金剛之界会**	同右	平安遺文
			計画案は建久八以前	一一九七以前		［東母屋柱］**胎蔵界諸尊** ［西母屋柱］**金剛界諸尊**	同右	東寺金堂講堂灌頂院本尊座位

神護寺五仏堂	真言	三間四面	承平元以前	九三一以前	**等身金剛界五仏**			神護寺承平実録帳
神護寺講堂	真言	三間四面	十二世紀末～ 十三世紀初頭		**丈六大日如来** ［光背］**化仏一尺六寸、** **卌一尊** 半丈六金剛薩埵 不動明王			神護寺略記
安祥寺礼仏堂	真言	長五丈	九世紀半ば		**五智如来**			安祥寺伽藍縁起資 財帳
醍醐寺東院	真言	三間四面 東礼堂	九世紀半ば		**半丈六大日如来**	［仏後壁］ 五大尊 十六天		醍醐雑事記 伝授集
禅林寺仏堂	真言		貞観五 九・六	八六三	**金剛界五仏**	**両部諸尊**		日本三代実録 禅林寺式
貞観寺金剛界堂	真言		貞観十六 三・二十三	八七四	**金剛界三十七尊** 天像等計七十余体			日本三代実録 吏部王記
貞観寺胎蔵界堂	真言		貞観十六 三・二十三	八七四	**胎蔵界諸尊**			故僧正法印大和尚 位真雅伝記
園城寺講堂	天台	二階	貞観十七	八七五	**大日如来** **（胎蔵界大日如来カ）** 釈迦・阿弥陀			園城寺伝記 寺門伝記補録
金剛峯寺真言堂	真言	一間四面	仁和三	八八七	**大日如来** 四天王			金剛峯寺建立修行 縁起

仁和寺円堂院	真言	八角円堂	延喜四 三・二十六	九〇四	**金銅金剛界三十七尊**（**三摩耶形**） 外院天など	真言祖師像 禅宗六祖 行基・鑑真 十二天 五大尊		仁和寺諸堂記 本要記 日本紀略 仁和寺円堂供養願文
比叡山恵心院	天台	五間四面	永観元 十一・二十七	九八三	**大日如来** 六観音 文殊聖僧像			山門堂舎記 三塔諸寺縁起 叡岳要記
比叡山静慮院	天台	五間堂	十世紀末～十一世紀初頭		**大日如来** 如意輪・不動・梵天 帝釈・四天王			三塔諸寺縁起
世尊寺		寝殿を仏堂に改造	長保三 二・二十九	一〇〇一	**等身大日如来** 普賢・十一面観音 等身彩色不動 降三世明王			権記
法成寺金堂		七間四面カ	治安二 七・十四	一〇二二	**三丈二尺大日如来** 二丈釈迦・薬師 文殊・弥勒・六天	[柱] **両界曼荼羅** [扉] 釈迦八相成道		不知記（諸寺供養類記）
円教寺御願堂		礼堂付	長元七 十・十七	一〇三四	**丈六大日如来** 薬師・釈迦・六天			左経記
比叡山五仏院	天台		十世紀半ば		丈六阿弥陀 **三尺金剛界五仏**			山門堂舎記 三塔諸寺縁起

法成寺講堂		七間四面	永承五 三・十五	一〇五〇	**二丈三尺大日如来** 丈六釈迦・薬師 不空羂索 延命・大威徳・不動			春記
平等院本堂		五間四面	永承七 三・二十八	一〇五二	**大日如来** 薬師・釈迦・不動 大威徳			伊呂波字類抄 門葉記
円宗寺金堂			延久二 十二・二十六	一〇七〇	**二丈大日如来** 丈六釈迦・一字金輪 丈六六天			扶桑略記
多武峰南院堂	天台	一間四面 前庇	承保元	一〇七四	**三尺大日如来**			多武峰略記
法勝寺金堂		七間四面	承暦元 十二・十八	一〇七七	**三丈二尺大日如来** **二丈多宝・開敷華王** **無量寿・天鼓雷音** 六天	［柱］ **両界曼荼羅**		承暦元年十二月 法勝寺供養記
法成寺十斎堂		七間四面	承暦三 十一・五	一〇七九	**一丈六尺大日如来** 丈六阿弥陀如来 薬師如来・釈迦如来 普賢菩薩・大勢至菩薩・定光菩薩・観世音菩薩			本朝続文粋
仁和寺御堂 （大教院）	真言	重閣	永保三 二・二十七	一〇八三	**六尺（丈六カ）毘盧遮那如来** **等身阿閦・宝生**			本朝続文粋 仁和寺諸院家記

					無量寿・不空成就			
比叡山金剛寿院	天台	三間堂	永保三 六・十三	一〇八三	**八尺大日如来** 如意輪・延命菩薩 （大安楽不空尊）			山門堂舎記 叡岳要記 江都督納言願文集
醍醐寺円光院	真言	一間四面	応徳二 八・二十九	一〇八五	**金銅両界曼荼羅**		中宮賢子 郁芳門院 一品宮 皇太后宮の遺骨	醍醐雑事記
金剛峯寺灌頂堂	真言	三間四面	応徳三 八・十七	一〇八六			両界曼荼羅	金剛峯寺雑文
尊勝寺灌頂堂	真言	五間四面 礼堂	康和四 七・二十一	一一〇二	本仏（尊名不明）		両界曼荼羅	阿娑縛抄
中川寺成身院			天永三～永久二	一一一二～一四	**大日如来** [光背]**五仏三昧耶形、**（最頂）**宝塔**	[仏後壁] （表）十二天 （裏）空海投三杵図	両界曼荼羅	真俗雑記問答鈔
醍醐寺三宝院	真言	五間四面 礼堂	永久三 十一・二十五	一一一五	**三尺大日** **薬師・釈迦**		両界曼荼羅	醍醐雑事記
仁和寺観音院灌頂堂	真言	五間四面 前庇 西妻庇	保安二 十一・二十一	一一二一		[柱]胎蔵・金剛三摩耶形	両界曼荼羅	本寺堂院記 本要記
円勝寺金堂			大治三 三・十三	一一二八	**二丈大日如来** **丈六胎蔵界四仏**	[柱]**両界図**		円勝寺供養呪願

高野山大伝法院	真言	一間四面	大治五 四・八	一一三〇	丈六尊勝仏頂		両界曼荼羅	伝法院供養願文
		宝形造二階三間四面	長承元 十・二十	一一三二	二丈一尺大日如来 [光背]縁光三十七尊、最上縁光安宝塔 二丈金剛薩埵 同尊勝仏頂	[仏後壁中央] 金剛界五仏 [仏後壁左] 五菩薩 [仏後壁右] 五大尊 [内陣西柱] 金剛界五仏 菩薩 五大尊他 [内陣東柱] 胎蔵五仏 般若菩薩 四行菩薩他 [自余十二柱] 三十七尊字 印形 仏眼 金輪外金剛部二十天等	同右（両界に後壁、壁画あり）	大伝法院幷埸内堂塔本尊仏具等事
仁和寺南院釈迦堂	真言	一間四面二階堂	保延元 一・二十七	一一三五	丈六釈迦	[母屋東柱二本] 金剛界諸尊		仁和寺諸院家記 長秋記

						[仏後壁] 法華経宝幢 寿量等品 [仏後東西障子] 梵天・帝釈 四大天王		
永久寺真言堂	真言	五間四面 礼堂カ	保延二 十	一一三六	**大日**カ	[仏後壁] (表)十二天 (裏)四天王	両界曼荼羅	内山永久寺置文
豊浦寺内大円明寺	真言	三間四面 (七間四面)	康治二 二・十七	一一四三	**等身金色大日如来**			根来要書
成楽院西御堂		三間四面	久安五 十・二十五	一一四九	**半丈六大日如来** 等身釈迦如来 千手観音			台記
高野山覚皇院	真言	八角二階 一間四面	久安五 十一・二十四	一一四九	**丈六大日如来**	**金剛界三十六尊・胎蔵界八葉八尊** 仏眼仏母 金剛薩埵 般若菩薩 八大菩薩 八大明王 十二天	両界曼荼羅	兼海覚皇院供養願文 永範覚皇院供養願文 同覚皇院供養諷誦文

						四天王		
知足院堂		三間四面	仁平三・三・一	一一五三	**半丈六大日如来** 半丈六釈迦三尊 半丈六阿弥陀三尊	九品往生相 霊鷲山儀		兵範記
高野山菩提心院	真言	一間四面 ?	保元三・二・四	一一五八	**等身大日如来** [光背]**法界塔婆一基** **阿閦等三十六尊像**			菩提心院供養願文
高野山遍照院	真言	一間四面	保元三・九・二十九	一一五八	**大日如来**		大日胎内に中山忠親の母遺骨	山槐記
金剛寺本堂	真言	五間四面	治承二	一一七八	**丈六金剛界大日如来** [光背]**化仏三十七尊**		両界曼荼羅 真言八祖像	嘉陽門院庁下文
醍醐寺東安寺	真言	三間四面	〜平安末		**大日**・薬師・釈迦			醍醐雑事記
醍醐寺西岳院	真言	五間二面	〜平安末		**大日**・阿弥陀・如意輪			醍醐雑事記
醍醐寺遍智院	真言	一間四面	〜平安末		**大日**・不動・愛染王			醍醐雑事記
岸寺	真言		〜平安末		**大日**			醍醐雑事記
中尊寺両界堂			文治五以前	一一八九以前	**皆金色木像両部諸尊**			吾妻鏡
東大寺大仏殿	華厳 真言	正面十一間 奥行七間	建久六再建 (建久七以降)	一一九五 (一一九六以降)	毘盧遮那仏 **(両界大日如来)**		中尊の両脇に両界堂を設ける	東大寺続要録 東大寺具書
鑁阿寺御堂	真言		建久七	一一九六	**金剛界大日幷三十七尊形像**		両界曼荼羅カ	鑁阿寺樺崎縁起幷仏事次第
光明峯寺奥院金堂	真言	三間四面、有階隠間	嘉禎三	一二三七	**等身大日如来**		両界曼荼羅	九条道家初度惣処分状

太字は大日如来および両界曼荼羅の諸尊。

これらの仏堂には延暦寺講堂をはじめ、大日如来を安置しながらも、五仏など複数の尊像からなる両界曼荼羅の組織的構成を示さない事例がある。また、大日如来一体のみを安置する仏堂は、表中の金剛寺本堂等のほかにも枚挙に暇がない。ここでは、とくに両界曼荼羅空間の展開を論じるうえで、詳細に考察することが必要な事例を中心に検討する。

なお、天台系権門寺院については、現在のところ『叡岳要記』『山門堂舎記』『三塔諸寺縁起』等後世の編纂史料によるしかない。また、安祥寺・法成寺・四円寺・六勝寺の建築の安置仏については詳しい先行研究(8)があるのでここでは論考は記さず、**表3―1**に委ねることにする。

1　東寺講堂

空海によって造営が開始された東寺講堂では、金剛界五仏を中心に、その左右に五大明王・五菩薩を安置する。『東宝記』第一仏宝上「講堂」には、

行宴法眼依御室仰、講堂柱絵両界尊像可令図之、邇代雖注進之、遂以不行事、可謂遺恨矣、

と、「御室」すなわち守覚法親王から行宴に、講堂の柱に両界諸尊を描く仰せがあったが実現しなかったという。行宴は仁和寺菩提院の住侶で、文治三年（一一八七）、北院において守覚法親王より灌頂を受けている(9)。建久年間（一一九〇～九九）の文覚を中心とした東寺復興に関わり、『東宝記』にもしばしばあらわれる。

東寺講堂で計画された柱絵の内容は、中野玄三氏によって紹介された観智院金剛蔵聖教「東寺金堂講堂灌頂院本尊座位(10)」（以下、「本尊座位」とする）により知ることができる。「本尊座位」は、観智院賢宝が応安三年（一三七〇）に厳昌の本を写したもので、講堂の条の末尾に「已上菩提院記」、その右に朱で「行宴法眼」と記されており、

これは『東宝記』に記された行宴の計画であり、文覚による講堂の修造の一環に位置付けられよう。以下に、講堂の柱絵に関する記述の全文を引用する。（引用部分の傍線・番号は引用者による。以下、これにならう）

　東寺講堂柱絵事
①柱惣数十八本正面以東九本、可図胎蔵界尊、正面以西九本、可図金剛界尊、
仏菩薩像三昧耶身、外部天等羯磨身、
両界各八十一尊毎柱仏菩薩九尊定外部天等此外也、
　金剛界
②卅七尊、賢劫十六尊、
　　已上根本会、
四大明王依神日記等意、加四大明王、
四印会五尊、理趣会十七尊、
　已上十七（ママ）十九尊闕位二尊、可図加賢劫菩薩歟、
或百八尊毎柱仏菩薩十二尊定、
③卅七尊、五仏頂、賢劫十六尊、十波羅蜜依秘蔵記等意、加五仏頂并十波羅蜜、
四大明王、四印会五尊、理趣会十七尊
　已上九十四尊闕位十四尊、可図加賢劫菩薩歟
　胎蔵界
現図諸尊其数巳多略之、可取八十一尊乃至百八尊

已上菩提院記

東寺講堂柱絵事

[4]真乗院僧正覚教語云、百仏百菩薩百羅漢像図之、若時参詣之時、親見之云々、

（中略）

已上菩提院記（朱）行宴法眼

まず、かつて東寺講堂には「百仏百菩薩百羅漢像」が描かれていたという覚教の言（④）があげられるが、これらの尊像は『仁王般若波羅蜜経』に基づく諸尊と考えられている。[11] とすれば、この計画で講堂柱絵の内容が変更されたことになる。

今回の計画として、総数十八本の柱に両界曼荼羅諸尊を描くことが示されるが（①）、東寺講堂は七間四面、須弥壇を取り囲む母屋柱十八本であり、これら母屋柱に柱絵を描く計画であったと考えられる。母屋の柱を中央柱間を境として東西に分け、東に胎蔵界諸尊、西に金剛界諸尊の八十一尊もしくは百八尊を選んで描き、両界曼荼羅を構成しようとした意図を読み取ることができる。

東寺講堂では、須弥壇中央に彫刻として金剛界五仏を安置し、中尊大日如来の宝冠に胎蔵界五仏、光背には金剛界三十七尊をあらわし、両界曼荼羅を具現する構成が認められる。[12] 柱絵の計画では、金剛界はまず三十七尊が選ばれており（②③）、このうちには大日如来をはじめとする金剛界五仏もふくまれていたはずである。建久年間の再興では、彫刻の五仏からなる金剛界曼荼羅に、さらに柱絵の両界曼荼羅を重ねる計画であった。この重層的な構成は『東宝記』に示された永仁再建東寺五重塔の構成と共通しており、ひいては胎蔵界五仏を彫刻として安置し、しかも柱に両界曼荼羅諸尊を描いた法勝寺金堂などとも相通ずるものでもあったと考えられる。

2　東寺灌頂院

東寺灌頂院（灌頂堂）は、恒常的に仏像彫刻の本尊を安置することはなく、法会にさいして両界曼荼羅図を鋪設する仏堂である。

灌頂院は、伝法灌頂・結縁灌頂がはじめられた承和十年（八四三）までに建立され、延久元年（一〇六九）に破損、建久二年（一一九一）に後白河法皇の御願で大修理を受け、建長四年（一二五二）焼亡、同年に再建された(13)。現在の建築は寛永十一年（一六三四）の再建で、その内部では背面と両側面に真言八祖像、正面の両端の壁に、胎蔵界・金剛界の大日如来の種子が書かれている。母屋柱に柱絵はない。

『東宝記』第二仏法中「灌頂院」には、灌頂堂についての記事、指図がのせられるが、『東宝記』の記事は、建長四年の焼失後に再建された灌頂堂についてのものである。柱絵についていては、

　中古荒廃之刻、柱絵等零落之間、建久之初、新有沙汰（守覚法親王被仰談行宴法眼、）被図之、

と、灌頂院の柱絵が零落しており、建久年間の初頭に守覚法親王の仰せにより行宴が新たに図絵したという。この記述からは、行宴により柱絵が実際に描かれたように読み取れる。同記ではつづけて、

　其後建長四年炎上之時、於列祖図絵壁板者取出畢、当時柱絵定任建久図歟（建久図在別、）

と、建長焼失以前の柱絵を示した「建久図」の存在が示される。また、

　至建久二年、依　後白河法皇御願、及当寺諸堂修理之朝議、（中略）其内灌頂堂為庁沙汰被修造之、大略如新造、母屋柱十二本内、古柱只二本也、其余新被立之、即被遂供養之儀、委細如次（在別記）上注（両界曼荼羅様、）

ともあり、柱絵の内容が抹消され、「在別記」と記されている点に注意しておきたい。

「本尊座位」には、「東寺灌頂堂柱絵事」として朱で「菩提院記」と加え、

依　法皇御願東寺諸堂有修理事、（中略）其内灌頂堂為庁沙汰修造之、大略如新造、而堂内母屋柱十二本内古柱残只二本也有絵、仍自院令申御室給、件柱絵図可注進給云々、

とある。すなわち建久二年の修理で灌頂堂は新造の如くされ、母屋柱十二本のうち古柱は二本しか残っておらず、この古い柱に絵があった。さらに修理にさいして、後白河法皇から御室への仰せにより柱絵を注進したという。「本尊座位」には両界曼荼羅諸尊を柱絵として描くべく、その具体的な配置を記した「東寺灌頂堂柱絵尊号」「東寺灌頂堂柱絵後案」の二つが示される。『東宝記』で「如次上注両界曼荼羅様」とあるのは、建久の修理で灌頂堂柱絵に両界曼荼羅が採用されたためであり、この部分が抹消され「在別記」と記されたのは、いったん執筆された後に、より詳細かつ具体的な記録があらわれたためと考えられる。なお、この「別記」や「建久図」と「本尊座位」との関係にも興味がもたれるところであるが、現段階では明らかにしえない。

そもそも、これ以前の長治二年（一一〇五）六月二十三日「堀河天皇宣旨案」(14)には、東寺灌頂堂の修理について、

至于梁柱周壁之華餝者、円胎蔵金剛之界会、而破壊頽落之間、

とある。これは延久元年の破損を受けてのものともみられるが、十二世紀初頭には灌頂堂の梁や柱・周壁の荘厳は両界曼荼羅であり、これが剝落していたとされるので、両界曼荼羅諸尊がこれ以前にすでに描かれていたことになる。この堀河天皇による修理は実現しなかったとみられ、それゆえ後白河院の代になって大がかりな修理が施されることになったと考えられる。

以下に、「東寺灌頂堂柱絵尊号」「東寺灌頂堂柱絵後案」に基づき、柱絵からなる灌頂院の空間構成を、この史料を紹介した中野氏の論考を参照しながら示すことにする。

まず「東寺灌頂堂柱絵尊号」には、胎蔵界諸尊を北側六本の柱、金剛界諸尊を南側六本の柱に配する構成が示される。南側の柱に胎蔵界諸尊、北側の柱に金剛界諸尊が入り込むなど、必ずしも整然としているわけではないが、大きく捉えるならば、南北から両界曼荼羅空間をつくりだす構成とみなせる。なお、醍醐寺五重塔では、初重内部に描かれた両界諸尊から、創建当初は南北で両界曼荼羅を構成していたとの説もあり(15)、両者の関係があったか否かにも興味がもたれるところである。

次に「東寺灌頂堂柱絵後案」は、東側六本に胎蔵界諸尊、西側六本に金剛界諸尊を配する、先の講堂柱絵計画の構成に通ずる案である。これは修法にさいして懸けられる両界曼荼羅、南壁の胎蔵・金剛両界大日如来の種子の構成とも一致する。

また「本尊座位」に、

同堂(灌頂院)庇長押上板壁尊等、彩落像消大略如無、依重仰、同(建久)三年六月六日、参向彼堂、令注進図位了私加取捨事等有之、兼又件壁板見尊位次第、両三間違乱有之、令糺直了、本壁板ニハ千手金剛蔵両尊無之、令加之、又蓮金両部眷属各十二尊、本壁板図之、而金部眷属或十二尊、或十一尊不同也、今付高雄図可被図之、仍止一尊了、

とあるように、庇長押上の壁板にも尊像が描かれ、剝落していた。今回の計画では、千手をはじめ金剛蔵菩薩など両界曼荼羅諸尊を壁板に描くことになっていた。さらに、

母屋長押尊像当時奉図之通、仏菩薩尤可然候云々、

とあり、母屋長押にも「当時」すなわち建久ころに、仏・菩薩の尊像が描かれていたことがわかる。

従来、灌頂院では修法にさいして両界曼荼羅が鋪設され、それ以外のときは何もない空間、いわば法会のとき以

外は仏教理念によって荘厳されていない空間と捉えられてきた(16)。東寺灌頂院では、確かに本尊となる両界曼荼羅図が恒常的に安置されていたわけではない。しかし、十二世紀初頭には灌頂堂の梁や柱・周壁に両界曼荼羅が描かれ、後白河院政期にそれを修復し、母屋柱の柱絵により両界曼荼羅を構成する計画が立てられた。空海『秘密漫荼羅教付法伝』によれば、唐の恵果の灌頂堂は、内外の壁に両界曼荼羅諸尊をことごとく描いていたという(17)。東寺灌頂堂では創建当初から唐の灌頂堂にならい、両界曼荼羅諸尊を描いていた可能性も考えられよう。

3　仁和寺観音院灌頂堂

仁和寺観音院灌頂堂は正暦二年（九九一）に創建されたが、長保三年（一〇〇一）に焼失、寛弘七年（一〇一〇）に再建、元永二年（一一一九）にふたたび焼失し、保安二年（一一二一）に再建された(18)。保安再建の灌頂堂について、『本要記』(19)では「古徳記」を引いて、

同記云、元永二年四月十三日、回禄、同（保安二年カ）十一月廿一日壬午、供養、御願文保安云、柱絵胎蔵金剛三摩耶形蓋模前規、両部曼荼羅者新図也、八大師真影者旧像也云々、

とあり、柱絵として両界曼荼羅諸尊の三摩耶形を描いたという。また『本寺堂院記』でも、同じく「古徳記」を引いて「柱絵胎蔵金剛三摩耶形蓋模前規」とあり、これは「前規」を模したもので、したがって柱絵として両界曼荼羅諸尊の三摩耶形を描くことは、寛弘七年供養の灌頂堂にならったものであったことになる。灌頂堂に両界曼荼羅諸尊を描くことは、日本でも少なくとも十一世紀初頭まで遡ることができる。

4　神護寺五仏堂（講堂）

神護寺五仏堂については『神護寺承平実録帳』[20]に、

　三間檜皮葺五仏堂一宇四面庇、戸六具、

　　金色金剛界等身五仏、

とあり、等身の金剛界五仏を安置した。神護寺では、金剛界五仏を安置する五仏堂、五大虚空像菩薩を安置する毘盧遮那宝塔、五大明王を安置する五大堂が建立され、東寺講堂の諸尊は伽藍へと展開した[21]。しかし神護寺は鎌倉時代初期には衰微し、その再興に尽力したのが文覚である。五仏堂はこの再興により講堂と改められ、『神護寺略記』に、

　　一、講堂

　三間二階檜皮葺堂一宇在四面庇、戸六具、

　右承平実録帳云、三間檜皮葺五仏堂一宇四面庇、戸□(六)具、今講堂是也、

　奉安置

　金色大日如来一軀丈六、光中化仏一尺六寸、卅一尊、

　金色金剛薩埵菩薩像一軀半丈六、

　彩色不動明王像一軀半丈六、

　　右文覚上人以仏師運慶法印奉写東寺講堂中尊三体、上人没後終其功畢、

とあるように、大日如来・金剛薩埵・不動明王を安置した。これらの三尊は文覚が仏師運慶をもって、東寺講堂の中尊三体を写したものであるという。文覚は東寺講堂の再興にも力を注いでおり、鎌倉時代再興の神護寺講堂の空間は、東寺講堂の空間構成理念に基づいて構成されたとみなされよう。

5　禅林寺仏堂

禅林寺は貞観五年（八六三）九月六日、真紹の願いにより定額寺とされ、寺名を賜った。『日本三代実録』には、

奉為聖皇、造毘盧遮那仏及四方仏像、（中略）爰逮于斉衡元年、於河内国観心山寺、僅奉造、三年之間其功既畢、（中略）令易後代之修治、爰買故従五位下藤原朝臣関雄東山家、即便為寺家、造立一堂、安置五仏、

とあり、観心寺において斉衡元年（八五四）まで三年をかけて毘盧遮那仏と四仏からなる五仏を造ったが、後代の修治のことを考え、新たに京の東山に仏堂を建て五仏を移したという。「禅林寺式」(22)には、

建立此伽藍、奉造金色五智如来之像、兼図絵両部諸尊之容、

とある。五智如来すなわち金剛界五仏は、観心寺から移した五仏であったと考えられる。この仏堂では両部諸尊を図絵したといい、両界曼荼羅諸尊を描いた可能性が考えられる仏堂の初期の事例である。

なお、元慶七年（八八三）の「観心寺勘録縁起資財帳」(23)によれば、観心寺には三間四面の如法堂があり、絵像の五大虚空蔵菩薩と五大明王を安置していた。これら諸尊に金剛界五仏を加えると東寺講堂諸尊の構成と一致し、真紹による観心寺での金剛界五仏の造立に、東寺講堂の理念が影響した可能性も考えられる。

6　貞観寺金剛界堂・胎蔵界堂

『日本三代実録』貞観十六年（八七四）三月二十三日の条には貞観寺供養願文をのせ、

西堂、安置金剛界曼荼羅、（中略）東堂、安置胎蔵界曼荼羅、

とあり、金剛界曼荼羅を安置する西堂と、胎蔵界曼荼羅を安置する東堂の存在が知られる。また『吏部王記』承平

元年（九三一）九月三十日の条には、「次礼金剛界堂、次礼胎蔵界堂」とあり、これらはそれぞれ金剛界堂、胎蔵界堂とも呼ばれていた。

「故僧正法印大和尚位真雅伝記」(24)には、

仁寿二年和尚発心始建貞観寺、其造作次第如右《（左）》、先作金剛界堂、即奉造卅七尊像并天等像総七十余軀、是大皇太后御願也、（中略）次作胎蔵堂、即奉造胎蔵曼荼羅仏像并天等像、是和尚私願也、

とある。すなわち金剛界堂には、金剛界三十七尊像と天等の像を合わせて七十体余りを安置していたとあるので、彫塑群で金剛界曼荼羅空間を構成していたと考えられる。胎蔵界堂についての詳細は不明であるが、胎蔵界曼荼羅から選ばれた尊像の彫塑群から、金剛界堂と同じく胎蔵界曼荼羅空間を構成していたと推測される。

7　仁和寺円堂

仁和寺円堂は、『仁和寺諸堂記』によれば昌泰二年（八九九）、宇多法皇により供養されたという。(25)『日本紀略』延喜四年（九〇四）三月二十六日の条に、

太上法皇於仁和寺円堂初設斎会、

同年閏三月二十一日の条に、

法皇於仁和寺円堂、安置金剛界三十七尊、并外院天等、

とあり、金剛界三十七尊などを安置したとされる。『本要記』では、

古徳記云、八角御堂号円堂院、寛平御願、安置金剛界三十七尊并外院三摩耶形、延喜三《（ママ）》年三月廿六日、供養之、而改造之後、同五年三月廿六日辛酉、八専、又供養、法皇崩御後、式部卿宮改之、

天慶三年三月廿七日、供養、修複（復）、
一条法眼記云、寛平法皇建立也、本者被造大内山、後渡仁
和寺之内云々、所司三人置之、
（中略）
舞楽曼荼羅供記云、寛平法皇、円堂供養被始、此儀延喜四
年三月廿六日辛酉八専日、御導師益信僧正、請僧百口、

ともある。杉山信三氏の研究によれば、仁和寺円堂はまず昌泰二年に供養されたのであるが、延喜四年に改めて南御室とともに造営されたという[26]。したがって、金剛界三十七尊が安置されたのは延喜四年に改められた建築ということになろう。

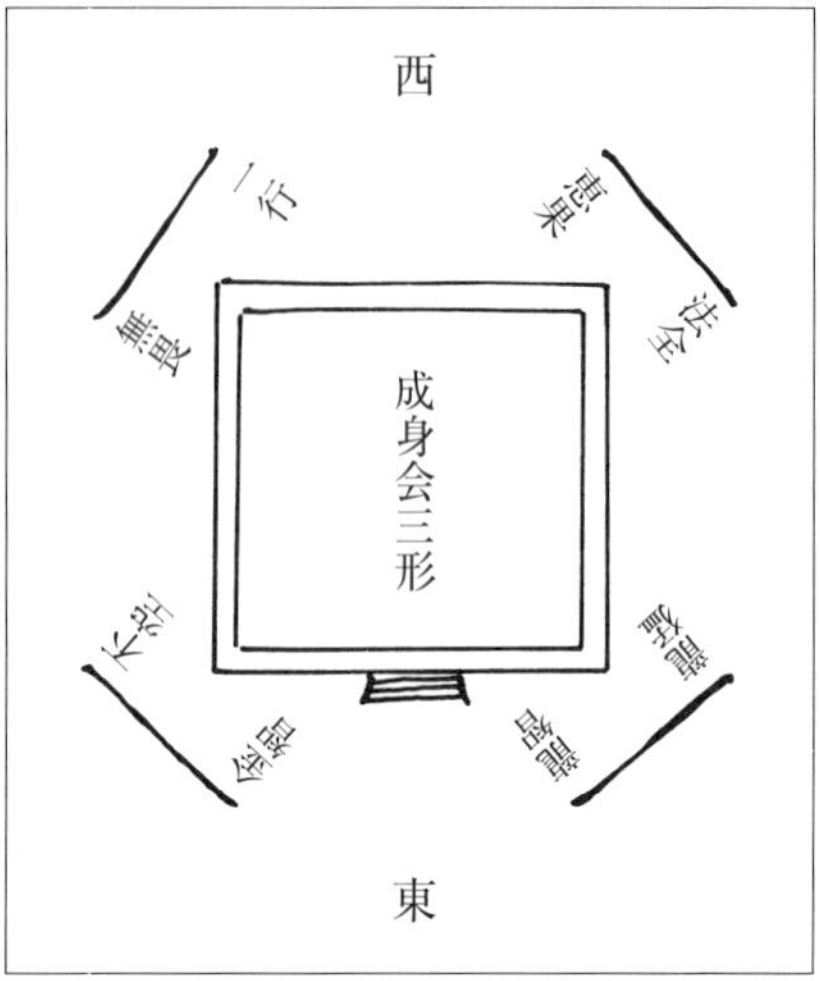

図3―1　『本要記』所収　仁和寺円堂指図

『本要記』には円堂の指図（図3―1）がのせられ、八角形平面の中央に「成身会三形」と記された正方形の須弥壇が描かれる。発掘調査によれば、八角円堂の基壇は一辺約一〇メートルもあった[27]。

安置仏については、『本要記』の記事のほか『本寺堂院記』に、

仁海僧正記云、仁和寺内巽方、寛平法皇御念誦堂、八角堂内金剛界三昧耶金銅曼荼羅被安置也、

とあり、「仁和寺円堂供養願文[28]」には、

仁和寺内地建八角一堂、奉安置金剛界卅七尊幷外院天等三摩耶形、斯廼弟子、一生瞻仰之基、三時観念之所也、

ともある。仁和寺円堂では、金剛界三十七尊および外院諸天の金銅の三摩耶形を安置し、立体曼荼羅を構成していたのである。これら金剛界諸尊の像は、東京国立博物館蔵、那智山出土の金銅三昧耶形[29]のような形態をとり、指図

に描かれた方形の須弥壇に、金剛界曼荼羅に基づき配置されていたと考えられる(30)。

仁和寺円堂は『本寺堂院記』に「寛平法皇御念誦堂」、供養願文にも「三時観念之所」とある。昌泰三年（九〇〇）には声明業年分度者を置いており(31)、宇多法皇の念誦堂としての性格をもっていた。

仁和寺はもともと天台密教の拠点であったが宇多天皇が譲位し、昌泰二年十月二十四日、東寺一長者益信に戒を受け、当寺第一世となってからは真言密教の拠点となり、益信・宇多法皇・寛空とつづく広沢流を生みだした。円堂は、仁和寺が天台密教から真言密教へと転換するときに建立・改修されており、その供養導師が益信であったことからみて、真言密教系の仏堂であった可能性が高いといえよう(32)。

8　仁和寺大教院

仁和寺大教院は、顕證本『仁和寺諸院家記』に、

> 永保三年二月廿七日癸酉、被供養之、導師入道親王性〈(朱)信〉—、〈色衆卅口〉其後経年序破損之間、北院御室令建小堂〈念誦堂也〉給、

とある。永保三年（一〇八三）性信法親王により供養され、その後荒廃したが、「北院御室」すなわち守覚法親王により小堂として再興された。この小堂も念誦堂とされる。また「古徳記」を引いて、

> 大教院阿闍梨三人、一品内親王聡子御願、安皆金色六尺毘盧遮那、等身阿閦・宝生・无量寿・不空成就等各一体、永保三年二月廿七日癸酉、供養

ともある。「一品宮仁和寺御堂供養願文(33)」には、

> 新造一寺、重軒飛閣之出層雲也、（中略）便奉造立皆金色六尺毘盧遮那如来、等身阿閦、宝生、無量寿、不空成就等如来像各一体、

とあり、「重軒飛閣」すなわち重閣であり、六尺の毘盧遮那如来、等身の金剛界四仏を安置し、金剛界曼荼羅空間を構成していた。

9 高野山大伝法院

高野山伝法院は覚鑁によって建立され、大治五年（一一三〇）四月八日、鳥羽上皇の御願寺として供養された(34)。「伝法院供養願文(35)」によれば、一間四面宝形造の伝法堂を建立し、丈六金色の尊勝仏頂一体、両界曼荼羅各一鋪等を安置した。しかし、この伝法堂が手狭だったため、長承元年（一一三二）十月二十日、大伝法院本堂を建立した。供養会には鳥羽上皇の御幸もあった。大伝法院については、醍醐寺蔵「大伝法院幷塀内堂塔本尊仏具等事(36)」に詳しい記事がある。本堂は、

一、本堂一宇、宝形作二階三間四面宝形宝鐸八口已上内外荘厳金物皆金銀也、正面中央間一丈六尺、脇間一丈五尺、庇一丈五尺、母屋柱十四本長三丈六尺口二尺八寸、自余准之、

とあるように、二階、三間四面の宝形の建築であった(37)。宝形で母屋三間ならば母屋柱は十二本のはずだが、十四本とされる点が問題となる。この点は後に柱絵の構成とともに検討する。

安置仏は、

一、大日如来像二丈一尺、（中略）縁光三十七尊等尊像、最上縁光安宝塔矣、子細有口伝、

一、金剛薩埵像一体二丈脇士、左方頭光身光三十七尊金銀種子付之、縁光同十七尊形像等付之理趣経、

一、尊勝仏頂像一体二丈脇士、右方頭光身光八大仏頂八大菩薩金剛種子付之、縁光八大仏頂八大菩薩付之、

とあり、二丈一尺大日如来、二丈金剛薩埵・尊勝仏頂であった(38)。

また仏後壁について、

中尊後壁等身金剛界五仏、

左方後壁五菩薩等身、右方後壁五大尊等身、

とあり、金剛界五仏・五菩薩・五大尊を描いたといい、これらの諸尊は東寺講堂の安置仏と同じである(39)。

母屋柱の絵について、

母屋柱内陳《陣》西柱金剛界五仏幷菩薩五大尊不動也、

同東柱胎蔵五仏、般若菩薩、四行菩薩、不動、烏瑟沙摩、倶利伽羅二童子等也、自余十二柱三十七尊字印形幷

仏眼金輪外金剛部二十天等也、

とあり、内陣の東側の柱に胎蔵界五仏、西側の柱に金剛界五仏を描き、両界曼荼羅を構成していた。残る十二本の柱にも「三十七尊」すなわち金剛界三十七尊の印形(40)、その他の諸尊を描いた。これら十二本の柱が方三間の母屋柱であり、母屋柱十四本から余る二本はそれぞれ胎蔵界・金剛界五仏を描いた内陣東西の柱にあたり、この二本は母屋の内部に立てられていたと考えられる(41)。

10　高野山覚皇院

『根来要書』第三には、覚皇院に関わる久安五年（一一四九）十一月二十四日の「兼海覚皇院供養願文案」、仁平二年（一一五二）十月二十四日の「永範覚皇院供養願文案」、同年十一月二十四日の「永範覚皇院供養諷誦文案」がのせられ、いずれでも丈六の大日如来を安置する八角二階の一間四面堂を建立したとされる。これら三通のうち最初のものには「覚皇院供養願文寄進以前」とあり、これが建立供養のときのもの、つづく二通が鳥羽上皇に献じ

て御願寺となったときのもので、同じ建築について書かれたものと考えられる。
建築・安置仏・内部荘厳について「兼海覚皇院供養願文案」に、

奉建立八角二階宝形一間四面堂一宇、
奉造立皆金色丈六大日如来像一体、
奉図絵金泥九幅両界曼荼羅各一鋪、

とあり、「永範覚皇院供養願文案」には、

建立八角二階一間四面檜皮葺堂一宇、
其柱幷梁、奉図絵金剛界阿閦仏等卅六尊、胎蔵界宝幢仏等八葉八尊、仏眼仏母・金輪仏頂・金剛薩埵・般若菩薩・八大仏頂・八大菩薩・八大明王・十二天・四大天王幷仕者一百廿体、阿字千体、
奉安置金色一丈六尺大日如来像一体、
奉図絵九幅胎蔵金剛両部大曼荼羅各一鋪、

と、より詳細な記述がある。

これらの願文案によれば八角二階堂は檜皮葺で、丈六の大日如来と九幅の両界曼荼羅図を安置し、柱のみならず梁にまで両界諸尊、十二天等を描いた。ここで注意すべきは、描かれた諸尊のうち金剛界は阿閦をはじめ三十六尊、胎蔵界は中台八葉院の宝幢をはじめ八尊とされる(傍線部)ことである。すなわち、この仏堂では柱絵としては両界いずれの大日如来も描かれていなかったと考えられ、この点は『東宝記』に記された永仁再建東寺五重塔の柱絵と共通する。東寺五重塔では、心柱あるいは塔そのものを両界の大日如来とみなしていたとみられることは先に述べた。覚皇院仏堂の空間では、中尊として彫刻で安置した大日如来を、絵画で表現した両界諸尊の中尊、すなわち

両部不二の大日如来とみなしていたと考えられる。

11　中尊寺両界堂

中尊寺では、『吾妻鏡』文治五年（一一八九）九月十七日の「寺塔已下注文」に、

次両界堂、両部諸尊、皆為木像、皆金色也、

とあるように、木像・金色の両界曼荼羅諸尊を安置する両界堂があった。貞観寺金剛界堂・仁和寺円堂という事例を勘案すれば、中尊寺両界堂も彫塑群から両界曼荼羅空間を構成していた可能性が高い(42)。この両界堂が、貞観寺金剛界堂・胎蔵界堂のように二棟の仏堂からなるのか、一棟の仏堂で構成されるのかは明らかでない。

三　両界曼荼羅空間の特徴

ここで、以上の考察と**表3―1**をもとに、平安時代から鎌倉時代初期の仏堂における両界曼荼羅空間の特徴をまとめておきたい。

一、塔の両界曼荼羅空間では、彫刻の尊像は大日如来のみ、あるいは五仏、さらには大日如来を除く四方四仏のみを安置するものがあった。仏堂ではこれらのうち四方四仏を除く形式に加え、貞観寺金剛界堂・仁和寺円堂・中尊寺両界堂のように、金剛界三十七尊やそれ以上の多くの尊像、時にはそれらの三昧耶形を安置する多様な構成が認められる。しかし、層塔でみられた大日如来と顕教の四仏からなる、顕密融合の両界曼荼羅は認められない。

二、東寺講堂の金剛界五仏・五菩薩・五忿怒は、神護寺・観心寺・安祥寺伽藍でも確認され(43)、初期真言系伽藍の規

範的理念の一つとなっていた可能性が考えられる。さらにこの構成は、院政期の高野山大伝法院、鎌倉再興の神護寺講堂にあらわれ、平安時代末期から鎌倉時代初期にも、再び真言系権門諸寺の規範的理念になったと推測される[44]。

三、これまで灌頂堂は本尊を安置せず、内部の荘厳もなく、法会のとき以外は仏教理念によって荘厳されていない空間と捉えられてきた。しかし東寺灌頂院・仁和寺灌頂堂という真言密教の灌頂堂では、平安時代中期には堂内に両界曼荼羅諸尊を描き、両界曼荼羅空間を構成していた。東寺灌頂院の荘厳は唐の灌頂堂にならったもので、創建当初まで遡る可能性も考えられる。

四、天台系権門寺院では円仁が本格的に密教を導入した九世紀半ばに、総持院多宝塔で胎蔵界五仏を安置した[45]。しかし仏堂では、延暦寺・園城寺の講堂、比叡山恵心院・静慮院・金剛寿院で大日如来を安置しながら両界曼荼羅五仏をそろえず、真言系権門諸寺の仏堂のような、両界曼荼羅の理念に基づく諸尊の組織的構成は認められない[46]。

五、十一世紀から十二世紀に建立された天皇御願寺・貴族氏寺については、法成寺金堂・講堂、円宗寺金堂、円教寺御願堂、平等院本堂では、中尊として大日如来を安置しながら、両界曼荼羅の五仏をそろえない。これに対し、つづく法勝寺・円勝寺金堂では胎蔵界五仏をそろえて安置しており、法勝寺金堂は空間構成理念として、五仏からなる両界曼荼羅の組織的構成が顕現する画期に位置する。

六、内部に両界曼荼羅諸尊を描く建築は、真言系の創建東寺五重塔・創建高野山大塔まで遡ると考えられる。しかし東寺灌頂院以外の平安時代初期の仏堂では、金剛界五仏を安置した禅林寺仏堂で両界曼荼羅諸尊を描いたとみられる程度で、他は明確にならない。平安時代中期以降は、法成寺・法勝寺・円勝寺金堂という、御願寺・氏寺の金堂で認められるようになる。とくに院政期には、高野山大伝法院・覚皇院や、東寺講堂・灌頂院の再興という真言系権門寺院と院の関わりのなかで、仏堂内に両界諸尊を描く動きが顕著に認められる。

おわりに

五仏を中心とする両界曼荼羅の組織的な構成が、建築空間の構成理念として強い影響を及ぼしたのは、天台系ではなく真言系の諸寺においてであった。また、白河・鳥羽・後白河院政期には、御願寺・真言密教系権門寺院とともに、院と真言密教の関わりのなかで、空間構成理念としての両界曼荼羅の影響が顕著にあらわれるようになる。

鳥羽・後白河院政期の直前である白河天皇（院）の時代は、天皇御願寺の金堂に両界曼荼羅の理念が顕現するとともに、両界曼荼羅空間を構成する塔が数多く建立されるようになる画期でもある。(47) 金剛界五仏を安置する塔と胎蔵界五仏を安置する金堂で両界曼荼羅を構成する法勝寺伽藍、塔の再建で釈迦八相成道を安置する塔から二基の塔で両界曼荼羅を構成するようになった法成寺伽藍(48)など、両界曼荼羅の理念が伽藍にもあらわれるようになる。

さらに清水擴氏の研究では、阿弥陀堂でも平等院鳳凰堂より後には、柱絵等に両界曼荼羅諸尊があらわれてくることが指摘されているが(49)、これが仏堂や塔において両界曼荼羅の理念が顕現する時期と一致している点は注目される。次章では、阿弥陀堂という「浄土教建築」の系譜に位置付けられている建築の空間に、密教の両界曼荼羅が与えた影響について考察する。

なお、毘盧遮那仏を両界大日如来ともみなす鎌倉再建東大寺大仏殿の空間(50)は、両界曼荼羅空間の展開を考えるうえできわめて重要である。この点は院政期仏教の在り方をふまえ、第八・九章で論じることにしたい。

註

（1）仏教美術については、建築を中心に関連諸学の研究成果の集大成として『奈良六大寺大観』（岩波書店）、『大和古寺大観』（同）、『平等院大観』（同）等がある。しかし、これらの書物においては、建築・彫刻・絵画の詳細な検討が個別におこなわれており、総体としての建築空間をいかに評価するかが示されることはほとんどなかった。

（2）『永昌記』同年三月七日の条。

（3）佐和隆研「東寺の歴史と美術」（『仏教芸術』九二、一九七三）。

（4）仏教建築の壁画の宗教的意義が論じられた数少ない事例の一つとして、本稿の主題に則していうならば、醍醐寺五重塔があげられよう。この壁画についての諸説は本書第二章補論を参照されたい。

（5）発掘調査によって、この三重塔では心礎がなかったことも確認された（『平成七年度京都市埋蔵文化財調査概要』、一九九七）。

（6）長承三年（一一三四）四月二十・三十日、同年閏十二月六・十九日、保延元年（一一三五）正月十七日の条ほか。

（7）このことは、円融寺五重塔に関して、大日如来四体を図絵し、四仏を彫刻で安置したとする『扶桑略記』永祚二年（九九〇）三月二十日の記事と、逆に、大日如来四体を彫刻として安置し、四仏を図絵したとする顕證本『仁和寺諸院家記』（『奈良国立文化財研究所史料第三冊　仁和寺史料　寺誌編一』〈一九六四〉所収）の記事との齟齬にもあらわれており、いずれを彫刻として安置したとしても、この五重塔のもつ宗教的意義に違いはなかったといえる。

（8）安祥寺の建築と安置仏の関係は、紺野敏文「創建期の安祥寺と五智如来像」（『美術史』一〇一、一九七六）、副島弘道「安祥寺五智如来の造立年代と承和以降の作風展開」（『仏教芸術』一三三、一九八〇）で検討されている。法成寺金堂・講堂については杉山信三「藤原氏の氏寺とその院家」（同『院家建築の研究』吉川弘文館、一九八一）、清水擴「法成寺伽藍の構成と性格」（同『平安時代仏教建築史の研究』中央公論美術出版、一九九二）、円教寺御願堂・円宗寺金堂については清水「四円寺の構成と性格」（前掲同著書）、杉山「仁和寺の院家建築」（前掲同著書）、平岡定海「四円寺考」（『論集日本仏教史3　平安時代』雄山閣出版、一九八六）、平等院本堂については清水「平等院伽藍の構成と性格」（前掲同著書）、法勝寺・円勝寺金堂については、清水「六勝寺伽藍の構成と性格」（前掲同著書）がある。法性寺本堂（十世紀初頭）は毘盧遮那仏を本尊とする（杉山「法性寺から東福寺へ」〈前掲同著書〉）が、これは奈良時代からの顕教の毘盧遮那仏を継承したものと考えられる。本書第八章を参照。

（9）『密教大辞典』行宴の項を参照。

（10）中野玄三公刊「東寺金堂講堂灌頂院本尊座位」（初出は『美術研究』二三一〈一九六三〉。同『日本仏教絵画研究』〈法藏館、一九八二〉に再録）による。

（11）中野玄三「仁王経法と不動明王像」（佐和隆研・濱田隆編『密教美術大観　第三巻　菩薩・明王』朝日新聞社、一九八四）。

（12）『東宝記』に、講堂創建当初から存続した東寺講堂の大日如来像についての記述が残り、「中尊大日、智拳印、丈六、戴五仏宝冠宝冠面並付五仏像、中尊法界定印也、光中有卅七尊、但最上无大日形像、安宝塔」とある。大日如来に金剛界三十七尊をあらわす事例として、大伝法院の中尊大日如来（長承元年〈一一三二〉供養）、鑁阿寺御堂大日如来（建久七年〈一一九六〉）、金剛寺金堂の中尊（鎌倉時代前期）、鎌倉再建神護寺講堂の中尊のほか（山本勉「足利・光得寺大日如来像と運慶」〈『東京国立博物館紀要』二三、一九八七〉）、高野山菩提心院（「菩提心院供養願文案」〈註（34）『根来寺の歴史と美術』所収〉に「建立一間四面檜皮葺堂舎一宇、（中略）同中央奉安置等身大日如来像一体、光中造顕法界塔婆一基、阿閦等三十六尊像各一体」とある）などの事例が知られ、平安時代末から鎌倉時代初頭にかけての真言教学復興、およびそこにおける東寺講堂の大日如来の意義を考えるうえで興味深い。

（13）『東寺の歴史と美術　新東宝記』（東京美術、一九九六）山岸常人「灌頂院建築」解説。

（14）『平安遺文』一六四二号。

（15）濱田隆「醍醐寺五重塔壁画」（文化財保護委員会『醍醐寺五重塔図譜』、一九六一）。ただし、近年ではこの構成を疑う説もある。本書第二章補論を参照。

（16）藤井恵介「密教と空間」（関口正之編『図説日本の仏教2　密教』新潮社、一九八八）。

（17）『秘密漫荼羅教付法伝』第二「第七祖法諱恵果阿闍梨」の項に、

　灌頂堂内、浮屠塔下、内外壁上、悉図絵金剛界及大悲胎蔵両部大曼荼羅、及一一尊曼荼羅、衆聖儼然似華蔵之新開、とある。

なお、藤井恵介「修法空間の神秘」（立川武蔵・頼富本宏編『シリーズ密教4　日本密教』春秋社、二〇〇〇）ではこの記事を引いて、内部に両界曼荼羅諸尊を描いて荘厳する唐の灌頂堂は、日本の灌頂堂とはことなったものとするが、むしろ日本の平安時代の灌頂堂には、唐の灌頂堂との密接な関係が考えられる。

(18) 仁和寺観音院灌頂堂の沿革については、藤井恵介「平安時代中・後期の灌頂とその建築」（同『密教建築空間論』中央公論美術出版、一九九八）にまとめられている。

(19) 『奈良国立文化財研究所史料第六冊　仁和寺史料　寺誌編二』（一九六七）所収。以下『本要記』および『本寺堂院記』はこれによる。

(20) 藤田経世編『校刊美術史料　寺院篇中』（中央公論美術出版、一九七五）。

(21) 上野勝久「平安初期神護寺の伽藍構成とその配置」（『日本建築学会計画系論文報告集』三七二、一九八七）、同「文覚の造営事績と神護寺の鎌倉初期再建堂塔」（同三九五、一九八九）。鎌倉時代の神護寺復興も同論文で詳しく論じられる。

(22) 『平安遺文』一五六号。

(23) 『大日本仏教全書』寺誌叢書三所収。

(24) 『弘法大師伝全集』十所収。

(25) 同記に「北院御記云、仁和寺円堂、為彼門勅願、昌泰二年被遂供養、以円城寺為供仏御導師、万タラ供色衆五十口、（中略）延喜四年三月、建円堂、安置金剛界会三摩耶形」とある。

(26) 杉山信三「仁和寺の院家建築」（前掲註（8）同著書）。

(27) 『京都市埋蔵文化財研究所調査報告第九冊　仁和寺境内発掘調査報告―御室会館建設に伴う調査―』（一九九〇）。

(28) 『本朝文集』巻第三十二所収。

(29) 濱田隆『日本の美術　一〇　曼荼羅』（至文堂、一九八〇）二十一頁所収の第二十三図。

(30) 醍醐寺円光院でも「金銅両界曼荼羅」（『醍醐雑事記』巻第一）を安置したというが、これがいかなる形式のものか明らかでない。

(31)『類従三代格』二所収、昌泰三年十一月二十九日の太政官符。
(32) 円堂の後壁には十二天と五大尊が描かれていた（『本寺堂院記』裏書）。中野玄三「国宝十二天画像の研究」（前掲註（10）同著書）では、これら十二天・五大尊像に、天台密教の影響があった可能性が指摘されている。中野氏の指摘通り、仁和寺円堂の創建段階には天台密教の影響があった可能性も考えられる。改められた円堂でも天台系の図像が採用されたことの意味については、図像の選択と建築空間の構想との関係をふくめ、慎重に議論する必要があろう。
(33)『江都督納言願文集』巻第二（『六地蔵寺善本叢刊　第三巻　江都督納言願文集』汲古書院、一九八四）所収。
(34) 小山靖憲「覚鑁と高野山大伝法院」（根来寺文化研究所『根来寺の歴史と美術―興教大師覚鑁と大伝法堂丈六三尊像―』東京美術、一九九七）。
(35) 中野達慧編『興教大師全集』下（一九三五）所収。なお、「大伝法院本願聖人御伝」（『興教大師伝記史料全集第一編　伝記』所収「伝法院本願覚鑁上人縁起」）にも、「伝法院丈六尊勝安置、遂供養」とある。
(36) 前掲註（34）『根来寺の歴史と美術』所収。
(37)「大伝法院本願聖人御伝」にも「七間四面御堂」を構想し、「二階宝形檜皮葺」の仏堂を建立したとあり、京都国立博物館蔵高野山水屛風（重要文化財。本屛風中での大伝法院の比定は、中川委紀子「高野山大伝法院の創建―その景観と仏像・荘厳―」〈前掲註（34）『根来寺の歴史と美術』〉に基づく）には方五間、宝形造の建築として描かれる。
(38) 安置仏について、長承元年（一一三二）、大伝法院へと拡張されたときの「大伝法院供養願文案」（醍醐寺蔵『根来要書』第一所収。『根来要書』は醍醐寺編『根来要書―覚鑁基礎史料集成―』〈東京美術、一九九四〉による）には、「建立三間四面檜皮葺堂一宇、奉安置金色一丈六尺大日如来、尊勝仏頂、金剛薩埵等像各像一体」、「大伝法院本願聖人御伝」には、「中尊金剛界大日如来御身一丈八尺、（中略）中尊鳥羽院別御願、（中略）左脇金剛薩埵者丈六之尊、（中略）右脇尊勝仏頂丈六之尊」とあり、「大伝法院幷堺内堂塔本尊仏具等事」とは法量がことなる。
(39) この記述のみからは、中尊に対しどちらを左右とするか確定できないが、「大伝法院本願聖人御伝」には「後壁中方五仏、東方五菩薩、西方五大尊」とあり、大伝法院でも五仏・五菩薩・五大尊の配置は東寺講堂と同じであったと考えられる。

(40)「大伝法院本願聖人御伝」にも「柱絵三十七尊印形被図之」とある。

(41)この本堂には両界曼荼羅が安置され、「大伝法院弁埒内堂塔本尊仏具等事」に「一、金泥両界曼荼羅各七幅、胎蔵後壁南天鉄塔龍猛開戸之作法、金剛界後壁釈迦成道儀式図之」、「大伝法院本願聖人御伝」に「両界曼荼羅各々九幅、紺地金泥大曼荼羅尊形、東曼荼羅後壁、南天鉄塔、(中略)西曼荼羅後壁、菩薩樹下成道初夜」とあるように、両界曼荼羅図を懸ける後壁をそなえていた。藤井恵介「高野山金堂の成立と両界曼荼羅を安置する中世本堂」(前掲(18)同著書)では、両界曼荼羅を安置するための恒常的施設をそなえた中世の仏堂形式が、真言密教系寺院の中心仏堂として一般的有効性をもっていたと推定されており、大伝法院本堂もその一例と位置付けられる。

(42)両界堂以外でも、天仁二年(一一〇九)建立の法勝寺北斗曼荼羅堂、長承四年(一一三五)建立の法金剛院北斗堂では、北斗曼荼羅を構成する計五十七体の木像の彫塑群から曼荼羅が構成されていたと考えられる。本書第七章を参照。

(43)伊東史朗「真言密教彫像論」(同『新編　名宝日本の美術8　神護寺と室生寺』小学館、一九九二)。

(44)東寺講堂の諸尊の構成のみならず、註(12)で述べたとおり、同中尊である大日如来像の形式が、平安末期から鎌倉初期にふたたび規範となる点も注目される。

(45)『叡岳要記』『山門堂舎記』。総持院多宝塔の形式・安置仏は、清水擴「多宝塔の性格と形態」(前掲註(8)同著書)、藤井恵介「最澄・円仁と天台密教空間」(前掲註(18)同著書)で考察されている。比叡山西塔に延長二年(九二四)に建立された多宝塔にも「胎蔵五仏」が安置された(『叡岳要記』)。なお、承徳二年(一〇九八)十月二十日供養の祇園感神院御塔(多宝塔)には「五仏」が安置されたが(『中右記』)、このとき祇園社への天台教団の進出が著しく、この塔の供養導師を天台座主仁覚が勤めており(『殿暦』)、両界曼荼羅諸尊を安置する天台系の塔であった可能性が高い。

(46)こうした結果にいたるのは、天台系寺院の建築に関する史料が後世に編纂されたものに限定され、真言系寺院に対して史料的に恵まれないことに起因している可能性も考えられる。しかし、両者の国家護持最大の修法を比較すると、真言密教の後七日御修法で両界曼荼羅を用いるのに対し、天台密教の熾盛光法では両界曼荼羅を用いないことからも、両界曼荼羅は、真言密教でより重視されていたことが想定される。なお、『山門堂舎記』『叡岳要記』『三塔諸寺縁起』に両界曼荼羅との関わりが想定される比叡山の建築をみていくと、天暦二年（九四八）建立の西塔大日院があるが、安置仏は不明である。また比叡山五仏院では、三尺金剛界五仏を丈六阿弥陀とともに安置したことが確認される。この仏堂の中尊は阿弥陀如来であり、三尺の金剛界五仏は光背化仏とみなすのが妥当であろう。

(47)　本書第二章、**表2―1**を参照。

(48)　本書第一章。

(49)　清水擴「阿弥陀堂の荘厳とその系譜」（初出は『日本建築学会計画系論文報告集』三八九〈一九八八〉。前掲註（8）同著書に再録）。

(50)　堂内に両界堂が設けられるという、鎌倉再建東大寺大仏殿の特異な空間の構成は、藤井恵介「弘安七年東大寺大仏殿図について」（前掲註（18）同著書）において明らかにされている。

付記　大伝法院については、冨島義幸「創建大伝法院の建築・空間とその特徴―本堂と宝塔を中心に―」（『根来寺文化研究紀要』二、二〇〇五）において、復元と位置付けについて改めて論じており、こちらも参照されたい。

第四章　阿弥陀堂における両界曼荼羅空間の展開

はじめに

前章において、平安時代から鎌倉時代初期の大日如来を中尊とする仏堂における両界曼荼羅空間の展開を論じた。本章では、阿弥陀堂という、いわゆる「浄土教建築」の系譜に位置付けられている仏堂に、両界曼荼羅が空間構成理念として与えた影響について考察する。

すでに、美術史学では平安時代の阿弥陀如来、あるいは阿弥陀信仰に関わってあらわれた密教要素が検討され[1]、建築史学においても清水擴氏によって、平等院鳳凰堂より後には、保延二年（一一三六）建立の勝光明院阿弥陀堂を初見として、内部に両界曼荼羅諸尊を描く阿弥陀堂があらわれることが指摘されている[2]。しかし、これまでの建築史学では、平安時代の阿弥陀堂をすべて一律に「浄土教建築」として捉え、これら密教要素の意義は充分に検討されてこなかった。

本章では平安時代の阿弥陀堂を中心に、それを継承したと考えられる鎌倉時代以降の阿弥陀堂も対象としてふくめ、密教教義、なかでも両界曼荼羅の理念が阿弥陀堂の空間に及ぼした影響の実態、およびその空間構成上の意義を明らかにすることを第一の目的としている。と同時に、これら密教の影響が色濃くあらわれた阿弥陀堂の検討を通じて、これまで建築史学が描いてきた「浄土教建築」と「密教建築」という、一見明瞭であり、その実体レベルでは曖昧なまま定着している二元的区分に対して、問題提起する目的をも有している。

一　阿弥陀堂の密教要素をめぐる諸問題

個別の阿弥陀堂の空間構成を検討する前に、本章の主題に則して、平安時代から鎌倉時代初期の阿弥陀堂にあらわれた密教要素に関する研究が現在いかなる段階にあるのか、主として建築史学と美術史学の成果に基づいてみておく。そのうえで、どのような課題が残され、どのような新たな視点が必要とされているかを示しておきたい。

1　美術史学の研究成果

美術史学においては、平安時代の阿弥陀如来像に関わってあらわれる密教要素がはやくから注目されてきた。平安時代の阿弥陀如来像は、平等院鳳凰堂の中尊をはじめ定印を結ぶものが多くみられる。これら定印、すなわち妙観察智印を結ぶ阿弥陀如来像は、密教の観相の本尊であると同時に、平安時代の阿弥陀堂・常行堂という、いわゆる「浄土教建築」の本尊ともなっていた。

定印阿弥陀如来の成立を、石田尚豊氏は現図曼荼羅の形成過程のなかに求め[3]、田村隆照[4]・濱田隆両氏も[5]、その成立に両界曼荼羅が関与したと指摘する。また、定印阿弥陀如来と観音・勢至菩薩からなる仁和寺阿弥陀三尊像（国宝、仁和四年〈八八八〉）について、創建期の仁和寺の性格と合わせて考察した紺野敏文氏は、これらを奈良時代からの伝統的な三尊形式に、密教的解釈を加えた定印阿弥陀如来を取り入れたものとみなす[6]。なかでも田村氏は、両界曼荼羅の西方に位置する定印阿弥陀如来像が、「浄土教」の枠内において一律に論じられていることに疑問を呈し、定印阿弥陀如来像の成立と両界曼荼羅の関係を説くなかで、法界寺阿弥陀堂の柱絵と彫刻が、阿弥陀如来と大日如来を入れ替えた金剛界曼荼羅の一変形であるという、きわめて示唆に富んだ見解を示す(7)。

さらに、平等院鳳凰堂の飛天像を、勝光明院阿弥陀堂の供養願文の内容と合わせて検討した松浦正昭氏は、それらが不空訳『無量寿如来観行儀軌』の裏付けを得ていたという、密教的性格を見いだした(8)。鳳凰堂について高田修氏(9)は、中尊阿弥陀如来の胎内に納められた阿弥陀大小呪のうちの大呪に天台密教の影響が認められ、本尊光背縁光部の十二光仏の種子を書いたのが真言僧成尊であることから(10)、真言・天台双方からの影響を考えるべきと指摘する。

このように美術史学においては、阿弥陀如来像をはじめとする「浄土教建築」の空間を構成する諸要素が、密教と深く結びついていたことが明らかにされてきたのである。

2　建築史学の研究成果と問題点

建築史学においては、阿弥陀堂・常行堂など「浄土教建築」を包括的に考察した成果として清水擴氏の研究があげられる。先に述べたとおり、氏の研究では「平等院以降の阿弥陀堂の荘厳におけるひとつの特徴は両界曼荼羅の進出である」という重要な指摘がなされている。そして清水氏は、こうした阿弥陀堂への両界曼荼羅進出の背景を、極楽往生とかかわる光明真言信仰から理解する(11)。

ところが光明真言法では、三宝院流においてのみ両界曼荼羅を懸けることが知られるものの(12)、その本尊は両界の大日如来、不空羂索、阿弥陀など諸流で一定せず、必ずしも両界曼荼羅と結びつくわけではない。また、光明真言信仰が背景にあったとしても、どのようにして阿弥陀堂の空間に反映されるようになったのかは充分説明されていない。なによりも、建築内部に両界曼荼羅諸尊を描く事例は阿弥陀堂に限られたものでないことから、これは阿弥陀堂と光明真言の関係のみで説明されるものではないであろう。

清水氏は「定印阿弥陀が密教の思想的影響のもとに誕生した」ことを認め、「摂関期の阿弥陀堂の本尊は常行堂の本尊を引き継ぐもの」であり、それらは「良源によって純浄土教化のはかられたのちのもの」とみなす[13]。氏は、密教の影響を受けた初期の常行堂に対し、良源によって純化された「浄土教建築」を設定し、この「純粋」な「浄土教建築」を軸としてそれ以降の阿弥陀堂の系譜を描いたのである。とすれば、平安時代後期の阿弥陀堂にあらわれた密教要素は、当然「純浄土教」建築への密教の流入と説明されることになる。「浄土教」を「密教」と対置し、それを主軸として平安時代中・後期の阿弥陀堂を捉える建築史学においては、密教要素をいかに矛盾なく「浄土教建築」のなかに納めるかに努力が払われてきたといえよう[14]。

しかし、十一世紀半ばから九体阿弥陀堂で盛んに修される九壇阿弥陀護摩[15]などは、阿弥陀堂と密教とのつながりを明確に示している。また、速水侑氏の「浄土教」と「密教」を二元的に捉えず、「浄土教」の発達と「密教的呪術信仰」の発達を共通の場において捉えようとする視点[16]をみても、その信仰の場となる阿弥陀堂を、「密教建築」に対する「浄土教建築」と単純に分類してしまうことに対しては、自ずと疑問が生じてこよう[17]。

3　阿弥陀堂研究の新たな視点

平等院鳳凰堂には天台密教・真言密教双方の要素が認められることは、先に述べたとおりである。また、清水氏のまとめた「平安時代の阿弥陀堂一覧表[18]」をみていくと、十一世紀末ころから醍醐寺・仁和寺という真言系権門寺院に、多くの阿弥陀堂が建立されはじめることも注目される。

平安時代後期の真言教団は、済暹が『観無量寿経中略要問答鈔』を著すなど、浄土往生・阿弥陀如来に対する強い信仰をいだき、[19]さらには覚鑁の密厳浄土という阿弥陀如来をめぐる独自の教学を生みだすことになる。真言教団における阿弥陀信仰にかかわる教学の振興と関連して、それを反映する独自の阿弥陀堂空間が生みだされたことは充分に考えられる。

これまでの平安時代阿弥陀堂の研究では、天台「浄土教」を主軸としてきた。確かに平安時代中期の阿弥陀信仰の貴族社会への浸透、阿弥陀堂造営の隆盛において、天台教団の果たした役割は大きかったといえる。しかし、真言教団が果たした役割を捉える視点が欠如していたといえよう。[20]

本章および次章では、両界曼荼羅空間という切り口をもって、天台阿弥陀信仰のみならず、真言阿弥陀信仰という視点から光を当て、阿弥陀堂の建築空間を捉えなおす。そのことにより平安時代、阿弥陀堂の空間構成理念として両界曼荼羅が顕現した背景も明らかになると考えられる。

二　法界寺阿弥陀堂とその空間

法界寺は日野家宗を開基とし、永承六年（一〇五一）には資業が出家するさい、最澄伝来の薬師如来像を安置する薬師堂を建立したという。[21]寛治三年（一〇八九）、日野実政が別当の宣下を受けてからは、日野家が別当職を継承した。平安時代、日野にはいくつもの阿弥陀堂があったことが知られ、現存の阿弥陀堂・阿弥陀如来像（いずれも国宝）の造立時期についても諸説があるが、阿弥陀堂については鎌倉時代初期建立とみる説が有力である。[22]

鎌倉時代初期建立説では、法界寺阿弥陀堂の造営に、天台僧で、法然の高弟として知られる聖覚（一一六七〜一二三五）が関与していた可能性が指摘されている(23)。川上貢氏は、法界寺阿弥陀堂の規模が平安貴族によって建立された他の一間四面阿弥陀堂より大きいことからも、念仏衆の収容が求められたという推察を加え、念仏聖によって建立された、念仏衆のための建築と考える(24)。

1　四天柱尊像の構成と空間構成理念

法界寺阿弥陀堂は南面する仏堂で、須弥壇に定印阿弥陀如来像を安置し、四天柱に密教諸尊、内陣長押上の小壁に飛天像などを描く。先に述べたとおり、法界寺阿弥陀堂では、中尊阿弥陀如来と四天柱柱絵とが特異な金剛界曼荼羅を構成していたという田村氏の指摘がある。近年では、柱絵の赤外線リフレクトグラフィによる調査がおこなわれ、その報告が柳澤孝・三浦定俊両氏(25)によってなされている。以下では、この調査報告をもとに、法界寺阿弥陀堂の金剛界曼荼羅の具体的構成を検討する。

四天柱の尊像は、各柱十六尊、合計六十四尊あるが、赤外線リフレクトグラフィ調査によって、これらのうち四十八尊は金剛界三十七尊から阿弥陀を除く三十六尊と十二天であることが明らかにされ、その諸尊の配置が示された。十六尊が報告されずに残るが、これら十六尊は、金剛界賢却十六尊と推定されている(26)。

これらの諸尊のうち、四天柱の三十六尊と須弥壇上の阿弥陀如来からなる金剛界三十七尊について、西北柱に描かれた尊像を**W**、北東柱を**N**、東南柱を**E**、南西柱を**S**、須弥壇上の阿弥陀如来を●として、金剛界曼荼羅の中心である成身会に当てはめると**図4—1**のように、まさに金剛界曼荼羅となる。この調査研究における尊像比定の過程は、必ずしもすべてが明確にされているわけではなく、また尊名が確定されていない十六尊もあるが、法界寺阿弥陀堂の空間が金剛界曼荼羅に基づいて構成されたことは明らかである。

また、宝波羅蜜の形像は高雄曼荼羅と同じであるという、図像的な特徴が指摘されている点にも注意しておきたい。さらに、四天柱に描かれた十二天は、現存の東寺本十二天屏風や、『伝授集』[27]から知られる醍醐寺東院仏後壁の十六天のうちの十二天と近いという指摘もあり、[28]こうした図像的特徴は、法界寺柱絵と真言系密教図像との関係を示唆するものとして注目される。

さて、このように四天柱に描かれた尊像と、彫刻として安置された阿弥陀如来像からなる法界寺阿弥陀堂の空間

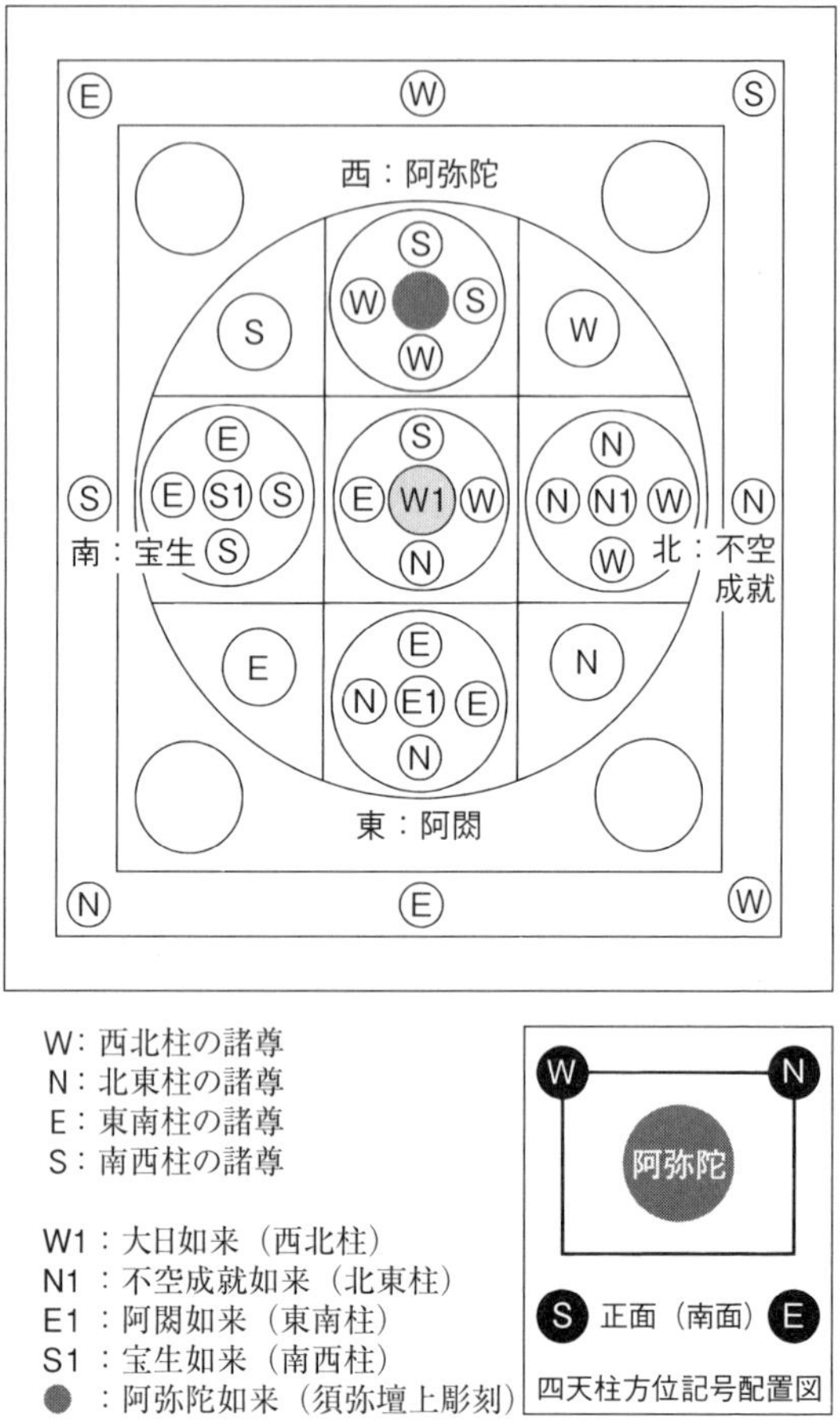

図4—1　金剛界曼荼羅と法界寺阿弥陀堂の空間

は、塔や仏堂の両界曼荼羅空間と同じく、両界曼荼羅に基づいて構成されている。

第二章で示したとおり、大治三年（一一二八）建立の円勝寺三重塔では、等身金色の大日如来を安置し、四天柱に金剛界三十六尊、扉に十二天を描いた[29]。この三重塔では、彫刻の大日如来と四天柱に描かれた三十六尊を一体にして、金剛界曼荼羅をつくりだしていたが、この空間のなかで、彫刻の大日如来と、四天柱に絵画として描かれた阿弥陀如来とを入れ替えると、法界寺阿弥陀堂の構成になる。それはまさに、平安時代の塔や仏堂に構成された両界曼荼羅空間を継承・展開したものであった。法界寺阿弥陀堂の空間は、平安時代の両界曼荼羅空間の延長線上に位置付けられる。

2　密教教学における大日如来と阿弥陀如来

次に、阿弥陀堂におけるこのような両界曼荼羅空間の展開を可能とした、教学上の論理について考えてみたい。法界寺阿弥陀堂の両界曼荼羅空間において最も注目される点は、大日如来と阿弥陀如来の入れ替えであるが、この二尊の関係でまず想起されるのが覚鑁の密厳浄土である。覚鑁が真言阿弥陀信仰の展開において重要な位置を占めたことはいうまでもない。

『五輪九字明秘密釈』（永治元年〈一一四一〉～康治二年〈一一四三〉成立）[30]では、

顕教釈尊之外有弥陀、密蔵大日即弥陀極楽教主、当知十方浄土皆是一仏化土、一切如来悉是大日、毘盧弥陀同体異名、極楽密厳名異一処、妙観察智神力加持、大日体上現弥陀相、

と、大日如来と阿弥陀如来を異名同体とし、それぞれの密厳浄土・極楽浄土とも同じ一処とする。浅田隆道氏は法界寺阿弥陀堂の柱絵を、こうした覚鑁の思想にみられるような「秘密浄土思想」の一形態とみなす[31]。ここで覚鑁の

論理と法界寺阿弥陀堂の空間との関係は明瞭にされていないが、大日如来と阿弥陀如来との関係が、覚鑁の阿弥陀信仰の中核を占めることに注意しておきたい。

さらに、大日如来と阿弥陀如来の関係を考えるうえで注目すべき記事が『要尊法』[32]にみられる。『要尊法』は十二世紀に真言密教の永厳（一〇七五～一一五一）が、寛助の『別行鈔』、自らの『図像鈔』より抄出したものとされる。[33]その「阿弥陀敬愛修之」には、

大日挙体開敷紅蓮華也成八葉赤蓮華、変成阿弥陀如来坐、

（中略）

古師説阿弥陀中台坐時大日西方居替給云云、

（引用部分の傍線・番号は引用者による。以下、これにならう）

と、覚鑁の大日如来と阿弥陀如来を同体とする説に通じる両者の関係が説かれる。この記事でとくに注目されるのが、古師の説として引用されている傍線部分である。ここでは阿弥陀如来が中台に坐すとき、大日如来を西方に入れ替えるとされ、[34]この論理は両界曼荼羅のなかで、阿弥陀如来と大日如来を入れ替えて構成される法界寺阿弥陀堂の空間構成理念と相通じる。

同様の論理は、久寿元年（一一五四）成立の天台密教の『行林抄』[35]第四「阿弥陀法」に、

嘉会壇中、以弥陀安中、毘盧安西方、余如本壇、義釈云、凡作余仏壇、如作弥陀壇、即移弥陀入中、其大日仏移就弥陀位云云、

とあるように、天台教団にもみられるものであった。さらに、長宴が皇慶の口決を記した『四十帖決』[36]巻第十二「受明灌頂」には、長久二年（一〇四一）四月上旬の説として、

師曰、移弥陀安大日位、乃至天等者、是秘密壇中行法、

と、同じく大日如来と阿弥陀如来の入れ替えが示される。大日との入れ替えは阿弥陀に限られたものではなく、永承元年（一〇四六）十一月十日の説として、

若建立大日曼荼羅、随楽授別尊受明灌頂時、移本尊可観置中台也、若八葉尊互替大日位耳、

と、受明灌頂において曼荼羅を観想するさい、結縁した別尊が中台八葉院の諸尊のとき、大日の位置と入れ替えるとされる。

このように、密教教学には、受明灌頂の観想において大日如来と別尊を入れ替える論理が存在し、別尊のうちとくに阿弥陀如来とする説が阿弥陀法に取り入れられていった可能性が考えられよう。法界寺阿弥陀堂の空間の構成理念が、密教の観想とそれを支える密教教義に基づいていたことが考えられる。

三　両界曼荼羅諸尊を描く平安時代の阿弥陀堂

法界寺阿弥陀堂の空間は、平安時代の塔・仏堂と同じく両界曼荼羅空間を構成することが明らかになった。この阿弥陀堂の創建年代は鎌倉時代初期と想定されるが、両界曼荼羅諸尊のあらわれる阿弥陀堂は、これ以前の平安時代後期から存在したことが知られる。以下に、それらの空間構成について検討していくことにしたい。

1　勝光明院阿弥陀堂

勝光明院阿弥陀堂は、保延二年（一一三六）三月二十三日、鳥羽院の御願により建立・供養された。供養会では

導師を天台座主忠尋、呪願を覚猷、證誡を覚法法親王・聖恵親王が勤めた[37]。

彫刻・絵画の諸尊とその構成

『本朝続文粋』巻第十二所収「鳥羽勝光明院供養願文」には、勝光明院阿弥陀堂について、

> 建立瓦葺二階一間四面堂一宇
> 　奉安置皆金色一丈六尺阿弥陀如来像一体
> ①光中彫刻大日如来一体、十二光仏、廿五菩薩像、鏡面書写梵字阿弥陀小呪一遍、天蓋顕飛天像八体、
> ②四柱図絵胎蔵金剛両部諸尊像、
> 四面扉図絵極楽九品往生幷迎摂儀式、
> 四面廂造顕二尺五寸普賢菩薩、文殊師利菩薩、虚空蔵菩薩、弥勒菩薩、地蔵菩薩、海恵菩薩、維摩居士等像各一体、二尺諸大菩薩、及天龍八部像二百廿三体、
> 仏後壁表裏図絵廿五菩薩幷極楽九品変像、③二階上安置金色七尺五寸金剛法利因語等菩薩像、④彩色四尺五寸伎楽像卅二体、

とある。この願文に基づき、勝光明院阿弥陀堂の空間を構成する要素を検討すると、四面扉の九品往生・迎接儀式、仏後壁の極楽九品変など、浄土信仰に基づく要素も認められるが、光背の大日如来（①）、四柱の両界諸尊（②）、階上の金剛界法・利・因・語の四菩薩（③）という、両界曼荼羅に属する諸尊を見いだすことができる[38]。

四天柱に描かれた両界曼荼羅諸尊（②）の具体的構成は示されないが、第二・三章で検討した塔や仏堂と同様、法界寺阿弥陀堂のように彫刻として安置された阿弥陀如来と一体になって両界曼荼羅を構成していたか、あるいは

阿弥陀如来とは独立して両界曼荼羅を構成していたかのいずれかであろう。また、階上に安置された「金剛法利因語菩薩」（③）であるが、これらの四菩薩は金剛界曼荼羅のなかで、阿弥陀如来の四方に配された四親近菩薩である。勝光明院阿弥陀堂では、金剛界曼荼羅の一部であるこの蓮華部五尊を、上下の階にまたがって構成していた。

光背にあらわされた大日如来（①）については、現存する平等院鳳凰堂の阿弥陀如来像の光背に、金剛界大日如来が取りつけられている。鳳凰堂阿弥陀如来像の大日如来像は後世のものであるが[39]、光背に化仏として大日如来をつける阿弥陀如来像の事例は、浄厳院阿弥陀如来像（重要文化財）など、平安時代後期にいくつもみられる。こうした光背の大日如来像は、大日如来を中心とした両界曼荼羅に基づく阿弥陀如来の性格付けを示す意味をもっていたと考えられ、この点については別稿で詳しく論じることにしたい。

四菩薩とその選定過程

勝光明院の造営過程は、『長秋記』の記事に詳しい[40]。ここでは阿弥陀五仏の選定過程についてみておきたい。供養願文によれば、四菩薩は金剛界曼荼羅の四親近菩薩である。『長秋記』長承三年（一一三四）五月二日の条には、

御仏光事、身光上ニハ可付弥陀五仏[⑤]、下ニハ可付十二光仏、

とあり、この段階で阿弥陀五仏（⑤）は光背につけられることになっていた。保延元年（一一三五）六月一日の条には、

二階層令昇菩薩六体、三体可立母屋、三体可立軒者、

（中略）

一、二階層切七寸、而於楽菩薩⑥可立軒、庇中央間、可奉御仏⑦人々皆申不可被切之由、

と、二階の軒に「楽菩薩」（⑥）を立て、庇中央間に「御仏」（⑦）を安置することになった。「楽菩薩」は願文の「彩色四尺五寸伎楽像」（④）、「御仏」は次の記事から「七尺五寸金剛法利因語等菩薩像」（③）に相当すると考えられる。つづいて六月十八日の条に、

御堂二階御仏、四面各一体可奉居也、而件御仏可作何仏哉、相具本阿弥陀、可令作五仏歟⑧、仰云、五仏有便宜⑨、但申合仁和寺宮、其定可量行、

と、二階の「御仏」について、本尊阿弥陀如来とともに安置する仏として「五仏」（⑧）を造るかという問に対し、鳥羽上皇は「五仏」（⑨）とし、「仁和寺宮」すなわち覚法法親王と申し合わせよ、とした旨が記される。結果として、はじめ光背につけることになっていた阿弥陀五仏（⑤）は、二階に安置するよう変更された。六月二十日の条には、

参仁和寺、（中略）自其参御室、隔障子奉謁、被勧盃酌、其次申云、鳥羽御堂二階層上可安四親近菩薩事、鳥羽御堂二階上層可奉居四仏、可居何仏哉由、有上皇御気色者、示云、本仏已阿弥陀也、被造四親近菩薩矣有便宜歟、下官申云、謂四親近菩薩何々哉、示給云、世俗所云⑩、観音・勢至・地蔵・龍樹也云々、

とある。鳥羽上皇の二階の四仏を何にするかという問に対して、覚法法親王からは「四親近菩薩」が示された。ここに、願文に記される「四親近菩薩」が決定したのである。そして、著者である源師時が「四親近菩薩」が何であるか尋ねると、覚法法親王は、世俗でいう「観音・勢至・地蔵・龍樹」（⑩）と示したとされる。

ここで、阿弥陀如来の「四親近菩薩」を顕教系の「観音・勢至・地蔵・龍樹」とする覚法法親王の見解（⑩）は

興味深い。先に述べたとおり、供養願文に示される金剛界曼荼羅の法・利・因・語が本来の四親近菩薩であるが、世俗ではこれらを顕教系の四菩薩に置き替えて理解していたのである。これは常行堂と阿弥陀堂の関係をはじめ、当時の阿弥陀信仰の在り方を考えるうえで重要であり、次章で詳しく論じることにする。

勝光明院阿弥陀堂の空間は、本尊の光背に大日如来があらわされ、四菩薩、柱絵など、その主要な部分は密教の両界曼荼羅に基づいて構成されていた。また、阿弥陀四菩薩をはじめとする安置仏の選定やその図像の決定[41]において、仁和寺御室である覚法法親王が深く関わっていたことが注目される[42]。

2　法金剛院南御堂

大治五年（一一三〇）供養の法金剛院は、顕證本『仁和寺諸院家記』に、

一条記云[43]、待賢門院御建立、御室御沙汰也、

とあるように、待賢門院の御願、「御室」すなわち覚法法親王の沙汰により造営された。供養会の導師も覚法法親王が勤めている[44]。第三章で述べたとおり、保延元年（一一三五）には、決定が遅れた三重塔の両界曼荼羅五仏の安置形式について意見を仰ぐなど、法金剛院の造営にも御室が深く関わっていた。

保延五年（一一三九）三月二十二日には南御堂（阿弥陀堂）が供養されたが、この阿弥陀堂について顕證本『仁和寺諸院家記』には、

同南堂（法金剛院）、檜皮葺九間四面堂、安皆金色半丈六阿弥陀、左右等身阿弥陀八体、母屋柱図梵字胎金両部万陀羅、中尊仏後壁、南面図九品往生万荼羅・六観音像・々（六）道衆生、北面図極楽万荼羅、左右各四面後壁、南面十往生之儀、北面図九品往生之体、保延五年三月廿二日壬寅、供養、大阿闍梨高野御室、色衆廿口、舞楽有之、

とあり、「高野御室」すなわち覚法法親王が供養会の大阿闍梨を勤めたとされる。この仏堂は、半丈六一体と等身八体の阿弥陀如来を安置する、いわゆる九体阿弥陀堂であった。その母屋柱には、胎蔵・金剛両界の曼荼羅諸尊を梵字で描き、両界曼荼羅空間を構成していたことがわかる。

なお、『長秋記』長承三年（一一三四）四月二十一日の条には、

絵師信茂来、女院御堂扉事、（中略）柱絵可用両界云々、

と、「女院御堂」の柱絵に「両界」の諸尊を用いることが記されるが、この御堂は阿弥陀堂ではなく、保延二年（一一三六）十月に三重塔とともに供養される法金剛院北斗曼荼羅堂と考えられる。

3　往生極楽院（三千院）本堂

三千院は円仁が嘉承三年（一一〇八）に創建した延暦寺の別院で、『吉記』承安四年（一一七四）二月十六日の条によれば、往生極楽院は高松中納言実衡妻の真如房尼（一一一四〜八〇）によって建立されたという[45]。本尊阿弥陀如来とともに安置される勢至菩薩像（重要文化財）には久安四年（一一四八）の墨書銘があり[46]、本堂は実衡の没年である康治二年（一一四三）から久安四年の間に、実衡追善のために建立されたとみられている[47]。

本堂は南面し、堂内では天井に飛天像、北面妻に奏楽菩薩像、南面妻と東西小壁に菩薩像などを描き、仏後壁の前面には種子（梵字）の両界曼荼羅図を描く。この仏堂は一間四面の阿弥陀堂ということから、常行三昧（不断念仏）の場と理解され、仏後壁に描かれた両界曼荼羅に言及されることはほとんどなく[48]、その意義について論じられることもなかった。

安置仏と両界曼荼羅の構成

仏後壁については昭和四十四年、阿弥陀三尊・須弥壇の修理にさいしての調査報告が平田寛氏によってなされている[49]。この報告によれば、仏後壁画の制作年代を南北朝時代以前とみるのは難しく、建築や彫刻よりも降るとみられている。しかし両界曼荼羅を描く以上、この阿弥陀堂が密教と関係していたことは明らかで、その意味を明らかにすることは、この仏堂の性格を考えるうえでも重要である。

仏後壁の前面では、上部を左右に二分し、向かって右に胎蔵界曼荼羅、左に金剛界曼荼羅を並べて描く。本堂は南面するので、東に胎蔵界、西に金剛界が並ぶ構成になる。また、両界曼荼羅図の下には左右いっぱいに蓮華座を描き、さらにその下に格狭間を描いていることも確認された。仏後壁の両界曼荼羅は、大壇様の台座に蓮華座を据え、その上に並べ懸けるような構図で描かれていたのである。この両界曼荼羅の構成は、明らかに法界寺阿弥陀堂や、これまでに検討してきた塔・仏堂の両界曼荼羅空間の構成とはことなる。

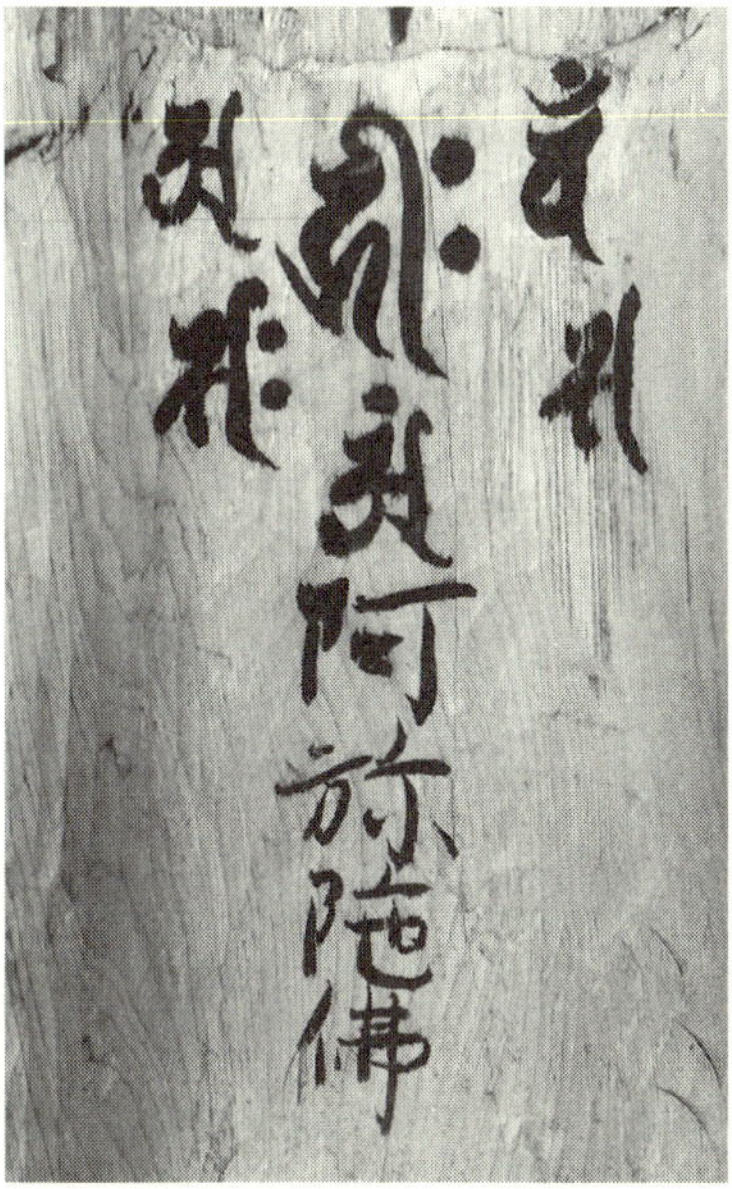

図4―2　八葉蓮華寺阿弥陀如来立像胎内墨書（八葉蓮華寺蔵）

このように阿弥陀如来とともに両界曼荼羅を配置する構成は、中世において広がりをもっていたことが考えられる。たとえば鎌倉時代初期の作と想定されている八葉蓮華寺阿弥陀如来立像（重要文化財）の像内胸部には、阿弥陀如来の種子を中心に、下方に観音・勢至二菩薩の種子、上方に両界大日如来の種子が書かれている[50]（図4―2）。

なお、ここでは向かって右に金剛界、左に胎蔵界が配されるが、正面から像を拝すれば両界の配置は反対となり、往生極楽院本堂と同じになる。詳細はともかくも、阿弥陀に両界曼荼羅を配する構成の広がりが知られよう[51]。

では、このように阿弥陀如来とともに両界曼荼羅を配することの背景は、どこに求められるのであろうか。じつは、往生極楽院本堂後壁画のように両界曼荼羅図を左右に並べ懸ける構成は、曼荼羅供でみられる。

曼荼羅供における両界曼荼羅図の構成

曼荼羅供は、空海が弘仁十二年（八二一）に両部曼荼羅等を造立したときに修した[52]ことにはじまるといい、その後は、仏像・建築の供養会のほか、追善法会や逆修でもしばしば修されるようになった。ここで、往生極楽院本堂の建立時期と推定されている平安時代末期における曼荼羅供を中心に、その空間についてみておきたい。

『阿娑縛抄』第十五巻「曼荼羅供末」には、

懸曼荼羅事、

（中略）

両界幷懸事、東壁懸之、金南、胎北金胎、西壁懸之、金北、胎南金胎、南北懸之、金西、胎東也、

とあり、両界曼荼羅図を左右に並べ懸けることが記され、東西南北それぞれの壁に懸けるときの胎蔵界・金剛界の方位も記される。ここに記される南・北の壁に懸けるときの構成は、南面する往生極楽院本堂仏後壁の両界曼荼羅図の構成と一致する[53]。

さらに『門葉記』第九十七巻「勤行八」には、

仁平元年閏四月二十日、於鳥羽安楽寿院、一院五十日御逆修被始之、

（中略）
同六月九日第七ヽ日曼荼羅供両界曼荼羅、金泥法花経一部、素紙経二十部、
（中略）
堂荘厳
曼荼羅二界並東向懸之台北、金南、

とあり、仁平元年（一一五一）、鳥羽安楽寿院における逆修七七日での曼荼羅供でも、両界曼荼羅図は東向きに並べ懸け、北に胎蔵界、南に金剛界を配したことがわかる。また、鳥羽院が久安四年（一一四八）に修した逆修など、曼荼羅供で種子曼荼羅を用いる例が認められる(54)。

このように、往生極楽院本堂の両界曼荼羅の構成は、平安時代後期における追善の曼荼羅供と同じであることが確認された。しかし、往生極楽院本堂で曼荼羅供が修されたことを直接に示す史料は見当たらない。『門葉記』に引かれる安楽寿院についても、保延三年（一一三七）供養の阿弥陀三尊を安置する御堂、久安三年（一一四七）供養の九体阿弥陀堂があり、いずれも東向きの仏堂であったが(55)、これらの仏堂には御所が付属しており、曼荼羅供が阿弥陀堂・御所のいずれで修されたのか明らかでない。よって、次に阿弥陀堂で曼荼羅供が修されたか否かが問題となる。

阿弥陀堂と曼荼羅供

『兵範記』仁平二年（一一五二）八月二十八日の条には、白河の福勝院阿弥陀堂における鳥羽法皇五十算賀で修された曼荼羅供の記録があり、その指図ものせられる（**図4―3**）。指図をみると、中尊の前に両界曼荼羅図を懸

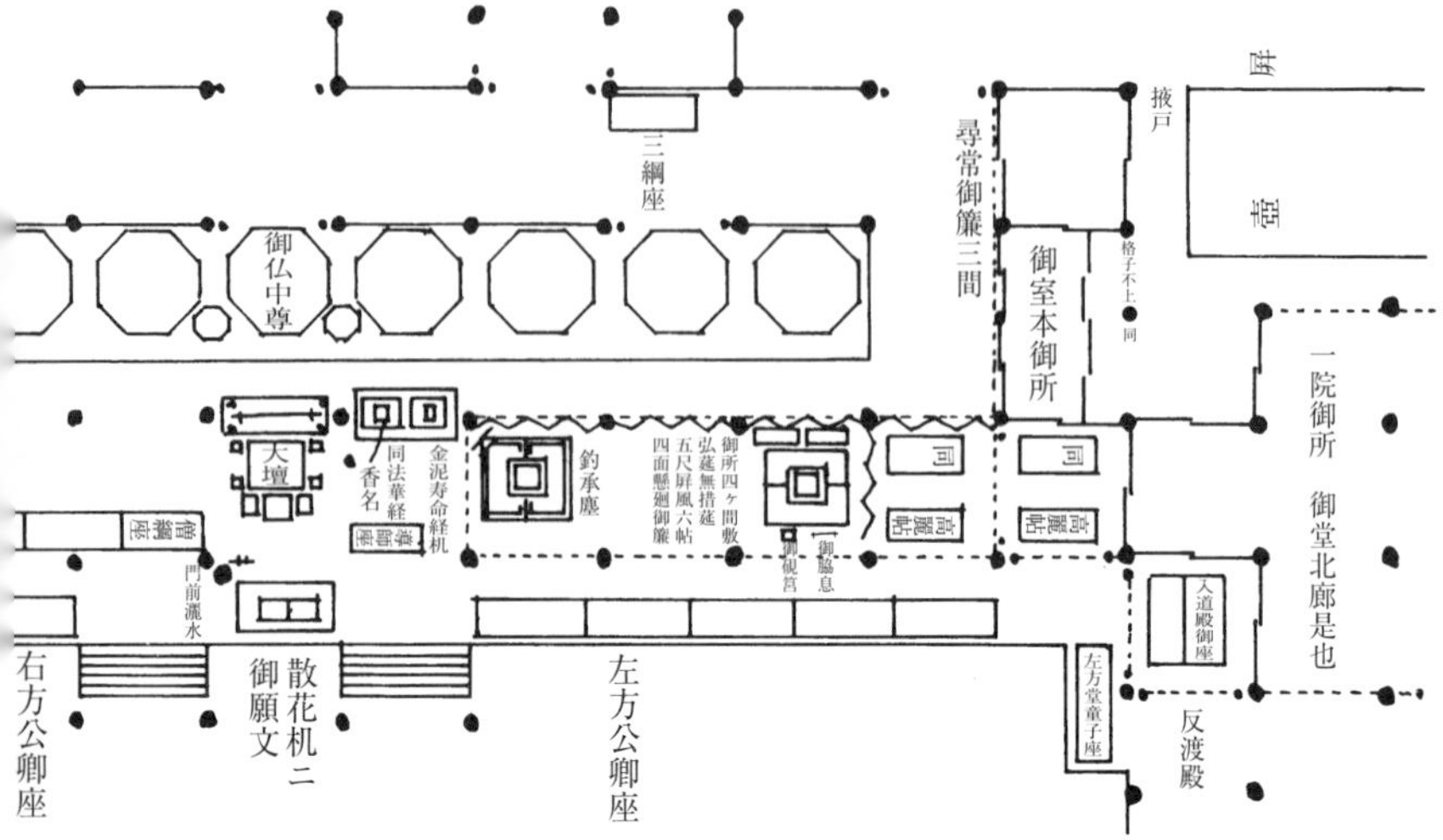

図4—3　『兵範記』所収　福勝院阿弥陀堂曼荼羅供指図

けた仏台が構えられた。ここには、

其上立螺鈿地蒔仏台一脚母屋柱巡立之、仏壇与仏台之間有道、仏台弘七尺余、高五尺余、(中略)奉懸金泥両界曼荼羅各一鋪(中略)螺鈿地蒔軸一筋、懸両界二鋪、仏台障子面打臂金三奉懸也

とあり、仏台は高さ五尺に対して幅は七尺とかなり大きく、両界曼荼羅は左右に並べて懸けたとみてよかろう。

また、『中右記』大治四年(一一二九)閏七月二十日の条には、

今日故院御法事也、(中略)参入法勝寺、(中略)阿弥陀堂東面中央間立仏台、懸両堺(界)曼陀羅、其前立供養法壇、

とあり、白河院追善のため法勝寺阿弥陀堂の中央間東面に仏台を立て、両界曼荼羅を懸けて曼荼羅供を修した。法勝寺阿弥陀堂は十一間四面の九体阿弥陀堂であり、中央の尊像の前に仏台を立て、両界曼荼羅を懸けたと考えられる。[56] 法成寺でも、これ以前の『小右記』万寿四年(一〇二七)十月二十八日の条に、

今日前皇太后七々御法事、於法成寺阿弥陀堂被行、(中略)阿弥陀三尊銀皺、安置仏殿、亦両界曼荼羅、

とあるように、皇后妍子七七日の法会において、阿弥陀堂で

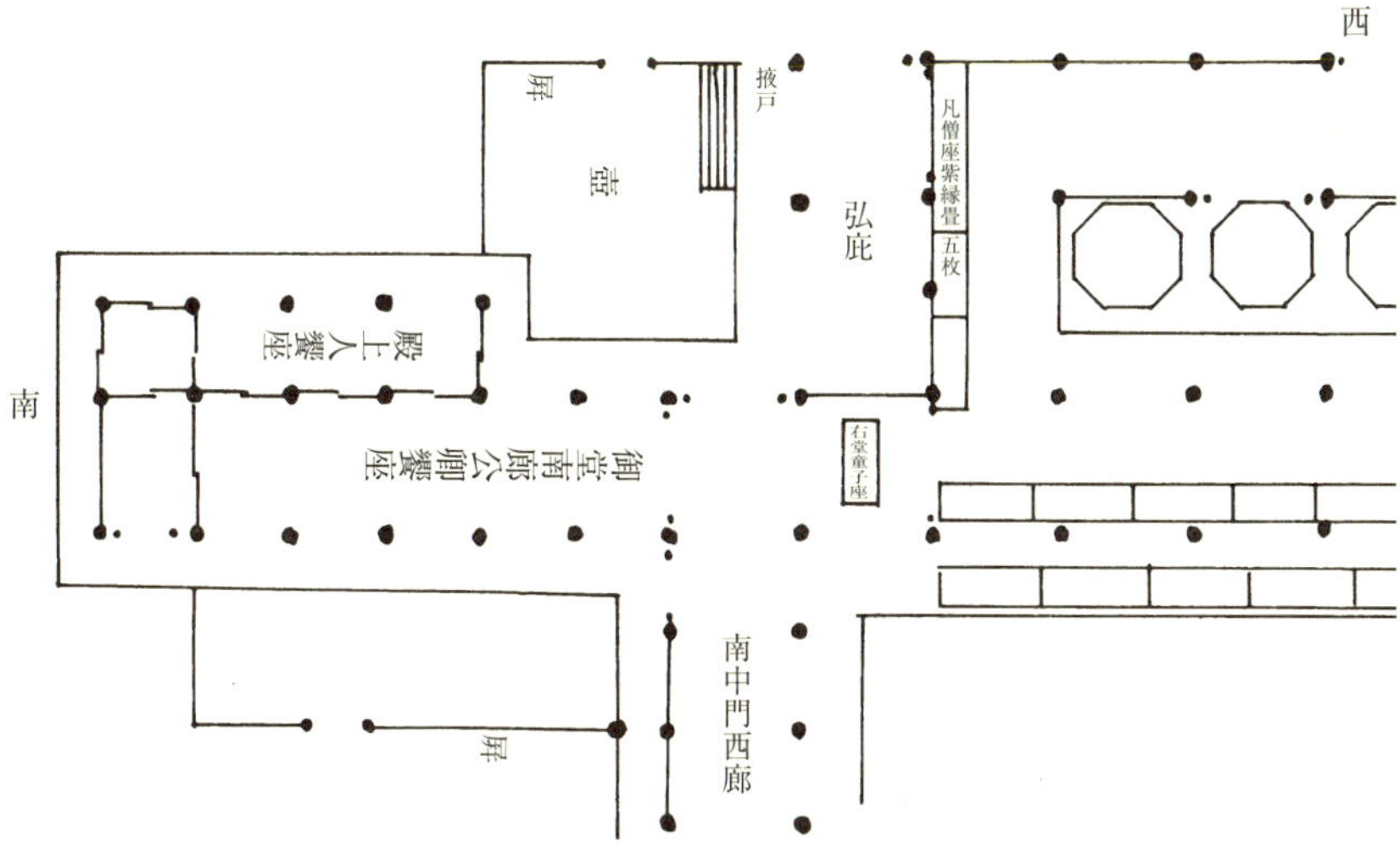

阿弥陀三尊像と両界曼荼羅を鋪設し、曼荼羅供を修している。曼荼羅供は七七日仏事・逆修などの追善仏事において、阿弥陀堂で、時には阿弥陀如来を鋪設して修されていた。

ところで、阿弥陀信仰と曼荼羅供の結びつきは、これよりもかなり早い段階から認められるところである。天禄三年（九七二）の「天台座主良源遺告」（『平安遺文』四四一号）には、横川の真言堂について、

真言堂五間、四面庇、二面孫庇、
右堂、依故九条殿下仰旨、採儲材木之間、殿下薨逝仍啓事由於前中宮、所造立也、（中略）太政殿（藤原伊尹）幷次君達、可被修復者也、故殿（藤原師輔）御願両部曼荼羅幷御本尊等、中宮（藤原安子）御願極楽浄土、皆安置件堂、

とあり、藤原師輔御願の両界曼荼羅とともに、安子御願の極楽浄土を安置した。この仏堂について『慈恵大僧正拾遺伝』[57]には、

九条右丞相命和尚、我出家□（之カ）後欲住首楞厳院、（中略）依中宮令旨、安置先師本尊被出周芿法事号真言堂、一家長者修毎年遠忌法事、八講幷両部曼荼羅供、太政大臣

謙徳公（藤原伊尹）・忠義公（兼通）・永延大相国（兼家カ）大入道殿、恒徳公（為光）・仁義公（公季）以上兄弟五人、九条殿御息也、当時関白左大臣（道隆）相続行之、

とあり、師輔の遠忌に法華八講と両部曼荼羅供を修するとされる。この両部曼荼羅供とは追善の曼荼羅供であったとみられ、すでに十世紀後半において、天台系寺院では曼荼羅供と阿弥陀信仰とが結びついていたことが考えられる。(58)こうした阿弥陀堂と曼荼羅供との密接な関係からも、往生極楽院本堂で曼荼羅供が修された可能性は充分に考えられる。

さらに、往生極楽院そのものが実衡追善のために建立されたとするならば、追善の曼荼羅供と結びついて構成された空間と理解するのが最も妥当であろう。すなわち、往生極楽院本堂の仏後壁に両界曼荼羅図を並べて描く空間は、追善の曼荼羅供という密教修法を背景にしていたと考えられる。したがってこの仏堂は、不断念仏の場としてのみ捉えるべきではなく、密教修法とも結びついた、顕密双方からなる空間と捉えるべきであろう。

4　仁和寺蓮華光院

仁和寺蓮華光院は、後白河法皇の皇女である殷富門院が、正治二年（一二〇〇）十月十七日、安井殿に御堂を建立したことにはじまる。御堂供養の導師は、守覚法親王が勤めている。(59)

仁和寺蔵文書『鎮壇記』では、「北院御室御記」を引き、同年九月三十日に修された御堂鎮壇の指図(60)（**図4―4**）がのせられる。この指図によれば、御堂は東向き、一間四面の背面と両側面に孫庇をつけた平面形式であった。

「法守親王曼荼羅供次第」(61)には、

北院御室御記云、正治二年十月十一日甲午、天霽、有殷富門院御堂御仏開眼事、（中略）仍来十七日雖可被設法会、尚背旧貫申行新儀、（中略）次開眼、阿弥陀弥勒不動、仏後壁着熏極楽都率曼荼羅、柱五仏四波羅蜜八

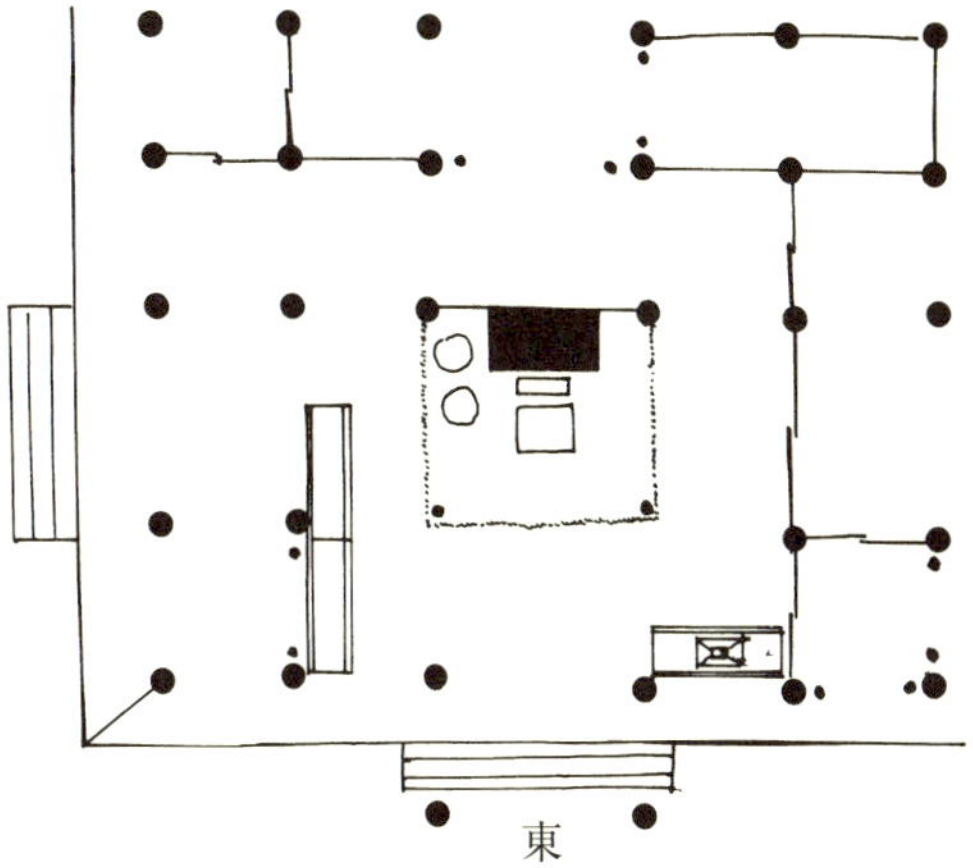

図４―４　仁和寺蔵『鎮壇記』所収　蓮華光院御堂指図

葉九尊等、如法如説各奉供養、

とある。この御堂では、先例に反して仏像の開眼を先におこなった。安置仏は、阿弥陀如来・弥勒菩薩・不動明王の三尊であり、阿弥陀如来を中尊としていたと考えられる。柱には、五仏と四波羅蜜という金剛界曼荼羅の中核をなす九尊、八葉九尊という胎蔵界曼荼羅の中核をなす九尊を描き、柱絵によって両界曼荼羅空間を構成していたと考えられる。蓮華光院は、真言教団における阿弥陀如来と両界曼荼羅の関わりを示す阿弥陀堂の一例と位置付けられる。

なお、中尊寺金色堂の母屋柱に描かれた諸尊については、胎蔵界曼荼羅諸尊とする説[62]と、阿弥陀四十八願に基づく四十八菩薩とする説[63]があり、近年では後者が有力視されている[64]。また現在では、富貴寺大堂では四天柱の尊像は密教図像と解されているが、その全体構成については未だ明らかにされていない[65]。

四　両界曼荼羅空間の特徴

両界曼荼羅諸尊があらわれる平安時代から鎌倉時代初期の、阿弥陀堂の空間構成について検討してきた。本章で

表4—1 両界曼荼羅空間を構成する平安時代から鎌倉時代初期の阿弥陀堂

建築名	教団	規模・形式	建立年代		安置仏	内部荘厳	その他	典拠
勝光明院阿弥陀堂		一間四面	保延二 三・二十三	一一三六	金色丈六阿弥陀 [光背] **大日如来** 二十五菩薩 [階上] **金色七尺金剛法利因語菩薩像** 彩色四尺五寸伎楽像三十二体	[四天柱]**胎蔵金剛両部諸尊像** [四面扉] 極楽九品往生迎接儀式 [仏後壁] 二十五菩薩 極楽九品変像	[鏡] 梵字阿弥陀小呪一遍 [天蓋] 飛天像八体	鳥羽勝光明院供養長秋記
法金剛院南御堂	真言	九間四面	保延五 三・二十二	一一三九	金色半丈六阿弥陀等身阿弥陀八体	[母屋柱]**梵字胎金両部曼荼羅** [中尊仏後壁南面]九品往生曼荼羅・六観音・六道衆生 [中尊仏後壁南面]極楽曼荼羅 [左右後壁南面] 十往生之儀 [左右後壁北面] 九品往生之体		仁和寺諸院家記 長秋記

往生極楽院（三千院）本堂	天台	一間四面	久安四	一一四八	来迎印阿弥陀如来 観音・勢至菩薩	[仏後壁] **両界曼荼羅図** [天井]飛天 [北面妻] 奏楽菩薩 [南面妻・東西 小壁] 菩薩像	現存遺構
仁和寺蓮華光院	真言	一間四面	正治二 十・七	一二〇〇	阿弥陀 弥勒・不動	[柱]**五仏四波羅 蜜八葉九尊等** [仏後壁]極楽都 率曼荼羅	法守親王曼荼羅供 次第 鎮壇記
法界寺阿弥陀堂		一間四面 裳層	鎌倉前期		**丈六定印阿弥陀**	[四天柱]**金剛界 曼荼羅諸尊 （計六十四尊）** [内陣小壁]飛天	現存遺構 春華秋月抄草 中右記

太字は両界曼荼羅の諸尊。

考察した阿弥陀堂の安置仏・内部荘厳をまとめたのが**表4—1**である。以下に、これら阿弥陀堂の空間の特徴をまとめておく。

一、法界寺阿弥陀堂の彫刻・柱絵の尊像からなる空間は、金剛界曼荼羅に基づいて構成される。それは円勝寺三重塔・高野山覚皇院などの両界曼荼羅空間のなかで、中尊として彫刻で安置された大日如来と、絵画として描かれた阿弥陀如来とを入れ替えたものである。この大日如来と阿弥陀如来の入れ替えは、受明灌頂・阿弥陀法などと関わる密教教義に基づくと考えられる。
二、史料上、両界曼荼羅諸尊を描いたことが明らかな阿弥陀堂は、保延二年（一一三六）、鳥羽院建立の勝光明院、同五年、待賢門院建立の法金剛院が最初であり、同時期にあらわれている。なかでも勝光明院阿弥陀堂は、彫刻として安置した五仏までもが金剛界曼荼羅中の蓮華部五尊を抜き出したものであり、両界曼荼羅がその空間構成のきわめて重要な理念になっていた。
三、勝光明院・法金剛院いずれの阿弥陀堂も、仁和寺御室である覚法法親王が證誠を勤めたほか、安置仏の選定に及ぶまで深く関わっていた。願主は鳥羽上皇・待賢門院という、院もしくは院にきわめて近い人物であり、阿弥陀堂での両界曼荼羅諸尊出現の背景には、院と仁和寺御室の密接な関係があったことが想定される。
四、往生極楽院本堂では仏後壁前面に両界種子曼荼羅図を仏台に並べ懸けたように描き、その構成は、追善の曼荼羅供で鋪設される両界曼荼羅図の構成と一致する。この阿弥陀堂には、追善のための仏堂という性格が認められ、両界曼荼羅図を描くことも追善の曼荼羅供との関係から理解される。

おわりに

以上、阿弥陀堂のなかには法界寺阿弥陀堂のように、塔や他の仏堂と同じく両界曼荼羅空間を構成するものがあった。平安時代後期の阿弥陀堂で、史料上、内部に描かれた仏の尊名まで判明する事例は少ない(66)。にもかかわらず、そのなかには両界曼荼羅空間を構成するものがいくつもある。また、阿弥陀堂と阿弥陀護摩・曼荼羅供など密教修法との関係も認められ、平安時代後期の阿弥陀堂空間に密教が与えた影響は、これまで考えられてきた以上に大きく、しかも根深いものであったとみなければならない。

法界寺阿弥陀堂で阿弥陀如来は、四天柱の諸尊によって両界曼荼羅の一尊としての位置付けが示されるとともに、光背頂上に取り付けられた、リボンを翻して天空を舞う笛や、内陣小壁内側に描かれた飛天によって、極楽浄土の教主としての位置付けが示されている。こうした顕密からなる信仰の在り方こそが密教導入以降の阿弥陀信仰の実態といえ、平安時代の阿弥陀堂すべてを、単純に「密教建築」に対置される「浄土教建築」とみなすことはできないのである。

阿弥陀堂における両界曼荼羅空間の展開を考えるうえで、両界曼荼羅の理念が明確にあらわれた初期の事例である勝光明院・法金剛院の阿弥陀堂は、いずれも院もしくは院にきわめて近い願主と、真言密教の仁和寺御室との関わりのなかで生まれ、しかも御願寺・氏寺の建築・伽藍の空間構成理念として、両界曼荼羅が重要な位置を占めるようになるのと時期的に重なっている点が注目される。これら阿弥陀堂に構成された両界曼荼羅空間は、同時期の塔や仏堂の両界曼荼羅空間の展開のなかで考えていく必要がある。前章で示したとおり、建築空間の構成理念を、両界曼荼羅の組織的な仏の世界に求めるのは真言教団であり、なかでも院と仁和寺御室との関わりのなかで顕著に認められた。両界曼荼羅空間を構成する阿弥陀堂においても、真言密教の理念が反映されていた可能性は充分考えられる。

これまで平安時代における阿弥陀堂の系譜は、天台「浄土教」にはじまり、末法思想を背景に、それが貴族に受容され拡散していったという、歴史学の通説に基づいて描かれてきた。つまり、平安時代後期の阿弥陀堂造営の隆盛は、ほとんど検証もなされないままに初期と同じく天台「浄土教」を基盤とし、その教学上の担い手も漠然と天台教団と考えられてきたといえよう。

しかし、平安時代後期にみられる阿弥陀堂造営への仁和寺御室の関わり、覚鑁に代表される真言密教における新たな阿弥陀信仰の展開などをみるならば、阿弥陀堂の系譜を描くためには、天台教団のみならず、真言教団の動向も視野に入れなければならないことは明らかである。次章では、常行堂本尊などとして重要な位置を占めた阿弥陀五仏（五尊）に注目し、天台・真言両教団の阿弥陀信仰の在り方を捉えつつ、両界曼荼羅空間を構成する阿弥陀堂の出現の背景を考察することにしたい。

註

（1）阿弥陀堂の密教要素についての研究は、田村隆照「定印阿弥陀をめぐる諸問題」（『仏教芸術』六五、一九六七）、濱田隆「定印阿弥陀像成立史考　上・下」（『仏教芸術』一〇〇・一〇四、一九七五）、松浦正昭「鳳凰堂供養飛天群とその密教的性格」（『美術史』九七・九八、一九七六）など、美術史学に多くの蓄積がある。
（2）清水擴「阿弥陀堂の荘厳とその系譜」（初出は『日本建築学会計画系論文報告集』三八九〈一九八八〉。同『平安時代仏教建築史の研究』〈中央公論美術出版、一九九二〉に再録）。
（3）石田尚豊「恵果・空海系以前の胎蔵界曼荼羅」（『東京国立博物館紀要』一、一九六六）。
（4）前掲註（1）田村論文。
（5）前掲註（1）濱田論文。
（6）紺野敏文「創建期仁和寺の性格と定印阿弥陀三尊像」（『仏教芸術』一二八、一九七〇）。
（7）浅田隆道「日野法界寺阿弥陀堂柱絵について」（『密教文化』四、一九四八）において、法界寺阿弥陀堂についての同じ指摘がなされていた。
（8）前掲註（1）松浦論文。
（9）高田修「鳳凰堂本尊胎内納置の梵字阿弥陀大小呪月輪考」（『美術研究』一八三、一九五七）。
（10）『白寶口抄』巻第八「阿弥陀法第六」（『大正新脩大蔵経』図像六所収）。

(11) 前掲註(2)清水論文。なお、同論文において、光明真言法に関わるものとして応徳二年(一〇八五)建立、円光院の本尊金銅両界曼荼羅に言及するなか、死者追善の曼荼羅供があらわれることが指摘されるが、曼荼羅供と阿弥陀堂の関係については明確にされていない。
(12)『密教大辞典』光明真言法の項を参照。
(13) 前掲註(2)清水論文。
(14) 密教建築と浄土教建築の規定についての問題点は、本書序章を参照。
(15) 本書第六章。
(16) 速水侑「摂関期の浄土信仰」(同『浄土信仰論』雄山閣出版、一九七八)。
(17) 近年では、平安時代後期の寺院建築における密教の影響の大きさが明らかにされつつあることからも、建築史学でも密教と浄土教の隆盛を合わせて捉えるようになってきた(太田博太郎監修『日本建築様式史』〈美術出版社、一九九九〉第二章第二節、上野勝久「平安時代の寺院建築」)。
(18) 清水擴「常行堂と阿弥陀堂」(初出は『日本建築学会論文報告集』二〇六〈一九七三〉。前掲註(2)同著書に再録)。
(19) 元山公寿「真言密教と往生思想」(興教大師研究論文集編集委員会編『興教大師覚鑁研究』春秋社、一九九二)。
(20) 教団・教学という視点から述べれば、永観・珍海・実範等のように、浄土信仰と深く結びついた僧侶を生んだ、南都の諸権門寺院における阿弥陀堂造営の動向も考慮する必要がある。これらの僧侶については真言教団との関係も注目され、今後の課題としたい。
(21)『雍州府志』『叡岳要記』。
(22)『足立康著作集　第一巻　古代建築の研究　下』(中央公論美術出版、一九八七)太田博太郎「解説」。
(23) 白畑よし「法界寺壁画(飛天)の製作期に関する推察」(『美術史』三二、一九五九)。ここでは東大寺蔵「春華秋月抄草第十七」に「聖覚法印作善、見一切経、日野立丈六堂、造丈六仏決定往生業因之事」とあることをもって、この丈六堂を阿弥陀堂とみなす。
(24) 川上貢「念仏別所の阿弥陀堂について」(初出は『日本建築学会近畿支部研究報告集』〈一九七〇〉。同『日本建築史論考』中央公論美術出版〈一九九八〉に再録）。川上氏は、念仏衆の存在を推測する根拠の一つとして平面規模をあげるが、法界寺阿弥陀堂の規模は、同論文に小規模事例としてあげられる願成寺阿弥陀堂と、大規模事例としてあげられる浄土寺浄土堂・元興寺極楽坊本堂の、まさに中間にあたる。平面規模からは、法界寺阿弥陀堂がいずれに属するかは判断できない。

また、法界寺阿弥陀堂の内陣部分の大きさが、浄土寺浄土堂とほぼ等しいという指摘もあるが、内陣規模は本尊の規模・数に規定されることが多いと考えられ、念仏衆との関係を考えるうえでは、むしろ念仏衆のための空間になったと考えられる外陣のほうが重要となろう。法界寺とほぼ同じ内陣の規模をもちながら、外陣が急激に大きくなる浄土寺浄土堂・元興寺極楽坊本堂への変化が、より重要な画期になるという見方もできる。

(25) 柳澤孝・三浦定俊「赤外線テレビカメラによる堂塔荘厳画の調査研究—主として法界寺阿弥陀堂の四天柱絵について—」（古文化財編集委員会編『古文化財の自然科学的研究』同朋舎出版、一九八四）。概要は、秋山光和「日本における美術品の科学的調査と研究」（『仏教芸術』二一三、一九九四）。

(26) 柳澤孝・三浦定俊「科学調査法による日本古代・中世絵画の実証的研究」（文部省科学研究費特定研究「古文化財」総括班『古文化財に関する保存科学と人文・自然科学　昭和五十六年度年次報告書』、一九八二）。

(27) 『大正新脩大蔵経』第七十八巻所収。『伝授集』は、十一世紀から十二世紀に成立した小野方の口決集である。『大蔵経全解説大事典』（雄山閣出版、一九九八）伝授集の項を参照。

(28) 濱田隆「十二天画像の研究（4）」（『仏教芸術』七三、一九六九）。『醍醐寺要書』によれば、定助（八八八〜九五七）が東院に建立した三間四面の仏堂では、大日如来を安置し、その後壁に五大尊と十二天をふくむ十六天を描いた。

(29) 『永昌記』同年三月七日の条。本書第二章を参照。

(30) 『大正新脩大蔵経』第七十九巻所収。『五輪九字明秘密釈』の成立については、『大蔵経全解説大事典』五輪九字明秘密釈伝授集の項を参照。

(31) 前掲註（7）浅田論文。

(32) 『大正新脩大蔵経』第七十八巻所収。

(33) 『大蔵経全解説大事典』要尊法の項を参照。

(34) 同様の論理は、同じく真言密教の覚鑁「金剛頂経蓮華部心念誦次第沙汰」(中野達慧編『興教大師全集』上所収)にも説かれている。

(35) 『大正新脩大蔵経』第七十六巻所収。成立については、『大蔵経全解説大事典』行林抄の項を参照。

(36) 『大正新脩大蔵経』第七十五巻所収。成立については、『大蔵経全解説大事典』四十帖決の項を参照。なお、『四十帖決』の受明灌頂についての口決は、『阿娑縛抄』巻第九「灌頂私決」にも引かれている。

(37) 『中右記』同日の条。

(38) この願文の諸尊を詳細に検討した松浦氏は、前掲註(1)論文において「四面廂造顕二尺五寸普賢菩薩、文殊師利菩薩、虚空蔵菩薩、弥勒菩薩、地蔵菩薩、海恵菩薩、維摩居士等像各一体」とある諸尊にも、不空訳『八大菩薩曼荼羅経』等に典拠が求められるとして、その密教的性格を指摘する。

(39) 田村隆照氏は前掲註(1)論文において、勝光明院阿弥陀如来像光背の大日如来について、平等院鳳凰堂阿弥陀如来の事例を引き、金剛界とみなす。

(40) 勝光明院の造営過程は、角田文次「鳥羽殿勝光明院について(上)(中)(下)」(『建築史』六―一・二・三、一九四四)にまとめられている。

(41) 『長秋記』同年六月二十日の条には、「件四菩薩、幷柱絵印相、可召進絵仏師知順令図」と、四菩薩・柱絵諸尊の印相を知順に描かせることにしたが、二十一日の条には「召絵師知順、可参仁和寺之由、仰含了、御仏印相沙汰也」とあり、印相の沙汰のため知順を仁和寺に向かわせることにした。これからも勝光明院阿弥陀堂の尊像の図像選定に、仁和寺御室が関わっていたことがうかがえる。

(42) 『中右記』保延二年三月二十三日の条には、「額〈関白殿令書給也、勝光明院長尾宮選進也、〉」とあり、「勝光明院」という寺名は「長尾宮」すなわち聖恵親王が選進したとされる。覚法法親王は白河天皇の第四皇子、聖恵親王は第五皇子であり、勝光明院は白河天皇の皇子である仁和寺僧の関わりが深い。

(43) 「一条記」とは、「一条法眼記」であり「仁和寺諸堂記」にあたる。

(44) 『中右記』同年十月二十五日の条。

(45)『吉記』承安四年(一一七四)二月十六日の条に、「次向大原、先礼極楽院、此寺者、真如房上人建立也」とある。

(46)胎内背面墨書は佐藤昭夫「三千院阿弥陀三尊像」(『ミュージアム』一九八、一九六七)、『日本彫刻史基礎資料集成　平安時代　造像銘記篇三』(中央公論美術出版、一九六七)による。

(47)堂の規模に対して中尊阿弥陀如来像が大きいため、この仏堂の当初からの安置仏とすることに対する疑問を呈する説もあるが(田中重久「大原極楽院阿弥陀堂の壁画」〈同『日本壁画の研究』東華社書房、一九四四〉)、本堂そのものは、内部に描かれた飛天像・奏楽菩薩像などからも、阿弥陀如来を安置する仏堂として建立されたとみてよいであろう。

(48)建築史学では、前掲註(2)清水論文のなかで、密教要素が進出した阿弥陀堂の一つとして、「阿弥陀堂の荘厳一覧表」に取り上げられる程度である。

(49)平田寛「三千院阿弥陀堂の壁画」(『仏教芸術』七四、一九七〇)。

(50)根立研介「快慶作八葉蓮華寺阿弥陀如来像の納入品について」(『ミュージアム』四四二、一九八八)、『日本彫刻史基礎資料集成　鎌倉時代　造像銘記篇二』(中央公論美術出版、二〇〇四)。

(51)同じく鎌倉時代初期の宝勝院阿弥陀如来立像(重要文化財)では、その胎内に熱田宮本地仏曼荼羅とみられる摺仏が納入されていたが、この摺仏でも上部左右に両界大日如来、下部に金剛界阿弥陀如来・観音・勢至からなる三尊の種子を配している。三宅久雄「新指定文化財紹介　宝勝院阿弥陀如来像とその納入品」(『ミュージアム』三九一、一九八三)によれば、本像は胎内から発見された貞永元年(一二三二)の奥書のある経典と一具のものとみられ、その造立年代も鎌倉時代初期とみなされている。

なお、ここに記された金剛界大日の種子は一字金輪の種子とも近く、『日本彫刻史基礎資料集成　鎌倉時代　造像銘記篇四』(中央公論美術出版、二〇〇六)では後者の説をとる。とはいえ、一字金輪は金剛界大日如来と同体とされ、いずれにしても思想的にみればここにあらわされているのは両部の大日といえよう。

(52)『遍照発揮性霊集』七所収「奉為四恩造二部大曼荼羅願文」(岩波日本古典文学大系『三教指帰・性霊集』所収)。

(53)『阿娑縛抄』の記事で、「東壁懸之、金南、胎北」なる記述の「東壁」が明瞭でないが、後にあげる『門葉記』第九十七巻「勤行八」の記事と合わせるならば、東向きの壁では、南に金剛界、北に胎蔵界を配することをあらわしているると理解される。

(54)『本朝文集』巻第五十九所収同年閏六月十日の「鳥羽天皇御逆修法会願文」に、「結願日、奉図絵阿弥陀如来像一鋪、奉書写胎蔵金剛両部種子曼荼羅一鋪」とある。また、永久二年(一一一四)五月二十二日の師実室麗子七七日の曼荼羅供(『中右記』)でも、両界の種子曼荼羅が用いられた。

(55)清水擴「白河・鳥羽を中心とした院政期寺院の構成と性格」(前掲註(2)同著書)、杉山信三「鳥羽殿とその御堂」(同『院の御所と御堂』吉川弘文館、一九八一)。

(56)『中右記』康和四年(一一〇二)一月二十六日の条には、「早旦参宇治、是故大殿一周闕御法事也、(中略)去年御終焉之房中三間上棟、被安置丈六阿弥陀仏、被始長日供養法、今日供養、又其前被懸両界曼荼羅、同以供養、金泥法花経一部、黒字経百部、曼荼羅供養」とあり、藤原師実の一周忌に、終焉の房に三間の堂を建立し、丈六の阿弥陀如来像を安置し、その前に両界曼荼羅を懸け、曼荼羅供を修した。曼荼羅供で両界曼荼羅図を鋪設するときは、仏堂の本尊の前に仏台を置いて懸けるのが一般的な形式であったと考えられる。

(57)『仏教史研究』八(一九七四)所収。

(58)真言系寺院でも『勧修寺旧記』によれば、一条天皇(九八七～一〇一一)の御願による宝満院灌頂堂には、等身金色弥陀仏像二体と両界曼荼羅二鋪を安置したというが、曼荼羅供を修したか否かは明らかでない。ただし、この灌頂堂の建立時期は横川真言堂とも近く、両者の関係が注目されよう。

(59)『玉葉』同日の条に、「此日殷富門院御堂供養、有御幸、左大臣参入、導師仁和寺宮」とある。蓮華光院についての研究は、杉山信三「仁和寺の院家建築」(前掲註(55)同著書)がある。

(60)前掲註(59)杉山論文所収。次にあげる「法守親王曼荼羅供次第」にも書き起こしの指図がのせられる。

(61)『続群書類従』巻第七百六十四。

(62)石田茂作「七宝荘厳巻柱」(同編『中尊寺大鏡　第二』大塚工藝社、一九四二)、内藤榮「中尊寺金色堂巻柱の菩薩像について」(サントリー美術館『論集』四、一九九二)。

(63)濱田隆「金色堂の巻柱絵について」(『仏教芸術』七二、一九六九)、田口榮一「金色堂内陣巻柱」解説(『名宝日本の美術9　平等院と中尊寺』小学館、一九八二)。

(64) 須藤弘敏・岩佐光晴『日本の古寺美術19　中尊寺と毛越寺』(保育社、一九八九)でも、濱田氏の見解が有力視される。

(65) 小久保啓一「富貴寺大堂四天柱と外陣東小壁の現状調査」(『デアルテ』二、一九八六)、平田寛「富貴寺壁画の問題」(同『絵仏師の時代』中央公論美術出版、一九九七)。近年、この仏堂の壁画が復元されているが(大分県立歴史博物館『常設展示　豊の国・おおいたの歴史と文化』、一九九八)、全体の構成理念の検討に充分な報告はなされておらず、今後の調査・研究を待つことにしたい。

なお、鎌倉時代の事例では、阿弥陀如来を本尊とする長福寺本堂(奈良県生駒市、重要文化財。現在は真言律宗)で、須弥壇前二本の柱のうち、向かって右の柱に胎蔵界曼荼羅、左の柱に金剛界曼荼羅を描いているという(田中重久「長福寺阿弥陀堂の壁画」〈前掲註(47)同著書〉)。須弥壇前の二本の柱に、それぞれ胎蔵界・金剛界の曼荼羅諸尊を配する構成は、第三章で考察した高野山大伝法院と類似しており、今後の調査・研究が期待される。

(66) 前掲註(2)清水論文の「阿弥陀堂の荘厳一覧表」によれば、内部荘厳が部分的にでも判明する十二世紀以降の阿弥陀堂は、二十例ほどしかない。

なお、同表では大治五年(一一三〇)十月二十五日建立の法金剛院御堂の柱絵を両界曼荼羅とするが、この阿弥陀は確認できなかった。また、仁和寺南院御堂について『仁和寺諸院家記』の「東二柱金剛界諸尊」という記事を引くが、同記にこの仏堂は丈六の釈迦像を安置する釈迦堂とある。

付記　平成十八年十月、三千院本堂仏後壁・天井の壁画復元が公開された。本章で論じた仏後壁画の両界種子曼荼羅をはじめ、天井画の諸尊が鮮やかによみがえりつつある。天井には天空に散華する飛天、リボンをつけた楽器が舞い、仏後壁上の面に雲に乗り来迎する十体の楽菩薩、左右と手前の面には同じく雲に乗り来迎する密教の菩薩三十六体が描かれている。密教尊三十六体については尊名が短冊に記され、これらのうち手前の十二尊が金剛界曼荼羅の四摂菩薩と八供養菩薩、左右の二十四尊が阿弥陀二十五菩薩から観音・勢至を省き、代わりに地蔵を加えたものであることが知られる。これら密教尊の組み合わせは『覚禅鈔』巻第七「阿弥陀下」、『白宝口抄』巻第四「阿弥陀法第二」などに説かれる恵運僧都請来の九品曼荼羅(金沢文庫本『覚禅鈔』には図像がのせられる)にみられるもので、三千院本堂では天井壁画の密教尊と仏壇上の阿弥陀・観音・勢至三尊の彫像とを合わせて、金剛界系の阿弥陀曼荼羅を構成していたことがわかる。この阿弥陀堂の空間は、本書で規定した別尊曼荼羅空間の一つと位置付けられる。密教の阿弥陀曼荼羅が全体の構成理念となり、それを来迎の姿としてあらわした点に、院政期阿弥陀信仰の特質と豊かな創造力があらわれているといえよう。

第五章　阿弥陀五尊の諸形式と中世仏教的世界観

はじめに

第一・二章において、平安時代の層塔では顕教の仏と密教の仏からなる顕密融合の両界曼荼羅世界が形成されていたことを明らかにした。また第Ⅳ部では、それが両界曼荼羅の理念を基盤とした、中世の宗教的世界観を反映するものであることを論じている。本章では、常行堂の本尊などとしてしばしばあらわれる阿弥陀五尊の諸形式を検討することで、阿弥陀信仰をめぐる中世の仏教的世界観の一端を読み解くことを試みる。

阿弥陀五尊とは、周知のとおり阿弥陀如来を中尊として、その周囲に四菩薩を配する構成をとる。これまでは主として常行堂本尊として注目され、はやくは塚本善隆氏の研究(1)があり、その後も美術史学の光森正士(2)・濱田隆(3)両氏をはじめ、建築史学の清水擴氏(4)の研究など多くの蓄積がなされてきた。その変遷について塚本氏は、金剛界曼荼羅に基づく形式と、四菩薩を観音・勢至・地蔵・龍樹とした「極楽信仰」に基づく形式があり、密教を重視する円仁の影響を受けた初期の常行堂は前者を安置し、浄土信仰が隆盛した良源・源信の時代には後者へ変化したとする。清水氏も塚本氏とおおむね同じ見解をとるのに対し、光森氏は円仁により請来された金剛界八十一尊大曼荼羅の宝冠阿弥陀如来と四親近菩薩こそが常行堂の正統な本尊であり、観音・勢至・地蔵・龍樹などの四菩薩は「名称の混乱」[5]であるとした。

現存する彫刻作品の検討を通じて密教の五尊を正統とする光森氏の見解は、それまでの「浄土教」中心の研究に一石を投じるものとして重要な意味をもつ。しかし、常行堂本尊をはじめ阿弥陀五尊の多様な説や形式が生まれるには、経典や儀軌に基づく単一かつ厳格な教義ではなく、広汎な信仰を許容するような思想的背景が存在したはずである。「浄土教」を評価するにも、これら阿弥陀五尊の諸形式について体系的に把握し、その基盤となる思想・理念や仏教的世界観を明らかにすることが重要な意味をもつと考えられる。

そこで本章では、常行堂はもちろん阿弥陀堂など仏教建築の本尊となった阿弥陀五尊、さらには彫刻・絵画などの美術作品、密教の阿弥陀法の道場観にも事例を求め、できる限り広い視野で阿弥陀五尊の諸形式を捉えていくことにしたい。

一　常行堂の阿弥陀五尊

常行堂本尊について言及した研究は非常に多い。先行研究と重複する点も多々あるが、ここではまず常行堂の安置仏としての阿弥陀五尊の諸形式を詳細に検討し、そこに関わる問題点を明らかにしていくことにする。

1　比叡山常行堂の阿弥陀五尊

比叡山には、東塔・西塔・横川の三つの常行堂が建立された。円仁は仁寿元年（八五一）、五台山竹林寺の念仏三昧を移して虚空蔵尾でこれを修し、元慶七年（八八三）、相応が常行三昧堂を講堂の北に移したとされる。これが東塔の常行堂である。西塔常行堂は寛平五年（八九三）増命によって、横川常行堂は安和年間（九六八～七〇）ころに藤原伊尹によってそれぞれ建立されている。

東塔・西塔の常行堂は、平安時代から鎌倉時代、幾度も火災に見舞われており、また横川常行堂は建立後の沿革も明確でなく[6]、どの段階まで当初の本尊形式をとどめていたのかを明確にすることは難しい。さらに、これら比叡山の常行堂本尊についての記事は、平安時代末ないし鎌倉時代初期成立の『覚禅鈔』[7]をはじめ、『阿娑縛抄』巻第二百一「諸寺縁起下」[8]（以下、『阿娑縛抄』諸寺縁起とする。奥書に建武四年〈一三三七〉書写）、鎌倉時代中期成立と推定される『叡岳要記』[9]（奥書に永和五年〈一三七九〉書写）、応永二十四年（一四一七）書写の奥書をもつ『山門堂舎記』[10]という、いずれも後世の編纂史料である点も研究を困難なものとしている。

東塔常行堂　東塔常行堂について『山門堂舎記』では、

安置金色阿弥陀仏坐像一体、同四摂菩薩像各一体、

と、本尊は阿弥陀如来と四摂菩薩とする。『阿娑縛抄』諸寺縁起でも、

安置金色阿弥陀仏坐像一軀、

同四摂菩薩像各一軀、

と、やはり阿弥陀仏と四摂菩薩とする。

東塔常行堂は、元慶七年に講堂の北に移された後、康保三年（九六六）、元久二年（一二〇五）、文永元年（一二六四）に火災にあっている。文永元年の火災で本尊は焼失をのがれ、弘安八年（一二八五）再建の常行堂に安置されているが、康保三年、元久二年での状況はさだかではない。弘安八年の供養願文[11]には、

同五間常行三昧堂一宇、奉安置金色阿弥陀如来像一体、同四摂菩薩像一体、

と、四摂菩薩としている。この願文により、東塔常行堂本尊として「四摂菩薩」なる呼称を、鎌倉時代中期まで遡らせることができる。

なお、『阿娑縛抄』諸寺縁起「前唐院」の項では、円仁の遺言により延喜十六年（九一六）に造像された尊像について、

奉造白檀阿弥陀仏像一体、法利因語四摂菩薩各一体、

と、四親近菩薩であるはずの法・利・因・語からなる四菩薩を「四摂菩薩」と呼んでおり、東塔常行堂の「四摂菩薩」も実態としては、法・利・因・語からなる四親近菩薩を指していた可能性が考えられる。

これに対し『叡岳要記』では、

安置金色阿弥陀仏坐像一軀、同四柱菩薩像一軀、或記云、胎蔵弥陀五仏像、

と、阿弥陀と「四柱菩薩」とするが、この菩薩が何を指すのかは不明である。また、同時に胎蔵界の阿弥陀五仏という説もあげられるが、その内容は明らかにしえない。

横川常行堂　横川常行堂については『山門堂舎記』に、

方五間堂一宇常行堂、　安置観音・勢至・地蔵・龍樹菩薩等像各一軀行法開白同法華堂、

とあり、東塔のものとはことなる四菩薩があげられている。『阿娑縛抄』諸寺縁起にも、

檜皮葺方五間堂一宇常行堂、　安置同観音・勢至・地蔵・龍樹等像各一体、

と、中尊の記事が欠落しているものの、同じ四菩薩をあげる。

西塔常行堂　西塔常行堂については、『叡岳要記』下に「安置阿弥陀像」とあり、『山門堂舎記』に久寿元年（一

一五四）の火災で「五尊」が焼失したとされるので、阿弥陀五尊を安置したことが知られるが、詳細は明らかにならない。

2　常行堂阿弥陀五尊と両界曼荼羅

比叡山東塔・横川の常行堂について『阿娑縛抄』諸寺縁起と『山門堂舎記』はほぼ同文を引いており、同じ典拠によっているとみてよい。『叡岳要記』の説を除くとしても、比叡山の常行堂本尊には、東塔についての「四摂菩薩」とする説（実態としては、四親近菩薩の可能性が高い）、横川についての観音・勢至・地蔵・龍樹とする説の二つの説が並存していたことになる。

さらに、『覚禅鈔』巻第六「阿弥陀上」には、「五尊曼荼羅事」として、

叡山東塔常行堂五仏如図西塔横川同之、
中尊等身阿弥陀頂有宝冠、四菩薩法利因語也相応和尚建立也、文、

とあり、常行堂の阿弥陀五尊を東塔・西塔・横川ともに、宝冠阿弥陀如来と法・利・因・語の四菩薩とする。この四菩薩は阿弥陀如来の四親近菩薩であり、阿弥陀五尊は金剛界曼荼羅から蓮華部五尊を抜き出したものということになる。これこそが常行堂の正統な安置仏とされるもので、その尊容は金剛界八十一尊大曼荼羅の阿弥陀五尊（**図5―1**）に基づくとされる。この説にしたがうならば、常行堂の空間は両界曼荼羅の一部を切り取り、建築空間として表現したものであり、まさに両界曼荼羅空間の一形式といえよう。

ところで、先にみたとおり、鎌倉時代の比叡山では「四摂菩薩」という呼称をもって法・利・因・語を指す場合がある。本来、四摂菩薩は金剛界曼荼羅の外院の四方に配される菩薩で、鉤・索・鎖・鈴からなる。しかし、『覚

図５―１　金剛界八十一尊大曼荼羅　蓮華部五尊部分（根津美術館蔵）

禅鈔』の記事にしたがっても、東塔常行堂の「四摂菩薩」は、実態としてはやはり法・利・因・語の四親近菩薩であったことになる。

四摂菩薩は、常行堂本尊としては比叡山東塔常行堂以外でもあらわれるといわれ、『扶桑略記』永延二年（九八八）三月二十六日の条に、法住寺常行堂について、

常行三昧堂一宇、安弥陀世尊与四摂衆、東向、共在一時、始其三昧、

とある「四摂衆」が、これに相当すると考えられてきた。ところが、長治二年（一一〇五）「尊勝寺阿弥陀堂供養願文」にはその安置仏について、

奉安置金色丈六無量寿仏九体、八尺観音、勢至、地蔵、龍樹各一体、（中略）九尊幷坐、暁月澄於白毫、

四摂連衡、晴天耀於烏瑟、

と、四菩薩に観音・勢至・地蔵・龍樹をあげ、これを「四摂」と呼ぶ。尊勝寺阿弥陀堂は常行堂としての性格をそなえており、この阿弥陀五尊も常行堂本尊と捉えられる。(12) このように、常行堂や阿弥陀堂の本尊として、四摂菩薩が本来の鉤・索・鎖・鈴であった事例は見いだせないのである。(13) つまり、密教の四菩薩は、実態としては法・利・因・語からなる四親近菩薩のみであったと考えられ、本章ではこれを「密教系四菩薩」と呼ぶことにする。

さて、『覚禅鈔』にあるように、比叡山三塔の常行堂本尊の四菩薩がいずれも法・利・因・語であったならば、横川常行堂では密教の金剛界曼荼羅に基づくこれら四菩薩を、観音・勢至・地蔵・龍樹と呼んでいたことになる。また、『覚禅鈔』の成立時期からは、この記述が東塔常行堂や西塔常行堂の創建期の本尊を直接反映しておらず、むしろそこには、後に述べるような平安時代後期に展開した真言阿弥陀信仰が反映されていた可能性もある。こうした点は、中世仏教的世界観の構造を考えるうえでも重要であり、後に詳しく検討する。

3　常行堂本尊の遺品

次に、現存する彫刻作品から常行堂本尊をみていくと、『覚禅鈔』の成立と同じころ、常行堂の正統な本尊とされる、宝冠・定印・通肩という金剛界八十一尊大曼荼羅と同様の形式をとる阿弥陀如来像が集中的にあらわれる。

輪王寺常行堂の宝冠阿弥陀如来像（重要文化財）は、久安元年（一一四五）に常行堂が創建されたときの安置仏と考えられている。(14)『輪王寺文書』所収、保元三年（一一五八）の「常行堂検校法師聖宣請文写」には、

模本寺常行堂、新以当山建立、

とあり、このときには比叡山にならった常行堂が建立されていたことが知られる。(15) また、耕三寺蔵宝冠阿弥陀如来

像（重要文化財）には、建仁元年（一二〇一）の胎内銘に、

伊豆御山常行□《堂カ》御仏也、

とあることから、この像が伊豆山常行堂の本尊として造立されたことが知られる(16)。

こうした宝冠阿弥陀如来像の事例がいつまで遡れるかが問題となるが、滋賀梵釈寺蔵阿弥陀如来像（重要文化財）は、宝冠・定印・通肩という姿をとり、九世紀末から十世紀初頭の作とみられている(17)。この像を常行堂の本尊と確定するにはいたっていないものの、本像の存在によって、初期の常行堂においても五尊のうちの中尊に関しては、金剛界八十一尊大曼荼羅に基づく尊像が安置されていた可能性が生じてくる。

一方、四菩薩については、先の輪王寺蔵宝冠阿弥陀如来に四親近菩薩がそなわり、そのうち法・利の二菩薩は鎌倉時代、因・語の二菩薩は室町時代のものとされる。また、耕三寺蔵阿弥陀如来像は、現在、伊豆山浜生活協同組合蔵阿弥陀如来像の脇侍となっている二菩薩像（重要文化財）と一具になるとみられているが(18)、両腕を失うなど欠損部分が大きく、尊名が明確にならない。つまり、現在のところ常行堂本尊としての四親近菩薩の遺品は、輪王寺常行堂の阿弥陀五尊がそろう室町時代を待たねばならない。

もし、この形式が輪王寺常行堂の創建当初のものを継承していると仮定すれば、この常行堂が創建された平安時代末期まで遡ることになる。しかし、四菩薩のなかでも古い法・利二菩薩が鎌倉時代の作とみられること、後に述べるように正安四年（一三〇二）には四親近菩薩とともに五尊をなす絵図（**図5―6**を参照）が施入されていることから、四菩薩はこの修理のとき新造された可能性があり、四親近菩薩の形式が創建当初まで遡るか否かの明確な判断はできない。

4　顕教系四菩薩の出現

その一方で、文献史料には横川常行堂などの本尊として、観音・勢至・地蔵・龍樹からなる阿弥陀五尊があらわれる[19]（表5―1を参照）。後に具体的作品とともに詳しく述べるが、この四菩薩は、奈良時代からの阿弥陀五尊の二菩薩・二比丘にそれぞれ観音・勢至、地蔵・龍樹という名号を与えたものと考えられ、本稿ではこの四菩薩を、「顕教系四菩薩」と呼ぶことにする（以下、顕教系四菩薩Ⅰとする）。

比叡山常行堂以外で、顕教系四菩薩が明確にあらわれる最もはやい事例は、長元三年（一〇三〇）の法成寺東北院である。『扶桑略記』同年八月二十一日の条には、

上東門院供養東北院、（中略）建立常行堂一宇、奉造金色阿弥陀如来像、観音、勢至、地蔵、龍樹菩薩像各一体、

とある。この記事は願文を引いており、その史料的な信頼性は高く、建立当初から顕教系四菩薩の名号が与えられていたと考えるべきであろう。この常行堂の安置仏は、後世の法勝寺常行堂の規範になっており、『為房卿記』[20]応徳二年（一〇八五）八月二十九日の条には、法勝寺常行堂の阿弥陀五尊について、

仏儀堂荘厳同東北院、（中略）阿弥陀五尊、観音、勢至、地蔵、龍樹、是東北院定、

とある[21]。

この他にも、治安元年（一〇二一）供養の法成寺西北院では、『小右記』同年十二月三日の条に「阿弥陀五尊」とあり、『栄花物語』に安置仏が阿弥陀と観音・勢至とされることから、顕教系四菩薩と推定され[22]、遅くとも十一世紀初頭には常行堂本尊として顕教系四菩薩が定着していたと考えてよい。

この顕教系四菩薩は、以降の常行堂をはじめ阿弥陀堂にも広く認められ、常行堂では天喜五年（一〇五七）の蓮華寺周防堂[23]、先にみた法勝寺常行堂、治承三年（一一七九）の箕面寺常行堂、阿弥陀堂でも長治二年（一一〇五）の尊勝寺阿弥陀堂、承安四年（一一七四）の仁和寺蓮華心院[24]などが知られる（**表5―1**を参照）。さらに時代は降るが、鎌倉時代末期成立の『拾芥抄』下「諸仏部第十」には、

阿弥陀五尊
観音、得大、弥勒、文殊延暦寺常行堂如此
或観音、勢至、地蔵、龍樹是普通之説也、

と、阿弥陀五尊の四菩薩は観音・勢至・地蔵・龍樹が「普通之説」とされ、かなり普及した構成であったことが知られよう。

また、ここでは比叡山常行堂の本尊として、地蔵・龍樹のかわりに弥勒・文殊を入れた四菩薩があげられ、阿弥陀五尊に新たな一形式が加えられることになる。この四菩薩も、観音・勢至を基本とするところから、ここでは顕教系四菩薩の一形式とみなしておく（以下、顕教系四菩薩Ⅱとする）。しかし、常行堂の安置仏の形式はこれだけではなかった。

5　常行堂本尊の多様性

常行堂本尊は阿弥陀三尊となる場合もある。園城寺の勧修が長保四年（一〇〇二）に建立した解脱寺常行堂について、『扶桑略記』同年七月十七日の条には、

供養解脱寺内常行堂、（中略）奉造白檀阿弥陀仏像一体、観音勢至二菩薩像各一体、

図5—2　浄土曼荼羅刻出龕　部分（耕三寺蔵）

とあり、阿弥陀と観音・勢至の二菩薩を安置したとする。『権記』同年九月十七日の条にも、

今日解脱寺常行三昧堂供養、（中略）新造白檀弥陀観音勢至像、

と、同じ安置仏が記される。『扶桑略記』の記事には日付に誤りがあるものの、願文を引いていること、またその内容が『権記』の記事とも一致することから、常行堂に脇侍として観音・勢至の二菩薩を安置したとみてよい。さらに広隆寺常行堂についても、「広隆寺来由起」[25]にのせる永万元年（一一六五）の供養願文に、

三間三面常行堂一宇、安置三尺阿弥陀如来、一尺六寸観音勢至二菩薩像各一体、

として、安置仏を観音・勢至からなる阿弥陀三尊とする。[26]阿弥陀三尊は、十一世紀初頭段階に常行堂の本尊としてもあらわれ、その一形式となっていたのである。

平安時代後期の作とされる耕三寺蔵浄土曼荼羅刻出龕（図5—2。重要文化財）では、宮殿の中に安置された阿弥陀三尊のまわりを十人の僧侶が行道するさまが彫り出され、これは不断

念仏をあらわすとみられる[27]。中尊は光背をそなえ、宝冠・定印に加え、瓔珞・輪宝をつけた大日如来に通じる尊容をとり、不断念仏の本尊たる阿弥陀如来が密教像である点が注目される。両脇侍も同じく光背をそなえ、いずれも外側の手に蓮茎を持ち、向かって右の菩薩は内側すなわち中尊側の手に与願印を結ぶ。向かって左の菩薩は、中尊側の手の先が失われているが、おそらく同じ与願印であったとみられる。この二菩薩の印相・持物は、後にあげる『覚禅鈔』阿弥陀五尊曼荼羅（図5―4を参照）の顕教系四菩薩のうち前方の二菩薩と共通し、観音・勢至をあらわすと考えられる。

また、長久元年（一〇四〇）十月に再興された園城寺常行堂は、『扶桑略記』に、

供養三井寺常行堂、奉造金色丈六阿弥陀如来像一体、等身六観音像各一体、

とあるように、阿弥陀と六観音を安置した。

さらに、円宗寺常行堂では、延久三年（一〇七一）の「円宗寺五仏堂供養願文[28]」に、

金堂之東頭更建一堂、尋台嶺之前跡、

表5―1　平安時代の常行堂本尊（付、阿弥陀堂の阿弥陀五尊）

建築名	建立年代	脇侍菩薩名
法住寺常行堂	永延二年（九八八）	「四摂衆」
解脱寺常行堂	長保四年（一〇〇二）	観音・勢至
法成寺東北院常行堂	長元三年（一〇三〇）	観音・勢至・地蔵・龍樹
再建園城寺常行堂	長久元年（一〇四〇）	六観音
円宗寺常行堂	延久三年（一〇七一）	観世音・得大勢・弥勒・地蔵
蓮華寺周防堂	天喜五年（一〇五七）	観音・勢至・地蔵・龍樹
法勝寺常行堂	応徳二年（一〇八五）	観音・勢至・地蔵・龍樹
尊勝寺阿弥陀堂	長治二年（一一〇五）	観音・勢至・地蔵・龍樹
勝光明院阿弥陀堂	保延二年（一一三六）	法・利・因・語
広隆寺常行堂	永万元年（一一六五）	観音・勢至
仁和寺蓮華心院	承安四年（一一七四）	観音・勢至・地蔵・龍樹
箕面寺常行堂	治承三年（一一七九）	観世音・得大勢・地蔵・龍樹

便企三昧、奉安等身阿弥陀仏三尺観世音、得大勢、弥勒、地蔵菩薩等像各一体、

とあるように、龍樹のかわりに弥勒を入れる。先に法勝寺常行堂の安置仏を論じるさいに取り上げた『為房卿記』応徳二年（一〇八五）八月二十九日の条にも、法成寺東北院の観音・勢至・地蔵・龍樹に対して、

円宗寺常行堂止龍樹被奉安弥勒、

と、円宗寺常行堂では龍樹のかわりに弥勒を安置したことを記す。

以上のように、広く比叡山三塔以外の常行堂をみていくと、その本尊は決して金剛界八十一尊大曼荼羅に基づく蓮華部五尊に限定されるわけではなく、むしろ**表5—1**のように多様な形式があった。

6　小　結——常行堂阿弥陀五尊研究の問題点——

従来、常行堂阿弥陀五尊については、台密を主導した円仁の常行堂創建から平安時代中期からの浄土教隆盛という図式に基づき、密教の金剛界八十一尊大曼荼羅の蓮華部五尊から顕教系四菩薩からなる五尊へという流れが描かれてきた。常行堂の本尊であったとは確定できないものの、梵釈寺の阿弥陀如来像の存在により、中尊のみについては九世紀末から十世紀初頭までに宝冠・定印の阿弥陀如来が存在した可能性が考えられる。しかし、具体的な作品や文献史料に常行堂本尊を求めていっても、四菩薩が四親近菩薩であったことを示す明確な根拠は、十二世紀半ばまで見いだすことができないのである[29]。

永延二年（九八八）の銘をもつ、個人蔵線刻阿弥陀五尊鏡像（**図5—3**。重要文化財）では、宝冠・定印の阿弥陀如来と、二菩薩・二比丘という顕教系四菩薩が組み合わされる。よって、これと同じころに建立された横川常行堂本尊が、宝冠・定印阿弥陀如来像と顕教系四菩薩からなる五尊であった可能性は充分考えられる。さらにいえば、

図５―３　線刻阿弥陀五尊鏡像（個人蔵）

安然『金剛界大法対受記』[30]巻六「随方供養第百八十一」に、円仁が伝えた法照の五会念仏について記すなか、

第一会時平入弥陀仏、第二極妙演清音（中略）慈覚大師入唐五台山学其音曲以伝叡山、観世音、大勢至、

とあり、天台五会念仏について記した法照『浄土五会念仏略法事儀讃』[31]には、

念阿弥陀仏観音勢至地蔵菩薩、

とも説かれているように、むしろ円仁によって伝えられた五会念仏は観音・勢至、さらには地蔵と密接に関係しており、その本尊も顕教系四菩薩に近いものであった可能性が考えられる。

また、常行堂本尊を規定する教学的な根拠は見いだせず、平安時代を通じて中尊は阿弥陀如来とするものの、眷属である菩薩には多様な形式が認められる。しかも十一世紀までの事例は、そのほとんどが観音・勢至を主体とする顕教系のもので、これらのすべてが光森氏の言うような、密教系四菩薩との名号の混乱とは考え難い。

もちろん天台密教においては、先にみた円仁の前唐院の尊像をはじめ、長宴が皇慶の口決を記した『四十帖決』巻第七「阿弥陀」に、長久二年（一〇四一）九月のこととして、

師曰、世所在弥陀幷四菩薩、是法利因語也云々

とあるように、阿弥陀五尊として金剛界曼荼羅の蓮華部五尊が存在した。しかし、これらは常行堂本尊ではなく、むしろ阿弥陀法あるいは阿弥陀護摩に関わるものとみられる。常行堂本尊を金剛界曼荼羅の蓮華部五尊とする説は、平安時代末期から鎌倉時代初期成立の『覚禅鈔』を待たねばならない。またこの時期に、常行堂本尊の具体的な遺品としても、金剛界八十一尊大曼荼羅に基づく宝冠阿弥陀如来像が集中的にあらわれる。

そして鎌倉時代になると、比叡山常行堂の四菩薩については、法・利・因・語（密教系四菩薩）説と、観音・勢至・地蔵・龍樹（顕教系四菩薩Ⅰ）説、さらには観音・勢至・弥勒・文殊（顕教系四菩薩Ⅱ）説の三説が並存するなど、混乱をこえた大きな矛盾を孕む言説があらわれる。こうした現象をみていくと、常行堂本尊の変遷は、通説となっている初期の密教の五尊から浄土信仰の隆盛にともなう顕教の五尊へという図式、あるいは常行堂本尊を金剛界八十一尊大曼荼羅の蓮華部五尊のみから捉える光森説では、とうてい説明できるものではないことがわかるであろう。

二　阿弥陀五尊の諸形式と顕密融合の造形

1　密教系四菩薩の事例

阿弥陀と四親近菩薩からなる五尊は、彫刻だけでなく絵画作品にも存在し、その事例として知恩院蔵紅頗梨阿弥陀像（重要文化財、鎌倉時代前期）があげられる。この阿弥陀如来像は、宝冠をつけない定印阿弥陀如来の四角に四親近菩薩の種子（梵字）を配したもので、紅頗梨色阿弥陀如来に関する儀軌の内容とはことなり、むしろ金剛界曼荼羅の阿弥陀五尊を抜き出したものというべきである(32)。

先にみたように長宴『四十帖決』では、天台阿弥陀法・阿弥陀護摩と関わって、金剛界曼荼羅に基づく阿弥陀五尊の存在が示されている。この紅頗梨阿弥陀像も、これまで常行堂本尊との関係からその位置付けが示されてきたが、むしろ平安時代の修法本尊として阿弥陀五尊を継承したものと考えるべきであろう。

2　顕教系四菩薩の事例

次に顕教系四菩薩の諸事例をみていくと、『覚禅鈔』巻第七「阿弥陀下」には、先にあげた比叡山常行堂本尊とは別の阿弥陀五尊として、

五尊曼荼羅心覚説、右印相等可見別図、

問、観音勢至加地蔵龍樹四為阿弥陀五尊、出何文乎、未見本説、

と、顕教系四菩薩Ⅰをあげ、この五尊の図像を示す（図5―4。以下、『覚禅鈔』阿弥陀五尊曼荼羅とする）。中央に阿弥陀如来、その四角に四菩薩を配する構成をとるが、阿弥陀如来に宝冠はない。前方の二菩薩は宝冠に化仏・宝瓶をあらわすことから、『観無量寿経』に基づく観音・勢至であることが知られる。また、後方の地蔵・龍樹は

図5—4　『覚禅鈔』所収　五尊曼荼羅（勧修寺蔵）

比丘の姿をとり、明らかに金剛界八十一尊大曼荼羅の阿弥陀五尊とは尊容がことなっている。

こうした四菩薩をそなえる阿弥陀五尊は、『覚禅鈔』以前にもいくつか認められるところで、先にみた個人蔵線刻阿弥陀五尊鏡像は、宝冠・定印の阿弥陀の前方左右に二菩薩、後方左右に二比丘を配する。また、保安寺蔵の定印阿弥陀如来・観音・勢至からなる三尊（重要文化財、平安時代後期）は、奈良国立博物館蔵の比丘の姿をとる地蔵・龍樹（重要文化財、平安時代後期）と一具になるとみられている[33]（以下、保安寺・奈良博蔵阿弥陀五尊とする）。この五尊については、阿弥陀・勢至と観音・地蔵・龍樹との作風がことなるとの指摘[34]もあるが、定印阿弥陀如来と顕教系四菩薩からなる五尊には、鎌倉時代前期の一乗寺蔵阿弥陀五尊像（重要文化財）があり、平安時代後期にこうした阿弥陀五尊の組み合わせが存在しても、なんら不思議ではない。

醍醐寺蔵の線刻阿弥陀五尊鏡像（重要文化財、平安時代後期）は、同じく二菩薩・二比丘を配することから阿弥陀五尊とみられているが、中尊の印相は独特で、説法印の変化形とする見解もある。[35] さらに来迎図においても、平安時代後期のものとみられる有志八幡講十八箇院蔵の阿弥陀聖衆来迎図（国宝）では、中央の来迎印阿弥陀如来の四角に、観音・勢至・地蔵・龍樹の四菩薩が対称性をもって配されており、[36] 四菩薩の配置構成をはじめ、合掌する龍樹や宝珠を持つ地蔵の姿などは、『覚禅鈔』阿弥陀五尊曼荼羅の四菩薩と共通している。

こうした阿弥陀三尊と二比丘からなる構成は、奈良時代の法隆寺献納宝物や東京国立博物館蔵の押出阿弥陀三尊二比丘像（いずれも重要文化財）にすでに認められるところである。この阿弥陀三尊・二比丘には法隆寺献納宝物のものをはじめとする押出仏と、法隆寺綱封蔵のもののような塼仏の二通りがあり、後者は法隆寺の他にも三重県夏見廃寺や興福寺・当麻寺などの寺院、さらには藤原宮跡でも出土しており、断片もふくめると十五例ほどが知られる。しかも、これらは同一の仏像型原形から複製されていった可能性が指摘されており、[37] 製作が比較的容易な形式をとるこの阿弥陀五尊は、奈良時代からかなり普及していたとみられる。[38]『覚禅鈔』阿弥陀五尊曼荼羅などは、この阿弥陀五尊を継承したものと考えてよいであろう。

ところで、これら顕教系の阿弥陀五尊を詳細にみると、法隆寺献納宝物の押出仏では中尊阿弥陀如来の左（向かって右）に宝冠に化仏をそなえる観音、右（向かって左）に同じく宝冠に宝瓶をそなえる勢至が立つ。この配置は『観無量寿経』にも説かれる奈良時代からの阿弥陀三尊の構成であり、『覚禅鈔』阿弥陀五尊曼荼羅や有志八幡講十八箇院蔵阿弥陀聖衆来迎図もこれと一致している。これに対して、密教の諸説では観音・勢至の位置が入れ替わり、[39] 醍醐寺蔵阿弥陀三尊像（重要文化財、鎌倉時代）では、五智宝冠阿弥陀如来の左（向かって右）に勢至、右（向かって左）に観音を配しており、仁和寺本堂の阿弥陀三尊もこの構成であったという。[40]『覚禅鈔』阿弥陀五尊曼荼羅にみる二菩薩・二比丘からなる四菩薩は、その組み合わせのみならず、観音・勢至の配置からも『観無量寿

表5―2　阿弥陀法道場観にみる阿弥陀如来の眷属

成立年代	訳・著者		典拠	菩薩Ⅰ	菩薩Ⅱ	その他	備考
〜八世紀半ば	金剛智	真言	金剛頂経瑜伽観自在王如来修行法	―	―	諸聖衆前後囲繞	
〜八世紀半ば	金剛智	真言	金剛頂瑜伽青頸大悲観自在念誦儀軌	―	―	諸聖衆前後囲繞	金剛頂経瑜伽観自在王如来修行法に同じ
				―	無量無数大菩薩衆	前後囲繞以為眷属	
〜八世紀半ば	不空	真言	無量寿如来観行供養儀軌	―	―	―	
	空海	真言	無量寿如来次第	①―	―	諸聖衆前後囲繞	
				②―	―	聖衆囲繞無量寿仏	
	空海	真言	無量寿如来作法次第	―	―	与諸聖衆前後囲繞	
〜十世紀半ば	淳祐	真言	要尊道場観阿弥陀	観音・勢至左右侍立	無量菩薩	聖衆前後囲繞	
〜十一世紀半ば	皇慶	天台	阿弥陀私記	観音・勢至在其左右	―	―	
永久五年（一一一七）	寛助	真言	別行無量寿	①四親近菩薩	―	蓮華部聖衆恭敬囲繞	
			同　阿弥陀	②観音・勢至等	諸大菩薩	蓮華部聖衆前後囲繞	
				③―	―	聖衆囲繞無量寿仏	無量寿如来次第②に同じ
十一〜十二世紀	厳覚	真言	伝授集阿弥陀	―	―	蓮華部無量聖衆囲繞	
久寿元年（一一五四）	静然	天台	行林阿弥陀法	―	―	諸聖衆前後囲繞	無量寿如来作法次第に同じ

十二世紀	永厳	真言	要尊法阿弥陀	観音・勢至	諸薩埵	―	
				観音・勢至	諸大菩薩	蓮華部聖衆前後囲繞	別行②に同じ
十二世紀	心覚	真言	別尊雑記阿弥陀	観音・勢至	無量大菩薩	無量大衆前後囲繞	
				法・利・因・語	四菩薩・八供養 四摂	無量聖衆前後囲繞	
				四親近菩薩	―	蓮華部聖衆恭敬囲繞	別行①に同じ
				観音・勢至	諸大菩薩	蓮華部聖衆前後囲繞	別行②に同じ
十二世紀	守覚	真言	秘鈔阿弥陀法	①観音・勢至	二十五菩薩 無量無辺菩薩	聖衆眷属前後囲繞	
				②観音・勢至 左右侍立	無量菩薩	聖衆前後囲繞	要尊道場観上に同じ
十二世紀	守覚	真言	澤鈔阿弥陀	―	―	無量聖衆囲繞	
十二世紀末～ 十三世紀初	覚禅	真言	覚禅鈔	観音・勢至	二十五菩薩 無量無辺菩薩	聖衆眷属前後囲繞	秘鈔①に同じ
十二世紀後～	尋海	真言	伝法院流小巻阿弥陀供次第	観音・勢至	諸大菩薩	蓮華部聖衆前後囲繞	別行②に同じ
建仁二年（一二〇二）	栄然	真言	師口巻阿弥陀法	観音・勢至	二十五菩薩 無量無辺菩薩	聖衆眷属前後囲繞	秘鈔①に同じ
建永元年（一二〇六）	宏教	真言	西院流八結阿弥陀	観音・勢至・弥勒・龍樹	諸大菩薩	蓮華部聖衆前後囲繞	
十三世紀	成賢	真言	薄双紙阿弥陀法	観音・勢至	―	聖衆前後囲繞	
				観音・勢至	二十五菩薩 無量無辺菩薩	聖衆眷属前後囲繞	秘鈔①に同じ
建治元年（一二七五）	承澄	天台	阿娑縛抄阿弥陀	四親近大菩薩	八供・四摂菩薩皆坐孔雀鳥・無量無数大菩薩	前後囲繞	

経』に基づく顕教のものといってよく、本章でこの四菩薩を「顕教系四菩薩」と呼ぶ理由はここにもある。

文献史料をみていくと、永延三年（九八九）の「為盲僧真救供養率塔婆願文」[41]にあらわれる三面の額のうち二面について、

一面奉図阿弥陀仏・観音・勢至各一体、一面奉図阿弥陀仏・地蔵・龍樹各一体、

とあり、観音・勢至・地蔵・龍樹からなる顕教系四菩薩の名号は、十世紀末まで遡るとみることができる。この願文とほぼ同時期に、個人蔵線刻阿弥陀五尊鏡像があらわれており、遅くとも十世紀末には二菩薩・二比丘からなる四菩薩に観音・勢至・地蔵・龍樹という名号が与えられ、顕教系四菩薩が成立していたと考えてよかろう。[42]

3　顕密融合の造形

ここであらためて個人蔵線刻阿弥陀五尊鏡像をみていくと、四菩薩の具体的な名号は明確にできないものの、二菩薩・二比丘という構成からは、奈良時代からの顕教系四菩薩の系譜に位置付けられる。これに対して中尊の阿弥陀如来像は、通肩でないなど、金剛界八十一尊大曼荼羅の阿弥陀如来と完全に一致するわけではないが、定印を結び、宝冠を戴くなど尊容の特徴から、密教系の阿弥陀如来像とみなしてよい。

こうした顕密の諸尊の組み合わせを評価するうえで、同じ十世紀末に建立された円融寺五重塔の空間が重要である。第二章で述べたように、この五重塔では、密教の大日如来とともに阿弥陀・釈迦・薬師・弥勒という、奈良時代の塔にしばしばみられる四方浄土変四仏を合わせて安置し、顕密融合の両界曼荼羅を構成していた。すなわち、この阿弥陀五尊鏡像の阿弥陀五尊は、密教の宝冠・定印の阿弥陀如来と、二菩薩・二比丘からなる顕教系四菩薩を組み合わせた、顕密融合の阿弥陀五尊とみなすことができるのである。保安寺・奈良博蔵阿弥陀五尊、一乗寺蔵阿

弥陀五尊像でも、定印を結ぶ中尊は両界曼荼羅中の阿弥陀如来であり、密教の中尊と顕教系四菩薩からなる顕密融合の阿弥陀五尊は後世にも継承されていった。こうした顕密融合の阿弥陀五尊こそが、平安時代中・後期に主流をなした常行堂本尊の姿とみるべきであろう。

また、密教の阿弥陀法の道場観（表5―2を参照(43)）をみていくと、淳祐（寛平二年〈八九〇〉～天暦七年〈九五三〉）『要尊道場観上』「阿弥陀(44)」では「孔雀座」、永久五年（一一一七）成立の寛助『別行』第一「阿弥陀(45)」では「五智宝冠」という、密教尊の特徴をそなえた阿弥陀如来の眷属として、観音・勢至があらわれる点が注目される。こうした道場観は、宝冠・定印の阿弥陀如来を中尊とし、脇侍に観音・勢至を置く耕三寺蔵浄土曼荼羅刻出龕の阿弥陀三尊に通じ、阿弥陀如来を密教尊としつつ、『観無量寿経』などに示される顕教の菩薩を取り入れたものと理解され、個人蔵線刻阿弥陀五尊鏡像など、顕密融合の造形を生みだす基盤になったと考えられる。

三　阿弥陀五尊の諸説にみる顕密重層構造

阿弥陀五尊を広くみていくことで、その四菩薩には密教系四菩薩、顕教系四菩薩Ⅰ・Ⅱ、さらには両者が混淆するものまで、多様な形式が存在することが明らかになった。また、宝冠・定印という密教の阿弥陀如来を中尊とし、そこに二菩薩・二比丘からなる顕教系四菩薩を配する、顕密融合の阿弥陀五尊が認められることも明らかになった。

では、これら諸説・諸形式の関係とその変遷、さらには比叡山常行堂の本尊について相矛盾する諸説が並存する背景を、どのように理解すればよいのであろうか。

1　勝光明院阿弥陀五尊についての覚法法親王の言説

まず、保延二年（一一三六）、鳥羽院の御願により建立された勝光明院阿弥陀堂の安置仏についてみていくことにしよう。この仏堂は、金剛界曼荼羅に基づく蓮華部五尊が安置されたことが明らかになる、史料上最初の阿弥陀堂である。さらに前章でみたように、内部の柱に両界曼荼羅諸尊が描かれ、阿弥陀堂空間に両界曼荼羅の理念が顕現する初期段階に位置付けられる。その造営過程では、安置仏や内部荘厳の決定に、仁和寺御室である覚法法親王が深く関与していた。

安置仏について、『長秋記』保延元年（一一三五）六月十八日の条には、

御堂二階御仏、四面各一体可奉居也、而件御仏可作何仏哉、相具本阿弥陀、可令作五仏歟、仰云、五仏有便宜、但中合仁和寺宮、其定可量行、

と、阿弥陀五仏にすることが決まったが、その内容については仁和寺御室と申し合わせることになった。同二十日の条には、

自其参御室、（中略）鳥羽御堂二階上層可奉居四仏、可居何仏哉由、有上皇御気色者、示云、本仏已阿弥陀也、被造四親近菩薩矣有便宜歟、下官申云、謂四親近菩薩何々哉、示給云、世俗所云、観音・勢至・地蔵・龍樹也云々、

とあり、御室と申し合わせたところ、「四親近菩薩」にしてはどうかと示された。師時が「四親近菩薩」が何かを尋ねると、御室は世俗でいう「観音・勢至・地蔵・龍樹」と示したという。ところが、供養願文である「鳥羽勝光明院供養[46]」には、

二階上安置金色七尺五寸金剛法利因語等菩薩像、

と、丈六の阿弥陀如来像とともに、金剛界曼荼羅に基づく法・利・因・語の四菩薩、すなわち御室がはじめに提言したとおりの四親近菩薩を安置したとされる。

ここで注意すべきは、阿弥陀如来の「四親近菩薩」を「観音・勢至・地蔵・龍樹」とする御室の見解である。すでに述べたように、四親近菩薩は顕教系四菩薩とは明らかにことなり、院政期において真言密教の頂点に立つ仁和寺御室が、こうした基本的な点を理解していなかったとは考えられない。須藤弘敏氏は、「天台宗延暦寺系(47)」、すなわち観音・勢至・地蔵・龍樹の四菩薩に決定したものが、最終的には密教の法・利・因・語の四菩薩に変更されたと理解する。しかし『長秋記』にみるように、あくまでも阿弥陀如来の「四親近菩薩」と示し、さらに最終的にも願文にあるようにこの四菩薩を安置したのであるから、保延元年六月の段階で御室が思い描いたのは、密教の四親近菩薩であったと考えるべきである。

つまり、御室は密教の四親近菩薩を思い描きながら、それを師時すなわち世俗の理解に合わせて顕教系四菩薩の名号を用いて説明し、願文には真言密教の立場から四親近菩薩の名号を記させたとの理解が最も妥当である。これはいわば密教系四菩薩と顕教系四菩薩Iを同体とみなす同体説であり、こうした理解に基づくならば、横川常行堂四菩薩について、顕教系四菩薩とする『阿娑縛抄』諸寺縁起の説と、四親近菩薩とする『覚禅鈔』の説の並存も可能になるのである。

2　覚鑁「金剛界沙汰」にみる阿弥陀五尊

密教の四親近菩薩に顕教名をあてる真言密教の言説は他にもみられ、覚鑁の「金剛頂経蓮華部心念誦次第沙汰(48)」

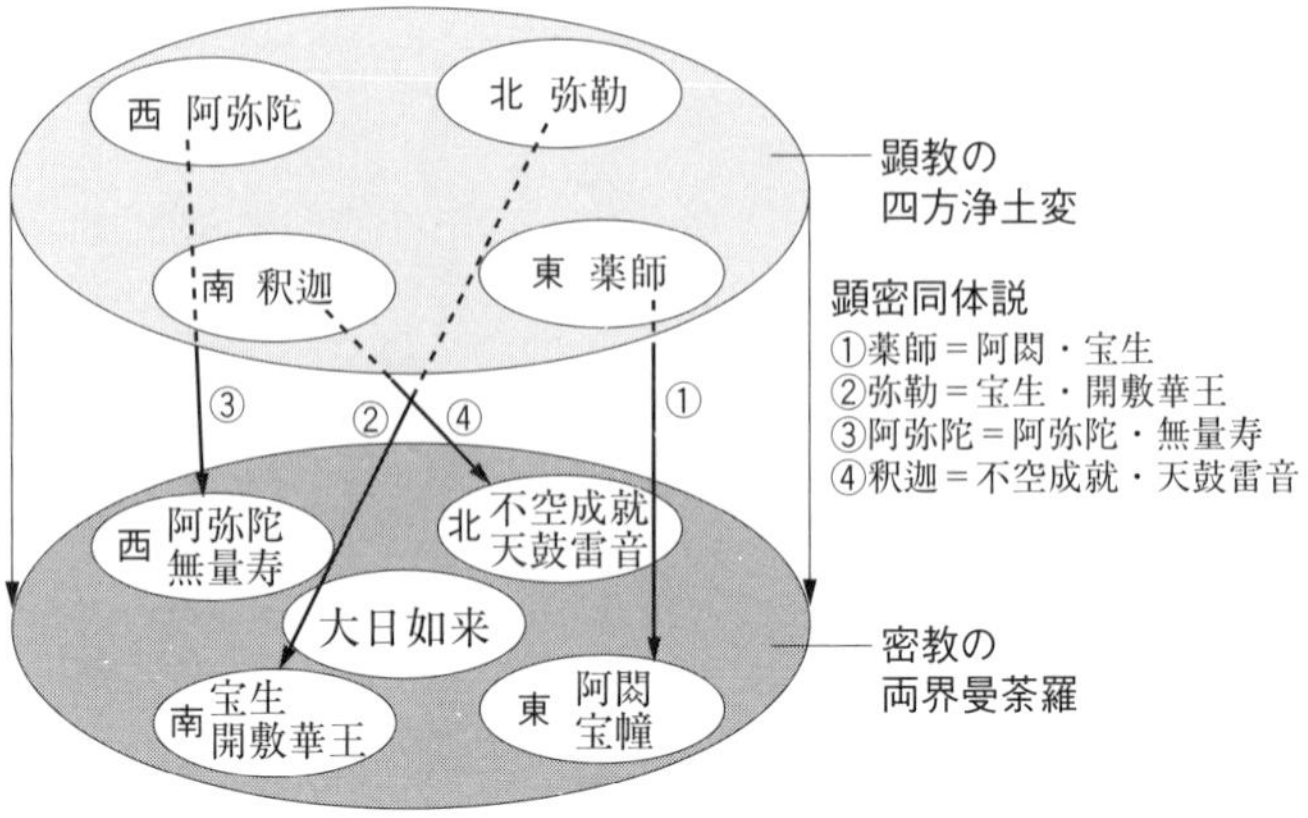

図5―5　両界曼荼羅五仏にみる顕密重層構造

（以下、「金剛界沙汰」とする）には、

有人云、法利因語、四親近菩薩、如次観音・文殊・勢至・弥勒四菩薩也、

と、観音・勢至をふくむ説が引かれている。この四菩薩は記述の順序に相違があるが、先の『拾芥抄』にみる比叡山常行堂本尊の四菩薩と一致する。

ほぼ同じ時期の天承二年（一一三二）再建法成寺東西五重塔では、東塔に胎蔵界大日如来四体と四方浄土変の四仏である薬師・釈迦・阿弥陀・弥勒各一体、西塔に金剛界大日如来四体と同じく薬師・釈迦・阿弥陀・弥勒各一体を安置し、東西両塔で両界曼荼羅を構成していた。この塔では顕教の四仏から両界曼荼羅を構成するにあたって、阿閦・宝幢を薬師、宝生・開敷華王を弥勒、不空成就・天鼓雷音を釈迦と同体とする、顕教仏と密教仏の同体説が用いられ、ここに、**図5―5**に示すような顕密の重層構造をみることができる。この構造が、阿弥陀五尊についての覚法の見解や覚鑁「金剛界沙汰」にみられる四菩薩の顕密重層構造と共通していることが注目されよう。

そもそも、密教の『金剛頂経』には十六大菩薩についての別名が示され、阿弥陀如来の四親近菩薩については法が観自在、利が文殊、語が無言、因が纔発心転法輪と同体とされる（表5―3を参照）。頼富本宏氏はこれらの別名を密教以前の菩薩名、すなわち「顕教名」とする[49]。密教尊に顕教の名号が与えられるという重層構造は、密教教義そのものに内在していたのである。さらに因菩薩と同体とされる纔発心転法輪は、同時に弥勒とも同体とされ[50]、語と同体とされる無言を勢至に置き替えれば覚鑁の示す顕教の四菩薩になる。両者がきわめて近い関係にあったことが知られよう。

3　輪王寺東常行堂五尊図の阿弥陀五尊

輪王寺には、中世の常行堂の阿弥陀五尊を描いた絵図が残る。絵図は二面あり、一つは「東常行堂五尊図」という彫刻として安置された阿弥陀五尊の図（図5―6）、もう一つは「常行堂前壁図」という、仏後壁に描かれた阿弥陀五尊の図（図5―7）である[51]。外題から、これらの絵図は正安四年（一三〇二）八月十六日に施入されたことが知られる[52]。

前者の東常行堂五尊図では、須弥壇の上の孔雀座に定印を結ぶ宝冠阿弥陀如来が坐し、さらに孔雀座から四角に向かって四本の蓮茎が伸び、その先端に蓮華座をもうけ、四菩薩が坐すという構成である。阿弥陀如来の宝冠・定印・通肩の尊容をはじめ、孔雀座に坐す点[53]は金剛界八十一尊大曼荼羅と共通し、四菩薩の持物[54]なども密教の金剛界曼荼羅の図像をもとにしているとみてよい。本稿で問題とするのは、この前者の五尊図である。

一方、後者の常行堂前壁図は詫間家本により、中央に定印の阿弥陀如来、その四方に法・利・語・蓮華の四菩薩を配する。因菩薩に相当する場所に蓮華菩薩が置かれる点がことなるものの、五尊が月輪の中に坐す構成は、金剛界曼荼羅の西方部分をそのまま抜きだしたものといえる。現在の常行堂（重要文化財、元和五年〈一六一九〉建立）には、仏後壁の阿弥陀五尊の懸仏[55]が残るが、この五尊の尊容は常行堂前壁図の五尊とおおむね一致している。この

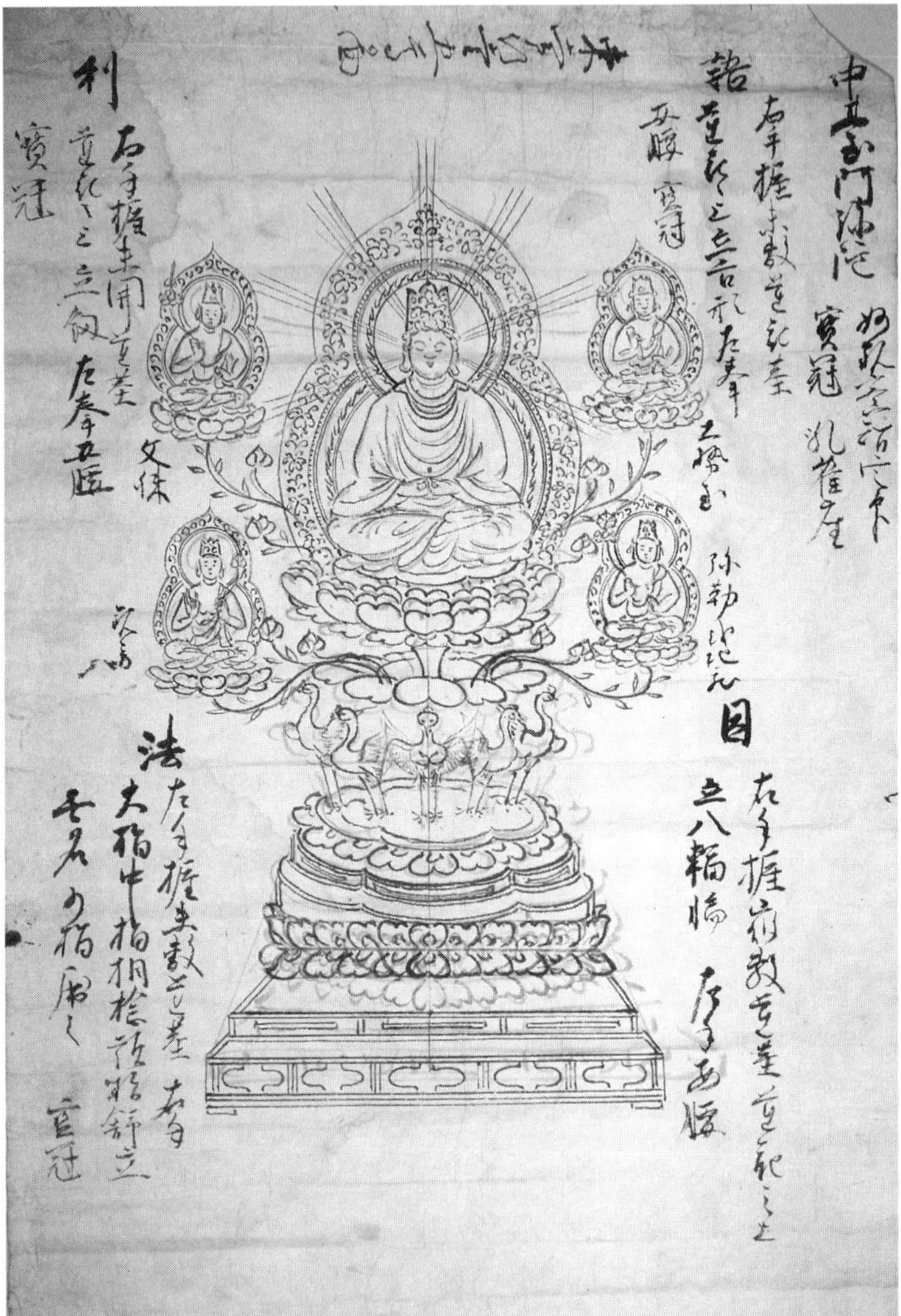

図５―６　輪王寺東常行堂五尊図（輪王寺蔵）

図5―7　輪王寺東常行堂前壁図（輪王寺蔵）

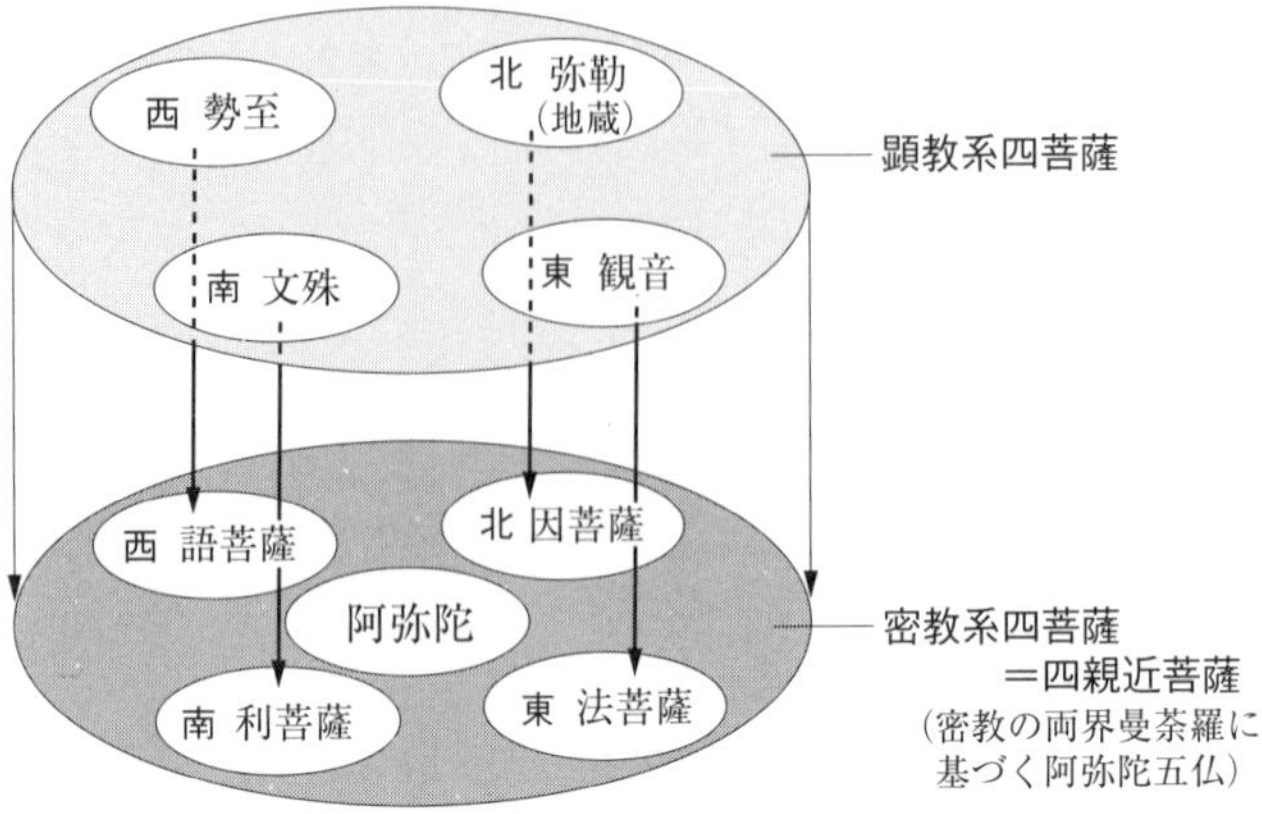

図5—8　輪王寺東常行堂五尊図にみる顕密重層構造

常行堂の空間が、金剛界曼荼羅に基づくものであることが知られよう。

さて、前者の東常行堂五尊図で注目すべきは四菩薩の名号で、法・利・語・因という密教の四親近菩薩の名号とともに、それぞれに「観音」「文殊」「大勢至」「弥勒或地蔵」という顕教系四菩薩の名号を記している。つまり、この五尊図では、密教の尊容をとる四菩薩に対して、顕密二重の意味を与えているのである（図5—8）。

この構造は、先の勝光明院阿弥陀五尊に対する仁和寺御室の見解や、覚鑁「金剛界沙汰」にみられる顕密の重層構造そのものであり、とくに後者とは四菩薩の構成までもが一致する。この五尊図の思想的基盤は十二世紀半ばころまでには形成され、鎌倉時代には真言・天台両教団で共有されていたのである。そして、「弥勒或地蔵」として弥勒のかわりに地蔵を取り入れようとするところをみると、この四菩薩を顕教系四菩薩Ⅰに近づけようとしていることがうかがえる。つまり輪王寺東常行堂五尊図は、比叡山常行堂にみられる密教系四菩薩説・顕教系四菩薩Ⅰ・Ⅱ説を統合した重層構造といえ、この顕密の重層構造によって三説を一つに結びつけ、それらが並存する矛盾を解消することができるのである。

4　顕密による四菩薩配置の相違

ところで、この四菩薩の構成には、もう一つ注意すべきことがある。それは『覚禅鈔』阿弥陀五尊曼荼羅では、観音・勢至が中尊阿弥陀如来の前方で左右に並ぶのに対し、この五尊図では阿弥陀如来を中心として、対角線上に配置される点である。こうした配置構成上の問題は、先にみた『金剛頂経』の阿弥陀四親近菩薩の顕教名を対照すれば理解しやすい。

『金剛頂経』に基づくならば、阿弥陀四親近菩薩は**表5—3**のように、東の法が観自在、南の利が文殊、西の語が無言、北の因が纔発心転法輪すなわち弥勒となり、ここで西の無言を勢至と置き替えれば、輪王寺東常行堂五尊図の四菩薩にみられる重層構造と完全に一致し、観音と勢至は対角線上に配置されることになる。天承再建法成寺東西五重塔では、両界曼荼羅を基盤として、そこに四方浄土変四仏が統合されるとき、顕密同体説に基づき、釈迦と弥勒の方位が入れ替わるという現象がみられたが（**図5—5**を参照）、阿弥陀五尊における観音・勢至の配置の相違も同様の現象と捉えられる(56)。つまり、阿弥陀五尊では密教系四菩薩を基盤とし、そこに顕教系四菩薩Ⅱを結びつけるうえで、『金剛頂経』の重層構造、すなわち金剛界十六大菩薩と顕教尊の同体説を用いており、それゆえに観音・勢至の位置関係に相違を生じたと考えられるのである。

なお、覚鑁「金剛界沙汰」の説で、最初に観音・勢至が並べられず、観音・文殊・勢至・弥勒の順に記すのも、こうした四菩薩の配置の相違を反映していると理解されよう。

四　顕教系四菩薩の系譜と顕密重層構造の形成

1　地蔵・龍樹形式と文殊・弥勒形式

表5―3は、これまでにみてきた阿弥陀五尊四菩薩の諸説・諸形式をまとめたものである。この表をみていくと、顕教系四菩薩では観音・勢至の二菩薩が共通するが、残る二菩薩については地蔵・龍樹とする形式（顕教系四菩薩Ⅰ）と、文殊・弥勒とする形式（同Ⅱ）の二つに大別することができる。

まず、観音・勢至の二菩薩については、密教説に法菩薩を観自在（観音）に同体とする説は見いだせるものの[57]、勢至を語菩薩と結びつける説は見いだせない。にもかかわらず固定的なのは、『観無量寿経』という明確な典拠があり、しかも奈良時代以来、阿弥陀三尊形式として広く定着していたためとみられよう。先にあげた淳祐『要尊道場観』をはじめ、密教の阿弥陀法の道場観には観音・勢至がごく普通にみられる（表5―2を参照）。密教の阿弥陀信仰も、観音・勢至からなる顕教の阿弥陀三尊とは無縁ではなく、むしろそれらを積極的に取り入れていったと考えられる。

次に地蔵・龍樹の形式と文殊・弥勒の形式は、その基盤がことなると考えられる。地蔵・龍樹とする形式は、先にもみたように、奈良時代からの阿弥陀三尊・二比丘の構成を基盤として、このうちの二比丘に地蔵・龍樹をあてはめたものとみなされよう。一方、文殊・弥勒とする形式は、『金剛頂経』に示された阿弥陀四親近菩薩の顕教名をもとに成立したとみられる[58]。

表5―3　阿弥陀五尊四菩薩の諸説・諸形式

阿弥陀四菩薩の諸説	年代	四菩薩				典拠
金剛界曼荼羅阿弥陀四親近菩薩		**東―法**	**南―利**	**西―語**	**北―因**	
『金剛頂経』四親近菩薩の顕教名		観自在	文殊	無言	纔発心転法輪（弥勒と同体）	金剛頂経
真救供養率塔婆付属額二面	永延三年（九八九）	観音	地蔵（龍樹）	勢至	龍樹（地蔵）	為盲僧真救供養率塔婆願文
法成寺東北院常行堂	長元三年（一〇三〇）	観音	地蔵（龍樹）	勢至	龍樹（地蔵）	扶桑略記・為房卿記
阿弥陀四菩薩についての皇慶の説	長久二年（一〇四一）	法	利	語	因	四十帖決阿弥陀
円宗寺常行堂	延久三年（一〇七一）	観世音	地蔵	得大勢	弥勒	円宗寺五仏堂供養願文 為房卿記
尊勝寺阿弥陀堂「四摂」	長治二年（一一〇五）	観音	地蔵（龍樹）	勢至	龍樹（地蔵）	尊勝寺阿弥陀堂供養願文
四親近菩薩についての御室の説	保延元年（一一三五）	観音	地蔵（龍樹）	勢至	龍樹（地蔵）	長秋記
四親近菩薩についての覚鑁の説	〜十二世紀半ば	観音	文殊	勢至	弥勒	金剛頂経蓮華部心念誦次第 沙汰
宏教阿弥陀道場観の阿弥陀五仏	建永元年（一二〇六）	観音	龍樹	勢至	弥勒	西院流八結阿弥陀
『覚禅鈔』比叡山三塔常行堂	平安末〜鎌倉初期	法	利	語	因	覚禅鈔阿弥陀
輪王寺東常行堂安置仏　密教名	正安四年（一三〇二）	法	利	語	因	輪王寺文書
同　顕教名		観音	文殊	大勢至	弥勒あるいは地蔵	
輪王寺東常行堂仏後壁画		法	利	語	蓮華	
『拾芥抄』延暦寺常行堂	鎌倉末期	観音	文殊	得大	弥勒	拾芥抄
同「普通之説」		観音	地蔵（龍樹）	勢至	龍樹（地蔵）	
円仁の常行三昧本尊「四摂菩薩」	建武四年（一三三七）	法	利	語	因	阿娑縛抄諸寺縁起
比叡山横川常行堂　顕教系四菩薩	建武四年（一三三七）	観音	地蔵（龍樹）	勢至	龍樹（地蔵）	阿娑縛抄諸寺縁起

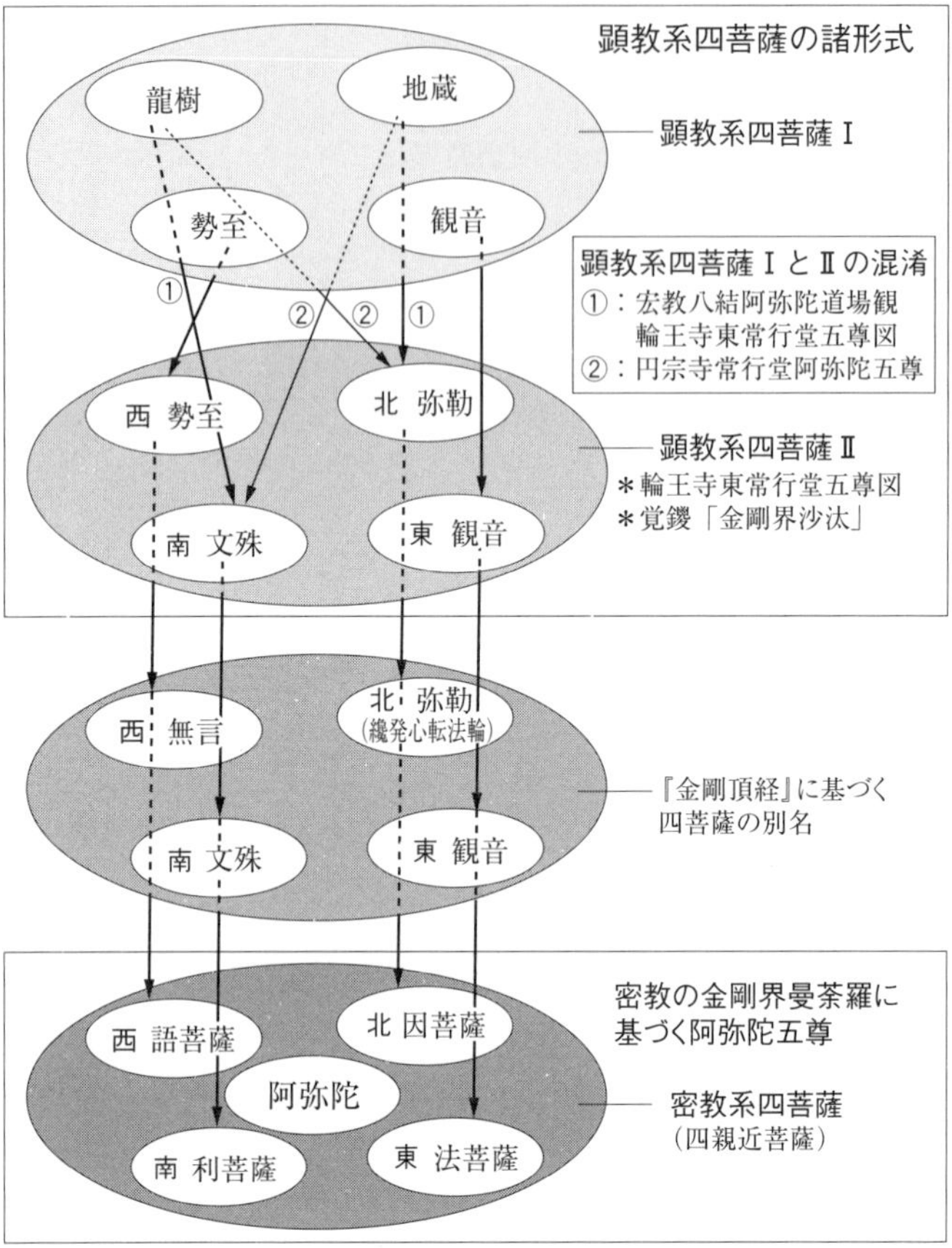

図5—9　阿弥陀五尊にみる顕密重層構造

さらに、円宗寺常行堂の地蔵と弥勒の組み合わせや、輪王寺東常行堂五尊図の顕教名にある龍樹と「弥勒或地蔵」の組み合わせがあるが、これは地蔵・龍樹からなる顕教系四菩薩Ⅰと、文殊・弥勒からなる顕教系四菩薩Ⅱが混淆したものといえる。同様の混淆形式は密教の阿弥陀法の道場観にもみられ、宏教（禅遍）[59]が建永元年（一二〇六）、北院御室御記から書写したとの奥書をもつ『西院流八結』[60]第一「阿弥陀」には、「観音・勢至・弥勒・龍樹」という四菩薩があらわれる

（表5―2を参照）。こうした混淆形式の存在は、阿弥陀四親近菩薩と顕教系四菩薩Ⅰとの統合をはかるなかで、その媒介として『金剛頂経』に基づく四菩薩の同体説、さらにはその延長にある顕教系四菩薩Ⅱがあったことを示している。

以上、阿弥陀五尊にみられる信仰の重層的構造を図示したのが図5―9である。この重層構造には、比叡山常行堂阿弥陀五尊についての相矛盾する三説が包括されてしまうのである。

2　顕教系四菩薩の位置付け

こうした顕密重層構造をみていくとき、勝光明院阿弥陀堂五尊の四親近菩薩についての覚法の言説で、観音・勢至・地蔵・龍樹からなる四菩薩を「世俗」の説としている点は興味深い。本章では、この四菩薩を密教のものと区別すべく顕教系四菩薩Ⅰと称してきたが、この四菩薩についての『覚禅鈔』の「未見本説」という記述を合わせて考えると、覚法には典拠が不明な世俗の説と捉えられていたようである。これは、顕教系四菩薩Ⅰが世俗社会に広く浸透していたことを示しているといえ、逆に師時が四親近菩薩を知らなかったことからは、密教の四菩薩が世俗に浸透していなかったこともうかがえよう。

第Ⅳ部において、中世の王権と有力権門寺社からなる顕密主義は、両界曼荼羅をその正統性を示す論理の一つとし、それを基盤とした多様な信仰の統括を目指したことを示している。平安時代後期には阿弥陀堂の空間構成理念としても両界曼荼羅の理念が顕現するが、その史料上の初見はまさに覚法が深く関わった勝光明院阿弥陀堂であった。顕密主義の主導的立場にある仁和寺御室覚法は、両界曼荼羅に基づく阿弥陀信仰を展開するが、世俗社会に広く浸透した顕教系四菩薩を無視することはできず、むしろこうした信仰を、正統な論理である両界曼荼羅を基盤とした信仰世界に統合していくことこそを、重要な課題としていたと考えられる。

3　密教系四菩薩の台頭

すでにみてきたとおり、密教の教学・論理には顕教の阿弥陀信仰を取り入れようとする動きがあり、阿弥陀法の道場観には阿弥陀の眷属として観音・勢至や顕教系の四菩薩があらわれる。しかしその一方で、阿弥陀法の道場観では、寛助『別行』第一「無量寿」において、

四親近菩薩及蓮華部聖衆、恭敬囲繞云々、

とあるように、金剛界曼荼羅に基づく四親近菩薩をはじめ、蓮華部諸尊を眷属とするものもあったことも見落としてはならない。こうした道場観は、心覚『別尊雑記』「阿弥陀」の「法利因語等四菩薩」「四親近菩薩」、『阿娑縛抄』「阿弥陀」の「四親近大菩薩」など、後にも継承されていく（表5―2を参照）。

『別行』第一の構成をみていくと、四親近菩薩と「蓮華部聖衆」を眷属とする「無量寿」は、大日を筆頭に、同じくそれぞれの四親近菩薩と「金剛部諸尊」「宝部諸尊」「羯磨部聖衆」を眷属とする阿閦・宝生・不空成就とともに並べられ、密教の金剛界曼荼羅四仏の一尊であることが明確に示される。その一方で同「阿弥陀」は、薬師・釈迦とともにあげられ、そこでは観音・勢至を眷属にすることによって顕教色を強くだしている。『別行』では、顕密双方の阿弥陀の世界観が並列・対比されているのである。

阿弥陀五尊に密教の四親近菩薩があらわれるのは、はやくは天台密教において『四十帖決』の長久二年（一〇四一）の皇慶説があるものの、その後は常行堂の本尊についての『覚禅鈔』の説、阿弥陀堂の本尊では勝光明院阿弥陀堂、阿弥陀法の道場観でも寛助『別行』と、十二世紀の真言密教に集中している。すなわち、阿弥陀五尊の諸形

式を広くみていくと、常行堂本尊について通説でいわれているような、浄土信仰隆盛にともなう十世紀末ころの密教系四菩薩から顕教系四菩薩への転換という流れとはことなり、十世紀末から十一世紀には顕教系四菩薩からなる阿弥陀五尊が主流をなすも、そこには顕密融合の五尊が存在し、しかも十二世紀になると真言密教を中心として、金剛界曼荼羅に基づく五尊がにわかにたちあらわれてくるのである。

4　顕密重層構造の意義

両界曼荼羅の五仏や蓮華部五尊について、顕教仏との同体説などに基づき、顕密の重層的構造をあらわす事例として、

①天承二年（一一三二）再建法成寺東西五重塔五仏についての『平知信記』の記事
②保延元年（一一三五）勝光明院阿弥陀五尊についての『長秋記』の記事
③十二世紀半ば四親近菩薩についての覚鑁「金剛界沙汰」の説
④保延六年（一一四〇）成立『七大寺巡礼私記』の東大寺毘盧遮那仏を大日如来とみなす説[62]

をあげることができるが、これらがいずれも十二世紀半ばという、同じ時期にあらわれている点が注目される。顕密が融合する現象は十世紀末ころにおこっているが、十二世紀半ばになると、同体説などによって顕教の仏と密教の仏の関係が示され、顕密からなる重層構造が明確化される（**図5—5・8・9**を参照）。こうした重層構造は、顕密が融合・一体化した仏教世界から、密教とそれ以外の信仰とを区別するものであり、結果として密教の両界曼荼羅に基づく世界観を明確化することになる。

阿弥陀五尊の変遷を大きく捉えると、両界曼荼羅に基づく密教系四菩薩と奈良時代からの顕教系四菩薩が並存す

るなか、十世紀末の個人蔵線刻阿弥陀五尊鏡像においては顕密融合の阿弥陀五尊が成立しており、それが十二世紀半ばになると、覚法の言説にみられるように金剛界曼荼羅の阿弥陀四親近菩薩と顕教系四菩薩が相対する、顕密重層構造と捉えられるようになる。こうした変遷は、十世紀末の円融寺五重塔で密教の大日如来と顕教の四方浄土変四仏からなる顕密融合の両界曼荼羅があらわれ、十二世紀半ばの天承再建法成寺東西五重塔において、この顕密融合の五仏を両界曼荼羅四仏と四方浄土変四仏の重層構造と捉えるようになることとよく符合する。

つまり、阿弥陀五尊についての十二世紀半ばの言説は、阿弥陀信仰だけの問題ではなく、広く顕密仏教全体のなかで捉えられるべきものである。それは、顕密が融合・一体化した信仰世界から、顕密主義の正統な論理である両界曼荼羅に基づくところの四親近菩薩と、顕教系四菩薩というそこに融合された密教以外の信仰とを分離して、両界曼荼羅の理念を明確化するとともに、両界曼荼羅を基盤とした多様な信仰の重層的構造へと再構築するものといえる。こうしたなかで生まれたのが覚法や覚鑁の阿弥陀四菩薩についての顕密同体説であり、それが図像としてあらわれたのが輪王寺東常行堂五尊図であった。

また、阿弥陀五尊を顕密重層構造と捉える言説は、覚法・覚鑁など仁和寺を中心とする真言密教からあらわれており、平安時代後期の真言阿弥陀信仰の隆盛と密接に関係していたと考えられる。すなわち、阿弥陀五尊をめぐるこうした言説は、定印阿弥陀如来の成立が端的にあらわしているように、いったんは密教の両界曼荼羅の一尊となりながら、平安時代中期以降、世俗社会に広く浸透していくなかで、密教との関係を希薄にしつつあった阿弥陀信仰を、両界曼荼羅へと位置付けなおすものであり、それを推進したのが仁和寺を中心とする真言密教だったのである。『覚禅鈔』の比叡山三塔すべての常行堂本尊を阿弥陀とその四親近菩薩とする説も、こうした真言阿弥陀信仰を反映するものであったと考えられる。

おわりに

平安時代の阿弥陀五尊については、これまで主として常行堂の安置仏を対象に、いわゆる「浄土教」に基づく視点から研究がなされてきた。しかし実際の常行堂本尊の変遷は、そこで描かれた、初期の密教を重視した円仁の金剛界曼荼羅蓮華部五尊から、良源・源信時代の「浄土教」化された観音・勢至・地蔵・龍樹（顕教系四菩薩Ⅰ）からなる阿弥陀五尊へ、という図式で説明できるものではない。

初期の常行堂本尊は、通説では金剛界八十一尊大曼荼羅に基づく宝冠・定印の阿弥陀如来と四親近菩薩からなる蓮華部五尊とされるが、史料的に明確にすることはできない。それが蓮華部五尊であった可能性は否定できないものの、円仁が伝えた不断念仏は観音・勢至・地蔵と関わっており、その本尊もむしろ顕教系四菩薩Ⅰからなる五尊に近いものであった可能性が高い。平成時代中・後期の常行堂で主流をなす顕教系四菩薩は、円仁段階における不断念仏とこれらの菩薩の関係によるものと捉えられよう。また、『摩訶止観』(63)巻第二上「常行三昧」にも、阿弥陀の四菩薩は示されず、宝地・宝池・宝樹・宝堂や衆菩薩といった極楽浄土の情景が説かれる。比叡山東塔・西塔の常行堂に描かれた九品浄土や極楽浄土（『山門堂舎記』）は、これによっていたと考えられる。初期の常行堂空間の基盤をなしたのは両界曼荼羅ではなく、『観無量寿経』に説かれるような阿弥陀浄土への信仰だったのではなかろうか。常行堂本尊として密教の蓮華部五尊が明瞭かつ頻繁にあらわれるようになるのは、平安時代末期以降である。

対象を常行堂本尊以外にまで広げると、個人蔵線刻阿弥陀五尊鏡像のように、四菩薩は二菩薩・二比丘という顕教の尊容をとりながらも、中尊には密教の宝冠・定印阿弥陀如来を据えた、顕密融合の阿弥陀五尊が存在していた。

この阿弥陀五尊鏡像が製作された十世紀末には、同じく顕密融合の構成をとる円融寺五重塔の両界曼荼羅五仏があらわれる。顕密融合の仏教的世界観は、このころまでには形成されていたのであり、「浄土教」化したとされる十世紀末の阿弥陀五尊には密教理念が潜在していた。こうした密教の阿弥陀如来と顕教の四菩薩からなる顕密融合の阿弥陀五尊こそが、横川常行堂をはじめ、平安時代中・後期の常行堂で主流を占めた本尊であったと考えられる。

また十二世紀半ばになると、観音・勢至・文殊・弥勒からなる顕教系四菩薩Ⅱがあらわれ、比叡山常行堂本尊の四菩薩についても、四親近菩薩と顕教系四菩薩ⅠおよびⅡの三説が並存するようになる。この顕教系四菩薩Ⅱは、『金剛頂経』における十六大菩薩のうちの阿弥陀四親近菩薩に同体とされる四菩薩と、顕教の阿弥陀三尊との融合をはかることで成立したと考えられ、輪王寺東常行堂五尊図にみられるように、密教の四親近菩薩と重層構造をなしていた。平安時代後期には、『金剛頂経』に説かれるような顕密の菩薩の同体説を媒介として、金剛界曼荼羅蓮華部五尊と顕教系四菩薩Ⅰ・Ⅱからなる重層的な信仰世界が形成されていたのである。鎌倉時代、比叡山常行堂本尊について相矛盾する三説の並存を可能にしたのは、こうした顕密の重層構造であった。そして、やはり同じ時期、両界曼荼羅を基盤とした顕密重層構造をとる、天承再建法成寺五重塔の両界曼荼羅空間があらわれる。顕密が融合・一体化していた阿弥陀五尊は、十二世紀半ばになると、密と顕とに分離・相対され、両者からなる重層構造へと再構築されたのである。

中世顕密主義は両界曼荼羅を共通かつ正統な基盤とし、そこにあらゆる信仰を統合した宗教的世界観の形成を目指したが、阿弥陀信仰も中世のこの大きな流れのなかに呑み込まれていった。平安時代後期になると、勝光明院をはじめ両界曼荼羅空間を構成する阿弥陀堂があらわれることはもちろん、常行堂本尊として密教の金剛界曼荼羅に基づく阿弥陀五尊が急激にあらわれるようになるのも、こうした動きから捉えられよう。

つまり、平安時代後期に隆盛した阿弥陀信仰は密教の両界曼荼羅と密接に結びついており、阿弥陀五尊については金剛界曼荼羅の蓮華部五尊を基盤として、顕教系四菩薩など密教以外の世俗社会に広く浸透した阿弥陀信仰を統括する重層的構造が形成され、それを支える教学・論理が生みだされたのである。そして、こうした阿弥陀信仰の展開を担ったのが仁和寺御室を中心とする真言密教であり、それを最も端的にあらわすのが、勝光明院阿弥陀堂の四親近菩薩を観音・勢至・地蔵・龍樹とする仁和寺御室覚法の言説である。とくに勝光明院阿弥陀堂は、平安阿弥陀信仰の展開において、一つの画期をなす仏堂といえるであろう。

美術史学・建築史学をはじめとする諸学の「浄土教」を主軸とする研究をふりかえると、そこでは阿弥陀堂などにあらわれる密教要素が正当に評価されることはほとんどなかった。しかし、苫米地誠一氏の一連の研究[64]によっても知られるように、そもそも平安時代の阿弥陀信仰は密教と不可分なものであった。むしろ、顕密融合することで密教は阿弥陀信仰に潜在しつづけ、その基盤をなしてきたと考えられる。密教と「浄土教」とを対置する研究において「浄土教」とされてきたものは、顕密が融合あるいは重層した構造の密教以外の部分にあたり、平安時代後期には真言密教を中心とした新たな動きのなかで、密教、なかでも両界曼荼羅の理念が顕現したといえよう。

註

（1）塚本善隆「常行堂の研究」（初出は『芸文』一五―三〈一九二四〉。『塚本善隆著作集　第七巻　浄土宗史・美術篇』〈大東出版社、一九七五〉に再録）。

（2）光森正士①「阿弥陀仏の異形像について」（初出は宮崎博士還暦記念『真宗史の研究』〈永田文昌堂、一九六六〉。同『仏教美術論考』〈法藏館、一九九八〉に再録）。同②「浄土・法華信仰の諸仏と行堂」（初出は『図説日本の仏教3　浄土教』〈新潮社、一九八九〉。同著書に再録）。

（3）濱田隆「定印阿弥陀像成立史考　上・下」（『仏教芸術』一〇〇・一〇四、一九七五）。
（4）清水擴①「常行堂と阿弥陀堂」（初出は『日本建築学会論文報告集』二〇六〈一九七三〉。同『平安時代仏教建築史の研究』〈中央公論美術出版、一九九二〉に再録）。
（5）前掲註（2）光森②論文。
（6）比叡山の常行堂の沿革については、前掲註（2）光森②論文を参照。
（7）『大正新脩大蔵経』図像第四巻所収。
（8）『大正新脩大蔵経』図像第八巻所収。
（9）『群書類従』巻第四百三十九。
（10）『群書類従』巻第四百三十八。
（11）『本朝文集』巻第六十八所収「後宇多天皇供養延暦寺大講堂願文」。
（12）冨島義幸「九体阿弥陀堂と常行堂」（『仏教芸術』二八三、二〇〇五）。供養願文は『江都督納言願文集』巻第一（『六地蔵寺善本叢刊　第三巻　江都督納言願文集』汲古書院、一九八四）所収。
（13）寛和元年（九八五）成立の源信『往生要集』大文第四「正修念仏」、第四「観察門」には、阿弥陀如来の三十二相のうちの二十四相について、「四摂」の法を修し、衆生を摂取するが故としている。常行堂本尊の「四摂菩薩」という表現は、阿弥陀五尊の四菩薩を、四摂法を担う菩薩とみなしていたことによると推測される。
（14）「木造阿弥陀如来及四菩薩坐像」（『月刊文化財』平成十二年六月号）、東京国立博物館編『阿弥陀仏彫像』（東京美術、一九七五）光森正士氏による各個解説。
（15）『輪王寺文書』については、東京大学史料編纂所蔵謄写本『輪王寺文書（常行堂旧蔵一）』、『栃木県史　史料編中世二』（一九七三）所収のものを用いた。後世の記録ではあるが、『輪王寺文書』所収、貞治二年（一三六三）の「常行堂堂僧等目安案」には、「爰久安元年始而自被移置本山於東谷常行堂以来、星霜二百余歳」と、常行堂を久安元年建立とする記事がみられる。
（16）光森正士「伊豆御山常行堂とその本尊について」（『大和文化研究』一三―九〈一九六八〉。前掲註（2）光森著書に再録）、山本勉「（耕三寺・伊豆山浜生活協同組合蔵）阿弥陀如来及び脇侍像」解説（『日本彫刻史基礎資料集

成　鎌倉時代　造像銘記篇一』中央公論美術出版、二〇〇三）。ただし、本像の定印は後補とされる。

（17）宇野茂樹「比叡山常行堂の阿弥陀像—近江国梵釈寺像を中心として—」（『仏教芸術』九六、一九七四）、前掲註（2）光森②論文、高梨純次「滋賀・蒲生町梵釈寺宝冠阿弥陀如来像の制作時期」（木村至宏編『近江の歴史と文化』（思文閣出版、一九九五）。光森氏は十世紀とするのに対し、高梨氏はその作風から、九世紀末まで遡る可能性を指摘する。

（18）前掲註（16）山本解説。

（19）前掲註（4）清水①論文。

（20）京都大学文学部所蔵本。

（21）『江都督納言願文集』には法勝寺常行堂の供養願文がのせられ、等身の金色阿弥陀如来像、三尺の観世音・得大勢・地蔵・龍樹像を安置したことが記される。

（22）清水擴②「法成寺伽藍の構成と性格」（前掲註（4）同著書）。

（23）顕證本『仁和寺諸院家記』では「古徳記」を引いて、

　安置阿弥陀・観音・勢至・地蔵・龍樹等五体、

とある。なお、同記では「一条記」を引いて、「以青蓮寺・蓮華寺二ヶ所各六人、三昧十二人」と、三昧僧六人をあげているので、この仏堂は常行堂であった可能性が考えられる。

（24）顕證本『仁和寺諸院家記』では「古徳記」を引いて、

　檜皮葺一間四面、安皆金色御等身阿弥陀、同三尺観音・勢至・地蔵・龍樹等各一体、天井四面小壁顕飛天卅二体、（中略）御願文云、弥陀三尊者往年供養、今加潤色、殊増端厳云々、

とある。また、「一条記」を引いて、「本尊阿弥陀三尊幷地蔵・龍樹等也」として、ことに阿弥陀三尊を強調するが、これは裏書によれば、もと長寛年間（一一六三～六五）に供養されたものが火災にあったが、三尊は焼け残ったためである。『玉葉』承安四年二月二十三日の条によれば、供養導師は守覚法親王であった。

（25）『大日本仏教全書』寺誌叢書第三所収。

（26）この常行堂の安置仏が阿弥陀・観音・勢至の三尊であることは、顕證本『仁和寺諸院家記』にも記される。

(27) 前掲註(2)光森①論文。この浄土曼荼羅刻出龕については、耕三寺博物館のご厚意により、調査の機会を与えていただいた。この調査においていくつかの新たな知見を得ており、稿を改めて述べることにしたい。

(28) 前掲註(12)『江都督納言願文集』巻第一所収。

(29) 苫米地誠一①「常行堂の宝冠阿弥陀像をめぐる一・二の問題」(『宗教研究』三〇三、一九九五)では、金剛界系別尊曼荼羅に四摂菩薩を配する事例があることから、常行堂の安置仏として四摂菩薩の可能性を排除することに疑問が呈されている。ただし、先に検討したように、四摂菩薩は実態としては四親近菩薩であったとみられ、ここでは顕教系四菩薩としての可能性のみを指摘しておく。

(30) 『大正新脩大蔵経』第七十五巻所収。

(31) 『大正新脩大蔵経』第四十七巻所収。円仁による常行三昧が『浄土五会念仏略法事儀讃』に基づいていた可能性は、園田香融「山の念仏」(藤島達朗・宮崎圓遵編『日本浄土教史の研究』平楽寺書店、一九六九)においても指摘されている。

(32) 中野玄三『来迎図の美術』(同朋舎出版、一九八五)所収解説、苫米地誠一②「紅頗梨色阿弥陀像をめぐって①—現存作を中心に—」(『密教学研究』二六、一九九四)。

(33) 毛利久「伊予における阿弥陀五尊像の一違例」(『史迹と美術』二六—四〈一九五六〉。同『日本仏教彫刻史の研究』〈法藏館、一九七〇〉に再録)。

(34) 前掲註(2)光森②論文、奈良国立博物館『浄土曼荼羅—極楽浄土と来迎のロマン—』(一九八三)所収「(保安寺)阿弥陀如来及両脇侍坐像」および「(文化庁)地蔵・龍樹坐像」解説。

(35) 前掲註(34)『浄土曼荼羅』所収「(醍醐寺)線刻阿弥陀五尊鏡像」解説。

(36) 濱田隆「高野山聖衆来迎図の歴史的背景—常行三昧から聖衆来迎へ」(『ミュージアム』一九一、一九六七)、須藤弘敏『絵は語る3　高野山阿弥陀聖衆来迎図』(平凡社、一九九四)、大原嘉豊「滝上寺本九品来迎図に関する考察—平安時代から鎌倉時代に至る九品来迎図の展開と関連して—」(『仏教芸術』二三四、一九九七)ほか。大原論文では、来迎図の四菩薩についてまとめるなか、常行堂阿弥陀五尊の変容についても言及されている。

(37) 大脇潔「塼仏と押出仏の同原形資料—夏見廃寺の塼仏を中心として—」(『ミュージアム』四一八、一九八六)。

(38) 阿弥陀三尊と二比丘を組み合わせる事例は、四菩薩・二比丘の構成ではあるが、七世紀末の長谷寺蔵銅板法華説法相（国宝）の宝塔の右下、阿弥陀如来および諸尊の部分にもみることができる。

(39) 不空訳『観自在菩薩三世最勝心明王経』（『大正新脩大蔵経』第二十巻所収）「成就心真言品第九」には、「仏左聖得大勢至菩薩、仏右聖観自在菩薩」とある。左に勢至、右に観音を配した阿弥陀三尊を記す密教儀軌については、前掲註（32）苫米地②論文に詳しい。

(40)『阿娑縛抄』巻第五十三「阿弥陀」。

(41)『本朝文粋』巻第十三所収。

(42)『望月仏教大辞典』阿弥陀五尊の項には、「彼の二比丘形を地蔵龍樹の二尊に配したるは、恐らく本邦叡山に於ける新案なるべく」とし、その根拠として中国においては、二比丘が普通は舎利弗・阿難の転化とされる点があげられている。二比丘と地蔵・龍樹の関係については、前掲註（1）塚本論文、註（3）濱田論文でも同様の見解をとる。しかし、近年の大原嘉豊「『覚禅鈔』阿弥陀法下所載「五十二身像」を巡る一考察」（覚禅鈔研究会編『覚禅鈔の研究』親王院堯榮文庫、二〇〇四）では、院政期において、この阿弥陀五尊の典拠は中国遼の仏教書にあったという、きわめて重要な指摘がなされている。

(43) 阿弥陀法の道場観については、苫米地誠一③「紅頗梨色阿弥陀像をめぐって③—道場観を中心に—」（『智山学報』四四、一九九五）を参照。**表5—2**は、苫米地③論文所収「阿弥陀法道場観資料集」、同④「紅頗梨色阿弥陀像をめぐって②—次第と儀軌を中心に—」（『大正大学綜合仏教研究所年報』一七、一九九五）所収「次第道場観・儀軌器界観対照表」「四儀軌器界観対照表」を参考に作成している。

(44)『大正新脩大蔵経』第七十八巻所収。ここには、

結如来拳印、観壇上有活字成金色孔雀王、孔雀王有活字成蓮葉台、（中略）蓮花成無量寿如来、身紅頗梨色、（中略）観音勢至左右侍立、無量菩薩聖衆前後囲繞云々、

とある。孔雀座に坐す阿弥陀如来は、金剛智訳『金剛頂瑜伽中略出念誦経』巻第一にみられる。

(45)『大正新脩大蔵経』第七十八巻所収。ここには、

即其蓮変成無量寿如来、（中略）首著五智宝冠、（中略）仍至観音勢至等諸大菩薩、及蓮華部聖衆前後囲繞云々、

とある。なお、五智宝冠を戴く阿弥陀如来は、金剛智訳『金剛頂瑜伽青頸大悲観自在念誦儀軌』(『大正新脩大蔵経』第二十巻所収)に「首戴五智宝冠」とある。
(46)『本朝続文粋』十二所収。
(47)前掲註(36)須藤著書八四頁。
(48)『興教大師全集』上所収。
(49)頼富本宏「両界曼荼羅の思想と美術」(同『曼荼羅の鑑賞基礎知識』至文堂、一九九一)、『密教大辞典』金剛法菩薩・金剛利菩薩・金剛語菩薩・金剛因菩薩の項を参照。
(50)『密教大辞典』金剛因菩薩・弥勒菩薩の項を参照。
(51)これらの絵図は、東京大学史料編纂所蔵謄写本『輪王寺文書(常行堂旧蔵一)』に集録されているほか、前掲註(15)『栃木県史 史料編中世二』で紹介され、とくに前者は前掲註(2)光森②論文でも取り上げられている。
(52)前掲註(2)光森②論文。なお、前掲註(14)『阿弥陀仏彫像』の光森氏の各個解説によれば、常行堂の中尊阿弥陀如来像には正安二年七月二十八日の修理銘があるといい、とすればこの五尊図は、十四世紀初頭の中尊の修理にさいして作成された可能性もあろう。
(53)根津美術館本金剛界八十一尊大曼荼羅では孔雀は七体であるが、石山寺本金剛界八十一尊大曼荼羅(『大正新脩大蔵経』図像第一巻所収)では、孔雀は五体で輪王寺東常行堂五尊図と一致する。
(54)四菩薩のうち、利菩薩の持物を蓮華上に置く点は根津美術館本金剛界八十一尊大曼荼羅とことなるが、長谷寺本金剛界九会曼荼羅(『大正新脩大蔵経』図像第一巻所収)では、本五尊図と同じく右手に持った蓮華の上に置く。
(55)常行堂の懸仏は、『重要文化財輪王寺常行堂修理工事報告書』(一九七五)に掲載されている。
(56)阿弥陀三尊において、顕教と密教で観音・勢至の配置が反対になるのは同様の現象ともみられるが、現在のところ配置の相違を生んだ具体的構造は明らかにしえない。
(57)観音については、『覚禅鈔』「阿弥陀上」に、叡山常行堂の本尊につづけて、
法菩薩観音、弥陀四親近第一菩薩妙観察智所照権実法故為法菩薩云々、
と、観音と法菩薩が同体であるとする説が示されるなど、定説化している。

（58）源信『往生要集』大文第六「別時念仏」第二「臨終の行儀」には、極楽往生を信仰するものを護る菩薩として、観世音・大勢至・普賢・文殊師利・弥勒・地蔵・龍樹の七菩薩があげられる。顕教系四菩薩Ⅰ・Ⅱともにこの七菩薩に包括されてしまうため、顕教系四菩薩Ⅱはここから選ばれたと考えることも可能であろう。もしそうであれば、その選択の拠り所となったのが『金剛頂経』であったと考えられる。

（59）『密教大辞典』宏教方の項を参照。

（60）弘法大師一千百年御忌事務局『西院流八結幷ム言』（一九三四）。ここには、

建永元年歳次丙寅　十二月十日以北院御室御記一二御本書写了、金剛資、禅（遍）—、

とある。なお、この四菩薩については、前掲註（43）苫米地③論文において取り上げられ、龍樹がふくまれることについて、横川常行堂の影響が想定されている。

（61）『覚禅鈔』では阿弥陀五尊曼荼羅について、四菩薩を観音・勢至・地蔵・龍樹とする本説が見いだされないとする。また、『別尊雑記』巻第五「阿弥陀」（『大正新脩大蔵経』図像第三巻所収）、『図像抄』巻第二「阿弥陀」（同上）にもほとんど同じ文が引かれるところをみると、その正統な典拠は知られていなかったとみられる。

（62）本書第九章を参照。

（63）『大正新脩大蔵経』第四十六巻所収。

（64）苫米地誠一氏は「『日本往生極楽記』と密教浄土教」（『仏教文化学会紀要』二、一九九五）において、密教学の立場から「密教浄土教」と「顕教浄土教」という概念を示す。平安時代の「浄土教」が密教・顕教の双方にまたがるとする点は、きわめて重要と考えられる。

第Ⅲ部　密教修法と仏堂・伽藍

第六章　五大堂の形態変化と五壇法の成立

はじめに

平安時代中・後期、藤原道長の法成寺、白河天皇の法勝寺をはじめ、天皇・貴族によって数多くの寺院が建立された。こうした寺院の多くには五大堂が建てられ、五大堂は伽藍の重要な建築の一つとなっていた。

一方、五大堂の本尊と同じ、五大明王を本尊とする密教修法である五壇法は、調伏や出産などの祈禱として天皇・貴族に重んじられ、住宅・仏堂など、さまざまな場所で修された。五壇法はもともと不動明王を本尊とする不動法が、天台密教において発展したものとみられているが[1]、その成立過程は明らかにされていない。

五大明王を安置する建築は、空海によって創建された神護寺五大堂・東寺講堂にはじまる[2]。澤登宜久氏は、五大堂の形態が摂関期・院政期に三間四面から五間四面に変化すること、院政期の五大堂が五壇法と密接に結びついたことを指摘する[3]。しかし、五大堂の形態変化の背景、および五壇法が五大堂で修されるようになったことの意義は明らかにされていない。また澤登氏は、母屋五間の五大堂が、五壇法に対応して構成されていた可能性を指摘するが[4]、五壇法の成立過程と五大堂の形態変化の関係は明らかにされておらず、こうした理解が妥当であるか検討しなおす必要がある。さらに、法成寺のような貴族の寺院に五大堂が建立されたのは、真言密教特有の建築が浄土教伽藍に流入した結果とみなされているが[5]、平等院五大堂・法勝寺五大堂をはじめとする天皇・貴族建立の五大堂では、天台密教で重んじられた五壇法が修されており、真言密教の建築とみなすことには疑問が残る。

五壇法と五大堂との関係でとくに興味深いのは、通説で五壇法が成立したとされる十世紀半ば以前に、五壇法と同じ形態の修法が五大堂で修され、このとき五大堂に安置された五大明王像を本尊としていた点である。すなわち、五大堂という建築が、五壇法など修法のための空間として、修法の成立と密接な関係をもって形態を変えた可能性が考えられる。摂関期から院政期には、密教修法は鎮護国家の枠を越え、天皇・貴族の私的な祈禱として多種多様なものが修されるようになった[6]。これらの修法には、平安時代を通じて独自に発展したものも多く、なかには建築空間と密接な関係をもって成立したものもあったと考えられる。

本章では、五大堂の形態変化が五壇法の成立といかなる関係をもっていたのか、また、それが密教空間の展開において、いかなる意味をもつのか明らかにすることを目的とする。

一　五壇法の形式とその成立時期

1　五壇法における本尊の構成

先にも述べたように五壇法は、不動明王を本尊として大壇一壇で修される不動法から、五大明王を本尊として五大壇を用いる形式に発展したものと考えられている。不動法は平安貴族の私的修法の一つとして、摂関期以降、盛んに修されるようになった。速水侑氏によれば、天台密教において不動法が発展し、実性・延昌を経て、良源の五

図6―1　『阿娑縛抄』所収　五壇法指図

壇を用いる五壇法へといたり、五壇法は康保四年（九六七）の禁中における良源の修法以降、山門をはじめ寺門や真言密教でも、盛んに修されるようになったという[7]。

五壇法では、本尊である五大明王を横一列に並べ、各尊の前に一壇を置き、各壇に僧侶を一人ずつあてるが、本尊の配置は一定していない。『阿娑縛抄』[8]巻第百十九「五壇法」には、「道場荘厳事」としてその一例があげられる（図6―1）。ここには、

以御所方為中壇左右無定、

とあり、中壇すなわち不動明王の壇は御所の側に設けられ、その左右は定まっていないとある。この指図では、左側に「御聴聞所」があり、不動も一番左に位置している。この修法は本尊の鋪設によりおこなわれたものと考えられるが、修法の空間が、一尊と一壇ごとに幔で囲った個別の単位空間を、横一列に並べて構成される点が特徴である。

『門葉記』[9]巻第三十六～三十九「五壇法」には、平安時代末期からの五壇法の指図がいくつもあげられるが、やはりいずれでも各尊を一単位の空間として幔で囲み、それを横一列に並べて構成されている[10]。ただし『門葉記』にあげられた修法では、不動明王と中壇の

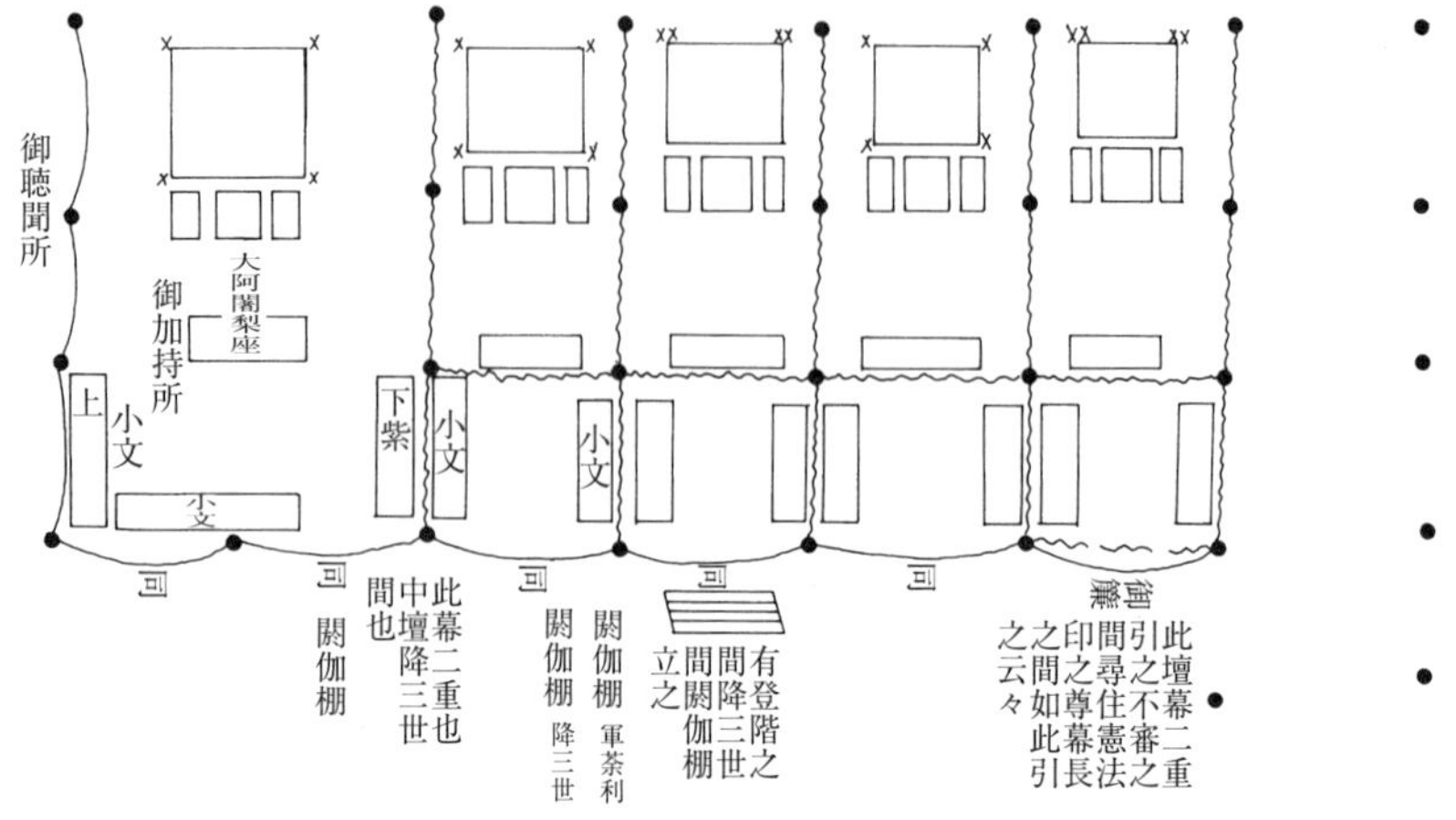

図6—2　『門葉記』所収　永仁5年（1297）禁中五壇法指図

設けられる空間が、横二間もしくはそれ以上に拡張される場合が多い。**図6—2**はその一例で、永仁五年（一二九七）三月二十四日、禁中で修された五壇法の指図である。

また、『阿娑縛抄』の指図（**図6—1**）では、幔で囲まれた修法の空間の右側に、五つの閼伽棚が置かれている。『門葉記』の指図（**図6—2**）では、中尊・降三世・軍荼利の閼伽棚が記されており、閼伽棚は一尊に一つずつ用意されたとみられる。すなわち五壇法は、空間構成、修法形態ともに、五大明王の各尊個別の修法の集合体とみなすことができる。

一方、五壇法と同じく天台密教の重要な修法であり、やはり五壇法と同じように、七仏薬師各一体、計七体を横一列に並べて修する七仏薬師法では、七仏薬師のすべてを一体の空間とし、大壇・護摩壇・十二天壇・聖天壇・薬叉壇を用いて修する（**図6—3**）、いわゆる大法の形態をとる。五壇法とは空間構成がまったくことなるが、天台密教の安鎮法・熾盛光法・普賢延命法などをはじめ、真言密教の仁王経法・請雨法・孔雀経法・後七日御修法など、大法の形態が一般的といえる。

五壇法では、伴僧は中壇に八人、脇壇に各六人の場合、あるい

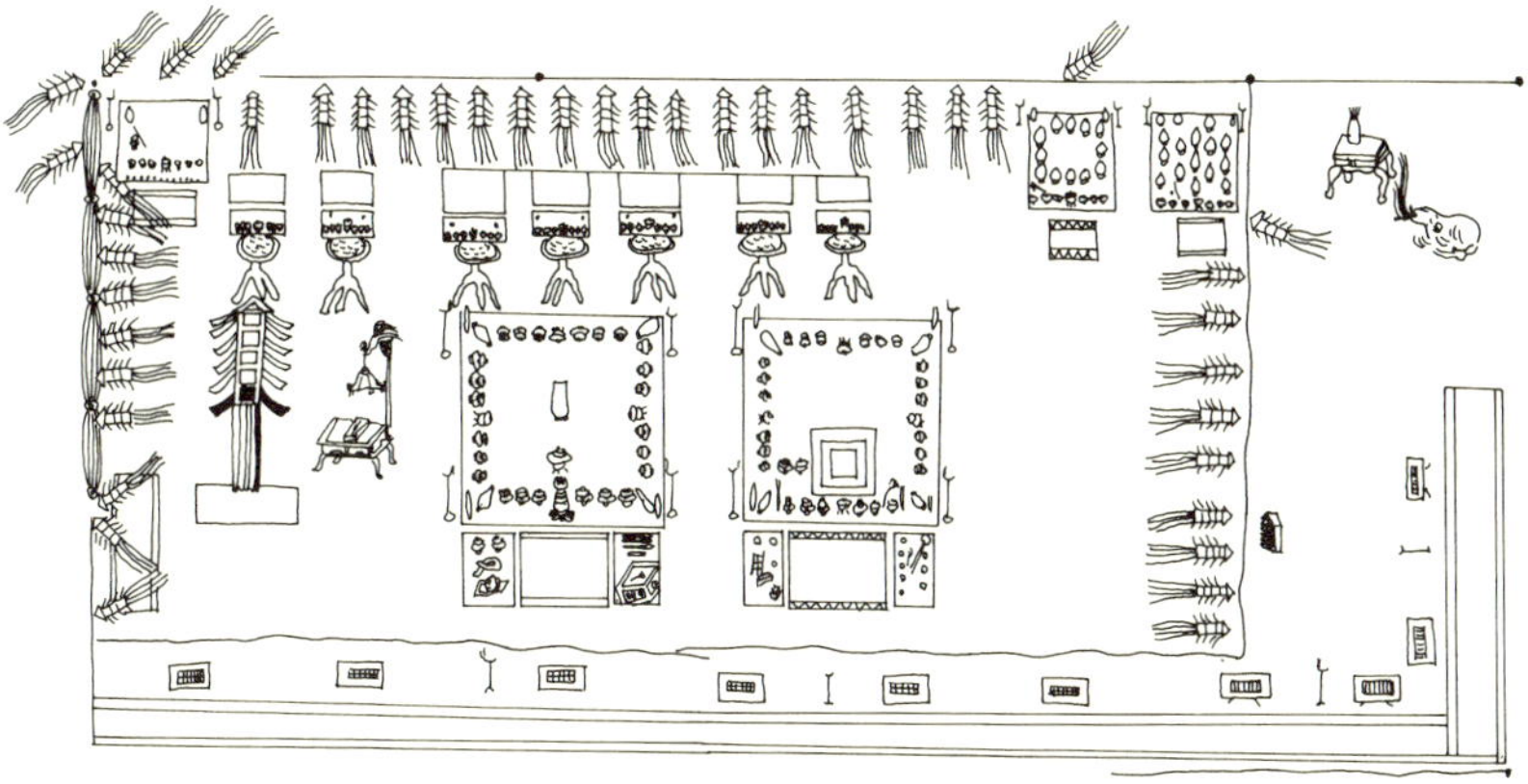

図6―3　『阿娑縛抄』所収　七仏薬師法指図

は中壇に六人、脇壇に各四人の場合など一定せず、多いときは中壇に二十人、脇壇に各十人がつくこともある。また、五壇を同時に修するのが普通であるが、各壇十日ずつ修する場合、あるいは後に取り上げる寛仁二年（一〇一八）閏四月の修法のように、はじめに一壇で修し、後で残りの壇を加えていく場合もある。[11]修法の目的は、調伏・出産祈願が主であるが、息災・増益の場合もある。このように五壇法は、さまざまな形態、目的で修された。[12]

さて、五壇法で本尊は、先にあげた不動明王と中壇を御所側の端に配する構成のほか、不動明王を中心に、残る四尊を左右に配する構成もあった。『阿娑縛抄』五壇法の記述を引用すると、

五大尊一面立様異説多之、先一様、

降三
軍荼利
不動
金剛夜叉
大威徳

是横川恵心院五大尊列立様也云々、

東北院向南、小野宮殿建立、

金三面六臂　中面五眼、
降四面八臂、三井寺御経蔵様、羊石《（羯磨）》印右外左内、
不
軍一面八臂、
大霊山寺左第三不　技索、技八輻輪、
法性寺五大堂入道殿　建立、　霊山皆同之、
五壇修法時、立壇次第如此、是山王院大師御様、云々、

とあり、「降三世・軍荼利・不動・金剛薬叉・大威徳」という構成と、東北院の「金剛薬叉・降三世・不動・軍荼利・大威徳」という構成の二つがあげられる。横川恵心院では前者の構成をとり、「入道」すなわち藤原道長建立の法性寺五大堂では後者の構成をとっていた。「五壇修法時、立壇次第如此」とあるように、不動を中心とする構成でも五壇法が修された。とくにこれら五壇法における本尊の構成が、五大堂に安置された五大明王の構成とまったく同じであることが注意されよう。

また、ここには続けて不動明王を中心に置き、残る四尊を四角に配し、求心的な構成をとる無動寺の例もあげているが、無動寺については、後に五大堂の形態を考察するさいに述べることにする。

2　五壇法の成立時期

五壇法の成立については、『阿娑縛抄』五壇法に応和元年（九六一）閏三月二十七日のこととして、

於大日院権律師喜慶始修之、自爾以降代々日記等具、

とあることをもって、この比叡山大日院での修法が最初であるという見方もある。(13) しかし、ここには合わせて、

或俗記云、天慶三年二月十八日、於法性寺修之、為降伏東西兵乱、云々、

と、東西の兵乱降伏のため、天慶三年（九四〇）二月、法性寺で修したとも記される。(14) 後に詳しく述べるが、法性寺では延長三年（九二五）、藤原忠平によって五大明王を安置する「新造堂」が建立されている（表6―1）。

さて、この修法について『阿娑縛抄』巻第二百十二「諸法要略抄」には、

天慶三年二月十八日、於法性寺五大尊前、以五人阿闍梨修之、為降伏東西兵乱也、

とあり、「法性寺五大尊」の前で五人の阿闍梨が修したという。この僧侶の構成は五壇法と同じである。また、「法性寺五大尊」は「新造堂」に安置された五大明王を指すと考えられ、その前で修したのであるから、この修法の本尊は五大堂に安置された五大明王像であったことになる。

法性寺は承平四年（九三四）定額寺となった。(15) 天慶元年（九三八）七月には、止まぬ地震を鎮めるため仁王経一万部読経の宣旨が諸寺社に下されたが、このとき仁和寺、醍醐寺、神護寺、上・下賀茂社、平野社、松尾社などの寺社と並んで法性寺もあげられている。(16) 法性寺では天慶四年五月、海賊調伏のため延昌が不動法を修しており、(17) この他にも度々修法が修された。(18) したがって天慶三年、法性寺で東西兵乱降伏のための修法が修されていても不思議ではない。

天慶三年の修法が五壇法として完成された修法であったかはともかく、こうした記録は法性寺新造堂が五壇法と深い関係にあり、しかも、ここに安置された五大明王を本尊とする修法がなされてはじめて成り立つものであろう。法性寺新造堂で、五大明王を本尊とする五壇法もしくは前身となる修法が修されていた可能性は、充分考えられる。

法性寺のほかに五壇法に関わる十世紀半ばまでの事例を求めると、『日本紀略』延長八年（九三〇）七月二十一

表6―1　五大堂・五壇法関係年表

年代		事項	典拠
天長年間	八二四〜八三四	**神護寺五大堂建立（五間〈鎌倉期の記録に三間四面〉、等身五大明王）**	神護寺承平実録帳 神護寺略記
承和六	八三九	**東寺講堂尊像開眼供養（不動周丈六、四明王等身）**	東宝記
貞観七	八六五	相応、無動寺に仏堂を建立し、不動明王を安置する	叡岳要記・無動寺建立和尚伝
貞観七	八六五	無動寺相応により大威徳明王を本尊とする修法	叡岳要記・無動寺建立和尚伝
貞観九以前	八六七以前	**安祥寺五大堂建立**（三間四面カ）	安祥寺伽藍縁起資財帳
延喜年間	九〇一〜九二三	**醍醐寺上寺五大堂建立（三間四面、等身五大明王）**	醍醐雑事記 醍醐寺新要録
延喜十五	九一五	**無動寺仏堂建立（三間四面、等身五大明王＋不動二体カ）**	叡岳要記・門葉記
延長三・八・十	九二五	**法性寺新造堂供養（天台座主と阿闍梨四口〈五壇法と同じ僧侶の構成〉）**	貞信公記抄
延長八・七・二十一	九三〇	常寧殿で五壇法、延暦寺で修法のため五大尊を造立始め	日本紀略・扶桑略記
天慶二・五・十九	九三九	天台座主尊意が大威徳法を修す	天台座主記
天慶三・二・十八	九四〇	法性寺五大尊前で修法（五壇法と同じ形態の修法）	阿娑縛抄
天慶三・八・二十九	九四〇	延暦寺で五壇法	日本紀略
天慶四・五・十八	九四一	比叡山で義海が大威徳法、法性寺で延昌が不動法を修す	天台座主記
天慶八・九・六	九四五	法性寺「五大堂」で五僧による大般若経転読	貞信公記抄
天暦七以前	九五三以前	**比叡山東塔蓮華院仏堂（五間、五尺五大明王）**	三塔諸寺縁起
応和元・閏三・二十七	九六一	大日院で五壇法	阿娑縛抄
康保四・八・十一	九六七	冷泉天皇の病のため禁中五壇法（中壇良源）	阿娑縛抄
天禄元以前	九七〇以前	**法性寺東北院（五大明王は五壇法と同じ構成）**	阿娑縛抄 本朝続文粋

天元四	九八一	円融天皇の病のため五壇法（中壇良源）	阿娑縛抄
永観元・十一・二十七	九八三	**比叡山横川恵心院仏堂**（**五間四面、五大明王は横一列に並ぶ**）	阿娑縛抄・山門堂舎記
寛和元・二・二十二	九八五	**天台山観音院五大堂供養**（**形式不明、皇太后昌子御願、三井寺**）	扶桑略記
長保二・一・四	一〇〇〇	五壇法	権記
寛弘三・十二・二十六	一〇〇六	**道長、法性寺五大堂再建供養**（**丈六五大明王**）	御堂関白記・日本紀略
寛弘四・二・五	一〇〇七	道長、法性寺で五大尊法結願	御堂関白記
長和二・八・十四	一〇一三	法性寺で五壇法（五大堂南堂北庇）	御堂関白記・小右記・阿娑縛抄
長和四・十二・二十六	一〇一五	法性寺五大堂で道長五十算賀	小右記・江次第・御堂関白記
寛仁二・閏四・十六	一〇一八	道長、病により法性寺五大堂参籠、十七日より五壇法	小右記・御堂関白記・左経記
寛仁二・十・六	一〇一八	小一条院（敦明）、法性寺五大堂に参籠	小右記・御堂関白記
寛仁四・七・二十七	一〇二〇	頼通、病により法性寺五大堂で修法	小右記・左経記
寛仁四・八・六	一〇二〇	道長、法性寺五大堂で三壇法	左経記
寛仁四・八・二十九	一〇二〇	道長、法性寺五大堂五壇法の結願延引	左経記
治安二・五・二	一〇二二	道長、五壇法（場所不明）	五壇法記・小記目録
治安二・七・十四	一〇二二	**道長、法成寺五大堂供養**（**母屋五間、中尊二丈、他丈六**）	諸寺供養類記他
治安二・八・五	一〇二二	法成寺五大堂五壇法	左経記
万寿四・十一・十六	一〇二七	道長、病により法成寺五大堂で修法（不動真言）	日本紀略
康平二・十・十二	一〇五九	**法成寺五大堂再建、新造五大明王で五壇法**（**中尊二丈二尺**）	康平記・扶桑略記
延久二・十・十二	一〇七〇	**平等院五大堂供養**	興福寺略年代記
承暦元・十二・十八	一〇七七	**法勝寺五大堂供養**（**五間四面裳階、中尊二丈六尺、他丈六**）	承暦元年十二月法勝寺供養記
永保元・十二・十九	一〇八一	師実、法性寺五壇法	為房卿記・帥記
永保三・五・五	一〇八三	平等院五大堂五壇法	阿娑縛抄
永保三・五・二十五	一〇八三	中宮、法性寺五大堂五壇法	阿娑縛抄
寛治三・八・七	一〇八九	宇治（平等院）五大堂五壇法（「是為毎年事」）	阿娑縛抄
寛治四・二・十四	一〇九〇	師通、病により法性寺五大堂で五壇法	後二条師通記・中右記・阿娑縛抄
寛治四・三・二十五	一〇九〇	法性寺五壇法	阿娑縛抄

寛治五・閏七・七	一〇九一	太皇太后、御悩により法性寺五大堂修法（二壇）	為房卿記
嘉保二・五・十	一〇九五	郁芳門院、御悩により法勝寺五大堂で五壇法	五壇法記
永長元・九・四	一〇九六	宇治（平等院）五大堂五壇法	五壇法記・阿娑縛抄
承徳元・三・七	一〇九七	宇治（平等院）五大堂五壇法	中右記・修法要抄・五壇法記
康和四・七・二十一	一一〇二	**尊勝寺五大堂供養**	尊勝寺供養記
長治二・二・十一	一一〇五	尊勝寺五大堂五壇法	五壇法記
天永元・八・二十四	一一一〇	最勝寺五大堂五壇法（尊勝寺カ、「被加行季御修法被始行之」）	阿娑縛抄
天永元・十一・一	一一一〇	最勝寺五大堂五壇法（尊勝寺カ）	阿娑縛抄
天永二・五・十九	一一一一	忠実、法成寺五大堂五壇法	中右記
天永三・十・一	一一一二	忠実、邪気により法成寺五大堂五壇法、中壇無動寺の僧都	中右記・殿暦
永久三・三・三	一一一五	**円宗寺五大堂供養（中尊一丈八尺、他丈六）**	円宗寺五大堂願文
永久三・三・二十	一一一五	円宗寺五大堂五壇法（中壇仁和寺寛助）	阿娑縛抄・仁和寺御伝
永久四・十二・十八	一一一六	尊勝寺五壇法	阿娑縛抄
元永元・三・七	一一一八	宇治（平等院）五大堂五壇法	阿娑縛抄
元永元・三・十五	一一一八	白河法皇、法勝寺五大堂五壇法	中右記・阿娑縛抄・五壇法記
元永元・十二・十七	一一一八	**最勝寺五大堂供養**	大間成文抄
保安五・閏二・二十	一一二四	法勝寺五大堂五壇法（丈六五大尊供養）	阿娑縛抄
大治三・三・十三	一一二八	**円勝寺五大堂供養（五間）**	円勝寺供養呪願
長承元・三・二	一一三二	法勝寺五大堂修法	中右記
長承三・四・二十五	一一三四	円勝寺五壇法（五大堂カ、「円勝寺季御修法被始行之」）	阿娑縛抄
久寿元・七・三	一一五四	円勝寺五壇法（五大堂カ）	五八代記
建暦三・二・九	一二一三	円勝寺五壇法（五大堂カ、「円勝寺季五壇御修法始行之」）	阿娑縛抄

太字は五大堂建立の記事。

※五壇法が完成される過程を確認するため、十世紀終わりまでは五大堂以外での修法もふくめている。
これ以降は五大堂での修法を中心に取り上げている。

日の条に、醍醐天皇の不豫にさいして、

請天台阿闍梨五人、於常寧殿、調備五壇法修法、

と、常寧殿で五人の阿闍梨をもって五壇法を修した例がある。この記録では五壇法の本尊が何であったか明らかでないが、『扶桑略記』第二十四裏書には同日のこととして、

於延暦寺、被造始白檀五大尊、高五寸、依天皇御薬所被行也、

と、修法のため延暦寺で白檀五寸の五大明王を造りはじめたといい、このころから五大明王を本尊とする修法が成立しつつあったことがうかがえる(19)。

以上、五壇法は十世紀半ばに確立されたとみてよかろうが、それ以前から五壇法の前身となるような修法が修されていたと考えられる。とくに『阿娑縛抄』の記事に、法性寺新造堂が五壇法と密接に関係していたことを示唆する記述がある点は注目に値する。

二　五大明王を安置する平安時代の仏堂

1　平安時代初期から中期の事例

五大明王を安置した最初期の建築は、空海によって造営がはじめられた神護寺五大堂・東寺講堂である。その後、真言密教・天台密教を問わず、五大明王は独立した仏堂に安置される場合が多い。ここでは東寺講堂および、五大明王を本尊とする真言密教・天台密教双方の仏堂について、平面形態と五大明王の配置構成に注目し検討していくことにしたい。

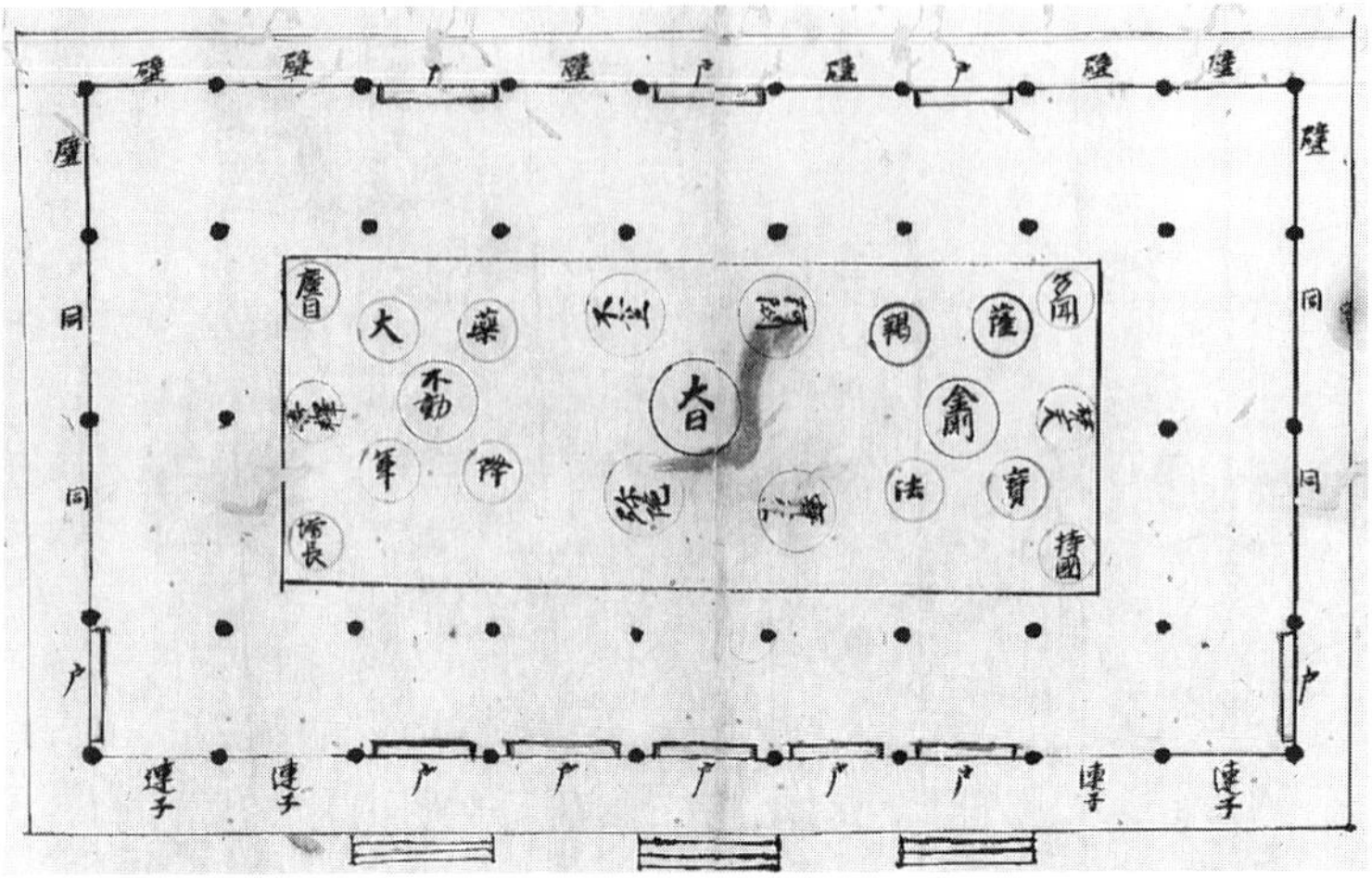

図6―4　『東宝記』所収　東寺講堂指図（教王護国寺蔵）

東寺講堂

東寺講堂の建築は、『東宝記』に引かれる「東寺長者補任」では、天長二年（八二五）に勅により建立したとされ、承和三年（八三六）の空海入定以前に完成されたと考えられている。安置仏は仁明天皇の発願により空海在世中から計画されたが、その開眼供養は、空海入定後の承和六年（八三九）におこなわれた[20]。

『東宝記』[21]所載の東寺講堂指図（図6―4）によれば、母屋に設けられた仏壇上中央に金剛界五仏、その西に五忿怒、東に五菩薩、両端に六天を配している。これらの尊像によって構成される空間は、不空訳『仁王経念誦儀軌』に基づく立体曼荼羅と考えられていたが、現在では金剛界法と仁王経法の重複した独特の曼荼羅、すなわち『仁王経念誦儀軌』の五忿怒を五大明王とし、五守護天に帝釈天を加え、この上位に金剛界五仏を置いたものという解釈が有力視されている[22]。

東寺講堂で五大明王は中心の不動を取り巻くように、軍荼利・大威徳・金剛夜叉・降三世が配置されている。『東宝記』には、

不動明王中方、周丈六、

（中略）

降三世東南、四明王等身、

とあり、不動明王が周丈六、残る四明王は等身であった。

神護寺五大堂

初期の五大堂の事例である天長年間（八二四〜三四）建立[23]の神護寺五大堂は、『神護寺承平実録帳[24]』に、

五間檜皮葺五大堂一宇在戸七具、在額、

右堂、天長　天皇御願、因之、亭子親王、命和気有翊、以去寛平三年、令修葺亦了者、

五大忿怒彩色木像五軀、在各木光、銅火炎、石形座各著鉄耳金四枚

不動尊居長三尺四寸、降三世立像五尺三寸、但大后左指四折頭也、

軍荼利立長五尺三寸、六足尊居長三尺五寸、

金剛夜叉立長五尺三寸、天長　皇帝御願

私此堂五十三代淳和天皇御願

とあり、五間の規模をもち、そこには五大明王が安置されていた。不動明王は居長で三尺四寸であるから、立長では六尺八寸程度、中尊は等身よりやや大きく、他の四尊はいずれも等身程度であった。この建築で、内部に五大明王がどのように安置されていたかは不明である。

鎌倉時代の記録である嘉禄二年（一二二六）の『神護寺諸堂記』には、

同三間四面五大堂一宇（建立檜皮葺）

とあり、鎌倉時代末期ころの成立とみられる『神護寺略記』[25]には、

一五大堂

三間檜皮葺堂一宇在四面庇、南面在又庇、為外陣、戸八具、

とある。すなわち、このとき五大堂は三間四面、南面に外陣として又庇を付加する形式であった。『神護寺承平実録帳』によれば、五大堂は庇のない五間の建築ということになる。とすれば五大堂は、十三世紀初頭までに、三間四面という平面形態に変えられたことになろう[26]。

安祥寺五大堂

つづく五大堂の事例として、安祥寺五大堂があげられる。安祥寺伽藍は、貞観九年（八六七）の『安祥寺伽藍縁起資財帳[27]』によって知られるが、この資財帳は「堂院等条」と「仏菩薩等条」に分けられ、どの仏が、いずれの建築に安置されたか記されていない。

紺野敏文・副島弘道両氏によって建築と仏像の関係が検討され[28]、それらの成果によれば五大堂は上寺にあり、「堂院等条」に、

五大堂一間長四丈

とある五大堂に、「仏菩薩等条」に、

不動明王像一軀

降三世明王像一軀

軍荼利明王像一軀
六足明王像一軀
金剛夜叉明王像一軀

とある、五大明王が安置されていたと考えられている。

安祥寺上寺跡で一九九八年から二〇〇二年におこなわれた調査では、五大堂と推定される桁行五間（中央柱間九尺、他十尺）、梁行四間（十尺等間）の建築遺構が確認されている。(29) 五大堂は、三間四面もしくは五間二面の可能性が考えられる。

醍醐寺五大堂

『醍醐雑事記』巻第一(30)によれば、

一　五大堂三間四面、檜皮葺、尊師建立、延喜御願、
　奉安置五大尊像各一体等身、

と、上醍醐に延喜年間（九〇一～二三）、醍醐天皇の御願により三間四面、檜皮葺の五大堂が建立され、等身の五大明王が安置されていた。

『醍醐寺要書』(31)に引く延喜十三年（九一三）の太政官符によれば、延喜九年（九〇九）、聖宝の入滅の後、弟子である観賢が醍醐天皇御願の「仏堂」の造営を受け継ぎ、延喜十三年に「新堂双宇」、すなわち新堂二棟が完成した。これら二棟のうち一棟が、五大堂であったと考えられている。(32)

現在の五大堂は昭和十三年の再建で等身の五大明王像を安置しているが、副島弘道氏の研究(33)によれば、これらの

うち大威徳明王は延喜十三年造立の尊像に比定されるという。

以上は、いずれも初期真言密教寺院の五大堂である(34)。神護寺五大堂は、五大明王を安置する最初の建築で、創建当初の形式は「五間」とされる。ところが、後の醍醐寺五大堂は三間四面の平面形態をとり、神護寺五大堂も鎌倉時代までには三間四面に変えられたのである。つまり、十世紀以降の真言密教の五大堂には、三間四面の平面形式が求められたと考えられる。

図6―5　『阿娑縛抄』所収
無動寺五大明王配置図

次に五大明王の配置構成であるが、空海によって構想された東寺講堂では、五大明王は求心的に構成される。創建当初の神護寺五大堂では、五間の各一間に各一体の尊像を安置し、横一列に並べていた可能性も否定できないが、醍醐寺では三間の母屋に等身の五大明王像を求心的に配置していたと考えられる。つまり、真言密教寺院では、三間四面の五大堂に、東寺講堂と同様、五大明王像を求心的に配置するのを基本形式としていたと考えられる。このように考えるならば、安祥寺五大堂も三間四面の仏堂であった可能性が高いといえよう。

無動寺大堂

『阿娑縛抄』五壇法では、無動寺の五大明王は南向きとされ、合わせて五尊の配置を示す図（図6―5）がのせられる。ここで五大明王は、不動明王を中心とする求心的構成で配置されている。

無動寺は比叡山東塔に属する別院で、天台回峰修験の根本道場である。相応を開基とするが、相応は円仁により

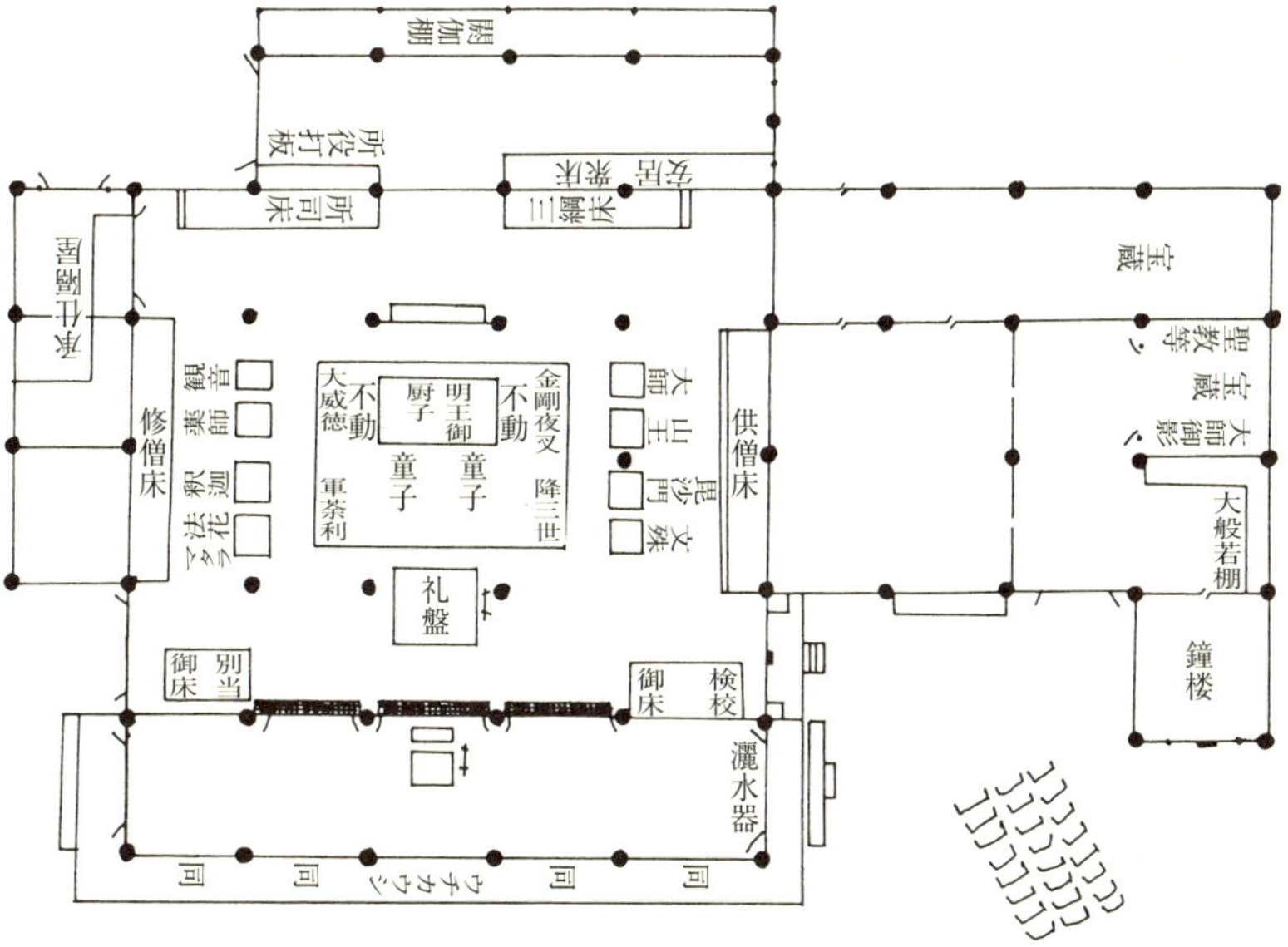

図6―6　『門葉記』所収　無動寺本堂指図

不動法・別尊儀軌・護摩法を授けられ、比叡山に生身の不動明王を留め、仏法・王法の鎮護することを願ったという。[35]『叡岳要記[36]』によれば、貞観五年（八六三）、相応は等身の不動明王を造り、同七年、仏堂を建立して中台に安置し、伽藍を築いたという。また同記には、

延喜十五年藤原仲平卿批把大納言、奉造等身不動明王像、造立三間仏堂付属和尚、無動寺今大堂是也、

とあり、延喜十五年（九一五）、藤原仲平によって等身不動明王像と三間仏堂が建立され、これが『叡岳要記』の編纂された当時、すなわち鎌倉時代中期ころ[37]の大堂であるという。『門葉記』巻第百三十一「寺院一」には無動寺本堂の指図（図6―6）がのせられるが、この指図によれば、大堂は三間四面[38]の正堂の前面に、梁行一間の礼堂を付加する形態であった。正堂の母屋には仏壇が設けられ、その上中央に厨子が、四角に四尊が置かれる。仏壇中央に「明王御厨子」と記され、四尊の構成は『阿娑縛抄』五壇法にのせられた図と一致する。

この仏堂に、不動明王以外の四尊がいつ安置されるよ

うになったかは明らかにしえない。無動寺が天台密教における不動明王信仰の先駆けであり、これ以前、比叡山の建築に五大明王を安置する事例が確認されないことから、(39) 天台密教における五大明王信仰は延喜十五年、無動寺大堂以降にはじまったとみてよいであろう。

以上の仏堂が建立されたころは、いまだ五壇法の記録はみられない。次に、文献史料に五壇法があらわれて間もないころの事例をみていくことにする。

恵心院仏堂

前掲『阿娑縛抄』五壇法では、横川恵心院の五大明王の配置について言及し、不動明王を中心として五大明王が横一列に並ぶ構成が示されている。横川恵心院の五大尊について『山門堂舎記』(40) には、

> 右丞相兼家公本願、（中略）五間四面堂一宇檜皮葺也、五大尊各一体彩色、
> 永観元年十一月二十七日供養、

とあり、藤原兼家により永観元年（九八三）に五間四面堂が建立され、五大明王各一体を安置した。恵心院の五大明王は、五壇法と同じ配列で横一列に並んでいたのであり、母屋の桁行柱間が五間であるこの仏堂では、母屋の桁行柱間一間に、各一体ずつの尊像を配していたと考えられる。

法性寺五大堂

法性寺は藤原忠平によって建立された藤原氏の氏寺の一つで、『貞信公記』延長二年（九二四）二月十日の記録

に法性寺の鐘があらわれるのが初見である。『扶桑略記』延長七年（九二九）九月十七日、藤原忠平の五十算賀をおこなったときの記録から、毘盧遮那仏を安置する本堂、大門、礼堂が、『貞信公記』延長二年十一月二十八日の記事により、四菩薩を安置する「南堂」があったことが知られる。(41)

『貞信公記』延長三年（九二五）三月八日の条に「於法性寺奉造五大尊」とあり、『日本紀略』同年五月十八日の条に「左大臣（忠平）、供養法性寺内新造堂」とある「新造堂」が、五大明王を安置する仏堂であったと考えられる。同年八月十日には五大明王の供養がおこなわれており、『貞信公記』同日の条には、

於法性寺、奉供新造五大尊、山座主、覚怜、空慧、全覚、慧為阿闍梨、但中台壇有伴僧四口、自余無矣、

と、天台座主（玄鑒）と四人の阿闍梨、計五人の僧侶があげられる。この仏堂で五大明王がいかなる構成で配置されていたか明らかにしえないが、五大明王供養会における僧侶の構成は五壇法と同じであり、おそらく各尊像に一人の阿闍梨がついていた。「中台壇」に伴僧四人がつき、その他には伴僧がなかったということは、他にも壇が用いられたことを示しており、この五大明王の供養会において、五壇法の祖型ともいうべき形態があらわれていた点が注目される。天慶三年（九四〇）、この仏堂において安置仏である五大明王を本尊とし、五人の僧侶をもって修法が修されたことは先に述べたとおりである。

後の『貞信公記』天慶八年（九四五）九月六日の条には、

法性寺五大堂、五僧、始従今日至于晦日、転読大般若経令祈願、

とあり、「法性寺五大堂」において、五僧に大般若経を転読させた。このとき法性寺新造堂は「五大堂」と呼ばれている。

法性寺は天台系寺院であり、(42)五大明王の供養会では天台座主玄鑒が中壇を勤めていた。また、延長四年（九二

六）七月四日の修法も天台座主尊意が、延長七年（九二九）九月十七日に本堂で忠平五十算賀をおこなったときも、やはり尊意が講師を勤めたことからうかがえるように、ここでの法会は天台僧を中心に展開されていた。

法性寺は天徳二年（九五八）に火災による大きな被害を受け、このとき五大堂も失われた。再建では、とくに藤原道長が五大堂を担当していたことが注目される。『御堂関白記』寛弘二年（一〇〇五）十二月二十一日の条には、

法性寺立五大堂、即初作仏、各丈六、

と、五大堂に安置する仏像の造立にとりかかった。同記寛弘三年八月七日の条には、

参法性寺新堂、奉渡丈六五大尊、

とあり、五大明王の法量は丈六であった。

先に述べたように、『阿娑縛抄』五壇法によれば、道長再建の法性寺五大堂では、五大明王は不動明王を中心に横一列に並べられていた。この構成は、次にあげる法性寺東北院と同じである。

道長再建五大堂の平面形態を知るための史料はみられないが、これより前の永観元年（九八三）建立の恵心院で五間四面の仏堂となっている。また、五大明王が丈六という大きな仏像であったことからは、一体につき桁行柱間一間を必要としたと考えられる。したがって、道長再建の五大堂の母屋桁行は五間、もしくはそれ以上の建築であり、五大明王は母屋の桁行柱間一間に一体ずつ、横一列に並べられていたと考えられる。

法性寺東北院

五壇法における五大明王の配列を記した前掲『阿娑縛抄』五壇法の記事には、「小野宮殿」建立の「東北院」での五大明王の構成が記され、ここでは五大明王は南向きで、五壇法のときと同じく不動明王を中心に横一列に並べ

られていた。この五大明王は、法性寺東北院のものと考えられている[43]。

藤原実資の四十九日追善の願文である、寛徳三年（一〇四六）三月二日の「奉為亡考小野宮右大臣四十九日追善[44]」には、

便於法性寺東北院、敬以供養矣、演説為、是則尋清慎公建立之場、卜右丞相帰依之砌也、

とあり、法性寺東北院を「清慎公」、すなわち藤原実頼の建立としている。小野宮家は実頼からはじまり、東北院では小野宮家の忌日法会もおこなわれていた[45]。

五大明王を安置する仏堂は、『阿娑縛抄』五壇法に「小野宮殿建立」とあることからも、実頼が建立したと考えてよかろう。藤原実頼が没したのは天禄元年（九七〇）であり、これ以前に建立されていたことになる。この仏堂の建築形態は不明ながら、天台密教において、五壇法と同じ構成で五大明王を安置する仏堂が、十世紀半ばころには成立していたのである。

以上のように五壇法成立の前後で、五大堂の内部空間とその安置仏である五大明王との対応関係が、明らかになってきている点が注意される[46]。

すなわち、五壇法成立以前の五大明王を安置する仏堂は、真言密教・天台密教ともに三間四面であり[47]、五大明王は東寺講堂や無動寺大堂のように、おそらく求心的に配されていたとみられる。ところが、五壇法成立後の恵心院仏堂、道長再建法性寺五大堂では平面は五間四面、五間の母屋の柱間各一間に一体の尊像が置かれ、『阿娑縛抄』五壇法にあげられた指図の空間と同じ構成をとるにいたったと考えられる。とくに、こうした空間構成の変化が、天台密教で五壇法が確立される時期と一致し、しかも天台系寺院における藤原摂関家発願の仏堂でおこっていたこ

とが注意されよう。

次に、道長による法性寺五大堂の再建以降、五大堂がいかなる形態で建立されたかをみておきたい。

2　平安時代後期の事例

藤原道長はすでに九体阿弥陀堂を建立していた無量寿院を拡張し、治安二年（一〇二二）七月十四日、金堂を供養して法成寺とする。このとき合わせて五大堂も供養され、「諸寺供養類記」(48)にのせる願文には、

　五大尊堂同以造之、安置彩色二丈不動尊、一丈六尺四大尊、為降家門成怨之□□（怨霊カ）也、

とある。法性寺五大堂と比べて中尊が丈六から二丈に大きくされているが、残る四尊は同じ法量である。この五大堂は、法性寺で五大堂を建立した道長自身の経験に基づき、中尊の法量を拡張して建立したと考えられる。その目的も藤原摂関家に降りかかる怨霊を防ぐためであり、まさに五壇法による調伏であった。

法成寺五大堂は天喜六年（一〇五八）の火災で消失する。康平二年（一〇五九）十月十二日に再建供養され、『扶桑略記』同日の条には、

　即奉造立彩色二丈二尺不動明王像一体、丈六四大尊像各一体、

とあり、再建五大堂では、中尊不動明王が二丈から二丈二尺に大きくなっている。

法成寺につづいて平等院では治暦二年（一〇六六）十月五日、藤原師実によって五大堂が供養されたが(49)、その形式等は明らかにしえない。

承暦元年（一〇七七）十二月十八日には、白河天皇によって法勝寺が供養されるが、「承暦元年十二月法勝寺供養記(50)」にのせる供養願文に、

五間四面瓦葺五大堂一宇、奉安置彩色二丈六尺不動尊像一体、丈六四大尊各一体、降伏悪魔消散怨霊、令修究竟秘密之行法、為至聖成仏之善因、

とある。五間四面の五大堂を建て、二丈六尺の不動明王と丈六の四大尊各一体を安置した。この五大堂では、建築の平面形態、安置仏の法量から判断して、道長再建の法性寺五大堂と同様、五大明王は各柱間に各一体、横一列に配置していたと考えられる。法勝寺伽藍は先行する法成寺伽藍の影響を強く受けており[51]、五大堂も法成寺にならったとみられる。

法勝寺の後にも、天皇の御願寺では、六勝寺の尊勝寺五大堂（康和四年〈一一〇二〉[52]）、最勝寺五大堂（元永元年〈一一一八〉最勝寺供養[53]、大治五年〈一一三〇〉五大堂再建[54]）、円勝寺五大堂（大治三年〈一一二八〉）、成勝寺五大堂（建久二年〈一一九一〉以前[55]）、六勝寺以外でも円宗寺五大堂（永久三年〈一一一五〉[56]）など、五大堂が盛んに建立された。これら五大堂の規模・平面形態は明らかにしえないが、たとえば円宗寺五大堂について「同寺《円宗寺》五大堂願文」[57]に、

奉安置彩色一丈六尺不動、降三世、軍荼利、大威徳、金剛夜叉像各一体、

顕證本『仁和寺諸院家記』[58]では「古徳記」を引いて、

同《円宗寺》五大堂安彩色一丈八尺不動、一丈六尺四大尊各一体、

とあるなど、道長再建法性寺五大堂と同様の規模・構成をとっていたことがうかがえる。

次に五大堂の形態変化の時期が問題となるが、この点を論じる前に、道長が法性寺五大堂を再建して以降の、五大堂と五壇法の関係を確認しておきたい。

三　五大堂における五壇法

1　法性寺五大堂における修法

道長が、自ら再建した法性寺五大堂に篤い信仰をもっていたことはよく知られている。まず、五大堂供養の翌寛弘四年（一〇〇七）二月五日、『御堂関白記』には、

法性寺五大尊法第五番明救前僧都、結願、

とあり、道長はさっそく法性寺で五壇法を修している。修法の場となった建築は記されないが、おそらく五大堂であったと考えられる。

次に、『阿娑縛抄』巻第百二十「五壇法日記」、長和二年（一〇一三）八月十四日の条に、

七箇日、於法性寺修五大尊法云々、
大僧都明救、慶命律師、文慶阿闍梨、雅算阿闍梨、心誉云々、

とある修法は注意を要する。このときの『小右記』の記事には、

左相府自今日七箇日於法性寺修五大尊法、皇太后宮、中宮、北方、権大納言、左衛門督、各図絵丈六一尊、為相府息災所修云々、

とあり、この修法では絵像を本尊としていた。『御堂関白記』同日の条には、

参法性寺、修五壇修善、件法是去年病間、皇太后宮・中宮・内方・大納言・左衛門督等立願、各図一鋪所令修

也、五大堂南堂北庇皆懸修之、阿闍梨大僧都明救・少僧都慶命・律師文慶・阿闍梨雅算・尋（心）誉等也、

とあり、この修法は「五大堂南堂北庇」に五大明王の絵像を懸けて修されている。南堂がいかなる建築であったか定かでないが、五大堂の南堂、しかもその北庇とあるから、五大堂とは別の建築であったとみてよかろう(59)。

長和四年（一〇一五）十二月二十六日には、五大堂で道長五十算賀をおこなっている。このときの『江次第』二十「太政官賀執柄算事」(60)には、

又中宮（藤原妍子）於法性寺五大堂、始依今日、可被修五十ケ日御修法、

とあり、五大堂で修法がはじめられた。

寛仁二年（一〇一八）閏四月十六日の夜、道長は病のため五大堂に籠り、『左経記』同日の条には、

自夜部依有御悩気也、今夜令籠法性寺五大堂給云々、

とある。『小右記』同年同月二十日の条には、

昨日参法性寺、彼御心地甚似熱気、自昨被始五壇修法者、去十七日相過（遇）按察大納言、示彼御修法一壇甚無力由、

とあり、はじめ一壇で修していたものの、無力であるがために五壇法を修することになったのである。二十九日には道長の病は回復し、五大堂を出ている。

『小右記』寛仁四年（一〇二〇）七月二十七日の条には、

関白重発給、今夕入道殿相共、被参法性寺五大堂、

とあり、頼通は病のため、道長をともなって法性寺五大堂に籠った。『左経記』同年八月六日の条には、

又始自去月廿九日七箇日、以三口僧（心覚、明尊、成典、）於五大堂、被修御修法云々、

と、このときは三人の僧侶による修法であった。このように五大堂での修法は、一壇あるいは三壇で修されること

もあった。また、道長は同じ月に五壇法を修しており、『左経記』同年同月二十九日の条に、

及晩景参法性寺五壇御修法明日可結願、而依御灯事、夜半結願、即可令出給云々、御迎参也、

とある。

後にも法性寺五大堂では、病にさいしての五壇法が修され、永保元年（一〇八一）十二月十九日には北政所の不例により五壇法を[61]、同三年五月二十五日には中宮が籠り五壇法[62]、寛治四年（一〇九〇）二月十四日には師通が病のために五壇法を修している[63]。

2　法性寺以降の五大堂と五壇法

法成寺五大堂では、造営直後の『左経記』治安二年八月五日の条に、

次参御堂、（中略）又始半夜、於五大堂被修五壇修法七箇日、阿闍梨前僧都心誉、権少僧都明尊、権律師成典、阿闍梨揮源、内供奉延尋、

とあり、道長によって五壇法が修された。後にはこの五大堂をはじめ、平等院五大堂・法勝寺五大堂・尊勝寺五大堂・最勝寺五大堂・円勝寺五大堂・円宗寺五大堂など、五大堂での五壇法は盛んに修されることになる（表6―1を参照）。

五大堂で修された五壇法の具体的形態を知るための史料は乏しいが、『中右記』天永二年（一一一一）五月十九日の条によって、内部空間の用途をうかがうことができる。ここには、

卯刻殿下令籠法成寺五大堂給、（中略）西庇御所、東庇為人々参所、北庇為蔵人所巽角為御読経、五壇御修法渡此御堂、

とあり、法成寺五大堂では西庇を御所、東庇を参集した人々の座、北庇を蔵人の座としている。残る南庇は五大明王の正面と考えられ、母屋の須弥壇上に安置された五大明王を本尊として、その正面に五つの壇を置いて五壇法を

修したのであろう。この堂は南向きであったと考えられる[64]。

なお、丈六の五大明王を安置する五大堂では、母屋の柱間一間に一体の尊像を置き、仏壇は母屋の後方寄りに設けられていたと考えられる[65]。母屋の前半部分に五つの壇が置かれ、伴僧の座が南庇に設けられていたとすれば、『阿娑縛抄』五壇法にあげられた五壇法指図とまったく同じ空間構成となることは興味深い。

一方、五大堂以外の建築で五壇法が修されるときは、多くの場合、本尊となる五大明王の造立の記事がみられる。先にあげた長和二年の法性寺「五大堂南堂」での五壇法のほか、『中右記』嘉承元年（一一〇六）六月二十二日の条には、

今日太上皇於円宗寺金堂、供養丈六五大尊像、則被修御修法、

とあり、円宗寺金堂における丈六の五大明王を新たに造立しての修法であった。この修法は『阿娑縛抄』五壇法日記に、中壇を覚意、降三世を済暹、軍荼利を寛智、大威徳を厳覚、金剛夜叉を源覚が修したとされ、五壇法であったことがわかる。円宗寺で五大堂が建立されるのは永久三年（一一一五）三月三日のことで、この修法は円宗寺に五大堂の建立されていないときのものである。円宗寺でも、五大堂が建立された直後の同年三月二十日、さっそくここで五壇法が修されている[66]。

以上、平安時代中・後期の五大堂と五壇法の関係をみてきたが、道長再建の法性寺五大堂をはじめ五大堂で五壇法が修される場合、五大明王像を新造した記録はみられない。これは、五大堂での五壇法の本尊が五大堂に安置された五大明王像であったためと考えられる[67]。すなわち五大堂の空間は、五壇法をはじめとする修法の本尊として五大明王を常設する、恒常的かつ固定的な「密教空間」であった。

法勝寺五大堂は、願文に記されるところによれば「秘密之行法」、すなわち密教修法を修するための建築であるが、この修法は五大明王を本尊とする「降伏悪魔消散怨霊」のための修法であり、その最も中心となる修法は五壇法であった。また、平等院五大堂は『阿娑縛抄』五壇法日記の寛治三年（一〇八九）の条に、「毎年可被行御修法」とあるように、毎年のように修されていた。このように院政期には、五大堂は、そこに安置された五大明王を本尊とする修法のための建築としての性格を、確固たるものとしていたのである。

次に、五壇法をはじめとする修法のための五大堂が、いつ、いかにして成立したかについて、五壇法の成立過程と合わせて考察することにしたい。

四　五壇法のための五大堂の成立

1　修法のための五大堂の成立時期

まず、これまでに論じてきた五大堂と五壇法の関係の要点をまとめると、以下の五点になる。

一、五壇法の成立過程をみると、五壇法が成立したとされる十世紀半ば以前の延長三年（九二五）、法性寺新造堂の五大明王供養会で、五壇法と同じ形態があらわれていた。しかも、天慶三年（九四〇）には、ここで五壇法もしくはその前身となる修法が修され、法性寺新造堂は五壇法の成立と密接な関係をもっていたと考えられる。

二、五大堂の形態をみると、延喜十五年（九一五）建立の無動寺大堂までは、真言密教・天台密教を問わず三間四面、五大明王は求心的構成をとっていたと考えられる。ところが天台密教では、永観元年（九八三）建立の恵心院仏堂、寛弘三年（一〇〇六）再建の法性寺五大堂が五間四面となり、五大明王は横一列に並ぶ構成になっていた。これらに先行する、同じく天台系の法性寺新造堂は、五大明王を安置する仏堂、すなわち五大堂の形態変化の過渡期に位置する。

三、恵心院仏堂以降、五大堂では五大明王各々に母屋五間の柱間一間を単位とする個別の空間が割り当てられ、これを横一列に並べることで成り立っていたと考えられる。これらの五大堂の空間は、『阿娑縛抄』『門葉記』にあげられた本尊の鋪設による五壇法の空間構成と一致する。

四、道長再建の法性寺五大堂は、五大堂そのものが五壇法をはじめ、そこに安置された五大明王を本尊とする修法のための、固定的・恒常的空間となっていた。平安時代後期になると、五大堂は五壇法のための空間としての性格を確固たるものとしていた。

五、五壇法と同じ形態をとる法性寺新造堂での供養会・修法は、いずれも天台密教の僧侶によっておこなわれていた。また、五大堂の形態変化も、恵心院、法性寺といった藤原摂関家によって建立された天台系寺院でおこっていた。

こうした五つの点から、五大堂が五壇法のための建築となる変化は、天台系寺院で、建築形態が三間四面から五間四面となり、五大明王も求心的構成から横一列に並べる構成になる変化に対応していることが指摘できる。また、道長再建の法性寺五大堂は、五壇法をはじめとする修法のための五大堂となっていたが、安置仏である五大明王を本尊とする修法のための五大堂は、これより前の法性寺新造堂に成立していたと考えてよかろう。五大堂の形態変化の画期も、法性寺新造堂にあった可能性が高いと考えられる。

2　修法の発達と五大堂の形態変化

次に、五大堂の形態変化の背景を、五大明王を本尊とする修法の発展過程に注目してみておきたい。ここでは、『阿娑縛抄』五壇法所収指図などにみる五壇法の空間が、五大明王の各々個別の修法空間を横一列に並べることで構成されている点に注意しておく必要がある。再建法性寺五大堂で五大明王が横一列に並べられた構成も、個別の尊像を本尊とする修法の空間を並べたものとみなすことができ、鋪設による五壇法の空間と、五壇法の場となった五大堂の空間が密接な関係にあったことが考えられるからである。

さて、先に述べたとおり、五壇法は天台密教において不動法から発展したものとみられている。そこで五壇法成立以前に、五大明王のうち不動明王以外の尊像を本尊とする修法を求めると、天台密教で大威徳法が確認できる。「天台南山無動寺建立和尚伝」(68)には、貞観七年（八六五）、染殿皇后に天狐の霊が憑いたとき、この天狐は不動法にすぐれた僧侶真済の怨霊であったため、不動明王では効力がなく、大威徳明王の法をもって退散させたと伝えられる。この記事からは、不動法で降伏できなかった霊を同じ五大明王から選ばれた大威徳法で降伏する、換言すれば、複数の尊像をもって修法を修することにより、修法の効力の範囲を広げていく、という考えがうかがえよう。

相応が大威徳法を修した記事は『叡岳要記』にも引用され、相応の伝記のなかでもとくに著名なものである。景山春樹氏によれば、相応の伝記は藤原時代末期には編纂され、その記載内容はほぼ歴史的根拠をもち、信頼に値するものであるという(69)。

また、『天台座主記』には、

同（天慶）二年五月十九日、仰東国凶賊等可鎮護之由、依去承平五年海賊例、（中略）又比叡山座主尊意石清水検校義

海等各々率十口、修大威徳法、

とあり、天慶二年（九三九）、東国の兵乱を抑えるため、天台座主尊意、石清水検校義海等が大威徳明王を本尊とする大威徳法を修していた。同記には、

（天慶）四年五月　日、為調伏始今月十八日二七日、於比叡山、以座主権少僧都義海為阿闍梨伴僧十口、修大威徳法、延昌阿闍梨於法性寺修不動法、伴僧廿口、

とあり、天慶四年（九四一）にも、義海によって大威徳法が修されている。

このように、五大堂の形態変化がおこったとみられる十世紀前半より以前から、不動明王のみならず大威徳明王が修法の本尊となっていた点は重要である。先に指摘したとおり、五壇法は個別の尊像を本尊とする修法の集合体として構成されており、まず個別の修法が成立し、五壇法にいたったという成立過程が想定されるからである。天慶四年の修法では、比叡山では大威徳法、法性寺では不動法と、別の場所ではあるがそれぞれ一尊を本尊として、同じ目的で、同じ日に修法を修している。不動明王を本尊とする修法があったところに、大威徳法といった別の尊像を本尊とする修法があらわれ、次にこれら個別の修法を同時に修する要求が生じてきたのである。

このように修法が発達してくると、三間四面の平面形態で、しかも五大明王を求心的に配置している場合、個別の尊像の前に壇を置いて修法を修することはできない。天台密教の仏堂でも、三間四面で、しかも五大明王を求心的に安置する無動寺大堂は、たとえば、康保三年（九六六）に百日不動法が修されているように(70)、もっぱら不動法を修するための建築であったとみられる。すなわち五大堂は、不動明王・大威徳明王など個別の尊像を本尊とする修法、あるいは五大明王すべての修法を同時に修する要求から、その形態を変えたと考えられる。

3　五大堂の形態変化と五壇法の成立

五大堂の形態変化と五壇法の成立の関係については、
一、まず五壇法、あるいは五壇法と同じ形態の修法が成立し、この修法に合わせて五大堂が形態を変えた。
二、個別の尊像を本尊とする修法の発達に対応して、まず五大堂の形態が変化し、この五大堂での修法、あるいは五大明王供養会をもとに五壇法が成立した。
という、二つの可能性が考えられる。文献史料からみると、同時に五尊すべてに壇を設けたことが確認されるのは、延長三年（九二五）の法性寺新造堂の五大明王供養会が最初であり（**表6—1**を参照）、後者の関係とみなすのが妥当であろう。

法性寺新造堂五大明王の供養会は、天慶三年（九四〇）、法性寺新造堂で修された五壇法、もしくはその前身となる修法につながっていったと考えられる。そして五壇法そのものは、法性寺新造堂での五大明王供養会とここでの修法をもとに完成され、後に五大堂以外でも鋪設により広く修されるようになったと考えられる。鋪設による五壇法と五壇法のための五大堂が同じ空間構成をとることも、こうした五壇法の成立過程から理解されよう。

4　新たな五大堂の成立

法性寺新造堂では造立の目的が明確にされていないが、後の道長による法成寺五大堂建立は、藤原家に降りかかる怨霊の調伏が目的であり、五壇法と同じであった。法勝寺五大堂も、「降伏悪魔消散怨霊」のための「秘密之行法」、すなわち五壇法を修することを目的として建立されたのである。つまり、五大堂に安置する五大明王の造立は、五壇法の本尊としての五大明王を造立することと本質的に同じであった。五大堂を建立して五大明王を造立・安置し、五壇法を修することは、五大堂以外の場所で五大明王を造立し、五壇法を修することと同じ意義をもっていたといえよう。供養後にも修法の場となるこれらの五大堂は、五壇法のため、本尊である五大明王を安置し、修法の本尊からなる空間を常設した建築ともみなせる。

ところで、史料上、天台系寺院に最初に建立された五大堂は、延長三年の法性寺新造堂であり、それまで天台密教で五大明王が重視されることはなかったと考えられる。一方の真言密教においては、後七日御修法・仁王経法という、鎮護国家をうたったきわめて重要な修法で五大明王が用いられる。仁王経法では五大明王を中心とする仁王経曼荼羅図が本尊とされ、後七日御修法では『年中行事絵巻』宮中真言院の場面（図序―4）にみられるように、両界曼荼羅の間に五大明王の絵像が横一列に並べ懸けられる。とくに後七日御修法での五大明王の配置構成(71)は、法性寺東北院・再建法性寺五大堂という初期の天台系五大堂での配置と一致し、五大堂の形態変化にさいして、真言密教の修法における五大明王の構成が参照された可能性も考えられよう。

天台密教では、藤原摂関家との関わりのなかで不動明王を安置する相応の無動寺仏堂を経て、五壇法のための五大堂が生まれ、この五壇法のための五大堂は、真言密教の五大堂とはことなる新たな天台密教の五大堂であり、真言密教に対する天台密教の独自性の主張とみることができよう。平安時代後期、この新たな五大堂が、天皇の御願寺や貴族の氏寺に広く建立されるようになったのである。

以上の考察から、五大堂の形態変化と五壇法の成立の関係を図示したのが図6―7である。

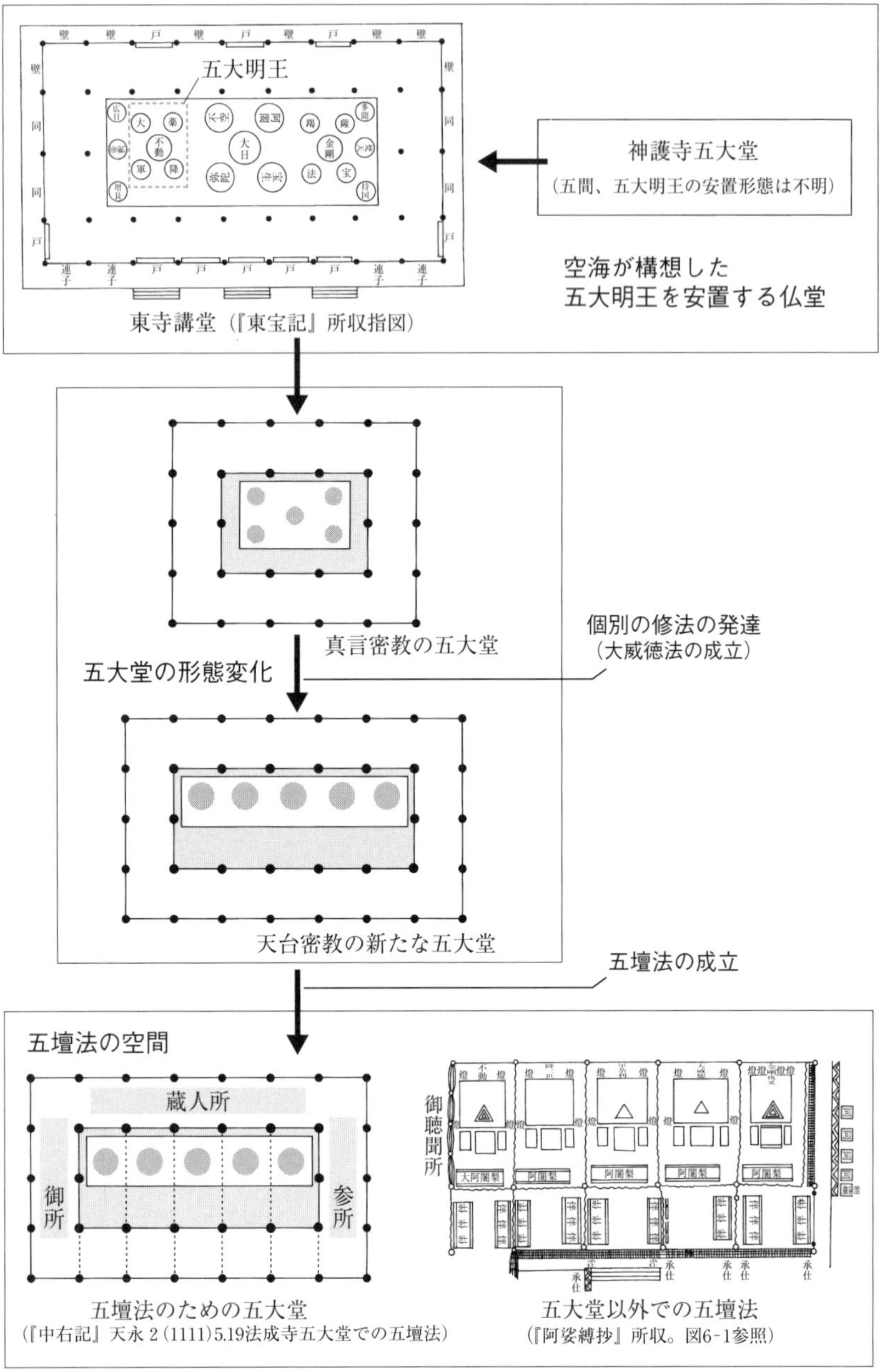

五大明王
神護寺五大堂
（五間、五大明王の安置形態は不明）
空海が構想した
五大明王を安置する仏堂
東寺講堂（『東宝記』所収指図）
真言密教の五大堂
個別の修法の発達
（大威徳法の成立）
五大堂の形態変化
天台密教の新たな五大堂
五壇法の成立
五壇法の空間
蔵人所
御所
参所
御聴聞所
五壇法のための五大堂
（『中右記』天永２（1111）5.19法成寺五大堂での五壇法）
五大堂以外での五壇法
（『阿娑縛抄』所収。図6-1参照）

図6―7　五大堂の形態変化と五壇法の成立

五　東寺講堂と仁王経法

ここまで、天台密教における五大堂と五壇法の密接な関係をみてきた。次に、仏堂と修法の結びつきが、後にいかなる展開をとげたか、五大明王を本尊とする真言密教の修法である仁王経法を例にみておきたい。

1　寛元三年東寺講堂での仁王経法

表6―2　鎌倉時代東寺講堂における仁王経法

開始年月日		大阿闍梨	目的	勧賞	備考
寛喜二・十二・二十一	一二三〇	親厳	天変消除	講堂に阿闍梨三口	
天福元・十一・十	一二三三	親厳	天変消除	厳海を権僧正に任ず	
嘉禎二・八・六	一二三六	親厳	鎮護国家	住房密花園院に阿闍梨三口	
暦仁元・十一・二十八	一二三八	真恵		東寺修造のため丹後国を付す	
寛元三・四・十三	一二四五	良恵	天変消除	金堂に阿闍梨五口	御衣・御衣使座・勅使座
文永五・三・二十三	一二六八	道勝	異国調伏		
弘安四・六・二十二	一二八一	定済	異国降伏		御衣・御衣使座・勅使座
弘安四・閏七・七	一二八一		異国御祈		醍醐寺文書による
建武二・十・二十一	一三三五	弘真	天下泰平		勅使
暦応五・四・二十三	一三四二	賢俊	当寺怪異	権律師を東寺に置く宣旨	「御衣使蔵人」（『続史愚抄』）

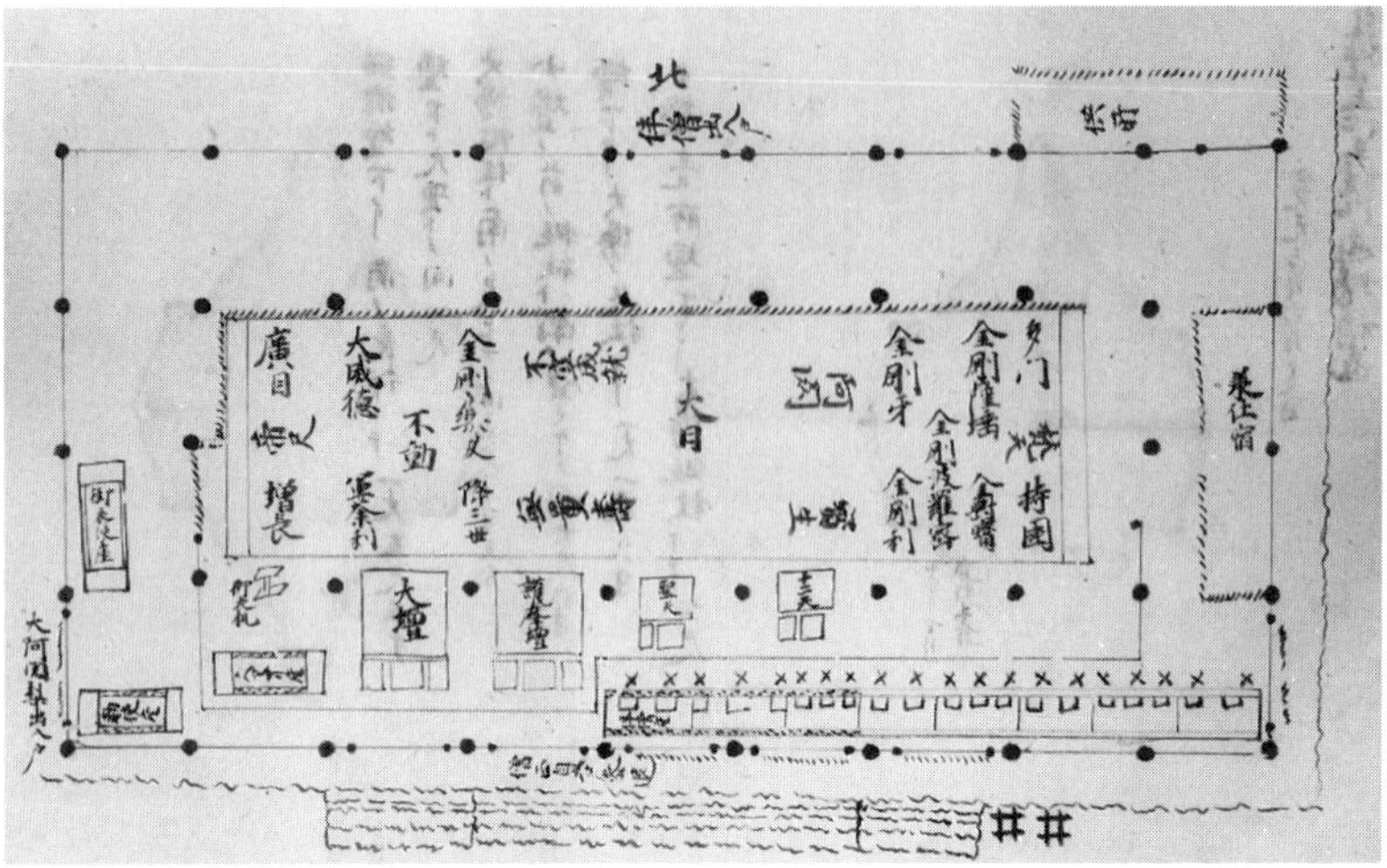

図6—8　東寺講堂仁王経法指図（称名寺蔵、神奈川県立金沢文庫保管）

五大明王を安置する仏堂は神護寺五大堂あるいは東寺講堂にはじまり、五大堂はもともと真言密教の建築であった。にもかかわらず、真言密教では平安時代を通じて、五大堂での際立った修法は確認できず、鎌倉時代になってようやく、東寺講堂でそこに安置された諸尊を本尊とする仁王経法がはじめられたことが、上野勝久氏によって指摘されている(72)。

『東宝記』第五「当寺代々御修法勤例」仁王経法の項によれば、この修法は寛喜二年（一二三〇）十二月を初見として、南北朝時代にかけて臨時に修される（**表6—2**）。とくに寛喜二年の修法については、

　弘法大師為鎮護国家、於講堂御勤行以後今度第二度也、

とあり、講堂では空海が修して以来、今回が二度目であるとされる。上野氏の考察によれば、平安時代に修された例はみられず、平安時代における東寺講堂での主たる仏事は、安居講（講経論義法要）と諸尊日供であったという(73)。

寛喜二年の修法について『明月記』同年十二月には、

　長者於東寺講堂可修仁王経法之由被仰件堂被安仁王経法曼陀羅、大師御建立也、久絶不行、

とあり、講堂での仁王経法が久しく修されていなかったことがわかる。また、講堂に空海造立の仁王経法の曼荼羅を安置するとあり、当時、講堂の諸尊からなる空間が仁王経曼荼羅とみなされていたこともわかる。

さて、『金沢文庫資料全書』第九巻[74]には、寛元三年（一二四五）四月十三日からおこなわれた東寺講堂仁王経法の指図（図6―8）がのせられる。上野氏の考証によれば、この法会では仮柱を建て、大幔を張り巡らし、尊像と大壇・護摩壇等を一体の空間としていた。さらに詳細にこの指図をみていくと、大壇が講堂の中央より左側、五大明王の正面に置かれていることがわかる。東寺講堂での仁王経法は、講堂内の尊像すべてを一体とした空間構成をとりつつも、五大明王を中心とする修法であった。

また、講堂内、大阿闍梨座の前には御衣机が置かれ、西庇には勅使座・御衣使座[75]が設けられており、天皇の実際の御幸は確認されなくとも、勅会修法という形態をとっていた点も注意されよう。

2　仁王経曼荼羅と東寺講堂の羯磨曼荼羅

仁王経法は、空海が弘仁元年（八一〇）、国家のために修することを請い[76]、高雄山寺で修したことにはじまったとされる。この仁王経法がいかなる形態で修されたか明らかにしえないものの、このとき高雄山寺に五大明王をはじめ、仁王経法に関わる諸尊を安置する建築は確認されず、本尊の鋪設による修法であったとみられる。

一方東寺では、延喜二十二年（九二二）の『不灌鈴等記』[77]東寺講堂諸尊の図に「仁王経曼荼羅」と書き込まれ、十世紀初頭というかなり早い時期から、講堂諸尊が「仁王経曼荼羅」とみなされていたことがわかる。松浦正昭氏は、講堂諸尊の典拠は中国成立のものとみなし、これら諸尊からなる羯磨曼荼羅（立体曼荼羅）を、梵本金剛頂経に基づく、中国における仁王経曼荼羅成立初期の姿を伝えるものと考える[78]。

また『不灌鈴等記』には、

真言最初場、公家御祈、大師始令行之、霊験尤有之、

とも記される。この記述は、東寺講堂での空海による修法を示唆する[79]。

講堂の建築は空海の入定前に完成していたと考えられるが、諸尊の開眼供養は空海入定後のことであり、講堂諸尊をもって空海が仁王経法を修したとは考えにくい。あるいは諸尊の完成以前に、空海が講堂で本尊の鋪設による仁王経法を修していた可能性も考えられよう。しかし、講堂諸尊が開眼供養されて以降、平安時代を通じて東寺講堂では、寛元三年の仁王経法のような修法は修されなかったと考えられる。

平安時代、仁王経法は宮殿や住宅など多様な場所に、臨時的に仁王経曼荼羅図を鋪設して修されていた[80]。仁王経法で用いられる仁王経曼荼羅は、仁海によって作成されたものと、これをもとに定海が改めたものがよく知られているが、仁海によって曼荼羅図が作成される以前は、奈良時代からの鳩摩羅什訳『仁王般若波羅蜜経』に基づく、五大力菩薩像を本尊絵像としていたとする説もある[81]。仁海・定海いずれの曼荼羅図も三重構造で、中心に不動明王を、二重に降三世・軍荼利・大威徳・金剛夜叉を配している[82]。五大明王の前に大壇を置き、不動明王を中心とする東寺講堂での修法は、仁王経法の本尊が絵画である仁王経曼荼羅図から、彫刻の尊像に代わったとみなすことができる。

ところで、東寺講堂の金剛界五仏を中心とする羯磨曼荼羅は、十世紀初頭には仁王経曼荼羅とみなされていたので、これを本尊とする修法は中央の金剛界五仏を中心とすべきであろう。しかし、寛元三年の東寺講堂での修法本尊が、金剛界五仏ではなく、仁海作成の仁王経曼荼羅と同じ五大明王を中心としていたことは、平安時代、仁王経法が東寺講堂と離れていたことを傍証しているといえよう。

つまり、東寺講堂の創建以来、［仁王経法の空間＝密教法会空間］は、仁王経曼荼羅図を鋪設する臨時的・流動的空間として、［東寺講堂＝密教曼荼羅空間］から離れていたが、鎌倉時代になって両者が一体化したのである。

3　仁王経法勤修の背景

東寺講堂で仁王経法がはじめられたのは十三世紀初頭と考えられるが、この時期が、まさに鎌倉時代の東寺転換の時期にあたることは注目に値する。

天福元年（一二三三）、親厳の宿願[83]として弘法大師像が造立され、西院不動堂に安置された。この像は延応二年（一二四〇）には不動堂の北の御影堂に移され、御影堂が成立する。御影堂には五人の供僧が置かれ、御影供がはじめられた。さらに宣陽門院によって仏舎利・五重小塔（重要文化財）が施入され、舎利講がおこなわれるようになった。上島有氏は、御影堂の成立とそこでの諸法会の整備は、それまで講堂において分かち難く融合していた「密教の根本道場」と「鎮護国家の堂宇」という二つの性格のうち、前者は御影堂に移り、講堂は鎮護国家の道場としての性格を鮮明にしたとする[84]。

東寺講堂での仁王経法は、空海が修したとされる修法を別にするならば、文献史料から知られる限り、寛喜二年（一二三〇）十二月二十一日から同二十八日まで、天変御祈のために修された修法が最初である。『東宝記』第五「当寺代々御修法勤例」仁王経法の項には、

寛喜二年十二月廿一日戊寅、土曜、弖宿、復日、長者法務権僧正親厳、為天変消除、於講堂行之、（中略）同廿八日結願、為勧賞、被寄置阿闍梨三口於当堂畢、

とあり、この修法を親厳が修していたことが注目されよう。また、この修法の賞として講堂に阿闍梨三人を賜って

おり、ここに東寺講堂での新しい動きをみることができる。親厳は、建保三年（一二一五）に東寺三長者に就いて以来、二長者あるいは三長者の地位にあり、仁王経法をはじめたのと同じ年である寛喜二年、長らく途絶えていた講堂修正会を復興していた。[85][86]

さらに、「王を教化し国を護る」という「教王護国寺」なる呼称も、鎌倉時代になって寺院側から強く表面に押しだすようになったという。[87] 天福元年（一二三三）十月の奥書をもつ聖賢の「東寺事」[88]に、

教王護国寺名、専被此講堂歟、

とあらわれるように、「教王護国寺」という呼称が、とくに講堂と結びつけられている点も注目されよう。

仁王経法は、真言密教きっての鎮護国家の修法である。これを東寺講堂で修し、御衣加持を通じて鎮護国家を祈ることは、講堂、ひいては東寺の鎮護国家道場としての性格を強く打ちだすことになる。講堂での仁王経法の勤修は、御影堂の成立とともに、鎌倉時代東寺の新たな転換における、きわめて重要な動きと位置付けられる。また、東寺講堂での仁王経法の勤修は、空海にその由来が求められているところをみると、寛喜二年の仁王経法は空海がはじめた修法の復興であり、空海尊崇へと帰着される。弘法大師信仰を軸とした中世東寺への胎動は、御影堂の成立以前から、親厳を中心として、講堂においてすでにはじまっていたとみるべきであろう。

おわりに——密教曼荼羅空間と密教法会空間の一体化——

以上、五大堂の形態変化と五壇法の成立との関係に注目して、「密教空間」の展開の一側面、すなわち仏堂の安置仏からなる空間と修法との結びつきについて論じてきた。

五大堂はもともと真言密教の建築で、三間四面という平面形態をとり、五大明王は東寺講堂のように不動明王を中心とする求心的構成をとっていたと考えられる。ところが五大明王の個別の尊像を本尊とする修法が発達してくると、それらを本尊とする修法に対応すべく、十世紀前半ころ、藤原摂関家と天台密教の密接な関係のもと、五大堂は五間四面、母屋五間の各柱間に五大明王各一体を安置する形態へと変化した。そして、ここでの供養会・修法をもとに五壇法という重要な修法が成立したと考えられる。ここに、修法の本尊となる五大明王を恒常的・固定的に安置する修法のための仏堂として、初期真言密教の五大堂とはことなる、新たな天台密教の五大堂が成立した。後世、法成寺あるいは六勝寺などには、真言密教の五大堂ではなく、この新たな五大堂が建立されたのである。

五壇法が本尊の鋪設による修法として、住宅等で広く修されるようになる一方で、摂関期盛期から院政期になると、五大堂はそこに安置された五大明王を本尊とする修法、なかでも五壇法のための仏堂という性格を確固たるものとしていた。このとき五大堂では、「五壇法の空間＝密教法会空間」と、「五大堂の空間＝密教曼荼羅空間」が完全に一体化していた。

さらに鎌倉時代、転換期を迎えた東寺では、講堂でそこに安置された五大明王像を本尊として仁王経法を修し、講堂が鎮護国家の道場であることをより強く打ちだした。空海以来、別々に存在していた「東寺講堂の空間＝密教曼荼羅空間」と「仁王経法の空間＝密教法会空間」が、このとき一体化したのである。この仁王経法は、平安時代に五大堂のような修法のための仏堂が成立し、安置仏からなる仏堂空間と修法が結びつけられてはじめて可能になったと考えられる。五大堂の形態変化がもつ、建築史上、とくに「密教空間」の展開における意義は、密教導入段階では別々に存在していた「密教法会空間」と「密教曼荼羅空間」とを結びつける、画期となったところにあるといえよう。

註

（1）速水侑「摂関体制形成期の秘密修法」（同『平安貴族社会と仏教』吉川弘文館、一九七五）。

（2）伊東史朗「真言密教彫像論」（『新編　名宝日本の美術8　神護寺と室生寺』小学館、一九九二）。

（3）澤登宜久「古代後期の仏堂空間について—その7—」（『日本建築学会大会学術講演梗概集（北海道）』、一九七八）。本論文の内容は、同学位論文『日本古代建築における密教的建築空間の研究』（私家版、一九八三）において、「連祀系の仏堂」としてまとめられ、後に同①「秘密修法の道場と仏堂空間について—その1— —密教的空間の研究（3）—」（『日本建築学会計画系論文報告集』三三七、一九八四）、同②「秘密修法の道場と仏堂空間についてーその2—」（同三五一、一九八五）として発表されている。

（4）澤登氏は、前掲註（3）②論文において、「建築空間が修法のみによって規定されるものではないにしても、少なくとも修法道場を構成するという具体的な可能性を内包させるべく変化してゆくという蓋然性は高いものとなったと思われる」と、修法（五壇法）空間の形態が、建築（五大堂）空間の構成を規定した可能性が高いとみなす。

（5）清水擴「平安時代の寺院建築」（『文化財講座　日本の建築2　古代Ⅱ・中世Ⅰ』第一法規出版、一九七六）。

（6）前掲註（1）速水著書。

（7）前掲註（1）速水論文。

（8）『大正新脩大蔵経』図像八・九。以下、『阿娑縛抄』はこれによる。

（9）『大正新脩大蔵経』図像十一・十二。以下、『門葉記』はこれによる。

（10）これらの五壇法指図には、幔で囲まれた修法の空間の外に、五つの閼伽棚が置かれているものがみられる（元弘元年〈一三三一〉九月、永和四年〈一三七八〉十月の修法）。次に述べるように、これらの閼伽棚は、一尊に一つずつ準備されたとみることができよう。

（11）『密教大辞典』五壇法の項、前掲註（1）速水論文を参照。

（12）大壇・護摩壇・聖天壇・十二天壇・神供壇（神供壇は息災・増益の護摩壇になることもある）の五壇を用いる五壇構の修法が五壇法と呼ばれることもあるが（『密教大辞典』五壇構、五壇法の項）、五大堂を問題としている本章では、五大明王を本尊とする修法を対象とする。また、五大明王を本尊とする修法には、五尊を一壇で修する五大尊合行もあり（『密教大辞典』五大尊一壇法の項を参照）、『阿娑縛抄』五大尊合行には、「第一可修此法事」として「五大堂供養法尤大切也云々」と、五大堂の供養法で最も大切であるとされる。

（13）『密教大辞典』五壇法の項を参照。

（14）東西兵乱とは東の平将門、西の藤原純友の乱を指すが、これら兵乱降伏のため、多くの修法がなされた。このときの修法は、前掲註（1）速水論文にまとめられている。これらの修法のなかには、『日本紀略』天慶三年（九四〇）八月二十九日の条に、

紀伊国飛驒、言南海海賊事、於天台山始五壇修法、

とあるように、本尊は不明ながら「五壇修法」がふくまれていた点は注目される。

（15）『日本紀略』同年十月十日の条に「以法性寺為定額寺」とある。

（16）『本朝世紀』同年七月三日の条。

（17）渋谷慈鎧校『天台座主記』天慶四年（九四一）の条。

（18）延長四年（九二六）七月四日、延長九年一月八日、天慶二年（九三九）十月二十六日に法性寺で修法があったことが知られる。藤原忠平の法性寺での修法については、西田直二郎「藤原忠平の法性寺及び道長の五大堂」（同『京都史蹟の研究』吉川弘文館、一九六一）を参照。

（19）『扶桑略記』第二十四裏書　同年八月二十一日の条には、「自今日七ケ日有御修法事、依御薬也、僧二十三人」とあり、五大明王は、この修法の本尊とされたのかもしれない。

（20）東寺創建一千二百年記念出版編纂委員会編『東寺の歴史と美術　新東宝記』（東京美術、一九九六）山岸常人講堂解説による。

（21）『国宝　東宝記原本影印』（東京美術、一九八二）。

（22）高田修「東寺講堂の諸尊とその密教的意義」（『美術研究』二五三、一九六七）、前掲註（20）『東寺の歴史と美術新東宝記』伊東史朗講堂彫刻解説。なお、後に述べるように、これらの尊像を、中国における仁王経曼荼羅成立初期の姿を伝えるものとする説もある。

（23）伊東史朗氏は前掲註（2）論文において、善財寺本『神護寺略記』に「天長元年造営之」とあることをもって、

神護寺五大堂の五大明王が日本密教史上最初の五大明王であり、東寺講堂の五大明王の先駆けをなすものとみなす。
(24) 福山敏男「神護寺承平実録帳と神護寺諸堂記」(『福山敏男著作集　第三巻　寺院建築の研究　下』中央公論美術出版、一九八三)による。以下、『神護寺承平実録帳』および『神護寺諸堂記』はこれによる。
(25) 『校刊美術史料　寺院篇中』(中央公論美術出版、一九七五)所収。
(26) 上野勝久氏は「平安初期神護寺の伽藍構成とその配置」(『日本建築学会計画系論文報告集』三七二、一九八七)において、『神護寺承平実録帳』の五大堂を「五間」とする記述、および寛喜二年(一二三〇)の「神護寺寺領牓示図」(京都国立博物館編『古絵図』、一九六八)に切妻で描かれることをもって、神護寺五大堂を庇のない桁行五間、切妻の建築とみなす。『神護寺承平実録帳』の建築平面の表記法は、はじめに桁行柱間数を記し、次に傍註として庇を記しており、この表記法にしたがうならば上野氏の解釈も成り立ちうる。後に述べるように、真言密教では、後七日御修法において不動明王を中心に、五大明王が横一列に並べられ、創建時の五間の規模をもつ神護寺五大堂では、五大明王が横一列に並んでいた可能性はある。
(27) 『平安遺文』一六四号。
(28) 紺野敏文「仁和寺本五仏像と安祥寺五智如来像について」(『仏教芸術』一二一、一九七八)、副島弘道「安祥寺五智如来像の造立年代と承和以後の作風展開」(『仏教芸術』一三三、一九八〇)。なお、紺野・副島両氏は、『安祥寺伽藍資財帳』にあげられる下寺の毘盧遮那五輪率都婆の安置仏と考えられてきた京都国立博物館蔵五智如来像を、上寺の礼仏堂に安置仏とする。しかし、伊東史朗氏は前掲註(2)論文において、現在、東寺観智院に安置されている五大虚空蔵菩薩が上寺礼仏堂に安置され、五智如来像は、やはり下寺の毘盧遮那五輪率都婆に安置されていたと考える。
(29) 梶川敏夫「平安京周辺の山岳寺院(京都府)」(『仏教芸術』二六五、二〇〇二)。なお、資財帳に五大堂の規模は「長四丈」と記されるが、これは正面の全長ではなく、側面の全長であった可能性が考えられる。
(30) 中島俊司校本。
(31) 『続群書類従』巻第七百七十八。
(32) 福山敏男「初期天台真言寺院の建築」(前掲註(24)同著書)。

（33）副島弘道「醍醐寺木造大威徳明王像」（『美術史』一二三、一九八六）。
（34）「故僧正法印大和尚位真雅伝記」（『弘法大師伝全集』第十所収）によれば、貞観寺にも五大堂があったことが知られるが、その平面形態は明らかにしえない。また『勧修寺文書』によれば、等身五大尊、如意輪、阿弥陀三尊、四天王、地蔵を安置する五間四面（七間礼堂がつく）の仏堂が建てられたが、五大明王の構成は不明である。
（35）無動寺の沿革については、景山春樹『比叡山寺』（同朋舎、一九七八）を参照。
（36）『群書類従』巻第四百三十九。
（37）『国史大辞典』叡岳要記の項を参照。
（38）この指図では、母屋の南東角、西面中央の柱が描かれていない。『叡岳要記』の「三間仏堂」という記事、指図にみる須弥壇の形状・位置から、この仏堂は三間四面と判断され、柱の記載が漏れていたと考えられる。
（39）比叡山における五大明王関係の記事を『山門堂舎記』『叡岳要記』に求めると、

　貞観五年（八六三）、無動寺相応が不動明王造立
　延喜十五年（九一五）、無動寺に仏堂建立
　天暦七年（九五三）ころ、蓮華院五間堂に五尺五大尊を安置
　天延三年（九七五）、首楞厳院中堂に聖観音の右脇侍として等身不動明王を安置
　寛和三年（九八七）、釈迦・阿弥陀・如意輪・毘沙門等とともに五大尊を安置

となる。このように天台密教では、五大明王が安置されるようになるのは無動寺大堂以降と考えられる。
（40）『群書類従』巻第四百三十八。
（41）法性寺についての研究は、前掲註（18）西田論文の他、杉山信三「法性寺から東福寺へ」（同『院家建築の研究』吉川弘文館、一九八一）があり、沿革はこれらの研究にしたがうことにする。
（42）前掲註（18）西田論文、『京都市の地名』法性寺跡の項を参照。
（43）山岸公基「同聚院（旧法性寺五大堂）不動明王像の造立とその意義」（『美術史』一二八、一九九〇）、副島弘道「同聚院木像不動明王像と法性寺五大堂本尊」（佐藤道子編『中世寺院と法会』法藏館、一九九四）。
（44）『本朝続文粋』巻第十二。

（45）前掲註（41）杉山論文。

（46）もちろん恵心院以降も、五大明王を求心的に配置したと考えられる五大堂、あるいは三間四面の五大堂は建てられていた。

『多武峰略記』には、

五大堂柿葺一間四面元檜皮葺、

件堂者、承暦之比、検校円寿申関白師実公建立之、（中略）件堂天仁焼失、其後所作承安焼失、安置五大尊等身像各一体、件像者、摂津国住人兵衛尉兼知功也、

とあり、承暦年間（一〇七七～八一）ころ、一間四面の仏堂に等身の五大明王像を安置しており、この五大堂では求心的構成をとっていたと考えられる。

なお、天元三年（九八〇）二月二日の「某寺資財帳」（『平安遺文』三一五号）に、

三間四面檜（皮脱カ）葺北堂一宇在礼堂庇、

奉安置五大尊像一具、

已上主水令史調茂真奉造、

とあり、五大明王を安置する三間四面の仏堂が建立されている。しかし、この堂の建立年代、寺院の名称などは明らかにしえない。

（47）ここで取り上げたもの以外にも、五壇法が成立する前後に五大明王を安置する仏堂が確認され、『山門堂舎記』には、

蓮花院

葺檜皮五間堂一宇、安置五大尊像各一体居高五尺、

同九間僧房一宇

冷泉院太上天皇為儲君之時、天暦七年律師明達房為御祈願、践祚之後賜五僧供矣、

とあり、比叡山東塔蓮華院には檜皮葺の五間堂があり、五大明王を安置していた。この建築が、母屋五間であったか三間四面であったかは明らかでない。天暦七年（九五三）以前には建立されたとみられるが、五大明王の配置構

(48)成についても、これだけの史料からは明らかにしえない。
(49)前掲註(25)『校刊美術史料　寺院篇中』所収。
(50)平等院五大堂の建立年代については、杉山信三「平等院の院家」(前掲註(41)同著書)を参照。
(51)前掲註(25)『校刊美術史料　寺院篇中』所収。
(52)冨島義幸「法勝寺の伽藍形態とその特徴」(『日本建築学会計画系論文集』五一六、一九九九)。
(53)「尊勝寺供養記」(前掲註(25)『校刊美術史料　寺院篇中』所収)。
(54)『大日本史料』同年十二月十七日の条。五大堂についての記事は、同日の条所収「大間成文抄」。
(55)『長秋記』同年十二月二十六日の条。
(56)『平安遺文』五〇九八号「成勝寺年中相折帳」に「五大堂料」とある。
『御室相承記』高野御室。『御室相承記』は『奈良国立文化財研究所史料第三冊　仁和寺史料　寺誌編一』(一九六四)による。
(57)『六地蔵寺善本叢刊　第三巻　江都督納言願文集』(汲古書院、一九八四)所収。
(58)前掲註(56)『仁和寺史料　寺誌編一』所収。
(59)法性寺には四菩薩を安置する「南堂」があり、「五大堂南堂」はこの仏堂であった可能性も考えられる。前掲註(43)副島論文では、この五大堂は南面し、その南に礼堂があったと考え、この「南堂」が五大堂の南に建つ独立した礼堂のような建築であったとするが、現段階では明確にしえない。
(60)『大日本史料』同日の条所収。
(61)『為房卿記』同日の条に、「今夕殿下参籠、法性寺五壇修法即被始、北政所依不例御也」とある。
(62)『阿娑縛抄』五壇法日記に、「中宮行啓法性寺、□籠御五大堂也、被始五壇御修法」とある。
(63)『中右記』同年二月十四日の条に、「法性寺依心神不例所籠也、五壇修法」とあり、『阿娑縛抄』五壇法日記同日の条に、「今夕令籠法性寺五大堂給、被修五壇法」とある。
(64)清水擴「法成寺伽藍の構成と性格」(同『平安時代仏教建築史の研究』中央公論美術出版、一九九二)。清水氏は、『長秋記』保延元年(一一三五)一月十七日の条に、五大堂は北向きを常とするが、道長の命によって南向きにしたとあることをもって、法成寺五大堂を南向きとみなす。

(65) 平安時代後期、丈六の仏を複数安置する仏堂では、須弥壇が母屋梁行二間の後方寄りに設けられる形式が広くみられる。この形式が指図から確認される事例として、丈六の薬師七体を安置する法勝寺薬師堂があげられる。『門葉記』巻第百二十五「灌頂五」所収の指図(**図7—1**)をみると、この仏堂では母屋の梁行のおよそ後ろ半分を須弥壇が占め、前半部分に壇を置くことは充分可能と考えられる。

(66) 『阿娑縛抄』五壇法日記。

(67) 仏堂の安置仏を修法の本尊とした事例は、第七章に論じるように、法成寺薬師堂・観音堂での七仏薬師法・六観音法でも確認される。

(68) 『群書類従』巻第六十九。

(69) 景山春樹「葛川明王院と地主神社」(同編『比叡山と天台仏教の研究』名著出版、一九八六)。

(70) 『大日本史料』第一編之十一、六八二頁「延喜天暦御記抄」三月十七日の条。

(71) 『密教大辞典』五大明王の項を参照。

(72) 上野勝久「東寺講堂と仁王経法について」(『日本建築学会大会学術講演梗概集(東海)』〈一九九四〉。後に平安時代における東寺講堂での仏事の検討を加え、同学位論文に再録)。同氏による指図の検討は、神奈川県立金沢文庫編『金沢文庫資料全書 第九巻 寺院指図篇』(一九八八)の指図解説でもなされている。

(73) 『続群書類従』巻第七百三十八「仁王経法勤例」をみても、東寺講堂での修法は寛喜二年十二月二十日が初見である。

(74) 前掲註(72)『金沢文庫資料全書 第九巻 寺院指図篇』。なお、『醍醐寺文書』一〇三函六九号(東京大学史料編纂所蔵『三宝院文書』二六所収)には、弘安四年(一二八一)の東寺講堂仁王経法指図がのせられる。

(75) この指図には、「大アサリ座」の前に御衣机が描かれる。後七日御修法では、天皇が出御しない場合、御衣を加持するため(『望月仏教大辞典』後七日御修法の項を参照)、御衣机が設けられる。寛元三年の仁王経法でも、御衣使座・御衣机が設けられることから、天皇の出御を前提とする修法であったことがうかがえる。

(76) 『性霊集』第四「奉為国家請修法表」(岩波日本古典文学大系『三教指帰・性霊集』、一九六五)。

(77)『大正新脩大蔵経』巻第七十八所収。
(78) 松浦正昭「東寺講堂諸尊と弘法大師の構想」(『週刊朝日百科　日本の国宝六五　教王護国寺(東寺)1』、一九九八)。
(79)『東寺王代記』同年同日の条にも「大師、天長年中、於当堂行此法給之後、第二度例也」と、講堂での仁王経法の勤修が空海に求められている。
(80) 望月信亨編『仏教大辞典』仁王経法の項を参照。
(81) 中野玄三「仁王経法と不動明王像」(佐和隆研・濱田隆編『密教美術大観　第三巻　菩薩・明王』朝日新聞社、一九八四)。
中野氏は、観智院本『東寺金堂講堂灌頂院本尊座位』(中野玄三「東寺灌頂院の柱絵」〈『美術研究』二三一、一九六三〉所収)講堂の条に、講堂柱に百仏百菩薩百羅漢の図があったと記されることをもって、『仁王般若波羅蜜経』『仁王護国般若波羅蜜多経』にこれらの典拠を求めたが、純密の後者に百羅漢は説かれず、顕教の前者にすべてあらわれることをもって、東寺講堂の柱絵が前者に基づいて描かれたとみなす。さらに、これをもとに、仁海による仁王経曼荼羅成立以前には、『仁王般若波羅蜜経』に基づく仁王会が仁王経法に代わるものであり、その本尊として五大力菩薩像が用いられたと推定する。
(82) 望月信亨編『仏教大辞典』仁王経曼荼羅の項を参照。なお、仁王経曼荼羅としてこれらの図のほか、大日如来を中心に置く真然御伝の図、大日如来をはじめとする金剛界五仏を中心に置く元杲の図などがあげられる(『密教大辞典』仁王経曼荼羅の項)。しかし、東寺講堂での仁王経法は、大壇が五大明王の正面に置かれていることから、仁海・定海の曼荼羅図に基づいていたと考えられる。
(83)『東寺長者補任』天福元年(一二三三)十月十五日の条。
(84) 上島有「古代・中世の東寺―「教王護国寺」の歴史的考察―」(前掲註(20)『東寺の歴史と美術　新東宝記』)。
(85) この仁王経法の賞として阿闍梨三口を賜ったことは、『東寺百合文書』せ太政官補任一之二十九「太政官牒東寺応置講堂阿闍梨参口事」からも知られる。
(86) 橋本初子氏は「西院御影供と御影堂の興隆」(同『中世東寺と弘法大師信仰』思文閣出版、一九九〇)において、親厳を、弘法大師信仰を中世東寺に定着させる基礎をかためた人物として注目する。この他、親厳は寛喜四年（一二三二）・貞永二年（一二三三）・嘉禎二年（一二三六）に灌頂院御影供をおこない、嘉禎二年八月には、毎年三月二十一日の灌頂院御影供を勅会とする官宣旨を賜っている。

(87) 鈴木良一「東寺と教王護国寺という寺名」（『日本歴史』三四八、一九七七）。

(88) 『日本彫刻史基礎資料集成　平安時代　重要作品篇二』（中央公論美術出版、一九七三）所収。鈴木氏は、前掲註（87）論文において、東寺を「教王護国寺」と呼ぶ史料としては、この記事が当論文執筆段階における最初の例であるとする。

第七章　御願寺・氏寺の伽藍と密教修法

はじめに

第六章において、五大堂の形態変化と五壇法の成立の密接な関係をみてきた。十世紀、摂関家との関わりのもと、天台密教で五壇法が成立する過程において、修法の本尊となる五大明王を恒常的・固定的に安置する仏堂として、初期真言密教の五大堂とはことなる新たな五大堂が成立した。後世、法成寺などの氏寺や六勝寺をはじめとする御願寺には、この新たな五大堂が建立されることになった。

摂関期盛期から院政期には、五大堂以外にも、安置仏を本尊として修法を修した仏堂が知られる。七仏薬師堂・六観音堂・九体阿弥陀堂などである。御願寺・氏寺では、こうした修法のための仏堂が数多く建立されていたのであり、密教修法は個別の仏堂の性格を考えるうえで重要なことはいうまでもなく、伽藍の在り方を考えていくうえでも重要な意味をもつといえよう。

本章では、御願寺・氏寺において、五大堂以降、仏堂と密教修法の関係がいかに展開するのかを検討し、平安時代中・後期の伽藍に密教が与えた影響の一端を明らかにすることを目的とする。

一　七仏薬師堂・六観音堂での修法

1　法成寺薬師堂における七仏薬師法

万寿元年（一〇二四）に建立された法成寺薬師堂は、『日本紀略』同年六月二十六日の条に、

入道大相国法成寺内建立瓦葺十五間堂、奉安置七仏薬師六観音像、号浄瑠璃院、供養之儀、准御斎会、以天台座主（院源）為講師、

とあるように、「浄瑠璃院」とも呼ばれる十五間四面の長大な建築であり、供養会では天台座主院源が講師を勤めた。『小右記』治安三年（一〇二三）十二月二十三日の条には、

今日法成寺大仏奉安置於堂、依参入、（中略）十五体丈六金色仏菩薩奉載力車（七仏薬師、日光、月光、六観音）

とあり、薬師堂には丈六の七仏薬師像各一体と日光・月光両菩薩、六観音像の計十五体が安置された。七仏薬師をはじめ十五体の尊像は、母屋十五間の各柱間に一体ずつ納められていたと考えられる。

『阿娑縛抄』[1]巻第二百十二「諸法要略抄」には、

万寿四年二月日、於法城（成）寺薬師堂、無動寺座主慶命修之、

とあり、建立後間もない万寿四年（一〇二七）に、無動寺座主慶命をもって七仏薬師法が修された。また、『兵範記』久寿二年（一一五五）五月二十八日の条には、法成寺薬師堂での七仏薬師法について、

今夕、左府北方祈於法成寺薬師堂、被始行七仏薬師法、法印大僧都相命勤修之、（中略）無別本尊於本仏前勤

修之、

とあり、別に本尊を設けることなく、薬師堂に安置された七仏薬師像をもって修したという。この薬師堂も五大堂と同じく、密教修法のための仏堂となっていたのである。

ところで、先に五壇法と比較したように、七仏薬師法では薬師如来計七体を横一列に並べながら、七仏薬師のすべてを一体の空間とし、大壇・護摩壇・十二天壇・聖天壇・薬叉壇を用いて修する、いわゆる大法の形式をとる（図6―3を参照）。ところが七仏薬師法は、はじめからこうした大法の形式をとるわけではなかった。以下に、その形式の変遷をみておきたい。

2　七仏薬師像の形式と七仏薬師堂

平安時代の七仏薬師の造像事例をみていくと、真言密教の東寺講堂の本尊薬師如来像について『東宝記』には、

本尊形像

古記云、延暦十五年丙子造東寺云々、金堂薬師形像、其時被造立歟云々、

別尊要記第四心覚云、金堂中尊薬師丈六、光上七仏薬師三尺、下十二神将三尺、脇士日光月光八尺云々、

とあり、東寺金堂の丈六薬師如来は、脇侍の日光・月光両菩薩を備え、薬師如来の光背に三尺の七仏薬師を、化仏のようにつくりだしていた。『覚禅鈔』[2]巻第三「薬師法」にも、仁和寺北院の空海の御持仏である薬師如来像について、

大師御本尊、

仁和寺北院薬師像、

白檀六寸像、光中造七仏薬師、日光月光座辺十二大将、
喜多院件像大師御持仏云々、

とあり、やはり光背に七仏薬師、日光・月光の二菩薩、十二神将をあらわす形式である。光背に七仏薬師をあらわすのは、奈良時代の薬師寺本尊である薬師如来と同じであり(3)、真言密教において七仏薬師像は、顕教すなわち奈良時代からの形式を継承していたとみられる。

一方、奈良時代にも、新薬師寺では九間の仏堂に「七仏浄土七軀」、すなわち七体の薬師如来像を安置したことが知られる(4)。

平安時代の事例としては、『叡岳要記』上には根本中堂について、

貞観元年、以遍昭僧正為導師、遂供養大会、見于座主略伝、
七仏薬師像七体各立高二尺、
資財帳云、七体内一体闕左手、一体闕右手也、不知本願主誰人云々、
或記云、智證大師十二箇条起請文在之、智證大師自造也、本安置前唐院、天台座主時移止観院内陣畢、

とあり、貞観元年（八五九）に二尺の立像七体からなる七仏薬師を供養した。『九院仏閣抄』によれば、七仏薬師像は御帳内に安置されていたという(5)。同抄所収の「中堂壇上図」をみると、須弥壇中央に御帳が設けられており、その中に七仏薬師と記されている。この後、七仏薬師を安置する仏堂は、先にみた藤原道長の法成寺薬師堂を待たなければならない。

法成寺薬師堂の後は、比叡山持明院について『叡岳要記』に、

持明院五間四面堂、中門廻廊、丈六金色薬師像、加等身薬師像六体、梵天帝釈、白河院御願、承暦四年供養式准□

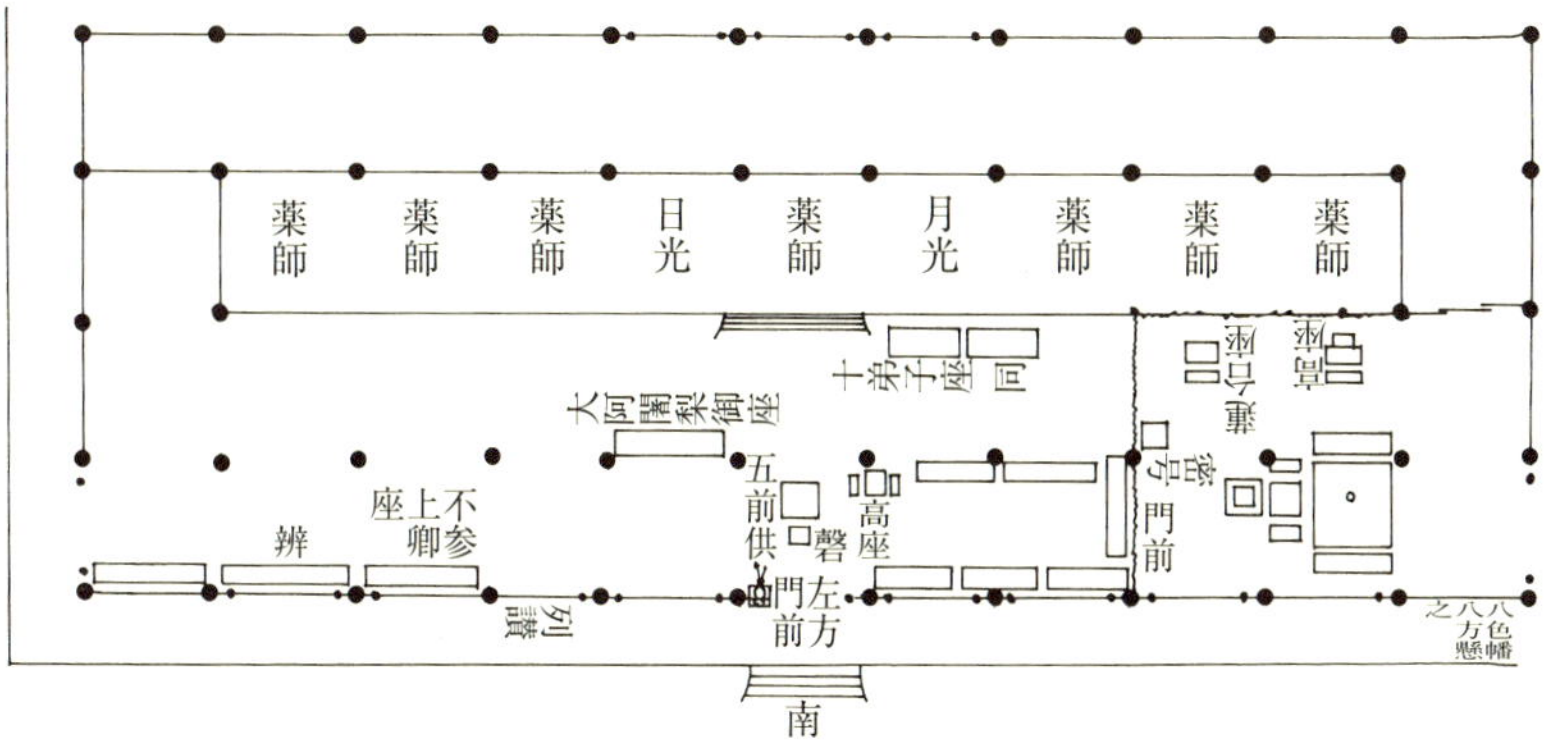

図7―1　『門葉記』所収　法勝寺薬師堂指図

とあるように、承暦四年（一〇八〇）、白河天皇の御願により五間四面堂を建立し、丈六像一体と等身像六体、合計七体の薬師如来像を安置したという。[6]

法勝寺では、永保三年（一〇八三）十月一日に薬師堂が供養され、「法勝寺御塔供養呪願文」[7]に、

　講堂之北、更建一堂、七仏薬師、丈六金像、日月遍照　便在東西、

とあるように、この仏堂には丈六の七仏薬師像と日光・月光両菩薩を安置した。『門葉記』[8]巻第百二十五「灌頂五」には、延応元年（一二三九）十二月二十三日、法勝寺薬師堂でおこなわれた灌頂の指図（**図7―1**）がのせられ、この指図によって建築が九間四面であったこと、七仏薬師と日光・月光両菩薩が、各柱間に一体ずつ安置されていたことがわかる。この薬師堂でもやはり七仏薬師法が修されていたと考えられ、『兵範記』仁安三年（一一六八）十二月十九日の条には、

　法勝寺薬師堂季御修法、法眼顕真今日勤行、同北斗堂同法、律師仁性勤行、（中略）成勝寺六観音法、

と、季御修法として法勝寺薬師堂での修法が、同北斗堂での北斗法、成勝寺での六観音法とともにあげられている。

3　七仏薬師法の形式と変遷

『阿娑縛抄』巻第四十八「七仏薬師本」によれば、

天暦十年五月十一日、依九条右丞相請為一品親王御産云々、於坊城殿、慈恵大僧正、初令修之此法給、以之濫觴、依息災良壇也、(即)

と、天暦十年（九五六）五月十一日、慈恵大僧都源信が坊城殿で修したのを七仏薬師法の濫觴とする。この修法は、息災即壇一壇だけの形式であったとみられる。(9) しかし、それ以前の嘉祥三年（八五〇）三月十九日に七仏薬師法が修されていた。

この嘉祥三年の修法について『続日本後紀』には、

於清涼殿、修七仏薬師法、書七仏像、懸御簾前、七重輪灯立於庭中、（中略）是日、天皇落飾入道、誓受清戒、

と、仁明天皇の病平癒のため、清涼殿で七仏薬師の絵像をもって七仏薬師法を修したとある。しかも「七仏像」とあることからは、本尊は七体の薬師像からなる七仏薬師であった可能性が高い。『薬師瑠璃光如来本願功徳経』には、

造彼如来形像七体、一一像前各置七灯、

とあり、この修法の空間との関連が考えられる。『阿娑縛抄』諸法要略抄によれば、この修法は円仁が修したという。(10) 七仏薬師法の濫觴とされる天暦十年の修法以前から、七体の尊像からなる七仏薬師を本尊として、修法が修されていた可能性のあることが知られよう。(11)

次に十一世紀初頭になると、七仏薬師の各尊に一壇を構える事例が確認されることが注目される。

まず、長和四年（一〇一五）五月一日、一条天皇の眼病のため七仏薬師法が修されたが、『御堂関白記』同日の条には、

大内新写薬師仏七体、被修御修法、慶円・明救・慶命・文慶・蓮海・心誉・證空等也、

とあり、この修法は内裏において、薬師仏七体の絵像を本尊とし、七人の僧侶をもって修された。『小右記』同年同月二日の条には、

去夜被初七壇後修法七仏薬師法、山座主壇西対二対、慶命、文慶、隆空、三壇西対、明救、蓮海、二壇御堂、心誉、西中門廊、

とあり、西対・御堂・中門廊と三つの建築にまたがり、しかも七壇の修法であったことがわかる。先にも述べたとおり、七仏薬師法では大壇を中心とする大法の形式で、しかも一つの建築にすべての本尊・壇を置いて修されるものとされてきた。しかし、同じ「七仏薬師法」と呼ばれながら、一般にいう七仏薬師法とはことなる七壇形式の修法もあった。

また、寛仁四年（一〇二〇）十二月十三日、受戒のため比叡山に登った道長は、十四日から七仏薬師法を修しており、『左経記』同日の条には、

又始自今夜七箇日於中堂幷食堂、被行薬師法幷読経一壇於中堂被行、六壇於食堂被行、読経於中堂被行、不断薬師経、（中略）御修法阿闍梨山座主院源、伴僧十五口、権大僧都慶命、伴僧六口、少僧都文慶、伴僧六口、前大僧都心誉、伴僧六口、権律師叡效、伴僧六口、覚超、伴僧六口、

とあり、中堂に一壇と食堂に六壇の合計七壇を構え、二つの仏堂にまたがって七仏薬師法を修している。この修法について『阿娑縛抄』諸法要略抄には、

大入道殿登山受戒之次、被修七仏薬師法、阿闍梨七口、

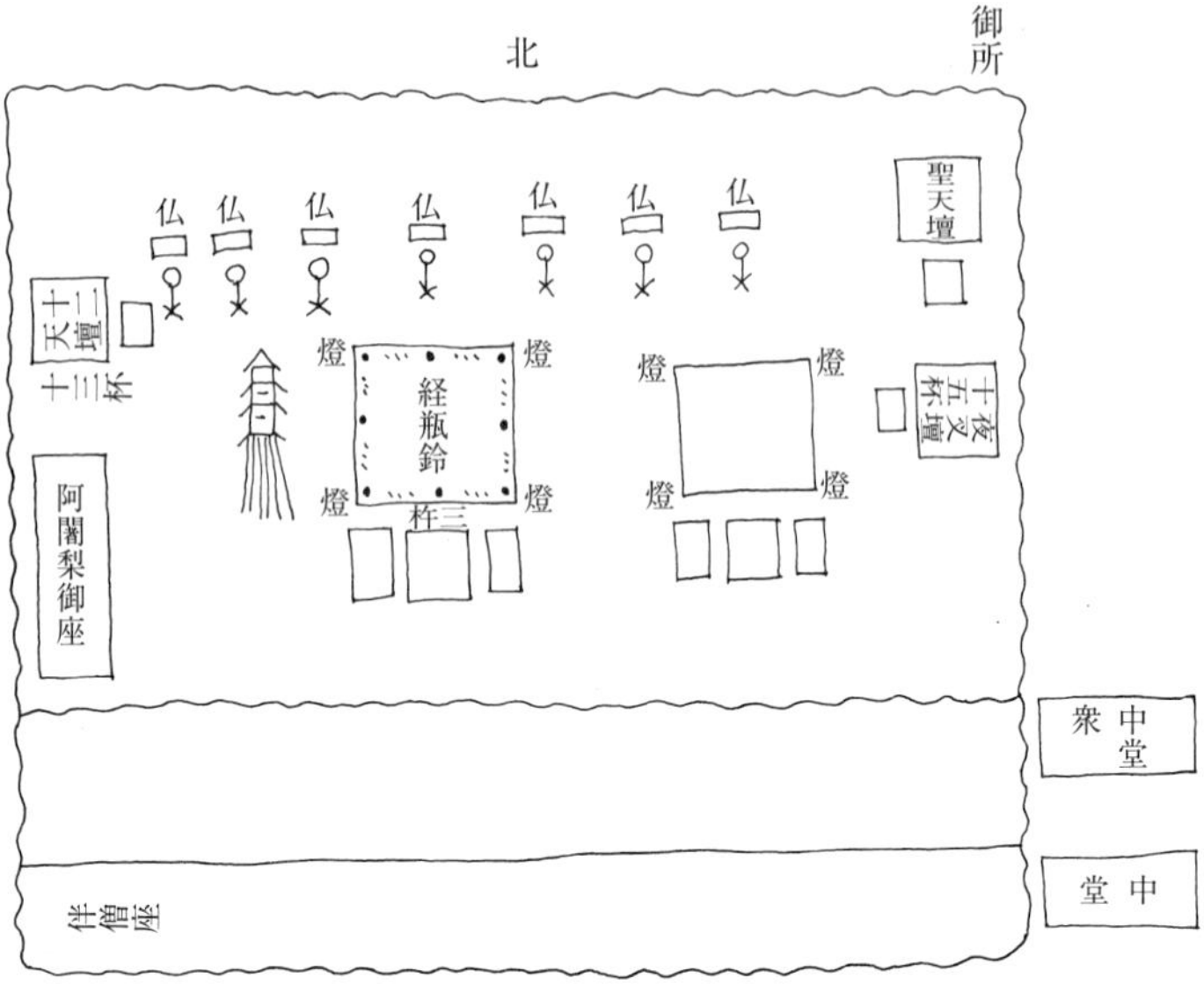

図7—2　『門葉記』所収　保延3年（1137）三条富小路殿七仏薬師法指図

中堂一壇西方院座主法印院源、　食堂六壇慶命覚超
等也、

とあり、中堂の壇に天台座主院源と伴僧十五人が置かれ、食堂の残る六壇では各壇に慶命以下一人の僧侶と伴僧六人がついていた。すなわちこれらの修法では、五壇法において五大明王各一体につき一壇・一僧を置くのと同様、七体の薬師の一体につき一壇・一僧を置いていたと考えられる。

　こうした七壇による七仏薬師法があらわれた直後、道長によって母屋の各柱間一間に一体の薬師如来像を安置する、法成寺薬師堂が建立されたのである。法成寺薬師堂は、同じく道長建立の法性寺・法成寺の五大堂と同様、各尊に一壇を置くことに対応できる空間構成をとっていたのであり、この仏堂も各尊に一壇を用いる七仏薬師法との関係のもとに成立したと考えることができよう。万寿四年、無動寺慶命をして法成寺薬師堂で七仏薬師法が修されたが、慶命は天台座主院源等とともに、先にあげた寛仁四年の道長のための七仏

表7—1　七仏薬師堂と七仏薬師法

年代		事項	典拠
嘉祥三・三・十九	八五〇	天皇の病平癒のため、清涼殿で七仏薬師法（「書七仏像」「七重和灯」）	続日本後紀 諸法要略抄
貞観元以前	八五九以前	**比叡山根本中堂に智證大師円珍造立の七仏薬師七体を安置**	阿娑縛抄
天慶三・三・十五	九四〇	藤原貞信七十算賀、法性寺尊勝堂で法会（「図七仏薬師像」）	吏部王記
天慶十・五・十一	九四七	藤原師輔の請により、良源が坊城殿で七仏薬師法（即壇一壇、七仏薬師法の濫觴）	阿娑縛抄
永祚年間	九八九〜九九〇	中堂で智證大師円珍造立の本尊（七仏薬師像七体）をもって七仏薬師法	阿娑縛抄
長和四・五・一	一〇一五	天皇の眼病により内裏で七仏薬師法（山座主慶圓他七僧、七壇修法、西対・御堂・中門廊）	小右記・御堂関白記 日本紀略
寛仁四・十二・十四	一〇二〇	道長比叡山で受戒、中堂（一壇座主院源）・食堂（六壇阿闍梨六人）で七仏薬師法	左経記 阿娑縛抄
万寿元・六・二十六	一〇二四	**法成寺薬師堂（十五間堂、丈六七仏薬師・六観音、日光・月光、十二神将）供養**	小右記・諸寺供養類記 日本紀略
万寿四・二	一〇二七	法成寺薬師堂で七仏薬師法、無動寺座主慶命	七仏薬師法代々日記・諸法要略抄
康平二・九	一〇五九	関白、皇后のため、比叡山中堂で七仏薬師法、座主明快	諸法要略抄
康平八・十・十八	一〇六五	**頼通、法成寺薬師堂・観音堂（六観音は別形像）再建・供養**	扶桑略記・阿娑縛抄
延久五・四	一〇七三	後三条天皇の御悩により、比叡山中堂で七仏薬師法、座主勝範	諸法要略抄
承暦三・八・十七	一〇七九	仁寿殿で七仏薬師法（「山僧七口」）	為房卿記
承暦四	一〇八〇	**比叡山持明院（五間四面、丈六薬師一体、等身六体）供養**	叡岳要記・山門堂舎記
永保三・十・一	一〇八三	**法勝寺薬師堂（七間四面、丈六七仏薬師、日光・月光）供養**	法勝寺御灯供養呪願文・門葉記

永長元・十・十七	一〇九六	公家、七仏薬師法（山座主仁覚供養、一壇修法）、六観音法	元亨三年具注暦裏書・修法要抄
康和四・七・二十一	一一〇二	**尊勝寺供養、薬師堂・観音堂あり**	尊勝寺供養記・阿娑縛抄
天永二・五・十九	一一一一	法成寺五大堂で五壇法、薬師堂で薬師御修法	中右記
元永元以降	一一一八以降	**最勝寺薬師堂（平面・安置仏の形式不明）**	長秋記（大治四〈一一二九〉三・十六）
大治元	一一二六	通季、比叡山中堂に籠り七仏薬師法、（最厳）	諸法要略抄
康治元・五・十二	一一四二	鳥羽院比叡山で受戒、中堂で七仏薬師法（北礼堂に本尊鋪設）	門葉記
康治二・四・十	一一四三	鳥羽院、比叡山中堂で七仏薬師法（北礼堂に本尊鋪設）	門葉記
康治二・十一・二十六	一一四三	日蝕御祈、宣旨により比叡山中堂で七仏薬師法	門葉記
久安三・六・十七	一一四七	比叡山中堂で七仏薬師法（北礼堂に本尊鋪設、両院御幸）	門葉記
久寿二・五・二十八	一一五五	法成寺薬師堂で七仏薬師法（相命、護摩壇覚勝）	兵範記・台記
長寛二・七・十一	一一六四	公家御祈、天変御祈のため比叡山中堂で七仏薬師法（北礼堂に本尊鋪設）	門葉記
仁安三・十二・十九	一一六八	法勝寺薬師堂で「季御修法（七仏薬師法）」、成勝寺（観音堂）で六観音法	兵範記

太字は七仏薬師堂建立の記事。

薬師法も修している。

七壇からなる七仏薬師法は、承暦三年（一〇七九）八月十七日、仁寿殿に天台僧七人を請じて修した七仏薬師法にも想定される[12]。また、史料上、大法の形式が確認されるのは、保延三年（一一三七）八月十一日の三条富小路殿での七仏薬師法以降であり[13]（**図7―2**・**表7―1**を参照）、七仏薬師法で大法の形態が定着するのは、十二世紀前後からのことかもしれない。

先に論じたように、奈良時代から平安時代初期の真言系の七仏薬師像は、新薬師寺をのぞいて、一体の薬師如来像の光背に七仏薬師像を化仏としてあらわす形態をとっていた。真言密教でも七仏薬師は薬師法のなかにふくめ、とくに七仏薬師法として修することはない[14]。これに対し、天台密教では七仏薬師として七体の像をつくり、それらを本尊とする七仏薬師法が、四箇大法の一として盛んに修される。修法空間と仏堂空間の構成が一致する法成寺薬師堂は、五壇法と同様、天台密教独自の修法の成立・発展と密接に関わって建立されたと考えられる。

4　六観音堂と六観音法

六観音を安置する観音堂についても、『阿娑縛抄』巻第九十六「六観音合行」には、「第一可修此法事」として、

為六観音堂勤尤至要也、

とあるように、六観音法を修するための建築であった。康和四年（一一〇二）建立の尊勝寺観音堂について、同抄巻第二百二十「普賢延命法日記」にあげられる長治二年（一一〇五）四月二十七日の普賢延命法の記事に、

尊勝寺観音堂、六間四面也、而東西各三間相分、令修両壇延命御修法給、（中略）母屋本六観音御坐間、南庇東第一間、安置丈六普賢延命、

とあるように、この観音堂は六間四面であった。母屋の柱間が偶数になる建築は、法隆寺など古代伽藍の講堂や神護寺真言堂（灌頂堂、六間二面）が知られるが、特異である。尊勝寺六観音堂は、六観音法を修することを目的として建立されたからこそ、このような特異な形態になったとみなせよう。

また、万寿元年（一〇二四）に建立された法成寺薬師堂に、七仏薬師像とともに六観音像[15]が安置されたことは、先に述べたとおりである。

天喜六年（一〇五八）、法成寺は火災による大きな被害を受け、金堂をはじめ薬師堂も焼失した。再興では治暦

表7—2　六観音堂と六観音法

年代		事項	典拠
	九世紀末	**藤原基経、西塔観音堂（六観音〈聖観音・如意輪・不空羂索・十一面・馬頭〉）供養**	阿娑縛抄 叡岳要記
天禄元以前	九七〇以前	**小野宮殿、法性寺観音堂（六観音はすべて聖観音像）供養**	阿娑縛抄
永観元・十一・二十七	九八三	**藤原兼家、横川恵心院（六観音、中尊定印大日如来）供養**	山門堂舎記・阿娑縛抄
永観三・二・二十二	九八五	**昌子内親王、比叡山観音院を供養し、講堂に金色六観音を安置**	扶桑略記
万寿元・六・二十六	一〇二四	**法成寺薬師堂（十五間堂、丈六七仏薬師・六観音、日光・月光、十二神将）供養**	小右記・諸寺供養類記 日本紀略
康平八・十・十八	一〇六五	**頼通、法成寺薬師堂・観音堂（六観音は別形像）再建・供養**	扶桑略記・阿娑縛抄
永保元以前	一〇八一以前	**長宴、日野観音堂に六観音・阿弥陀如来を安置**	阿娑縛抄・中右記
寛治五・三・十四	一〇九一	東三条殿で等身六観音を開眼、六観音法（仁源・長覚・勝覚・林豪・経範・俊覚）	修法要抄
寛治五・十二・十七	一〇九一	六条殿で、六観音供（良基・静慶・天山・良祐・最朝・別所）	後二条師通記
寛治七・六・二十七	一〇九三	白河院、法勝寺で丈六六観音供養、六観音法（康和四年、尊勝寺観音堂に安置）	後二条師通記 元亨三年具注暦裏書
永長元・十・十七	一〇九六	公家、七仏薬師法、六観音法（六壇、仁源・長覚・公圓・経範・俊観）	元亨三年具注暦裏書・修法要抄
承徳二・三・二十四	一〇九八	六観音法（良意・林豪・仁豪・長覚・公圓）	元亨三年具注暦裏書・修法要抄
康和四・七・二十一	一一〇二	**尊勝寺供養、薬師堂・観音堂（六間四面、六観音は寛治七年に法勝寺で供養）あり**	尊勝寺供養記 阿娑縛抄
長治二・八・二十四	一一〇五	仁寿殿で六観音法	殿暦
天永三・三・十六	一一一二	源師子六観音供養、六観音法（寛慶・勝行・忠縁・良祐・慶実・隆信）	殿暦

永久元・一・二十	一一一三	内裏北対で六観音法（寛助・行尊・行勝・増智・応覚・定海）	長秋記
長承元・閏四・十四	一一三二	白河北殿で六観音法（中壇行尊）、得長寿院で六観音法一壇・護摩三十一壇	中右記
保延五以降	一一三九以降	**成勝寺観音堂（六観音安置）**	成勝寺年中行事
久寿二・五・二十四	一一五五	法成寺観音堂で六観音法（相源・道覚・教仁・尊覚・尋宗・最仁）	兵範記
仁安三・十二・十九	一一六八	法勝寺薬師堂で「季御修法（七仏薬師法）」、成勝寺（観音堂）で六観音法	兵範記

太字は六観音堂建立の記事。

元年（一〇六五）、頼通により金堂・薬師堂とともに観音堂が供養されている[16]。この観音堂について『阿娑縛抄』六観音合行には、

　法成寺観音堂宇治殿頼通建立、
　六観音各別形像也、
　此時小野仁海僧正勘文禾云、其名如端、

とある。仁海の勘文による六観音像は道長の造立にかかるので、この頼通再建の観音堂は道長建立の薬師堂に安置されていた六観音を継承しつつ、薬師堂から独立したものと考えられる。尊勝寺でも、観音堂とともに薬師堂があわせて建立されている。そして、法成寺における観音堂独立の背景には、平安時代後期における六観音法の発達があったと推測される。

この再建法成寺観音堂では、『兵範記』久寿二年（一一五五）五月二十四日の条に、

於法成寺観音堂、被始六観（音脱カ）法、無別本尊、僧都相源、道覚、教仁、阿闍梨尊覚、尋宗、最仁等勤行之、

とあり、六観音法を修していた。「無別本尊」とあることから、この修法では本尊の鋪設はなく、観音堂の安置仏である六観音像を本尊にしていたと考えられる。そしてこの修法では、六人の僧侶が勤仕していた点も注意されよう。六観音堂では、五壇法や七仏薬師法と同じく各尊に一壇を置く形式で、六観音法が修されていたと考えられる。

六観音法の史料上の初例は、寛治五年（一〇九一）三月十四日、東三条殿において等身六観音像を開眼し、修した修法であるが、この修法について『修法要抄』雑例「供養等身六観音事」(17)には、

今夕被始行六観音御修法、以東三条殿北対抃面北渡殿、為蔵人所廊為壇所、件御仏等身、去年被奉造立、子刻被始御修法、毎壇以阿闍梨所被開眼内、即刻被始御修法、（中略）

聖観音法印仁源、千手法眼長覚、
馬頭律師勝覚、十一面小僧都林豪、
准胝小僧都経範、如意輪律師俊覚、

とあり、六壇・六人の阿闍梨をもって、一尊ごとに一壇と一人の僧侶をあてて修した。これも、やはり五壇法と同じ構成である。このように六壇を用いる六観音法は、同年十二月十七日の六条殿での修法(18)をはじめ、頻繁に修されている（**表7—2**を参照）。内裏や貴族の邸宅などで本尊を鋪設して修される六観音法も、六観音堂での修法と同じ形式で修されていたのである。

また、先に指摘したように『兵範記』仁安三年十二月十九日の条には、「季御修法」として法勝寺薬師堂での修法などのほか、成勝寺での六観音法があげられている。「成勝寺年中行事」(19)では「観音堂料」に「供僧六口料」があげられ、成勝寺にも六観音を安置する観音堂があったと考えられる。この成勝寺観音堂での六観音法も、毎年恒例の仏事となっていたのである。六観音堂は六観音法のため、その本尊を常設する仏堂であったといえよう。

二　九体阿弥陀堂・三十三間堂における新たな修法の創出

1　九体阿弥陀堂と九壇阿弥陀護摩

丈六の阿弥陀如来九体を安置した法成寺阿弥陀堂は、いわゆる浄土教建築として密教建築と対置されてきた。しかしこの仏堂でも、安置仏である九体阿弥陀如来像を本尊とする密教修法が修されていた。すなわち、『中右記』嘉保二年（一〇九五）四月二十九日の条に、

　大殿於法成寺阿弥陀堂、七ケ日九壇護摩、

とあるのを初見として、たびたび九壇阿弥陀護摩が修されることになったのである。九壇阿弥陀護摩は、法勝寺や尊勝寺・蓮華蔵院・福勝院などの九体阿弥陀堂でも修されていた（表7—3を参照）。また、『中右記』元永元年（一一一八）三月十五日の条には、

　晩頭院有御幸法勝寺、（中略）渡御阿弥陀堂御所、従今夜九壇阿弥陀護摩毎年可被行由、式日三日五十日、（中略）九壇僧正寛助、大僧都行勝、増智、少僧都厳覚、法眼明覚、律師禅與、已講忠尋、阿闍梨承覚、

とあり、法勝寺の九体阿弥陀堂では九壇阿弥陀護摩が毎年恒例の仏事となった。

興味深いのは久寿三年（一一五六）一月十九日、白河御堂において修された九壇阿弥陀護摩である。『兵範記』同日の条には、

　於白河御堂福勝院、被始行九壇阿弥陀護摩、其儀九体丈六仏前懸置図絵像九鋪新仏、其前整壇場、

表7―3　九体阿弥陀堂での九壇阿弥陀護摩

年代		事項	典拠
寛仁四・三・二十一	一〇二〇	**法成寺阿弥陀堂供養**	小右記ほか
承暦元・十二・十八	一〇七七	**法勝寺阿弥陀堂供養**	承暦元年法勝寺供養記
嘉保二・四・二十九	一〇九五	法成寺阿弥陀堂九壇護摩	中右記
永長元・三・十九	一〇九六	法成寺阿弥陀堂護摩・御八講	右少辨平時範記
康和四・九・十五	一一〇二	藤原師実追善の九壇阿弥陀護摩（建築不明）	殿暦
嘉承二・五・二十三	一一〇七	**尊勝寺阿弥陀堂供養**	江都督納言願文集
嘉承二・七・二十四	一一〇七	尊勝寺阿弥陀堂九壇護摩	中右記・為房卿記
天仁元・二・十六	一一〇八	法勝寺阿弥陀堂九壇護摩	殿暦・中右記・四巻
天永三・二・三	一一一二	白河法皇、九壇阿弥陀護摩（建築不明）	殿暦・中右記
永久二・十一・二十九	一一一四	**白河新阿弥陀堂（蓮華蔵院）供養・護摩**	中右記
元永元・三・十五	一一一八	法勝寺阿弥陀堂九壇護摩（「毎年可被行」）	中右記
保安元・八・六	一一二〇	藤原宗通追善の九壇阿弥陀護摩（建築不明）	中右記
大治四・七・十	一一二九	白河新御堂（蓮華蔵院）九壇阿弥陀護摩	中右記
久安四・閏六・八	一一四八	蓮光院九壇阿弥陀護摩（一院逆修）	阿娑縛抄阿弥陀
仁平二・十・四	一一五二	尊勝寺阿弥陀堂九壇阿弥陀護摩	阿娑縛抄阿弥陀
久寿三・一・十九	一一五六	福勝院御堂九壇阿弥陀護摩	兵範記
承安四・三・十五	一一七四	法勝寺（阿弥陀堂）九壇護摩（「是恒例也」）	吉記

太字は九体阿弥陀堂建立の記事。

とあり、九体の丈六仏の前に、それぞれ絵像の阿弥陀如来を懸けて修法を修した。前掲『兵範記』久寿二年五月二十四日の六観音堂、二十八日の七仏薬師堂での修法に関する記事に「無別本尊」とあることを考慮すれば、院政期におけるこれら仏堂での修法は、仏堂の安置仏をそのまま修法の本尊とする場合と、安置仏と同じ本尊を鋪設する場合のあったことが知られる。

2　三十三間堂と三十三壇修法

院政期には千体阿弥陀堂、千体観音堂という長大な建築が建立される。これらの建築は法勝寺八角九重塔とともに、院政期文化の特徴である巨大かつ新奇な造形の代表とされる[20]。なかでも千体観音堂では、こうした院政期仏教の特徴を端的にあらわす壮大な修法が生みだされた。

鳥羽法皇の得長寿院は長承元年（一一三二）三月十三日に供養され、いわゆる「三十三間堂」の中央に丈六の中尊聖観音像一体、その両側に等身同像千体を安置した。この観音堂では供養の直後である同年閏四月十四日に修法が修されている。すなわち『中右記』同日条には、

従今日於得長寿院、六観音御修法一壇、護摩卅一壇被始行云々、御修法行之、

とあり、六観音法一壇と護摩三十一壇の修法が修された。さらに、『本朝世紀』久安六年（一一五〇）七月三日の条には、

法皇自今夕令参籠得長寿院給、即被始卅三壇御修法正観音法、天台座主行玄為中壇阿闍梨、伴僧六口、残卅二壇伴僧各四口云々、

とあり、三十三壇による聖観音法も修されている。得長寿院千体観音堂の母屋の桁行柱間は三十三間であったので、

表7—4　三十三間堂での修法

年代		事項	典拠
長承元・三・十三	一一三二	**得長寿院千体観音堂供養**	中右記
長承元・閏四・十四	一一三二	得長寿院で十一面観音絵像供養（等身十体他千体）、六観音法一壇・護摩三十一壇	中右記
長承元・六・七	一一三二	得長寿院で三十一壇聖観音法	中右記
久安三・四・二十九	一一四七	得長寿院で恒例三十壇供結願	台記
久安五・八・十三	一一四九	得長寿院で十壇観音供	本朝世紀
久安五・十二・十六	一一四九	得長寿院で三十壇観音供（「是恒例事也」）	本朝世紀
久安六・七・三	一一五〇	得長寿院で三十三壇聖観音修法	本朝世紀
久寿元・十二・二十三	一一五四	得長寿院で三十壇供結願、御幸有り	兵範記
長寛二・十二・二十七	一一六四	**蓮華王院千体観音堂供養**	百練抄
安元二・六・十	一一七六	蓮華王院で千手法と三十壇供	吉記
寿永元・九・十二	一一八二	蓮華王院で三十壇千手供	吉記
寿永二・六・六	一一八三	蓮華王院で千手供三十壇	吉記
寿永二・十一・十	一一八三	蓮華王院で百壇大威徳供	覚禅鈔
建久七・三・二十二	一一九六	蓮華王院で三十壇千手供	玉葉

太字は千体観音堂建立の記事。

この修法では各柱間に一壇を置いたのであろう。得長寿院ではこの他にも、しばしば十壇・三十壇・三十一壇の観音供が修されている（**表7—4**を参照）。三十余壇を用いる観音供は、『本朝世紀』久安五年（一一四九）十二月十六日の条に、

今夜一院於得長寿院、令始卅壇観音供給、是恒例事也、

とあるように、やはり恒例の仏事となっていた。

また、得長寿院千体観音堂にならって長寛二年（一一六四）後白河法皇が建立した、千一体の千手観音を安置する蓮華王院本堂（現在の三十三間堂は文永三年〈一二六六〉の再建で国宝）でも、『吉記』寿永元年（一一八二）九月十二日の条に、

自今日於蓮華王院被始行卅壇千手供其中一壇法、

とあるように、三十壇による千手観音供が修されている。鳥羽・後白河院政期には千体の同一の尊像を安置する、それまでに類をみない「三十三間堂」が建立され、それと一体になって「三十三壇御修法」のような大規模かつ奇抜な修法が創出されたのである。

三　院政期の修法と御願寺伽藍

摂関期末から院政期になると、修法の本尊として新たに多様な仏が台頭し、同時にそれら多様な修法の本尊を安置する仏堂も建てられた。永保三年（一〇八三）法勝寺に建立された愛染堂、天仁二年（一一〇九）同じく法勝寺に建立された北斗曼荼羅堂はその典型的事例といえる。ここでは院政期の愛染明王・北斗曼荼羅など、修法の本尊と修法のための仏堂の本尊がいかなる関係にあったのか、またこれら修法のための仏堂が、当時の伽藍においていかなる意味をもっていたのかを考えていくことにしたい。

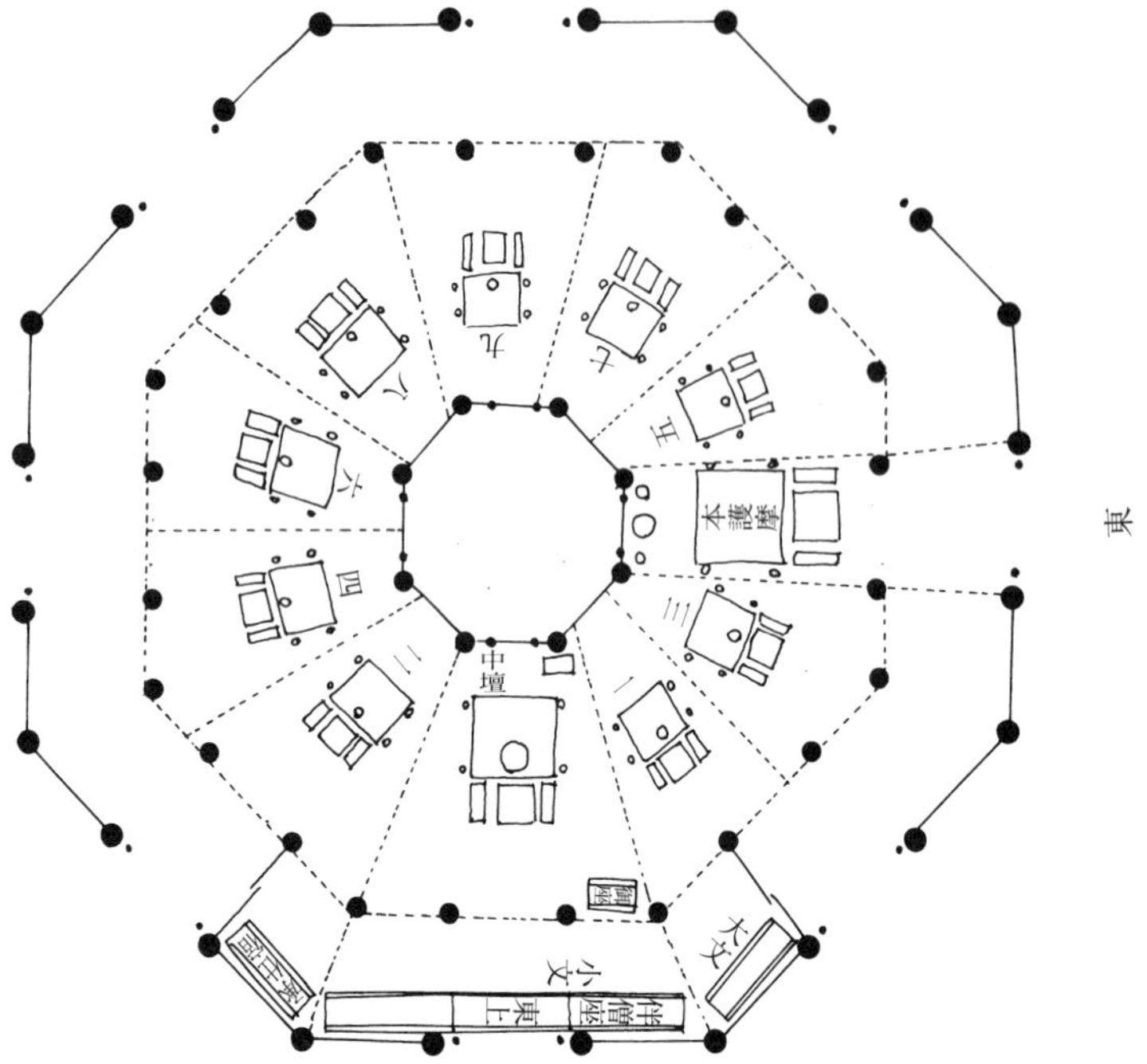

図7—3　『民経記』所収　法勝寺愛染堂十壇愛染王護摩指図

1　法勝寺愛染堂・北斗曼荼羅堂と修法

法勝寺愛染堂の愛染明王像については、『阿娑縛抄』巻第百十五「愛染王」に次のような逸話がのせられる[21]。すなわち、後三条が東宮であったとき、護持僧成尊が愛染王法を修したところ、後冷泉天皇は病により間もなく崩御、後三条が即位した。このため後三条天皇は愛染明王に帰依、白河天皇にこの像が授けられ、白河天皇は法勝寺に円堂を建立、安置した。

『御室相承記』二「大御室」には、

　法勝寺円堂護摩事、

　　永保三年十二月廿七日丁酉、令始行給、

とあり、性信は、愛染堂を供養した直後に護摩を修している。大治三年（一一二八）の「白河法皇八幡一切経供養願文[22]」には、

　復有円堂、安白檀三尺愛染王、修護摩法、

とあり、この愛染堂では愛染明王を本尊とした護摩法が修されていた。法勝寺愛染堂は、修法の本尊である愛染明王を安置する、修法のための仏堂として建立されたのである。『民経記』天福元年（一二三三）六月二十一日の条には、法勝寺愛染堂での十壇愛染王護摩の指図（図7―3）がのせられるが、これは多壇化へと向かう院政期密教修法の展開を端的にあらわしている。

また、北斗曼荼羅を本尊とする北斗法は天台寺門の最大秘法であり、息災延命の修法として、十一世紀初頭から盛んに修されるようになった。

法勝寺北斗曼荼羅堂の形式・安置仏については、『江都督納言願文集』[23]の「同院（白河院）北斗曼荼羅堂供養願文」に、

　於法勝寺内北門之傍、新造瓦葺一間四面堂、奉安置木像北斗曼荼羅、一字金輪仏頂如来一体、北斗七星、九執曜天、十二宮神、二十八宿等像都五十六体、便是多年之本尊也、

と、一間四面堂を建て、「木像」の北斗曼荼羅を安置したとある。その内容は、一字金輪仏頂如来一体と、北斗七星・九執曜天・十二宮神・二十八宿を加えた五十六体の、合計五十七体であった。この法勝寺北斗曼荼羅堂とまったく同じ曼荼羅を安置する仏堂が、長承四年（一一三五）、待賢門院によって法金剛院に建てられており、顕證本『仁和寺諸院家記』[24]には「古徳記」を引いて、

　北斗堂、檜皮葺一間四面堂、安一字金輪一体・北斗七星・九曜・十二宮神・廿八宿等、長承四年三月廿七日供養、

とある。これらの諸尊は北斗曼荼羅の諸尊と一致しており[25]、法勝寺北斗曼荼羅堂の願文でいう「木像北斗曼荼羅」とは、五十七体の彫像からなる立体曼荼羅を指していると考えられる。前掲「白河法皇八幡一切経供養願文」には、

法勝寺北斗曼荼羅堂について、

　曼陀羅堂、安木像北斗曼陀羅、修北斗法、

とあり、ここで北斗法を修していた。法勝寺北斗曼荼羅堂は、白河法皇の息災延命を祈る修法のための仏堂だったのである。法金剛院北斗曼荼羅堂でも、『長秋記』の建立直後である同年（一一三五）八月一日の記事に、

　女院依北斗御修法事、御幸法金剛院、

とあるように、北斗法が修されていた。

また、法勝寺北斗曼荼羅堂に安置された北斗曼荼羅は「多年之本尊」、すなわち長年の北斗法の本尊であったことも注目されよう。法勝寺北斗曼荼羅堂の空間は、実際の修法の本尊であった北斗曼荼羅を常設のものとして固定した「密教曼荼羅空間」であり、「密教法会空間」と「密教曼荼羅空間」を一体にすることで成立したのである。(26)

2　修法本尊と伽藍

法勝寺北斗曼荼羅堂に安置された北斗曼荼羅は、仏堂本尊となる以前から修法の本尊になっていたものと考えられるが、先にみた尊勝寺観音堂の本尊である六観音像は『中右記』康和四年（一一〇二）六月二十九日の条に、

　午剋奉居御仏、（中略）観音堂丈六六観音像、去寛治七年於法勝寺薬師堂供養先了、今日被安置、

とあるように、堂建立の九年前である寛治七年（一〇九三）に法勝寺薬師堂で供養されていたものであった。

　この六観音像は、「元亨二年具注暦裏書」(27)同年六月十二日の条に、

　寛治七年六月十二日、自頭辨送書状云、来廿七日於法勝寺、公家可被供養丈六観音顕季成功、依御定、於薬師堂可奉供養、

「元亨二年具注暦裏書」同年七月二日の条に、

法勝寺六観音御修法、

権僧正隆明千手、権少僧都林豪聖、経範僧都不空羂索、法眼長覚馬頭、権律師貞尋十一面、仁顕如意輪、

とあるように、法勝寺薬師堂で供養され、そのまま六観音法[28]の本尊となっていたと考えられる。

尊勝寺では、この他にも康和四年（一一〇二）供養の曼荼羅堂に尊勝曼荼羅を安置したが[29]、この尊勝曼荼羅は『修法要抄』雑例「御修法次供養御願寺御仏事[30]」に、

時範記云、康和三年三月十二日癸酉、今暁於内裏、法印権大僧都良意率廿口伴僧、勤修尊勝法、以北対為壇所、是則御願寺曼荼羅堂可被安置御仏也、而今日依吉日、修法次所被開眼也、主上渡御壇所、

とあるように、その前年すでに開眼され、内裏北対壇所における尊勝法の本尊となっていた。

第六章で述べたように、法成寺や法勝寺での五大堂建立の目的は、「悪魔」「怨霊」を防ぐという、まさに五壇法が目的とする調伏であり、仏堂に安置した本尊をもって修法を修することは、仏堂以外の場所で本尊を鋪設して修法を修することと同じ意味をもっていた。これらの仏堂は、修法のため、その本尊を仏堂の安置仏として常設した建築といえる。院政期の御願寺伽藍では、修法すなわち「密教法会空間」の本尊が、仏堂の本尊すなわち「別尊曼荼羅空間」として集積されていった。

さらに院政期には、仏堂での修法は、五大堂での五壇法をはじめ、法勝寺阿弥陀堂での九壇阿弥陀護摩、得長寿院での三十壇観音供のみならず、法勝寺薬師堂・北斗曼荼羅堂、成勝寺六観音堂での修法が「季御修法[31]」と呼ばれているように、恒例仏事となっていた。院政期の御願寺・氏寺においては、そこでの仏事の在り方、さらには伽藍の形成においても、密教修法がきわめて重要な位置を占めていたのである。

おわりに――伽藍への修法空間の集積――

これまで、密教修法は住宅などにおける本尊の鋪設によるものと捉えられる傾向があったが、第六章および本章でみてきたように、その一方で、摂関期から院政期の御願寺・氏寺の仏堂では、安置仏を本尊とする密教修法が盛んに修され、仏堂は密教修法と密接な関係をもつようになっていた。

一間に五大明王の一尊ずつを安置する五大堂は、五壇法の成立と密接に関わって生みだされたが、同じく一間に七仏薬師の一尊ずつを安置する法成寺薬師堂も、十一世紀初頭、五壇法と同じく一尊に一壇を置く形式の七仏薬師法と関わって成立したと考えられる。尊勝寺六観音堂は六間四面の平面形態をとり、こうした六観音堂でも一間に観音像一体ずつを安置し、一尊に一壇を置く形式で六観音法が修されたと考えられる。五大堂や六観音堂においては、仏堂空間と修法空間の構成が完全に一致している。摂関期から院政期、密教法会空間と密教曼荼羅空間が、いかに密接な関係をもっていたかが知られよう。

さらに九体阿弥陀堂や三十三間堂では、長大な仏堂空間の形態に連動した、九壇阿弥陀護摩・三十三壇観音供という大規模な修法も創出されている。とくに、いわゆる「浄土教建築」の代表として、「密教建築」と対置されてきた九体阿弥陀堂までもが、九壇阿弥陀護摩という密教修法の場となっていたことが注目されよう。院政期の阿弥陀堂は、単純に「浄土教建築」や「密教建築」に分類されるものではない。

また、こうした仏堂と修法の結びつきは、当時の寺院伽藍の在り方にも少なからぬ影響を与えた。法勝寺をはじめとする六勝寺伽藍では、法勝寺愛染堂や北斗曼荼羅堂、尊勝寺曼荼羅堂や六観音堂などで、もともと修法の本尊となっていたものが、そのまま個別の仏堂の本尊として安置された。すなわち、これらの伽藍では、修法空間の本尊が別尊曼荼羅空間として集積・固定化されていったのであり、院政期の御願寺伽藍そのものが密教修法と密接な関わりのもとに成立していたのである。

註

（1）『大正新脩大蔵経』図像八・九。

（2）『大正新脩大蔵経』図像四・五。

（3）醍醐寺本『諸寺縁起集』には、「其堂中安置丈六金銅須弥壇座薬師像（一脱カ）躯、円光中半出七仏薬師仏像、火炎間刻造立（無脱カ）数飛天也」とあり、光背に七仏薬師像を浮き彫りにしていた。

（4）『東大寺要録』第六に、

新薬師寺亦名香薬寺、

仏殿九間在七仏浄土七軀、

とある。毛利久『新薬師寺考』（河原書店、一九四七）を参照。

（5）『続群書類従』巻第四百四十。ここには、

同像七軀立像、高二尺、置壇帳内安之、願主不分明、

とある。

（6）持明院については、『山門堂舎記』にも、

葺檜皮五間四面堂一宇、廻廊在南北、御所等南西中門、

安置金色薬師如来像一体一丈六尺、同薬師如来像六体等身、彩色梵天帝釈像各一体、

白河院御願也、

とある。

（7）『朝野群載』巻第二所収。

（8）『大正新脩大蔵経』図像十一・十二。
（9）『阿娑縛抄』諸法要略抄には、「息災即壇也、伴僧六口」とある。
（10）『阿娑縛抄』七仏薬師本。速水侑氏は、「摂関体制全盛期の秘密修法」（同『平安貴族社会と仏教』吉川弘文館、一九七五）において、この修法を円仁が修したと考える。
（11）『大日本史料』天暦三年（九四九）三月十五日条所収「河海抄」に、「為大相国貞信公、七十賀、於法性寺尊勝堂修法会、図七仏薬師像、写金字寿命経七十巻」とあるように、藤原貞信七十算賀において、法性寺尊勝堂で七仏薬師の絵像をもって法会が設けられている。
（12）『為房卿記』同年八月十七日の条に、「山僧七口」とある。
（13）『門葉記』巻第十一「七仏薬師法一」。
（14）『密教大辞典』七仏薬師法の項を参照。
（15）この六観音像については、速水侑『観音信仰』（塙書房、一九七〇）において詳しく検討され、天台の止観六観音に密部六観音を付会するものとされる。
（16）『扶桑略記』同年十月十八日の条に「供養法成寺金堂、薬師堂、観音堂」とある。
（17）『大日本史料』同日の条所収。
（18）『後二条師通記』同日の条には、

六観音供事、於寝殿庇奉供之者、聖観音良基阿闍梨仁和寺、手千静慶三井阿闍梨、馬頭天山僧都隆厳、十一面良祐山阿闍梨、不空羂索最朝阿闍梨、如（意脱カ）輪別所阿闍梨也、

とある。
（19）『平安遺文』五〇九八号。年代は不詳。なお、ここには五大堂について「供僧五口料」とあり、五尊に対して五人の供僧が置かれていた。
（20）林屋辰三郎「法勝寺の創建」（同『古典文化の創造』東京大学出版会、一九六四）。
（21）『阿娑縛抄』巻第百十五「愛染王」。院政期の愛染明王信仰については、栗本徳子「白河院と仁和寺―修法からみる院政期の精神世界―」（『金沢文庫研究』二八六、一九九一）、泉武夫「愛染王法と千体画巻」（『学叢』二二、二

〇〇〇）を参照。

(22)『本朝続文粋』巻第十二所収。

(23)『六地蔵寺善本叢刊　第三巻　江都督納言願文集』（汲古書院、一九八四）。

(24)『奈良国立文化財研究所史料第三冊　仁和寺史料　寺誌編二』（一九六四）所収。

(25)『密教大辞典』北斗曼荼羅の項を参照。

(26)この他にも、院政期の仏堂で修法と密接に関わって成立したとみられるものに、鳥羽法皇によって建立された一字金輪堂がある。『中右記』長承三年（一一三四）四月二十五日の条には、

院一字金輪堂供養丈六一体、等身五体、出雲国司造、　定海法印導師、讃衆十人、

とあり、安置仏はここに記される限りでは計六体であり、その内容は明らかでないが、一字金輪法の本尊である一字金輪曼荼羅から選ばれた諸尊であったと推測される。

(27)「元亨二年具注暦裏書」・「元亨三年具注暦裏書」は『大日本史料』同年同月二十七日の条所収。

(28)『大日本史料』同日所収「京都東山御文庫記録　修法要抄」によれば、この六観音法は八月九日に結願している。

(29)『中右記』長治元年（一一〇四）三月二十四日の条に、「寄御輿於曼陀羅堂北件堂引廻幔於西面、又懸御簾、尊勝曼陀羅被造立安置也、」とある。

(30)『大日本史料』康和三年（一一〇一）三月十二日の条所収。

(31)『兵範記』仁安三年（一一六八）十二月十九日の条、『吉記』承安三年（一一七三）六月二十一日の条。

第Ⅳ部　顕密融合の両界曼荼羅とその展開

第八章　寺院伽藍における両界曼荼羅空間の展開

はじめに

従来、平安時代の仏教は、初期の密教、後期の浄土教を代表として叙述され、寺院建築についても密教建築から浄土教建築への変遷として捉えられてきた。近年では清水擴氏により、法成寺・法勝寺をはじめとする、平安時代中・後期の伽藍について詳細な研究がなされ、こうした伽藍における密教の影響の実態が浮かび上がりつつある(1)。しかし浄土教を主軸とする研究において、それ以外は雑信仰としてまとめられ、密教建築の平安時代後期の伽藍における位置付けは明確にされていない(2)。浄土教建築・密教建築という一見明瞭で、実態としては曖昧に区分されてきた建築を正しく位置付けるためには、両者を対置概念として分離してしまうのではなく、それらを包括する伽藍全体の構成理念を明らかにしていく必要がある。

法成寺（図8—1）や法勝寺（図8—2）の伽藍は、園池と建築からなる形態から、平等院とともに「浄土教伽藍」とみなされてきた。しかしこれらの伽藍では、金堂の中尊として大日如来を安置し、密教修法のための仏堂をそなえるなど、密教が重要な位置を占めていたことは明らかである。大日如来を中心に据える伽藍において、その全体を支える宗教的理念は、浄土教ではなくむしろ密教に求めなければならないはずである。もちろん、これらの伽藍には、常行堂や法華堂という天台浄土信仰に基づく仏堂が設けられ、法成寺では薬師寺を模倣して釈迦八相成道を安置する顕教の塔も建立された。こうした顕密の諸建築からなる伽藍は、平安時代の仏教を体現するものといえ、その構成理念を明らかにすることは、建築史学はもちろん、仏教史に関わる諸学にとっての重要な課題といえよう。

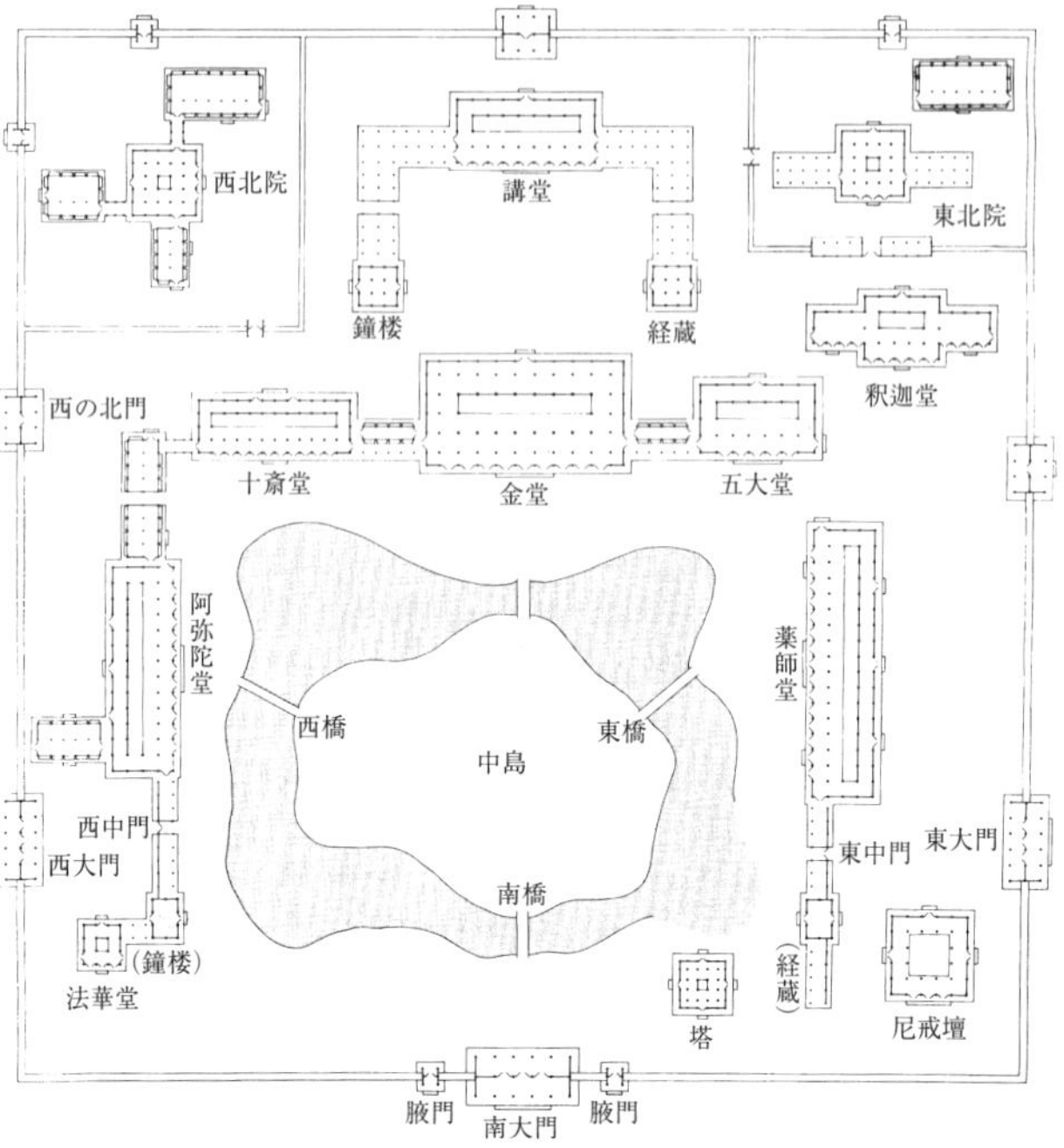

図8—1　法成寺伽藍復元図（清水擴氏による）

ここで、浄土教伽藍以外の平安時代寺院伽藍についての研究をみると、藤井恵介・上野勝久両氏による真言密教伽藍を中心とした検討がある。まず、藤井恵介氏(3)は初期密教伽藍を山岳伽藍と平地伽藍とに分け、伽藍形態、安置仏を中心に検討する。山岳伽藍は五仏と両界曼荼羅という理念を原則とし、個々の密教系の仏堂が強い個性をもって屹立し、他方の平地伽藍では、旧来から建築に想定されていた仏が密教系の仏に「置換」されており、山岳伽藍のような新しい理念はみられないとする。しかし、山岳伽藍については、五仏や両界曼荼羅が

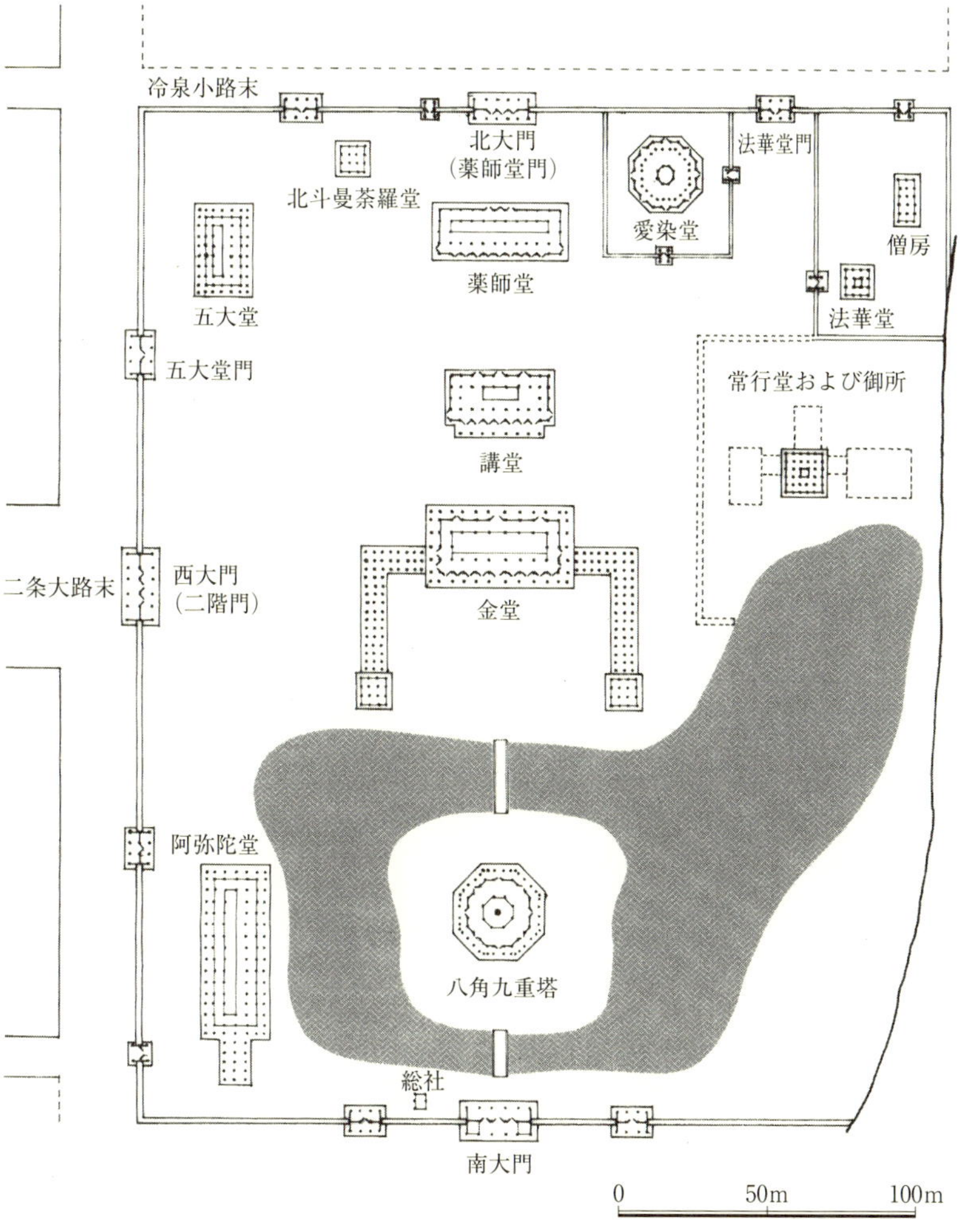

図8—2　法勝寺伽藍復元図

伽藍構成上、いかなる意味をもっていたのか明らかでなく、平地伽藍についても、密教建築への「置換」には何らかの理念が働いていたはずで、これらの点を明らかにする必要がある。

それに対し、東寺と神護寺の伽藍を検討した上野勝久氏[4]は、これらの伽藍では堂塔構成が「有機的関係」によって成り立つ新たな寺院建築観をもつとし、後の六勝寺では、より堂塔の有機的関係が重要視されていたと推測する。伽藍を捉える新たな視点を提示した注目すべき見解であるが、堂塔の有機的関係が具体的に何であるかは明らかにされていない。

このように、平安時代の伽藍についての研究はいまだその端についたばかりで、伽藍を総体として捉える理論は打ち立てられていない。本章では、密教の導入以降、平安時代の伽藍がいかなる理念によって構成され、またその理念がいかなる変遷をたどったかを、密教教義の根本的構造を示す両界曼荼羅に注目して検討していくことにする。

一　空間的展開の可能性——建築から伽藍・山へ——

1　東寺講堂から神護寺伽藍へ

空海によって造立が始められた東寺講堂は、最初期の密教曼荼羅空間の一つである。東寺講堂の諸尊の配置は、大日如来を中尊とする金剛界五仏を中心に、その左右の五忿怒（五大明王）・五菩薩からなる（図6—4を参照）。第六章でみたように、これらの彫塑群は、『仁王経念誦儀軌』に基づく仁王経曼荼羅の上位に、金剛界五仏を置いたものと解されるが[5]、その一方で十世紀初頭には「仁王経曼荼羅」とみなされていた。つまり、東寺講堂の密教曼荼羅空間では、中央に据えられた金剛界大日如来を中心として、金剛界曼荼羅と『仁王経念誦儀軌』に基づく諸尊が組織的に構成された、一つの密教曼荼羅空間をつくりだしていたのである。

承平年間（九三一～三八）の『神護寺承平実録帳』(6)によれば、東寺講堂の金剛界五仏・五大明王・五菩薩は、神護寺では五仏堂・五大堂・毘盧遮那宝塔に分けて安置された。(7)東寺講堂の密教曼荼羅空間は、神護寺で三棟の建築に分けられたのであり、これら諸尊も伽藍のなかでは、やはり五仏堂の金剛界大日如来を中心とする組織的構成と捉えられる。つまり初期真言伽藍において、密教曼荼羅空間は一つの建築で完結するだけでなく、伽藍へと展開していたのである。

そもそも空海が高野山上で計画した「毘盧遮那法界体性塔」は、二基の塔から両界曼荼羅空間をつくりだすことを意図していた。また、第二章で示したように、後世にも二基の塔、あるいは仏堂など、二棟の建築によって伽藍に両界曼荼羅空間を構成した事例がみられる。両界曼荼羅空間が伽藍に展開することは、平安時代を通じて普遍的な現象であり、これこそが密教空間のもつ重要な特質の一つといえる。

次に、両界曼荼羅空間が建築の枠をこえていかなる広がりをもっていたのか、高野山を胎蔵界曼荼羅中心部である中台八葉院の八葉蓮華を用いて描いた、「高野山八葉蓮華曼荼羅」にみていくことにしよう。

2　高野山と両界曼荼羅

高野山の伽藍を、八葉蓮華を用いて図化した曼荼羅は、数多く見いだすことができる。これらの絵図そのものは江戸時代に描かれたものが多いが、(8)個別の建築をこえた高野山という環境をどのように両界曼荼羅の理念で捉えるのか、その構造を具体的かつ明快に示す事例としてきわめて興味深い。ここには、宝寿院蔵絵図（**図8―3**）をあ

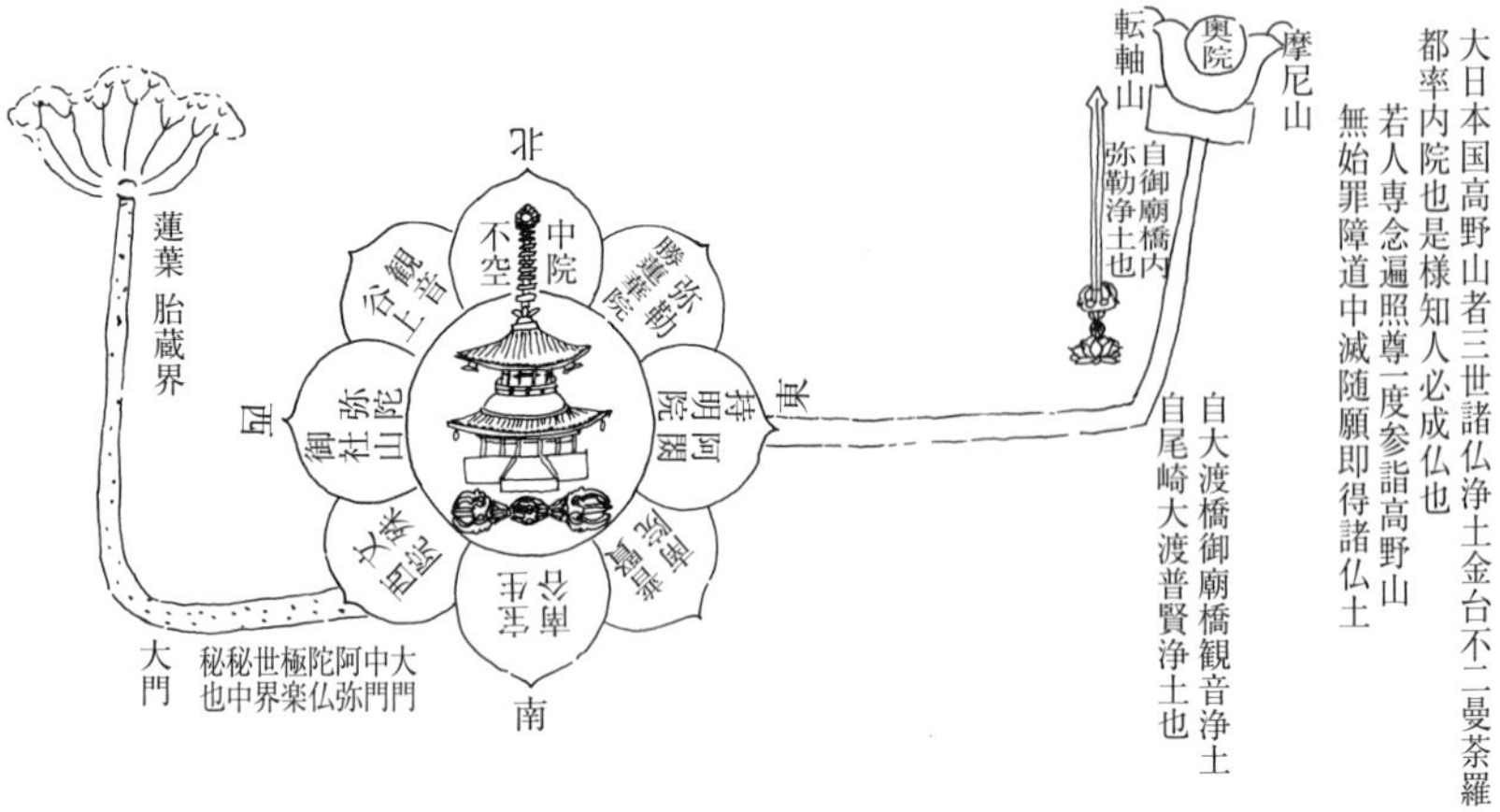

図8—3　高野山八葉蓮華曼荼羅（宝寿院蔵）

げている。

この曼荼羅絵図では、八葉の中心に根本大塔の図を描き、八葉の一枚一枚に高野山の具体的な場所を記し、それぞれに尊名を与えている。ここに記された八葉の諸尊をみていくと、

東　——阿閦（持明院）　→金剛界四仏
南　——宝生（南谷）　→金剛界四仏
西　——阿弥陀（御社山）→金剛界四仏
北　——不空成就（中院）→金剛界四仏
東南——普賢（南院）　→胎蔵界中台八葉院四菩薩
南西——文殊（西院）　→胎蔵界中台八葉院四菩薩
西北——観音（谷上）　→胎蔵界中台八葉院四菩薩
北東——弥勒（勝蓮花院）→胎蔵界中台八葉院四菩薩

と、それぞれ高野山の具体的な場所が示され、四方に金剛界四仏、四角に胎蔵界中台八葉院の四菩薩があてはめられている。つまり高野山の伽藍は、根本大塔を中心とする両部不二の曼荼羅の理念で捉えられていた。院政期の高野山では、この他にも壇上を金剛界、奥院を胎蔵界にあて、慈尊院から壇上までの百八十町を胎蔵界百八十尊、壇上から奥院までの三十七町を金剛界三十七尊[9]にあてるなど、

伽藍・山を把握する理念として、両界曼荼羅が多様な形であらわれる。

また、この絵図において大塔は八葉蓮華の中心、すなわち高野山の中心に位置付けられており、この曼荼羅絵図を読み解くためには、高野山における大塔の意義の変遷をみていく必要がある。

大塔は、空海の構想に基づくならば胎蔵界五仏を安置し、金剛界五仏を安置する西塔と対をなす東塔となる。しかし、第二章でみたように十一世紀初頭の「紀伊国金剛峯寺解案」に記される四仏は、薬師・宝生・無量寿・釈迦であり、ここには金剛界四仏のうちの一尊である宝生がふくまれる。高野山大楽院信堅（一二五九〜一三二二）が著した縁起である「高野山勧発信心集」(10)では、

大塔嵯峨天皇御願也、高十六丈即百六十尺也、　台蔵界五仏昔者、五仏皆雖為御作、炎上之時、於中尊幷阿閦宝生弥陀者、御頭許出之、於釈迦一仏者、全体奉出之、

と、一方で安置仏を胎蔵界五仏とする解釈を示しながらも、四仏の具体的な尊名となると阿閦・宝生・阿弥陀・釈迦をあげる。阿閦は宝生とともに金剛界四仏に属し、無量寿（阿弥陀）・釈迦は第一・二章でみたように両界いずれの四仏ともなりうるもので、ここで示された四仏に胎蔵界に属することが明確なものはなく、むしろ金剛界四仏とみなすべき姿になってしまっている。

第二章で述べたように、大塔は高野山の中心として一基のみで両界曼荼羅を象徴する役割をも担ったと考えられる。平安時代後期から鎌倉時代にかけて成立した「高野山秘記」(11)でも、

大塔十六丈、　両部会塔也云々、

と、大塔は「両部会塔」とされる。十五世紀初頭成立の「中院流事」(12)には、

一、当山大塔ハ移南天鉄塔ヲ也、本尊ハ五仏。即胎大日金四仏也、常ニハ金四仏、雖可有四方四角ニ構座位、
是両部不二深旨ヲ顕歟、

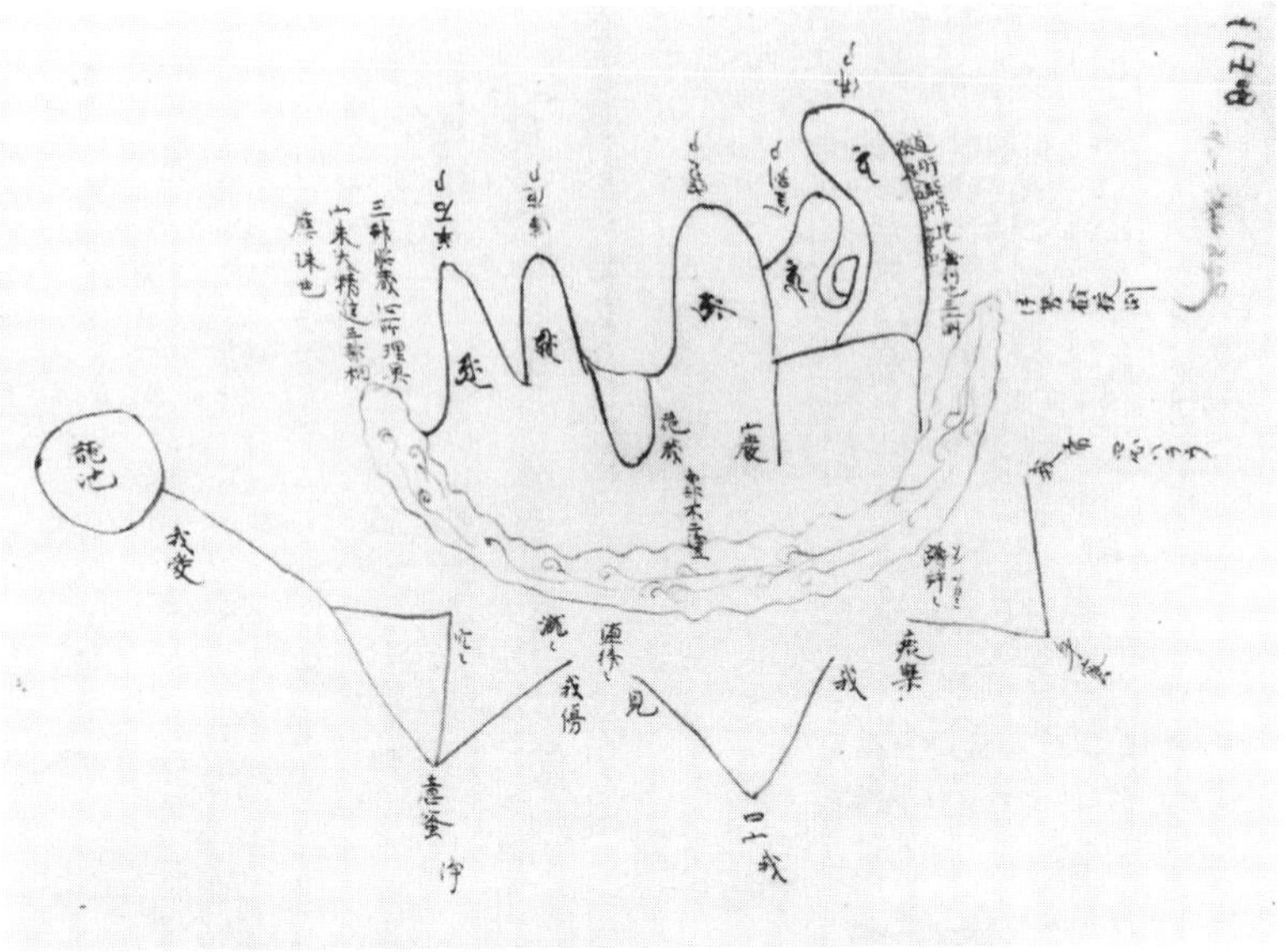

図8—4　室生山図（称名寺蔵、神奈川県立金沢文庫保管）

とあるように、大塔は両部不二の塔として胎蔵界大日如来と金剛界四仏を安置するとされるが、すでに解案が書かれた平安時代中期にはその思想的基盤が形成されはじめていたと考えられる。「高野山八葉蓮華曼荼羅」にみる高野山は、まさにこの大塔の両部不二の曼荼羅を伽藍・山へと展開したものだったのである。

「高野山八葉蓮華曼荼羅」にみられる八葉の構成が、いつまで遡りうるかは今後の検討に委ねられるが、平安時代末期の成立とみられる『諸山縁起』では、大峰山を両界曼荼羅として捉えるようになっている。すなわち、大峰山の熊野側を胎蔵界曼荼羅、金峰山側を金剛界曼荼羅とみなし、山の峰々を両界曼荼羅諸尊にあてはめ、修行者は熊野側から大峰に入り、胎蔵界諸尊にあてられている峰々をまわり、つづいて金峰山側に入り金剛界諸尊の峰々をまわっていく[13]。大峰山の空間は入峰修行という宗教的実践からも、両界曼荼羅の世界と認識されていたのである。

また鎌倉時代後期には、室生山でもそれを構成する五つの山に仏部（大日）・金剛部（阿閦）・宝部（宝生）・蓮華部（無量寿）・羊石部《かつま》（不空成就）をあて、それぞれに金剛界五仏の種子を配する絵図[14]（図8―4）がつくられる。この絵図では室生山が、金剛界曼荼羅と捉えられているのである。さらに、文保二年（一三一八）の『三輪大明神縁起[15]』では、三輪山の北側を金剛界大日、南側を胎蔵界大日、中央を両部不二の大日とみなす。同様の論理は天台教団でもみられ、鎌倉時代後期に義源が抄出した『山家最略記[16]』では西塔を胎蔵界、東塔を金剛界とみなし、十四世紀成立の『九院仏閣抄[17]』や『渓嵐拾葉集[18]』では西塔を胎蔵界、東塔を金剛界、横川を蘇悉地とみなしている。

このように、両界曼荼羅空間は個別の建築の枠をこえ、伽藍さらには山へと展開していったのである[19]。

二　思想的展開の可能性——顕密融合へ——

1　顕教の仏教的世界観

ところで、両界曼荼羅と類似した構造をもつ仏教的世界観は、密教導入以前から顕教の蓮華蔵世界にみることができる。『梵網経毘盧遮那仏説菩薩心地戒品第十巻[20]』（以下、『梵網経』とする）には、

我今盧遮那、方坐蓮花台、周匝千花上、復現千釈迦、一花百億国、一国一釈迦、各坐菩提樹、一時成仏道、如是千百億、盧遮那本身、

と、一国に一釈迦を置き、これらの釈迦は毘盧遮那仏の蓮華座に出現するとされる。東大寺毘盧遮那仏は蓮華座に毛彫りでこれをあらわし[21]、唐招提寺毘盧遮那仏（国宝）では光背に化仏千体を配する。唐招提寺毘盧遮那仏は蓮華

座に化仏の下書きが残り、もともとここにあらわすはずであったのが途中で計画変更になったらしい[22]。『梵網経』に基づく蓮華蔵世界は無数の釈迦の中心に毘盧遮那仏を据えた構造をとり、これは大日如来を中心とする両界曼荼羅とも共通する。ただし蓮華蔵世界においてそれを構成する千釈迦は、あくまでも毘盧遮那仏の化仏としての釈迦であり[23]、化仏に個別の性格は与えられておらず、両界曼荼羅のような組織的構成にはいたっていない。また、奈良時代の塔に安置された四方浄土変は、個性のある四仏それぞれに方位が規定されるという点で密教の両界曼荼羅と共通するが、中心の大日如来に相当する仏がなく、いまだ不完全である。

2　大日如来と四方浄土変四仏からなる両界曼荼羅空間

ここで、密教曼荼羅空間の変容を、第二章で論じた層塔の両界曼荼羅空間をもとに、大きく捉えなおしておくことにしよう。

まず、平安時代初期の両界曼荼羅空間は、両界曼荼羅の諸尊により構成されていた。その一方で、顕教の四方浄土変四仏を安置する塔も存続しており、平安時代中期以降、密教の両界曼荼羅四仏と顕教の四方浄土変四仏との間で交替がおこる。最終的には天承再建法成寺東西五重塔のように、密教の教主である大日如来を中心に、四方に顕教の四方浄土変の四仏を配した両界曼荼羅空間、すなわち密教教義に基づき、顕密両教の信仰を統合した両界曼荼羅空間にいたる。

塔における顕密統合の過程において重要な位置にあるのが、密教の大日如来と顕教の四方浄土変四仏を安置したことが確認できる最初の塔、円融寺五重塔である。この五重塔での諸尊の具体的な配置構成は明らかでないが、四方浄土変という顕教の名号を与えられた四方四仏に、大日如来という中心が据えられたことの思想的意義は大きい。

大日如来を中心として、個別の諸尊が組織的に配される構成は、密教の両界曼荼羅の構造そのものだからである。

つまり、密教の両界曼荼羅が示す仏教的世界観は、在来の四方浄土変・蓮華蔵世界という顕教の仏教的世界観の不完全な部分をおぎないつつ、顕密融合の両界曼荼羅という新たな仏教的信仰世界へと変容していったといえよう。

そして、この新たな仏教的信仰世界は、伽藍へと展開していく。

三　法成寺伽藍の構成理念と両界曼荼羅

1　法成寺伽藍の中心——顕密融合の大日如来——

藤原道長によって造営された法成寺金堂では、「不知記」(24)に、

> 華高三丈二尺金色大日如来、坐中央百葉蓮華座、荘厳微妙也、一々蓮華葉上、百体釈迦又現、同金色二丈釈迦如来、同薬師如来、文殊師利菩薩、弥勒菩薩、相好円満、左右囲繞□（彩色カ）九尺梵天帝釈四天王、

とあるように、中尊は三丈二尺の大日如来、脇侍として二丈の釈迦・薬師・文殊・弥勒を安置し、その左右を九尺の六天像が囲繞していた。ここではとくに中尊が、華葉に百体の釈迦をあらわした蓮華座に坐していたとすることに注目されよう。これら蓮華座にあらわされた釈迦は、東大寺毘盧遮那仏の蓮華座の釈迦と同じく、『梵網経』に説かれる蓮華蔵世界の千釈迦をあらわしていると考えられるからである。

同様の形式をもつ大日如来像は、承暦元年（一〇七七）の法勝寺金堂にもみられる。「承暦元年十二月法勝寺供養記」(25)には、

奉安置金色三丈二尺毘盧遮那如来像一体、花葉安置百体釈迦、之《(光脱カ)》間同化仏十六体、

とあり、法成寺金堂と同じ規模の毘盧遮那仏如来を中尊とし、ここでも同じく蓮華座の華葉に百体の釈迦をあらわしていた[26]。四仏について、

二丈多宝《(宝幢カ)》如来、花開敷如来、無量寿如来、天鼓雷音如来各一体、之《(光脱カ)》間皆有化仏十二体、

とあり、六天像について、

又安置彩色九尺六天像各一体、容顔奇特、左右囲繞、

とある。脇侍の四仏に相違があるものの、法勝寺金堂の安置仏は、規模もふくめ法成寺金堂を規範としていたことがうかがえよう。

同記にのせる呪願文では、四仏のうちの多宝如来は宝幢とされ、胎蔵界四仏とともに安置された法勝寺金堂の中尊は、五仏の構成からみれば明らかに密教の胎蔵界大日如来であった。にもかかわらず、東大寺毘盧遮那仏と同じく、蓮華座に化仏として釈迦をあらわしていたのである。

関白藤原道隆が建立した積善寺について、『扶桑略記』正暦五年（九九四）二月二十日の条に、

安置金色丈六毘盧遮那仏像一体、脇侍釈迦薬師各一体、梵王帝釈四天王各一体、図絵釈迦一万体、

とあるように、本尊毘盧遮那仏は一万体の釈迦をともなう。『梵網経』に基づく仏教的世界観は、平安時代にも継承されていたと考えてよかろう。法成寺金堂・法勝寺金堂の中尊は、千釈迦をともなうという点からは、一方では東大寺毘盧遮那仏の延長線上に位置付けられるべきである。

これに対し、密教の大日如来について、たとえば東寺講堂の大日如来像を『東宝記』にみると、

中尊大日、智拳印、丈六、戴五仏宝冠宝冠面並付五仏像、中尊法界定印也、光中有卅七尊、但最上无大日形像、安宝塔也、蓮華座八

方安八師子、尊像上鈞繁八角天蓋、毎隅各垂下金剛幡鈎鎖鈴鐸等、八隅中間各垂下三流小幡、惣廿四流也、

と記される。この記述は、空海による東寺講堂創建当初の像についてのものである[27]。ここには、光背にあらわされた金剛界三十七尊についての詳細な記述があり、蓮華座について言及されるも、いずれにも化仏として千釈迦をあらわしたことは記されない[28]。つまり、顕教の毘盧遮那仏は、後に大日如来の異称同身ともされるが、密教の導入以前に独自の形式が確立されており、一方の密教の大日如来は本来、千釈迦をともなう形式ではなかったと考えられる。

蓮華座に千釈迦をあらわした法成寺金堂の中尊は、たんなる密教の大日如来ではなく、同じく法勝寺金堂の中尊も胎蔵界五仏の中尊大日如来としてのみ捉えることはできない。この特異な形式の大日如来には顕教の蓮華蔵世界の教主、毘盧遮那仏としての意味が託されていたと考えるべきであろう。すなわち、法成寺金堂・法勝寺金堂の中尊は、いずれも［顕教の蓮華蔵世界の中心＝毘盧遮那仏］と［密教の両界曼荼羅の中心＝大日如来］の性格をあわせもつ顕密融合の仏として、同じ思想的基盤をもつと考えられるのである。

2　法成寺伽藍にみる仏教的世界観

法成寺は、池の西に九体阿弥陀堂を配する無量寿院にはじまり、やがて金堂を中心として、東に薬師堂、西に阿弥陀堂を置く構成にいたる（**図8―1**）。法成寺伽藍において西の阿弥陀堂は「無量寿院」、東の薬師堂は「浄瑠璃院」とも呼ばれ、それぞれの浄土の方位にしたがって配置されていた。これは個別の仏の方位に基づく仏教的世界を、伽藍として具現したものとみなされる[29]。園池をはさんで西に九体阿弥陀堂、東に薬師如来を安置する三重塔を置く浄瑠璃寺伽藍の構成[30]も同じ理念に基づくといえ、平安時代中期以降の伽藍では、その構成理念として、仏教的

世界観が大きな影響をもっていたことが知られよう。

さて、阿弥陀浄土を西に、薬師浄土を東に置く構成は四方浄土変の一部をなすものであるが、法成寺伽藍で注目すべきは、第一に中央に大日如来と毘盧遮那仏を融合した仏を置き、四方浄土変にみられる仏の方位観に基づく仏教世界に明確な中心を与えた点、第二にその理念が伽藍に展開した点にある。

まず、第一の点について、こうした仏の方位観に基づく仏教的世界に中心を与える動きは、円融寺五重塔という平安時代中期の塔の空間で、すでにおこっていた。四方浄土変の四仏と大日如来を合わせて安置した塔の顕密融合の両界曼荼羅空間は、中心の存在しなかった四方浄土変四仏に中心を与えたものともいえる。法成寺伽藍において、阿弥陀堂と薬師堂の中心に位置する金堂に安置された大日如来は、顕密融合の両界曼荼羅空間において、四仏である阿弥陀と薬師の中心に置かれた大日如来に相当する。

第二の点について、法成寺伽藍全体を支配しているのは塔の顕密融合の両界曼荼羅空間と同じく、阿弥陀堂の阿弥陀如来、薬師堂の薬師如来など個別の性格をもち、それぞれ方位の定められた仏たちからなる世界の中心に大日如来を置くという組織的な構成理念であり、それは両界曼荼羅のものといえよう。こうした展開が可能となったのは、密教曼荼羅空間が建築の枠を越えて伽藍へと広がる性質を有していたためである。

すなわち法成寺伽藍は、顕密融合の両界曼荼羅空間と捉えられ、そこには密教の両界曼荼羅のもとに、蓮華蔵世界・四方浄土変という顕教の仏教的信仰世界を融合した、まったく新しい世界観があらわれているのである。

四　御願寺・氏寺伽藍にみる仏教的世界観

1　伽藍の中心としての大日如来

法成寺伽藍・法勝寺伽藍では、その中心に顕密融合の大日如来が据えられたのであるが、他の御願寺・氏寺ではどうであったろうか（表8―1を参照[31]）。

まず、藤原摂関家の氏寺である忠平の法性寺では『扶桑略記』延長七年（九二九）九月十七日、藤原忠平の五十算の賀を行った記録に、毘盧遮那仏を安置する本堂があらわれる。正暦元年（九九〇）、藤原兼家が別邸を寺院とした法興院では、丈六の毘盧遮那仏・釈迦・薬師などが造立され[32]、正暦五年（九九四）、道隆が法興院の中に建立した積善寺でも、建築は不明ながら中尊として丈六の毘盧遮那仏が確認される。先に述べたように、積善寺毘盧遮那仏は東大寺と同じく蓮華蔵世界の毘盧遮那仏を意図したものと考えられ、十世紀段階では伽藍の中心として、奈良時代からの毘盧遮那仏が継承されていたとみるべきであろう。

十一世紀になると、長保三年（一〇〇一）供養、藤原行成の世尊寺で大日如来を中尊とし[33]、道長の法成寺では治安二年（一〇二二）、無量寿院を拡張して法成寺としたとき、先に述べたような顕密融合の大日如来を金堂の中尊とした。頼通の平等院は、完成した段階での伽藍形態をみる限りにおいては、阿弥陀堂（鳳凰堂）が中心ともいえよう。しかし平等院が寺院となったのは、阿弥陀堂供養前年の永承七年（一〇五二）のことで、このとき大日如来[34]を中尊とする本堂が建立されていた。平等院の理念上の中心は、本堂の中尊大日如来であったとみなすべきであろ

表8―1　大日如来を中尊とする平安時代御願寺・氏寺金堂（本堂）

建築名	建立年代		中尊	脇侍						
法性寺本堂	十世紀		毘盧遮那仏							
法興院	正暦元年	九九〇	丈六毘盧遮那仏	釈迦	薬師	六観音	五大尊			六天
積善寺	正暦五年	九九四	丈六毘盧遮那仏	釈迦	薬師					六天
世尊寺	長保三年	一〇〇一	大日如来			普賢	十一面観音	不動	降三世	
法成寺金堂	治安二年	一〇二二	三丈二尺大日如来	釈迦	薬師	文殊	弥勒			六天
円教寺御願堂	長元七年	一〇三四	丈六大日如来	釈迦	薬師					六天
法成寺新堂	永承五年	一〇五〇	二丈六尺大日如来	釈迦	薬師	延命	不空羂索	不動	大威徳	四天王
平等院本堂	永承七年	一〇五二	大日如来	釈迦	薬師			不動	大威徳	
円宗寺金堂	延久二年	一〇七〇	二丈大日如来	一字金輪	薬師					六天
法勝寺金堂	承暦元年	一〇七七	三丈二尺大日如来	多宝（宝幢）	花開敷	無量寿	天鼓雷音			六天
円勝寺金堂	大治三年	一一二八	二丈大日如来	胎蔵界四仏						

う。

天皇の御願寺として建立された四円寺をみると、円教寺の長元七年（一〇三四）の再興では、金堂に相当する「御願堂」が大日如来を中尊とし、延久二年（一〇七〇）供養の円宗寺でも大日如来（摩訶毘盧遮那如来）を中尊とする金堂が建てられていた。六勝寺では、法勝寺以降も円勝寺金堂に胎蔵界五仏を安置したというので、その中尊は大日如来であったことになる。六勝寺は密教を主軸とした伽藍と捉えられ、史料上尊名が判明しない尊勝・最勝・成勝・延勝各寺の金堂中尊も大日如来と推察される。

このように十世紀から十二世紀の御願寺・氏寺をみていくと、金堂・本堂など伽藍の中心となる建築の中尊として、十世紀段階では奈良時代の毘盧遮那仏を継承しているのに対し、十一世紀になると大日如来が据えられるようになっている。しかもこれら大日如来のなかには、法成寺金堂や法勝寺金堂の中尊のように、毘盧遮那仏と融合したものが認められることも重要である。

2　多様化・肥大化する信仰

次に、中心たる金堂をとりまく諸建築をみていくと、法勝寺創建時の建築は、金堂・講堂・阿弥陀堂・五大堂・法華堂であるが、これらはすべて法成寺にそろい、規模・形態、安置仏の多くが共通する（表8―2を参照）。中島をもつ園池を中心に、北に金堂、西に阿弥陀堂を配する構成も法成寺と共通する。創建当初の法勝寺は、法成寺伽藍を直接の規範としていたとみなしてよい[35]。

また、円宗寺講堂と法勝寺講堂では、北京三会となる法華会・最勝会と大乗会がそれぞれ修され、しかもいずれも釈迦を中尊とした。こうした論義会のための講堂は、最勝会を修する薬師寺講堂や維摩会を修する興福寺講堂、十一月会と六月会を修する延暦寺大講堂など、南都・北嶺の顕密権門寺院の講堂にならったもので、後三条天皇の円宗寺において御願寺伽藍に取り入れられ、それが法勝寺講堂の直接の規範になったのである[36]。

五大堂は藤原忠平の法性寺から、法華堂・常行堂は藤原為光の法住寺[37]から藤原兼家・道隆の法興院を経て、藤原道長の法成寺へと継承されていった。法成寺ではさらに阿弥陀堂（九体阿弥陀堂）・薬師堂（七仏薬師堂）などの新たな建築を付加し、伽藍を充実させた。法成寺の建築の多くは白河天皇の法勝寺に継承され、法勝寺伽藍では釈迦堂・十斎堂などにかわって、愛染堂・北斗曼荼羅堂など修法のための建築を加え、密教色を強めていった。

法勝寺						
建築名称	形　式		建立年代		安置仏	内部荘厳
金堂	**七間四面** **重層・裳階** **左右に矩形の廻廊、先端に鐘楼・経蔵（法成寺講堂と同じ）**	瓦葺 **緑釉瓦**	承暦1.12.18	1077	**三丈二尺金色大日如来** 二丈金色多宝如来・花開敷・無量寿・天鼓雷音 **九尺彩色六天** 八尺毘頭盧	**柱：両界曼荼羅**
講堂	**七間四面** 正面に孫庇	瓦葺	承暦1.12.18	1077	金色二丈釈迦如来 丈六普賢・文殊	柱：法華・最勝両部曼荼羅
阿弥陀堂	**十一間四面** 南に弘庇・廊	瓦葺	承暦1.12.18	1077	**丈六金色阿弥陀如来九体** **一丈観音・勢至菩薩** **六尺彩色四天王**	
五大堂	五間四面・裳階	瓦葺	承暦1.12.18	1077	**彩色二丈六尺不動尊** **一丈六尺四大尊**	
法華堂	一間四面	瓦葺	承暦1.12.18	1077	多宝塔 （金泥法華経一部八巻安置）	
常行堂	**方五間・南面** （一間四面裳階カ）	瓦葺	応徳2.8.29	1085	**等身金色阿弥陀如来** **三尺観音・勢至・地蔵・龍樹**	
愛染堂	**八角円堂** （各面三間）		永保3.10.1	1083	三尺白檀愛染明王	
薬師堂	九間四面		永保3.10.1	1083	**丈六金色七仏薬師** **日光・月光** 大治2.3.7に丈六六字明王安置（真言六観音に同じ）	
八角九重塔	裳階付	瓦葺	永保3.10.1	1083	**八尺大日如来四体** 金剛界四仏	柱：月輪仏
北斗曼荼羅堂	一間四面	瓦葺	天仁2.2.27	1109	木像北斗曼陀羅（一字金輪仏頂如来・北斗七星・九執曜天・十二宮神・二十八宿等五十六体）	
小塔院			保安3.12.15	1122	小塔二十六万三千基	

表8—2　法成寺と法勝寺の建築・安置仏・内部荘厳　（**太字**は両伽藍の共通項）

法成寺						
建築名称	形　式		建立年代		安置仏	内部荘厳
金堂	**七間四面(推定)重層・裳階**	瓦葺 **緑釉瓦**	治安2.7.14	1022	**三丈二尺金色大日如来** 二丈金色釈迦・薬師・文殊師利・弥勒菩薩 **彩色九尺梵天・帝釈・四天王**	**柱：両界曼荼羅** 扉：八相成道変
新堂 **(講堂)**	**七間(四面)左右に矩形の廻廊、先端に鐘楼・経蔵(法勝寺金堂と同じ)**	瓦葺	永承5.3.15	1050	二丈三尺大日如来 丈六釈迦・不空羂索・大威徳・薬師・延命・不動尊	
阿弥陀堂	**十一間**		寛仁4.3.22	1020	**丈六金色阿弥陀九体** **金色観音・勢至** **彩色四天王**	扉に九品往生図
五大堂			治安2.7.14	1022	**彩色二丈不動尊(康平2.10.12再建では二丈二尺)一丈六尺四大尊**	
法華堂 (三昧堂)		檜皮葺	治安2以前	1022以前		蒔絵
西北院 **(常行堂)**	三間四面・東面南北西に廊・渡殿	檜皮葺	治安1.12.2	1021	三尺金色阿弥陀(観音・勢至を含む阿弥陀五尊)	
東北院 **(常行堂)**	**方五間**・**南北西**又庇・**南面**(仁平3[1153]再建)		長元3.8.21	1030	**金色阿弥陀** **観音・勢至・地蔵・龍樹**	
八角円堂	**八角円堂**		天喜5.3.14	1057	金色丈六阿弥陀如来一体	
薬師堂	十五間	瓦葺	万寿1.6.22	1024	**金色丈六七仏薬師** **丈六六観音** **金色一丈日光・月光菩薩** 彩色八尺十二神将	母屋柱に十二大願・観音品の偈
十斎堂	(天喜火災後平面変更)		寛仁4.閏12.27	1020	丈六仏十余体	
尼戒壇			万寿3.3.27	1026		
釈迦堂	十三間 中央五間・左右各四間 (天喜火災後七間四面)	檜皮葺	万寿4.8.22	1027	金色丈六釈迦如来 同如来十大弟子八部衆 六尺梵天・帝釈・四天王 金色等身釈迦百体	柱に法華経を図絵
観音堂	創建薬師堂から独立		康平8.10.18	1065		
五重塔			長元3.10.29	1030	釈迦八相成道	
東西三重塔	三重・各重裳階(薬師寺三重塔の模倣)	瓦葺	承暦3.10.5	1079	釈迦八相成道(薬師寺三重塔安置仏を模倣)	妙法蓮華経二十八品・開結二経を図絵
東西五重塔			天承2.2.28	1132	東塔：胎蔵界大日如来四体 **西塔：金剛界大日如来四体** 薬師・釈迦・阿弥陀・弥勒	東塔：胎蔵界諸尊 西塔：金剛界諸尊

つまり平安中・後期の御願寺・氏寺の伽藍は、先行する伽藍の建築を規範としつつ、顕密の新たな建築・空間を取り入れ、そこにかかえる信仰を多様化・肥大化させていったのである。

3　伽藍中枢部の構成と変遷

六勝寺の伽藍中枢部の構成をみていくと、法勝寺では左右に廻廊をそなえた金堂が伽藍の中心に位置し、中軸線上には八角九重塔や講堂が並ぶ。尊勝寺では金堂左右の廻廊が前庭を取り囲んで中門を開き、その背後には講堂の存在が推定される。清水擴氏は、これらに古代伽藍に通じる形態を見いだし、その特徴として復古性を指摘した(38)。

しかし平安時代の伽藍をみていくと、東寺では金堂の廻廊が前庭を取り囲む古代伽藍の構成をとり、承平元年（九三一）建立の醍醐寺本堂も、古代の伽藍と同じく左右廻廊・中門をそなえていたと考えられる。また、六勝寺の規範の一つとなった四円寺についても、円教寺の中心となる再興の御願堂は左右に回廊があり、円宗寺金堂は左右廻廊に加え中門もそなえていた。すなわち、円宗寺供養会について記した「円明寺供養式後改円宗寺(39)」には、

同剋打衆僧集会鐘、僧侶着南門外幄、（中略）誦経僧等入自中門、敷草座於東西廊予立標各座前、（中略）率衆僧経同道、東西相分、至僧座前、留立標下、

とある。「南門」とは別に「中門」、さらに「東西廊」があらわれ、これは金堂が、前庭を廻廊が取り囲み、中門を開くロの字型廻廊であったことを示している。円宗寺では金堂の背後に講堂をもそなえ、伽藍中枢部は古代伽藍をそのまま継承したものといえる。そして、この伽藍は尊勝寺へとつながっていった。

また、これまでは浄土教伽藍の系譜に位置付けられてきた御願寺・氏寺伽藍のコの字型廻廊(40)についても、同じく古代伽藍からの系譜として捉えることが可能である。

コの字型廻廊をとる最初の事例として知られるのが永承五年（一〇五〇）供養の法成寺新堂（講堂）であり[41]、この後に天喜元年（一〇五三）の平等院鳳凰堂、承暦元年（一〇七七）の法勝寺金堂、元永元年（一一一八）再建の仁和寺金堂をはじめ、平泉の毛越寺金堂など、コの字型廻廊の建築が相次いで建立される。

法成寺新堂は『春記』永承五年三月十六日の条に、

法成寺内金堂後立七間瓦葺堂一宇東屋、無裳腰、南向、（中略）東西有廊、更南折其東西有経蔵鐘楼経蔵東西、（中略）経蔵下為政官座、鐘楼下為諸大夫座、

とあり、新堂にとりついた廻廊は東西とも南に折れ、その先端に鐘楼・経蔵を置いていたと考えられるが、これは東大寺・東寺伽藍にみられる、講堂とそこに廻廊でつながれた鐘楼・経蔵の構成と一致している。これら古代伽藍の講堂から、三面僧房とそれにとりつく廻廊を取り去れば、それはまさに法成寺新堂の構成になるのである。法成寺新堂の廻廊先端に、浄土図のようなたんなる楼閣ではなく鐘楼・経蔵を置くのは、こうした古代伽藍を継承した結果とみるべきである[42]。

さらにいえば、法成寺新堂は金堂の背後にあり、また史料上「講堂[43]」とあらわれることからも講堂とみなされるが、ここに薬師寺や円宗寺・法勝寺の講堂のような論義会の会場としての性格や空間構成は見いだせない[44]。円宗寺・法勝寺とも講堂の中尊は釈迦如来であり、中尊を二丈三尺もの巨大な大日如来とする法成寺新堂は、むしろ法成寺金堂や法勝寺金堂に通じる。脇侍として釈迦・薬師を安置することをみても、十世紀からの御願寺・氏寺金堂の系譜に位置付けられよう（表8―1を参照）。

つまり法成寺新堂は、法成寺における第二の金堂ともいうべき建築であり、それは円宗寺講堂や法勝寺講堂ではなく、むしろ法勝寺金堂につながっていくと考えられる。このように、法成寺新堂が法勝寺金堂の規範であったこ

とが認められるならば、法勝寺金堂は浄土教伽藍ではなく、古代伽藍からの系譜に位置付けられなければならない。そして、伽藍中枢部の古代的といわれる構成は六勝寺において復興したものではなく、古代寺院から平安時代の御願寺・氏寺へと連綿と受け継がれ、変容をとげてきたものとみなければならない。

法成寺と法勝寺について、伽藍中枢部とその周辺部の建築との関係をみると、法成寺では金堂の左右に十斎堂・五大堂が廻廊でとりつき、さらに阿弥陀堂・薬師堂が一体となって園池を取り囲む。ところが法勝寺では、阿弥陀堂・五大堂は金堂から切り離されて伽藍の隅に立ち、後に建立される薬師堂・愛染堂・北斗曼荼羅堂も伽藍の周辺部に置かれた。金堂は伽藍のまさに中心に独立して立つ。つまり、法勝寺にいたる平安中・後期の御願寺・氏寺の伽藍の流れを大きく捉えるならば、伽藍の周辺部では新たな建築を付加して、信仰を多様化・肥大化していく一方で、中枢部では古代的構成を継承・展開しつつ、金堂に強い独立性・中心性を与えていったといえる。

おわりに——新たな仏教的世界観と顕密融合の大日如来——

これまで法成寺や法勝寺など、園池を有する平安時代中・後期の御願寺・氏寺伽藍は、浄土教伽藍の系譜に位置付けられてきた。しかし、こうした伽藍では、金堂（もしくは本堂）に中尊として大日如来が据えられ、多くの密教の建築も建てられていた。西に阿弥陀堂、東に薬師堂を配し、その中心に金堂の大日如来を据える法成寺伽藍は、円融寺五重塔にみられた顕密融合の両界曼荼羅空間が伽藍へと展開したものと捉えられ、その構成理念は両界曼荼羅に求められる。ただし、法成寺をはじめ法勝寺において、その中心は密教の大日如来と顕教の毘盧遮那仏を合わせた顕密融合の仏であったことには注意を要する。

律令体制の解体や末法思想の隆盛が重なって生じた社会不安は、現世利益のための密教修法、あるいは極楽往生のための浄土信仰の隆盛を招いた。そして御願寺や氏寺では、北嶺の天台・真言教団はもとより、南都の諸教団との関係のもと広汎な信仰を吸収し、これらの信仰に基づく多様な建築が建てられた。なかでも法成寺・法勝寺という時の最大権力者の寺院には、当時の仏教の集大成ともいうべき伽藍がつくりだされた。そこには新たな仏教的信仰世界が生じ、それを統括する新たな秩序が求められた。顕密の多様な信仰をかかえる法成寺伽藍で求められたのは、たんなる密教の大日如来ではなく、顕教・密教の枠をこえ、あらゆる仏の頂点に立ち、それらを統括する中心だった。

法成寺・法勝寺では、多様化・肥大化した信仰を統括すべく、その頂点に立つ仏として、密教の両界曼荼羅の中心たる大日如来と、顕教の描く蓮華蔵世界の中心たる毘盧遮那仏とを合わせた、顕密融合の大日如来があらわれたのである。換言すれば、法成寺・法勝寺の伽藍は、金堂の中尊として顕密融合の中心を据えることで、多様な仏からなる建築空間を組織的に構成することを目指す、顕密融合の両界曼荼羅空間といえよう。上野勝久氏の指摘する平安時代初期の真言密教伽藍における堂塔構成の「有機的関係」も、それは両界曼荼羅の理念に求められる。

法成寺伽藍で、金堂に大日如来が安置され、その東、薬師堂との間に五大堂が置かれたこと、薬師堂に六観音が合わせて納められたこと、法勝寺伽藍で阿弥陀堂・薬師堂などとともに、法華堂・常行堂・五大堂・愛染堂・北斗曼荼羅堂などという、顕密の諸尊を安置する多様な仏堂が建立されたことを理解するには、浄土教のみをもってでは不充分であり、顕密融合の両界曼荼羅という理念をもってはじめて可能となる(45)。法勝寺伽藍では、「金堂―大日如来」の独立性・中心性を高め、その強い求心力を明快に表現するにいたっている。

古代伽藍では、建築単位で個別に完結した空間が、規範とされる形態に則り配置されたといえるであろう。平安時代の法成寺・法勝寺伽藍は、伽藍形態という側面においては古代伽藍を継承・展開したものとみなせよう。しかし、［金堂―大日如来］を中心として、顕密の個別の仏が両界曼荼羅の理念によって組織的に構成されるという点において、まったくことなる。こうした伽藍には、密教の両界曼荼羅を基盤として、そこに四方浄土変・蓮華蔵世界という顕教の信仰世界を統合した、新しい仏教的世界観があらわれている。

もちろん、法成寺・法勝寺の建築と園池からなる形態・造形は、浄土信仰から生じたものとみなすこともできよう。しかし、信仰・思想からみれば、伽藍全体を支配しているのは両界曼荼羅の理念である。平雅行氏は「顕密仏教の後世に関わる領域が浄土教(46)」と、いわゆる「浄土教」の位置付けを明快に示すが、法成寺や法勝寺の伽藍においても浄土信仰に基づく阿弥陀堂や常行堂・法華堂は、伽藍の中心たる［金堂＝顕密融合の大日如来］に統括される仏の空間の一つと位置付けられる。こうした伽藍を「浄土教伽藍」と呼び、あたかも浄土信仰が全体を支配していたかのような捉え方は改めなければならない。

註

(1) 清水擴①「法成寺伽藍の構成と性格」・②「六勝寺伽藍の構成と性格」（同『平安時代仏教建築史の研究』中央公論美術出版、一九九二）。
(2) 清水擴③「平安時代の寺院建築」（『文化財講座　日本の建築2　古代Ⅱ・中世Ⅰ』第一法規出版、一九七六）では、五大堂・法華三昧堂・常行三昧堂などの混在することを法成寺伽藍の特徴とみなし、「一宗一派にかたよらない現実的感覚をもった当時の貴族の雑信仰を、そのまま具現化したもの」とみなす。
(3) 藤井恵介「九世紀の真言密教伽藍」（同『密教建築空間論』中央公論美術出版、一九九八）。
(4) 上野勝久博士学位論文『平安初期寺院の仏堂と堂塔構成に関する研究』（私家版、一九九五）結論。
(5) 東寺創建一千二百年記念出版編纂委員会編『東寺の歴史と美術　新東宝記』（東京美術、一九九六）伊東史朗

「講堂彫刻」解説。

（6）福山敏男「神護寺承平実録帳と神護寺諸堂記」（『福山敏男著作集　第三巻　寺院建築の研究　下』中央公論美術出版、一九八三）による。以下、『神護寺承平実録帳』および『神護寺諸堂記』はこれによる。

（7）前掲註（4）上野『平安初期寺院の仏堂と堂塔構成に関する研究』第七章の結。

（8）宝寿院蔵本（『第十一回高野山大宝蔵展―真然大徳と高野山の名宝―』〈高野山霊宝館、一九九〇〉所収）、山口耕栄氏蔵本（日野西真定編著『高野山古絵図集成』〈清栄社、一九八三〉所収）、醍醐寺蔵本（『大日本古文書　醍醐寺文書』一九二六号）など。このうち山口耕栄氏蔵本は承応三年（一六五四）の書写にかかることが知られ、醍醐寺蔵本は『醍醐寺文書目録』において室町時代後期のものとされる。

（9）「高野山秘記」（『真福寺善本叢刊9　中世高野山縁起集』臨川書店、一九九九）、「高野御幸記」（『群書類従』巻第四十二）など。

（10）前掲註（9）『中世高野山縁起集』所収。

（11）阿部泰郎編『中世高野山縁起の研究　高野山発掘調査報告書　別冊』（元興寺文化財研究所、一九八二）、前掲註（9）『中世高野山縁起集』所収。

（12）『大正新脩大蔵経』第七十八巻所収。

（13）宮家準「密教と修験道―曼荼羅を中心として―」（宮坂宥勝・松長有慶・頼富本宏編『密教大系　第八巻　密教の種々相』法藏館、一九九五）。

（14）称名寺蔵「室生山図」（神奈川県立金沢文庫編『金沢文庫資料全書　第九巻　寺院指図篇』便利堂、一九八八）。

（15）『神道大系　神社編十二　大神・石上』（一九八八）所収。「諸社御本地事」には、「北金剛界大日、南胎蔵界大日、中不二大日也」とある。

（16）『大日本仏教全書』寺誌叢書四所収。

（17）『群書類従』釈家部所収。なお、『山家最略記』『九院仏閣抄』ともに、この記事は『三宝輔行記』を引いたものである。『仏書解説大辞典』では『三宝輔行記』を円仁の著作としているが、その成立時期については今後の検討が必要である。

(18)『大正新脩大蔵経』第七十六巻所収、同書巻第百九。
(19)この他にも、山を両界曼荼羅で捉える事例として、十四世紀前半の成立とされる『渓嵐拾葉集』巻第六の「我国ニ有両部ノ曼荼羅、富士ハ是金剛界ノ曼荼羅也、故ニ堅ニ高ク秀タリ、武蔵野ハ胎蔵界ノ曼荼羅也」なる説など、多くの事例を見いだすことができる。
(20)『大正新脩大蔵経』第二十四巻所収。
(21)『奈良六大寺大観　第十巻　東大寺二』(岩波書店、一九六八)。
(22)『奈良六大寺大観　第十三巻　唐招提寺二』(岩波書店、一九七二)。
(23)華厳教学では、毘盧遮那と釈迦を同一仏身の異称とする。
(24)藤田経世編『校刊美術史料　寺院篇中』(中央公論美術出版、一九七五)所収。法成寺金堂の中尊は、「不知記」にのせる呪願文では「毘盧遮那」、願文では「大日如来」とされる。
(25)前掲註(24)『校刊美術史料　寺院篇中』所収「諸寺供養類記」。
(26)冨島義幸①「法勝寺の伽藍形態とその特徴」(『日本建築学会計画系論文集』五一六、一九九九)。
(27)東寺講堂の安置仏の沿革は、前掲註(5)伊東解説を参照。
(28)この他にも『秘蔵記』両部曼荼羅、『覚禅鈔』両部大日、『図像抄』『別尊雑記』などをみても、管見の限りでは密教の大日如来の蓮華座に千釈迦をあらわした事例はみあたらない。
(29)本中真「浄土庭園」(同『古代日本の庭園と景観』吉川弘文館、一九九四)。
(30)『浄瑠璃寺流記事』によれば、保元二年(一一五七)に本堂(九体阿弥陀堂)が園池西岸の現在地に移され、薬師如来を安置する現在の三重塔が治承二年(一一七八)に一条大宮から移築されているので、西の阿弥陀、東の薬師が向かい合う構成は、平安時代末期に成立したとみなされよう。
(31)これら寺院の建築と安置仏については、杉山信三「法性寺から東福寺へ」「仁和寺の院家建築」(同『院家建築の研究』吉川弘文館、一九八一)、清水擴「貴族建立寺院の概要」「四円寺の構成と性格」(前掲註(1)同著書)、前掲註(1)清水②論文、平岡定海「四円寺考」(同編『論集日本仏教史3　平安時代』雄山閣出版、一九八六)を参照。

(32)『本朝文集』巻第四十一「以家一区永為仏寺状」に「彼堂所作、丈六金色毘盧遮那、釈迦如来、薬師如来、等身六観音、五大尊、六天等也」とある。

(33)『権記』同年二月二十九日の条。

(34)『渓嵐拾葉集』巻第百五には「一、宇治平等院本尊事」として「本堂中尊大日（智拳印、右ノ大指ヲ風火間ニ入ノ也、謂風火ノ間ニ入大指ヲ、仏堂習事最極大事也云云、）」と、智拳印とされることから、金剛界大日如来ということになる。

(35)前掲註（26）冨島①論文。

(36)冨島義幸②「白河―院政期「王家」の都市空間」（院政期文化研究会編『院政期文化論集　第三巻　時間と空間』森話社、二〇〇三）。

(37)法住寺伽藍については、『扶桑略記』永延二年（九八八）三月二十六日の条を参照。

(38)前掲註（1）清水②論文。

(39)『朝野群載』巻第二所収。顕證本『仁和寺諸院家記』には「古徳記」を引いて、「元名円明寺、後三条院御願」と、円宗寺はもと円明寺という寺名であったとする。

(40)清水擴「浄土教寺院の伽藍構成とその系譜」（前掲註（1）清水著書）。

(41)杉山信三「法成寺について」（前掲註（31）同著書）、前掲註（1）清水①論文。

(42)法隆寺でも当初、講堂・鐘楼・経蔵は、金堂・五重塔を囲むロの字型廻廊の外に独立して位置していたものが、平安時代中期に背面の廻廊が切られ、鐘楼・経蔵、さらには講堂とつながった（『奈良六大寺大観　第一巻　法隆寺一』（岩波書店、一九七二）所収、太田博太郎「大講堂」、沢村仁「廻廊」「経蔵」「鐘楼」解説を参照）。これは講堂と金堂・五重塔の関係が密接になった結果と捉えることも可能であろうが、初期の法隆寺をはじめ、鐘楼・経蔵が講堂の背後、しかも講堂をふくむ廻廊の外にある薬師寺から、東大寺や東寺へといたる伽藍の変遷をみると、八世紀ころから講堂と鐘楼・経蔵がそれ以前よりも密接に関係するようになったことがうかがえる。もちろん、伽藍形態のみからその変容の意味を読み取ることは危険であり、今後、法会など他の視点からも、講堂と鐘楼・経蔵の関係を検証する必要がある。

(43)『扶桑略記』天喜六年（一〇五八）二月二十三日の条。

(44) 法成寺講堂での仏像の安置形式を考えれば、堂内では母屋の左右いっぱいに須弥壇をもうける必要があり、とすれば『春日権現験記絵』巻八の興福寺維摩会堅義場面などにみられるように、本尊横に何列も長床を配する鋪設はできないと考えられる。

(45) このようにみていくならば、法勝寺伽藍で講堂が金堂の背後に立つこと、すなわち金堂中尊大日如来の北に講堂中尊釈迦が配されることも、北方に釈迦を配する顕密融合の両界曼荼羅五仏の構成に基づくといえる。また、法成寺で金堂の東にあった薬師堂が金堂の背後に置かれるが、この点については、金堂前池の丁線が金堂回廊の東、伽藍の東端で発見されている(『京都市埋蔵文化財年次報告一九七四—Ⅲ 法勝寺跡』、一九七五)ことから、前池は東に大きく広がっていたことが想定され、池の東側には充分な空間がとれない、あるいは儀礼のための動線が確保できないなどの理由から、薬師堂を阿弥陀堂の対岸に配置できなかったことが考えられよう。

(46) 平雅行「末法・末代観の歴史的意義」(同『日本中世の社会と仏教』塙書房、一九九二)。

第九章　中世神仏世界の形成と両界曼荼羅

はじめに

空海により体系的な密教が導入されて以降、両界曼荼羅は日本の社会・宗教において、きわめて重要な役割を果たすことになる。たとえば、年始恒例の国家的仏事である後七日御修法をはじめ、仏像や仏教建築の供養会、あるいは逆修や死者追善の曼荼羅供では両界曼荼羅図が並べ懸けられ、結縁灌頂では人々は両界曼荼羅図に投華して仏と結縁する。また、仏堂や塔には両界曼荼羅諸尊を安置することで、そこには立体化した両界曼荼羅がつくりだされ、さらに高野山などでは山全体の空間が両界曼荼羅世界と捉えられるようになった。このように両界曼荼羅のあらわす理念や仏教的世界観は、人々の精神世界に深く浸透していったと考えられる。

これまで論じてきたように、建築空間のなかで両界曼荼羅世界は不変であったわけではなく、蓮華蔵世界や四方浄土変など顕教の世界観と融合していった[1]。今日、中世においては顕密仏教が主流を占めていたことが広く認められているが、こうした顕密融合の両界曼荼羅世界の出現も顕密仏教の一現象ということができ、さらには中世の信仰世界の特質を示すものとしても注目される。

顕密体制論では、「顕密体制」は密教を主軸に一切の宗教が統合されたものとされる[2]。密教を過大に評価することへの批判[3]もあるが、近年の宗教史研究では、中世の宗教には神仏をふくめた共通の基盤が存在したことが認められつつある。たとえば、神道史研究において井上寛司氏[4]は、顕密体制を「寺院と神社が一体となって機能する独自の構造」と捉え、それが仏教思想を共通の基盤としていたと考え、高橋美由紀氏[5]は中世神道成立の思想的基盤は平安末期に準備され、その共通の土壌のなかから仏家神道も伊勢神道も萌芽したとみなす。中世神仏世界を構成する共通の基盤が何であったのか、そこで密教が具体的にいかなる役割を果したのかを明らかにしていくことが次の課題となろう。

また、「王法」と「仏法」の相依相即がうたわれた中世の社会を捉えていくうえでも、佐藤弘夫氏が指摘するように、中世的世界観を構造的に把握し、その基盤となる理念を明らかにしていくことが必要である[6]。

佐藤氏は、起請文にあげられた神仏から、階層をこえて用いられる中世神仏のコスモロジーを検討し、それを仏教の十界論・須弥山説に基づく垂直的世界像として捉え、そこには「絶対者たる頂点」はなかったとする[7]。また、森由紀恵氏は、厳島と大日如来の同体説を検討し、そこにみられる世界観には時代観・国土観などという、現実の世界の価値体系が投影されていた可能性を指摘する。いずれも中世の宗教的世界観の具体像を探求した重要な成果であるが、その構造がすべて解明されたわけではない。

というのも、佐藤氏の研究は中世神仏世界全体像の解明を試み、大日如来や天照大神に注目するも、その位置付けが明確にされておらず、また森氏の研究では大日如来と天照大神の関係に論点が限定されているため、信仰世界の全体像がみえてこない。本章は、両界曼荼羅という密教の世界観を示す理念に注目し、平安時代中期から鎌倉時代初期を中心に、神仏をふくめた信仰世界の具体的構造を探っていくことにしたい。

一　両界曼荼羅空間の展開と鎌倉再建東大寺大仏殿

1　鎌倉再建東大寺大仏殿の両界堂

南都焼き討ち後の東大寺大仏殿再建は、造営規模からも、また勧進という造営形態からも、中世社会において重要な意味をもっていた。しかし、その中世仏教における位置付けは具体的に示されておらず、ひいては中世社会における思想的意義についても正当な評価がなされていると思えない。この鎌倉再建東大寺大仏殿こそが、本稿で問題とする中世神仏世界を読み解き、その社会的意義を考えていくうえでの重要な鍵になると考えられる。

鎌倉再建東大寺大仏殿で注目されるのは、藤井恵介氏によって明らかにされた両界堂の存在である(8)。大仏殿では、毘盧遮那仏の東西の脇にそれぞれ金剛界堂・胎蔵界堂を設け、密教僧十二人によって密教の両界供養法を修していた。この両界供養法では、両界堂から大仏を拝し、修法を修していたと考えられる。この両界の構成は、第二章でみた『三僧記類聚』にあらわれる蓮華王院五重塔両界大日についての真円の説（図2―8を参照）や、補論でみた醍醐寺五重塔の初重壁画からなる両界曼荼羅の構成と一致している。つまり、鎌倉再建東大寺大仏殿では、密教の両部不二の大日如来、ひいては両部不二の曼荼羅とみなされていたのである。大仏殿ではあわせて、顕教僧三十人によって顕教の最勝王講がおこなわれている(9)。毘盧遮那仏は、最勝王講の本尊たる顕教の毘盧遮那仏であるとともに、両界供養法の本尊たる密教の両部大日でもあった。

この両界堂を見いだした藤井氏は、その構想を密教僧としての重源に求め、東大寺が顕密兼修の寺院であったことを示すものとする。しかし、顕密兼修は東大寺に限られたわけではなく、中世の仏教界ではむしろ一般的なもので、鎌倉再建東大寺大仏殿の位置付けを明確にするためには、両界堂を生みだすもととなった思想的基盤を明らかにしていく必要がある。

2　建築空間にみる両界曼荼羅世界の変容——顕密融合・両部不二へ——

すでに第八章で論じたように、藤原道長の法成寺で伽藍中心に据えられた大日如来の蓮華座には、化仏として釈迦があらわされていた。この蓮華座の釈迦は『梵網経』に説かれる千釈迦であり、法成寺の中尊は密教の教主大日如来と、華厳教の教主毘盧遮那仏を合わせた顕密融合の仏であったと考えられる。そしてこの特異な大日如来は、白河天皇の法勝寺金堂の中尊に継承されていく。法成寺・法勝寺の伽藍には、顕教の四方浄土変・蓮華蔵世界、密教の両界曼荼羅という顕密の仏教的世界観が投影され、このように多様化・肥大化した信仰を統括すべく、密教の教主大日如来と華厳教の教主毘盧遮那仏とを合わせた、顕密融合の中心が据えられたのである。

さらに平安時代後期になると、両部不二という理念も顕現するようになる。もともと、空海が高野山に構想した「毘盧遮那法界体性塔」は、一基の塔をもって両界曼荼羅を表現するはずであった。しかし平安時代後期には、本来、胎蔵界の塔であるはずの大塔が、高野山の中心として両界曼荼羅を象徴するようになり、室町時代には大塔は両部不二を体現すべく、胎蔵界大日如来と金剛界四仏を安置するとされる。同様の現象は後白河法皇の蓮華王院五重塔にもみられ、この塔では胎蔵界大日如来二体と金剛界大日如来二体を合わせて安置し、一基の塔で両界曼荼羅を構成した。

また、鳥羽院御願寺である高野山覚皇院は、これらとはことなった構成で両部不二を表現する。この仏堂は八角

図９—１　宝満寺大日如来像および胎内大日如来小像（宝満寺蔵）

二階の建築で、丈六の大日如来を安置し、柱・梁に両界諸尊を描いた。堂内に描かれた諸尊をみていくと、金剛界が阿閦をはじめとする三十六尊、胎蔵界が中台八葉院の宝幢をはじめとする八尊とされる[10]。両界曼荼羅では中心となる諸尊は金剛界が三十七尊、胎蔵界が九尊であり、いずれも一尊不足する。つまり、覚皇院では彫刻で安置された大日如来を絵画で表現された両界諸尊の中尊とみなしていたと考えられ、ここに両部不二の大日如来の存在を認めることができる[11]。両部不二思想は覚鑁の密教観の根底をなす理念と位置付けられるが[12]、それは教学にとどまることなく、同時期の建築空間の現象として顕現した。

　後世の永仁四年（一二九六）の胎内銘をもつ宝満寺大日如来像（兵庫県、重要文化財）は、定印を結ぶ胎蔵界大日如来であるが、胎内には両界の大日如来の真言を書き、さらに蓮華座をつくりだして、そこに智拳印を結ぶ金剛界大日如来の小像を安置する[13]（図9―1）。注目すべきは、この像の口がわずかに開いていることである。つまり、この口から胎内の金剛界世界は外界へと吹き出され、本体である胎蔵界大日如来と一体になって両界曼荼羅空間をつくりだしているのである。これは平安時代後期以降に隆盛した両部不二思想、それに基づく両部不二の大日如来を具現化する一形式と位置付けられよう[14]。

そしてこうした顕密融合、両部不二の大日如来は、後白河法皇による東大寺再建にも継承されていたのである。

3　大日如来としての毘盧遮那仏

そもそも、東大寺鎌倉再建以前の保延六年（一一四〇）成立『七大寺巡礼私記』には、東大寺の毘盧遮那仏について、

　抑此像寺家皆謂大日、

とあり、寺家側は「大日」と呼んでいたとされる。また、康和四年（一一〇二）には、東南院別当以下が大日悔過供田を大仏殿に寄進しており、この大日悔過の本尊は大仏殿の中尊毘盧遮那仏であったとみられる[15]。平安時代後期の東大寺では、毘盧遮那仏を大日如来とみなそうとする動きのあったことが知られよう。家永三郎氏は、法成寺金堂中尊蓮華座の釈迦から東大寺大仏が連想されると指摘するが[16]、平安時代後期の東大寺大仏は顕教の毘盧遮那仏と密教の大日如来双方の性格を有していたのであり、思想的には法成寺大日如来・法勝寺大日如来と同じ顕密融合の仏とみなされる。

藤原道長の法成寺から白河天皇の法勝寺へと継承された理念は、後白河法皇にも継承され、それは新たな大伽藍

の創建ではなく、東大寺大仏殿の再建としてあらわれたのである。したがって鎌倉再建東大寺大仏殿の空間は、法成寺金堂・法勝寺金堂の延長に位置付けられなければならない。両界堂についても、藤井氏が言うように重源の密教僧の立場からつくられたものではなく、中世顕密体制のなかで平安時代後期から大仏殿に与えられてきた密教空間としての意味を、重源が建築施設として具体化したものと評価すべきであろう。

ところで、大仏殿再建以降の南都では、東大寺以外でも同様の現象が認められる。嘉元二年（一三〇四）成立の『法華滅罪寺縁起』では、法華寺金堂本尊は東大寺を写した丈六毘盧遮那仏であるとしながら、建保四年（一二一六）ごろ成立の『諸寺建立次第』では「大日如来」とするのである。もちろん、奈良時代創建の法華寺の本尊が大日如来であったとは考え難く、天平宝字三年（七五九）の金版銘や、『三宝絵』下「法花寺華厳会」に華厳会が修されたとあることから知られるように、本来、蓮華蔵世界の毘盧遮那仏であった。[17]ところが、法華寺には鎌倉時代初頭、重源によって造立されたと考えられる仏頭（重要文化財）が残り、これが金堂本尊とみられる。[18]この仏頭は如来形をとりながらも、その内部に両界の大日如来の種子が書かれており、法華寺伽藍の中心たる毘盧遮那仏も、鎌倉時代初期には東大寺毘盧遮那仏と同じく、大日如来としての性格が付加されていたことが考えられる。顕教の毘盧遮那仏と密教の大日如来との融合が、南都においても浸透していったことがうかがえよう。

二　神祇信仰の空間と両界曼荼羅

1　毘盧遮那仏―大日如来―天照大神

平安時代後期における東大寺毘盧遮那仏の重要な意義は、顕教の蓮華蔵世界の教主毘盧遮那仏と、密教の教主大日如来を合わせたところにある。平安時代末期、この顕密融合の仏には、さらに［毘盧遮那仏—大日如来—天照大神］という関連付けがなされるようになる。

すなわち、『天照皇太神儀軌』[19]には、

尋上位者、華蔵世界毘盧遮那、（中略）有大王守護誓故名照皇天、故本朝名天照皇大神宮申也、又奉名大日遍照尊、故加天照字也、

と、毘盧遮那仏・大日如来・天照大神を結びつける論理が説かれる。『大神宮諸雑事記』[20]第一巻には聖武天皇による東大寺建立に際して、天平十四年（七四二）、勅使を伊勢神宮に参入させたことを記し、そのなかで、

当朝ハ神国ナリ、尤可奉欽仰神明給也、而日輪者大日如来也、本地者毘盧遮那仏也、

として、天照大神と［日輪—大日如来］—［本地—毘盧遮那仏］との関係が示される。[21]しかも、十二世紀前半に成立したとされる『東大寺要録』[22]本願編一では「大神宮禰宜延平日記云」として、先の『大神宮諸雑事記』とほとんど同文が引かれ、院政期には［毘盧遮那仏—大日如来—天照大神］なる関係が、東大寺のみならず伊勢神宮にも共有されていたことが知られよう。

この三者の関係は、阿部泰郎氏が指摘するように、[23]承安五年（一一七五）の『春日御社御本地幷御託宣記』にも、

毘盧遮那善逝尊、道樹降魔成正覚、普随一切衆生心、転大法輪充満兮ト宣リ、此神則照蒼天日輪大日遮那所化、鎮護日域大円鏡智、奉崇九重賢所也、故本誓云、往昔勤修成仏道、垂迹閻浮護王位、為度衆生天照神、円満大願遍照尊ト宣リ、

と説かれ、平安時代末期には伊勢神宮・東大寺にとどまらない広がりをみせている。

東大寺の鎌倉再建ではその成功を祈り、重源と東大寺衆徒が伊勢参詣をおこなったが、この参詣には後白河法皇の積極的な関与が認められるという(24)。天照大神と大日如来とを結びつけることは、仏教側ではすでに康平三年（一〇六〇）の成尊『真言付法纂要抄』でなされているが、後白河法皇のもとでの東大寺再興は、毘盧遮那仏と大日如来との一体化とともに、天照大神との融合をも孕んでいた。次に引くように、『中臣祓訓解』でも東大寺造営をめぐって伊勢両宮と大日如来の同体を説いており、東大寺が毘盧遮那仏をふくめた三者を結びつける場となっていたとみてよかろう。この三者の一体化は、仏教世界と神祇世界の中心を統合していく論理としても注目される。

また、十二世紀末には、伊勢神宮の心御柱から大日如来像がつくられた事例があらわれることも注目されよう(25)。『吾妻鏡』建久六年（一一九五）十一月十九日の条には、伊勢神宮の御厨である相模国大庭御厨の大日堂本尊が、伊勢神宮の心御柱からつくった大日如来像とされ、それは「仏神之合体」すなわち天照大神と大日如来を一体化したものと捉えられている。さらに、建長二年（一二五〇）の「九条道家初度総処分状(26)」には、九条兼実発願による光明峯寺金堂の本尊について、やはり「伊勢太神宮」の心柱を御衣木として大日如来像を造立したとされる。これらの像は、大日如来と天照大神を一体化する理念を、仏像彫刻として具現化したものだったのである。

2　神社の空間と両界曼荼羅

両界曼荼羅の理念は、神社の空間を捉える理念としても広がっていく。院政期の成立とみられる『中臣祓訓解(27)』では、

伊勢大神詫（託）曰（天平年中、行基菩薩為聖武天皇勅使、造東大寺事、祈誠申給、此時御告文也、）実相真如之日輪、明生死長夜之闇、本有常住之月輪、掃无明煩悩之雲（日輪則天照皇大神、月輪則豊受皇大神、）両部不二也（胎蔵界大日教令輪身、不動、金剛界大日教令輪身、降三世、）

と、伊勢神宮の内宮（天照大神）を胎蔵界大日如来、外宮（豊受大神）を金剛界大日如来とみなし、内宮・外宮からなる構成を両部不二という密教理念で捉える。

伊勢をめぐっては、寿永二年（一一八三）十月二十二日の鑁阿の解状に対する「官宣旨案」[28]に、彼の事績として高野山大塔における長日両界供養法につづけて、

兼復於伊勢豊受度会二宮、修長日大日護摩二壇、

と、「伊勢豊受度会二宮」における長日大日護摩があげられる。鑁阿は重源よりも先に伊勢に参籠していたことになるが[29]、『中臣祓訓解』にみられる伊勢両宮の捉え方からも、二壇の長日大日護摩を修した「伊勢豊受度会二宮」とはすなわち、内宮・外宮であったとみなすことができよう。とすれば、この段階で伊勢両宮は大日如来と結びつけられていたことになる。

伊勢を中心とする両部神道は、平安時代末期に成立したと考えられている[30]。叡尊の制作とされる西大寺蔵伊勢大神宮御正体厨子（重要文化財）も、伊勢二宮を両界曼荼羅の理念で捉える論理が南都律宗へと広がっていたことを示すものとして興味深い。鎌倉時代には伊勢神宮の神々を両界曼荼羅の理念によって解釈した『麗気記』などの教義書も成立した。

伊勢だけではない。平安時代末期の成立とみられる『熱田明神講式』[31]では、

第二奉讃大宮権現者、今此明神本地難測、或大日如来化現、或観自在尊応作云々、（中略）五大力示現熱田大明神我也、日本第三神是也云々、就之案之、当五智如来応作歟、然則秘密瑜伽教主、理智不二大日、金胎一体法王也、

と、熱田明神を五智如来の応作、両部不二の大日如来とする。鎌倉時代成立とみられる『熱田宮秘釈見聞』には、

為化度衆生、日本国尾州愛智郡垂迹給、東方阿閦仏因位ソサノヲノ尊、南方宝生仏宝宮酢姫、今氷上宮也、又聖観音現給、西方弥陀イサナミ、北方尺《釈》迦稲種尊也、中央大日天照大神也、

と、相殿をふくめた五神の本地を大日・阿閦・宝生・阿弥陀・釈迦という顕密融合の金剛界五仏と結びつけており、熱田宮の空間を金剛界曼荼羅と捉えるのである。大興寺蔵熱田本地仏懸仏（鎌倉時代前期）では、この理念に基づき、阿閦を薬師とした金剛界五仏があらわされる(32)。さらには中央に金剛界五仏、その上下に摂社の本地仏を配した神宮徴古館蔵熱田宮本地仏曼荼羅も成立する。

この他にも、平安時代末期から鎌倉時代初期に成立したとみられる『高野山巡礼記』では、高野山の鎮守である丹生明神・高野明神をそれぞれ両界の大日如来にあて(33)、正応五年（一二九二）成立の「高野山大伝法院本願霊瑞并寺家縁起(34)」では、高野山大伝法院の鎮守について、東の丹生を蓮華部（理―胎蔵界）、西の高野を金剛部（智―金剛界）とし、中央には天照大神・八幡・春日の三社をおいて仏部（理智具足―両部不二）とする。弘安年間（一二七八〜八八）成立の『三輪大明神縁起』でも「御室山形相事」には、

古記云、当社御室山者、（中略）此山中住御神、皆是天照太神之父母兄弟渡御、即是象両界曼荼羅諸尊也、

として、天照大神（後に述べるように、同縁起において大神は伊勢と同体とされる）を中心とした御室山の神々が両界曼荼羅諸尊をあらわしているとする。

このように、神々からなる空間の構造を両界曼荼羅の理念で捉える言説は枚挙に暇がない。ここに仏教の枠をこえ、神祇信仰をまきこんだ広大な宗教的世界観が形成されていく動きを認めることができるであろう。と同時に、顕密からなる仏教、さらには神祇信仰共通の基盤としての両界曼荼羅の意義が浮かび上がってこよう。

3　神々の世界と仏の世界の結びつき

また、平安時代後期以降、神々の関係を示すときに仏との関係をもちだす事例がいくつも見いだされる。たとえば『古事談』では、

日本国之大日如来ハ伊勢大神宮ト安芸之厳嶋也、

と、大日如来を介して伊勢と厳島の同体を説く。[35]『三輪大明神縁起』でも「天照大神本迹二位事」として、

唱曰、第一義、天金輪王光明遍照大日尊云々、(中略) 次垂迹者、依三処位、御名字不同御、於天上御名天照也、御降臨之後二所別御、於大和国三輪山者大神大明神申、於伊勢国神道山者申皇太神、

と、大日如来の垂迹を天上では天照大神、地上では大神と伊勢とし、伊勢と大神を同体とする。[36]

このほかにも『渓嵐拾葉集』[37]第六巻「山王御事」では、

五大院御釈云、於天照社者為大日応迹現神明、於日吉社者為釈迦応現神明、顕密且雖殊、一致幽冥為神明矣、以此文天照大神与日吉権現一体習合者也、

と、[天照大神—大日如来]—[釈迦—日吉] という関係をもって伊勢と日吉を同体と説く。[38]ここでは [天照大神—大日如来]・[釈迦—日吉] という神仏の同体説と、[大日如来—釈迦] という顕密の同体説が組み合わされている。

高橋美由紀氏が論じているように、「神々の下剋上[39]」という時代、神々は一方では記紀神話の再解釈によって天照大神と一体であることを説き、またその一方では本地垂迹思想により大日如来を介して天照大神との同体を主張し、神祇世界の頂点を目指した。ここに、中世神話に基づく神々の世界と仏教的世界を本地垂迹の論理がつなぐ、

神仏の重層的構造をみることができるであろう。

神仏関係で注意すべきは、伊勢と大日如来とが結びつく以前から、救世観音あるいは十一面観音という観音菩薩との同体説もあった点である。伊藤聡氏の研究(40)によれば、天照大神を観音の垂迹とみなす説の成立は、十世紀末から十一世紀初頭に求められるという。それが十一世紀半ばになって大日如来と結びつくようになり、以降、この二説が並存することになる。［天照大神―大日如来］という説が盛んに主張されるのは、平安時代末期になってからのことである。つまり、観音との同体説がもともとあったところに大日如来に結びつける動きがあらわれ、次第に強くなっていくのであり、平安時代後期における［天照大神―大日如来］という中心を据えた信仰世界の影響力の大きさがうかがえよう。

このように、平安時代後期には本地垂迹説の展開により、伊勢をはじめ多くの神々に具体的な本地仏が配されるようになり、神々と仏との結びつきは密接になっていった。とはいえ、それは必ずしも厳格な関係ではない。たとえば、先にみた伊勢や大神・春日などには複数の本地仏が存在したことが知られ、八幡などはもともと釈迦を本地仏としたが、後の浄土信仰の隆盛とともにそれが阿弥陀にとってかわられたように(41)、神々と仏とは緩やかで自由な関係を築いていったのである。そのなかで［天照大神―大日如来］という中心軸は神仏の世界を貫き、総体としての神仏世界の要をなしていたといえよう。

では、神仏からなる信仰世界は、具体的にどのような構造として捉えられるのであろうか。

三　中世神仏世界の構造

1　中心の存在

中世神仏のコスモロジーを広く捉えた佐藤弘夫氏は、そこには「絶対者たる頂点」はなかったとする。しかし、絶対者であるかはともかくも、頂点あるいは中心は存在したと考えられる。中心が存在しないのならば、法成寺・法勝寺の中尊として顕密の中心を融合した仏があらわれ、また毘盧遮那仏・大日如来・天照大神を一体化する言説が生まれる必要もなかったであろう。嘉禎四年（一二三八）の「北条泰時起請文[42]」には、

真言教主大日如来・十方三世一切諸仏・大慈大悲地蔵菩薩・地前地上諸大薩埵・声聞縁覚諸賢聖主・梵天帝釈四大天王・諸天北辰北斗・七曜九曜・十二宮神・廿八宿・本命元辰・当年属星・内宮外宮大小星宿・別亦閻魔法王・泰山府君・司命司祿・五道大神・百部鬼王・天神地祇・年中行疫神幷部類眷属等、

と、「真言教主大日如来」を頂点とした、諸仏・諸神からなる信仰世界が示される。また、東大寺別当光智は天暦十年（九五六）、尊勝院建立にさいして、

大日如来・三世十方諸尊聖衆・天神地祇・伽藍本願三代聖霊、

を勧請する誓願を立てており[43]、大日如来を頂点とした神仏からなる宗教的世界観は、十世紀半ばから存在していたことがうかがえる。『梁塵秘抄』にあらわれる、

真言教のめでたさは、蓬窓宮殿へだてなし、君をも民をもおしなべて、大日如来と説いたまふ、

という表現は、大日如来を頂点とする世界観の存在を前提にしており、しかもそれが世俗社会に広く浸透していたことをあらわしている。同抄にある、

仏はさまざまにいませども、まことは一仏なりとかや、薬師も弥陀も釈迦弥勒も、さながら大日とこそきけ、

とある唄からは、顕教の仏たちまでもが大日如来と一体化し、統合されていく様が読み取れよう。

2　信仰世界の面的広がりと重層的構造

また、佐藤氏の注目する須弥山という世界観は、中世にかぎらず、仏教的世界観の形成に大きな影響を与えたといえようが、中世の神仏世界は、決して須弥山のような垂直方向の構造だけで捉えられるものではない。さらにいえば、須弥山という世界観のみでは、中世の信仰世界において重要な位置を占めた、顕教尊と密教尊の関係や、神と仏の関係を包括することができないのである(44)。結論を先に述べれば、両界曼荼羅や四方浄土変・蓮華蔵世界という仏教世界は平面的な広がりをもち、中世神仏世界ではこうした面的な広がりをもつ個別の世界、すなわち顕・密の仏の世界、さらには神々の世界が重なり合って構成されていたと考えられる。

顕密関係についていえば、すでに第一章でみた天承再建法成寺東西五重塔の両界曼荼羅空間のように、大日如来と四方浄土変四仏からなる顕密融合の五仏は、両界曼荼羅四仏と四方浄土変四仏の同体説によって重層構造と捉えることができる（**図1―2**を参照）。あるいは第五章でみたように、輪王寺蔵東常行堂五尊図（**図5―5**を参照）などの阿弥陀五仏では、金剛界曼荼羅の阿弥陀四親近菩薩のもとに、『金剛頂経』の顕密同体説をもって観音・勢至・地蔵・龍樹からなる顕教系四菩薩が重ねられる。

ところで、こうした重層的信仰世界をもってすれば、石塔などの遺構にしばしばみられながら、これまで明確な

位置付けがなされてこなかった、四方浄土変のうちで弥勒と釈迦が入れ替わった四仏はもちろん、顕密が混在する四仏の意味を明らかにすることが可能となり、ひいてはそれらをあらわす建築・美術作品を正当に評価することもできるようになる。たとえば、東の薬師、南の弥勒、西の阿弥陀、北の釈迦からなる今宮神社蔵四面仏石[45]（重要文化財、天治二年〈一一二五〉）の四仏は、両界曼荼羅に基づき顕密が重層する仏教世界の四方四仏が顕教尊の姿であらわれたものということができる。東に宝幢、南に開敷華王、西に無量寿の種子をあらわし、北に法界定印の釈迦像を配する箱根山宝篋印塔[46]（重要文化財、永仁四年〈一二九六〉）についても、同じく顕密重層構造のうち、宝幢・開敷華王・無量寿は密教の部分が、釈迦は顕教の部分が表出したものと捉えることができるのである。

次に、両界曼荼羅に基づく重層的世界は顕密関係に限られたものではなく、神々の世界と仏の世界の関係にも見いだすことができる。神仏の重層的構造を端的にあらわすものとして、三輪流神道灌頂で用いられた「神道灌頂初重敷曼荼羅」（**図9—2**）[47]は興味深い。この曼荼羅の成立年代は不詳ながら、三輪流神道灌頂そのものは、叡尊が大御輪寺を復興した鎌倉時代中期ころから、次第に整えられていったと推定されている[48]。

「神道灌頂初重敷曼荼羅」は、円形の中央部とそれをとりまく八葉状の外周部からなり、そこに神々を配置することで成り立つ。中央部では中心に天照大神、その周囲に三輪・熊野・春日・八幡・住吉の五神を、外周部では八葉の一葉をさらに三つに分け、それぞれに鹿島から香取までの二十四神を配し[49]、天照大神を中心とする神々の世界を構成している。注目されるのは中央部には押紙があり、胎蔵界大日如来の種子を中心に、それをとりまくように胎蔵界八葉九尊の種子が配されている点である。この神々からなる曼荼羅世界は、押紙の胎蔵界曼荼羅と重ね合わされており、この曼荼羅をもって神々と結縁することは、同時に両界曼荼羅の仏とも結縁することにもなったと考えられる。

図9—2　『三輪流神道許可文度記』所収　神道灌頂初重敷曼荼羅

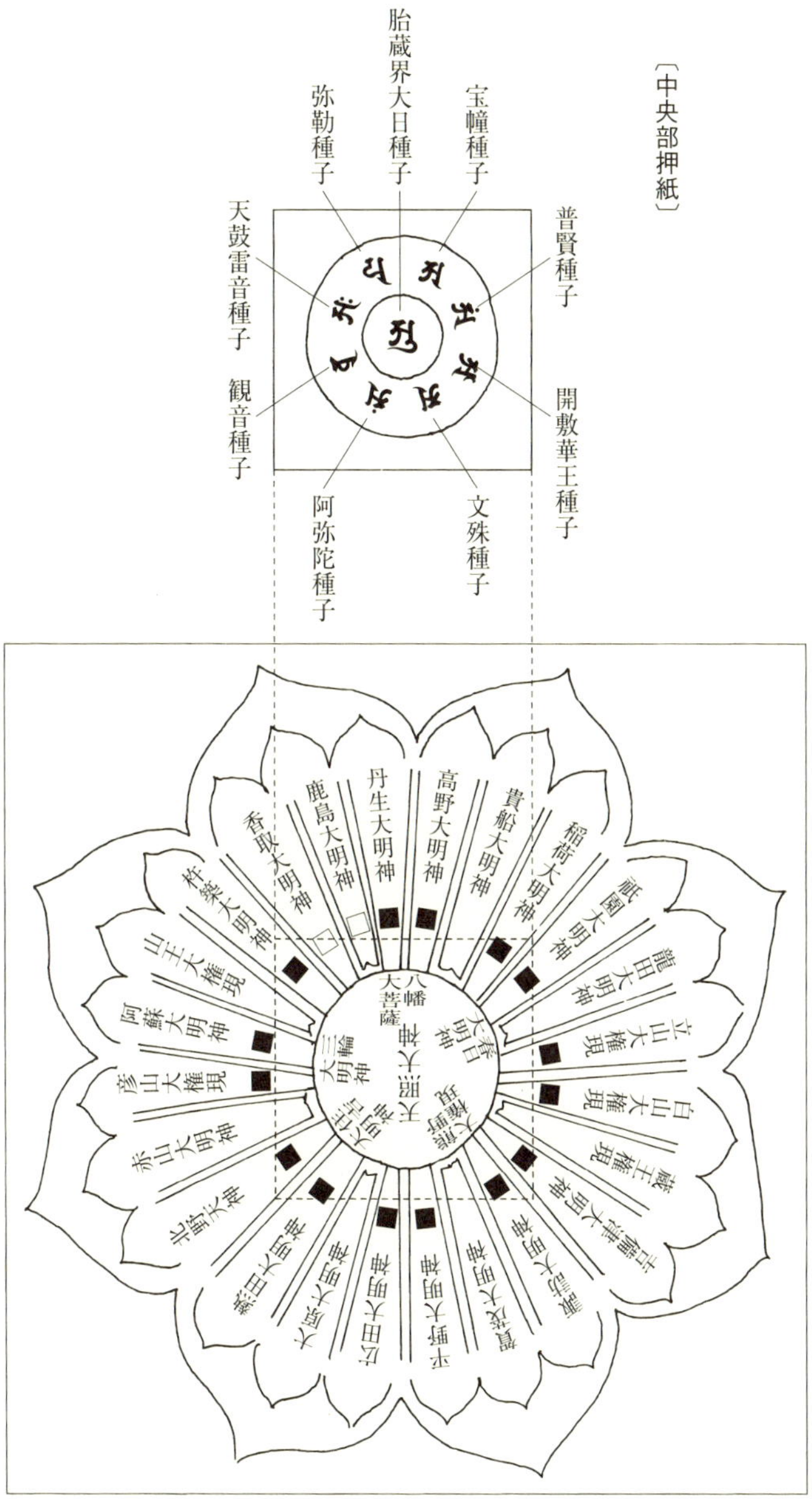

■は種子。ただし□は押紙貼り付け部のため種子は確認できない。

表9—1 『法華曼荼羅諸品配釈』に基づく法華経諸品の胎蔵界曼荼羅への配当

胎蔵界曼荼羅			**法華経**	
中台八葉院	中央	大日如来	1	序品
	東	宝幢	2	方便品
	南	華開仏	4	信解品
	西	阿弥陀	**16**	**寿量品**
	北	天鼓音	**21**	**神力品**
	東南	普賢	5	薬草品
	南西	文殊	12	提婆品
	西北	観音	**25**	**普門品**
	北東	弥勒	**17**	**分別功徳品**
四瓶	北東		8	五百弟子授記品
	東南		13	勧持品
	南西		**22**	**嘱累品**
	西北		**28**	**勧発品**

細字は迹門、太字は本門。

このように、神道灌頂初重敷曼荼羅には、顕と密の関係と同じく、両界曼荼羅を基盤とした神と仏の関係があらわれているのであるが、その中心部にみられる天照大神と大日如来の関係は本地垂迹の関係でもある。本地垂迹説に基づく神仏関係が、顕密関係と同じ重層的構造として捉えられることは注目に値しよう。さらに同様の構造は、両界曼荼羅と『法華経』という経典や中世の神話世界との関係においても認めることができる。

四 経典・神話世界の統合へ

両界曼荼羅と『法華経』の一体化を説く論理には、天台密教・真言密教の二通りがある。第一に、真言密教の『覚禅鈔』第二十四「法華法諸流」には、

右釈迦、左多宝、二仏同座、妙法蓮華経観演説給、是法界大塔也、釈迦胎大日、多宝金大日云々、

と、釈迦・多宝が並座する多宝塔を法界大塔とみなし、釈迦を胎蔵界大日如来、多宝を金剛界大日如来として、両界曼荼羅と『法華経』が一体であるとする。

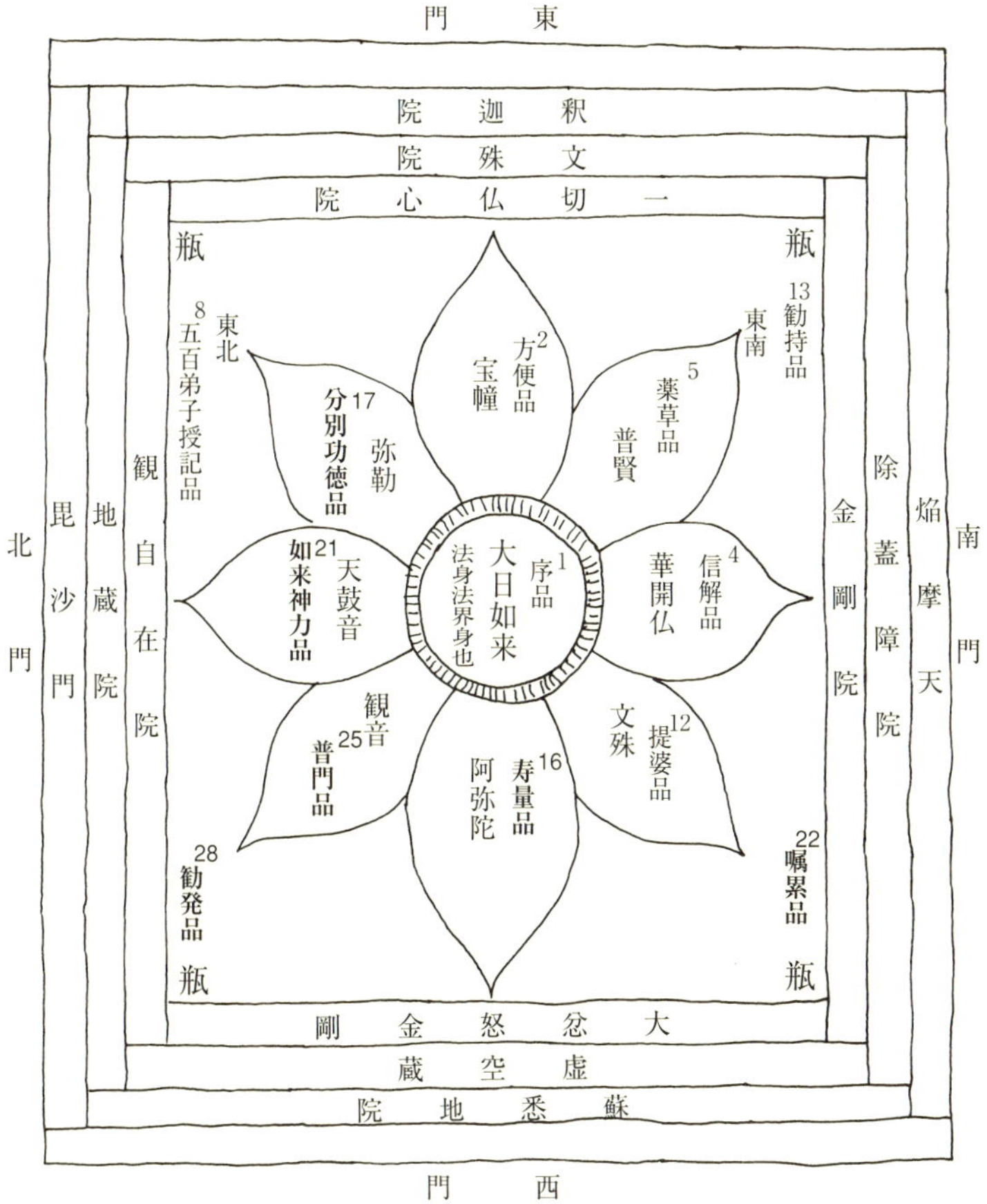

図9—3　『法華曼荼羅諸品配釈』所収　法華経諸品配図

第二に、天台密教において法華経と両界曼荼羅を一体とする論理は、円珍撰とされる『法華曼荼羅諸品配釈』、『法華経両界和合義』にみることができる。これら二つの儀軌は、ともに『智證大師全集』におさめられているが、後世に円珍に仮託されたものとみる説もある[50]。

その内容をみていくと、『法華曼荼羅諸品配釈』では、胎蔵界曼荼羅中心の大日如来と中台八葉院の東・南の四尊および四瓶のうちの東北・東南の二瓶に、『法華経』二十八品のうちの前半（迹門）の十四品のうちの七品を、中台八葉院西・北の四尊および西南・西北の二瓶に後半（本門）の十四品のうちの六品をあてはめ、胎蔵界曼荼羅と『法華経』の一体化をはかる（**表9―1・図9―3**を参照）。一方、『法華経両界和合義』では、

所以又私案、以上十四品当釈胎蔵界十三会、以下十四品充釈金剛界三十七尊也、

として、**表9―2**のように前半十四品を胎蔵界曼荼羅諸尊・諸院に、後半十四品を金剛界曼荼羅諸尊に配当し、両界曼荼羅と『法華経』との一体化をはかっているのである。[51] 両界曼荼羅を基盤として『法華経』という顕教の経典の世界が重ねられているのであり、ここにも中世における顕密関係の構造的特質があらわれている。

そもそもこうした論理は、同じく円珍撰とされる『講演法華儀』から生まれたものとみられている。『講演法華儀』は円密一致を説くもので、天台教学のなかでも重要な位置を占める。ここでこれらの儀軌が円珍の真作であるか否かの判断に踏み込むことはしないが[52]、もしこうした論理が九世紀半ばにあらわれていたとすれば、それは後世のコスモロジーの基礎をなすきわめて重要なものということになろう。

また、『西院流八結弁ム言』「御貴口大事」には、寛文七年（一六六七）書写の「大日本国図」と呼ばれる図があげられる[53]。これは胎蔵・金剛両界の曼荼羅に神々をあてはめた、一種の神祇曼荼羅である。神々の配置に若干の相違がみられるが、称名寺には同じ曼荼羅の劔阿手沢本（**図9―4a・b**）が伝えられ、この「大日本国図」が少なくとも鎌倉時代末期まで遡ることが知られる[54]。この図では、胎蔵界曼荼羅中台八葉院に国常立尊から伊弉冉尊までの天神七代の十一神を、金剛界曼荼羅五仏に天照大神から鸕鷀草葺不合尊までの地神五代の神々をあてはめている。両界曼荼羅のもとに、神々からなる日本創世神話の世界までもが取り込まれていったのである。

表9―2　『法華経両界和合義』に基づく法華経諸品の両界曼荼羅への配当

両界曼荼羅			法華経	
胎蔵界	中台八葉院	大日	2	方便品
		宝幢	3	譬喩品
		開敷華王		
		阿弥陀（無量寿）		
		天鼓雷音		
		文殊	4	信解品
		観世音		
		弥勒		
		普賢		
	遍智院		5	薬草喩品
	蓮華部		6	授記品
	金剛部		7	化城喩品
	五大院		8	五百品
	門守護		9	人記品
	釈迦院		10・11	法師品・宝塔品
	文殊院		12	提婆品
	除蓋障院		12	提婆品
	地蔵院		13	勧持品
	虚空蔵院		14	安楽行品
	蘇悉地会		14	安楽行品
	外金剛部		1	序品
金剛界	金剛界五仏	大日	16	寿量品
		阿閦	17	分別功徳品
		宝相（生）	18	随喜功徳品
		無量寿（阿弥陀）	19	法師品
		天鼓雷音（不空成就）	20	不軽品
	四波羅蜜菩薩	大日四親近菩薩	21	神力品
	十六大菩薩	東方宝幢四親近菩薩	22	嘱累品
		南方宝性(生)四親近菩薩	23	薬王品
		西方四菩薩	24	妙音品
		北方四菩薩	25	観音品
	八供養菩薩	外四供養菩薩	26	陀羅尼品
		内四供養菩薩	27	厳王品
	四摂菩薩	鉤・索・鎖・鈴	28	普賢品

15は本門序説として含まず。

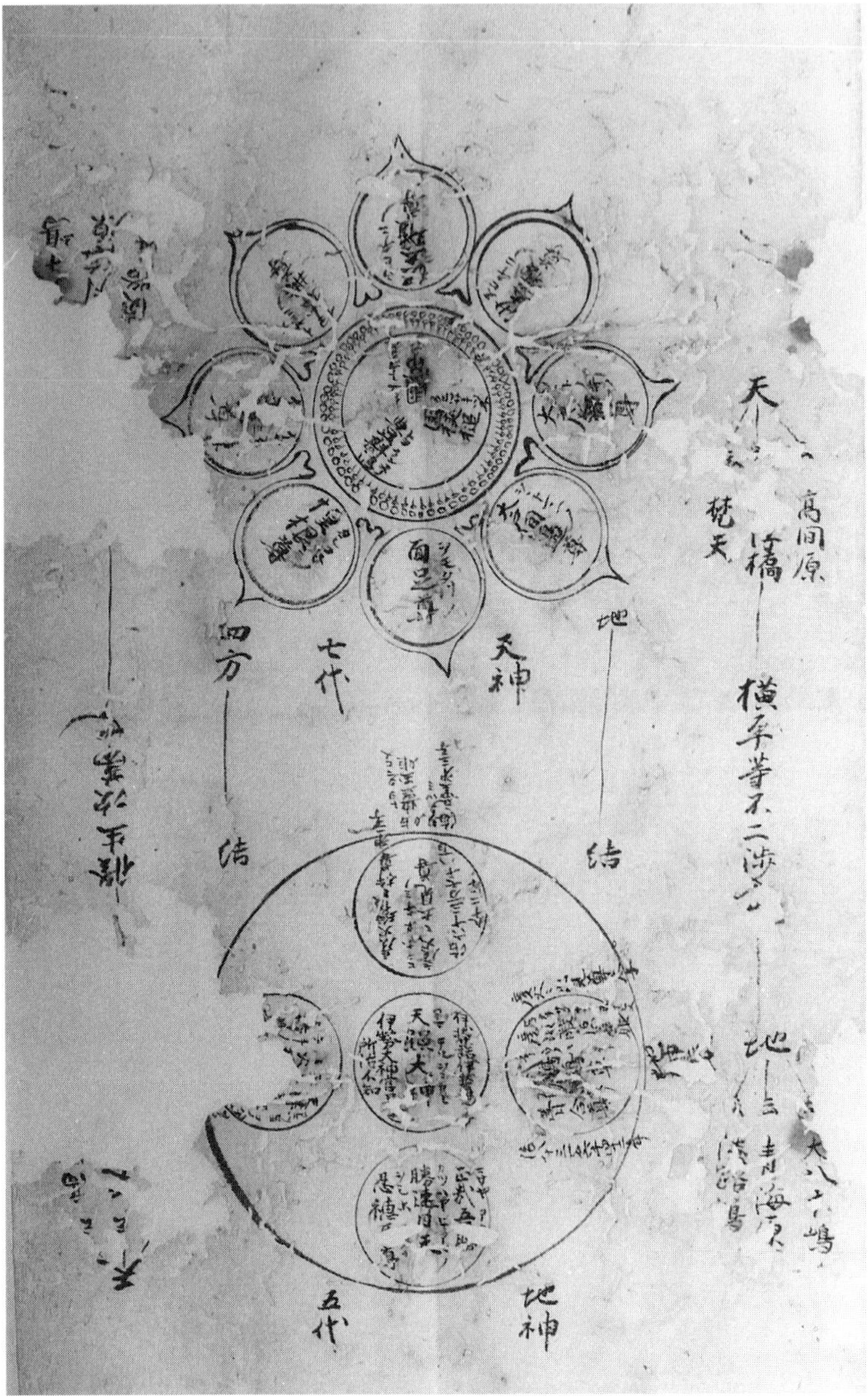

図９―４ａ　大日本国図（称名寺蔵、神奈川県立金沢文庫保管）

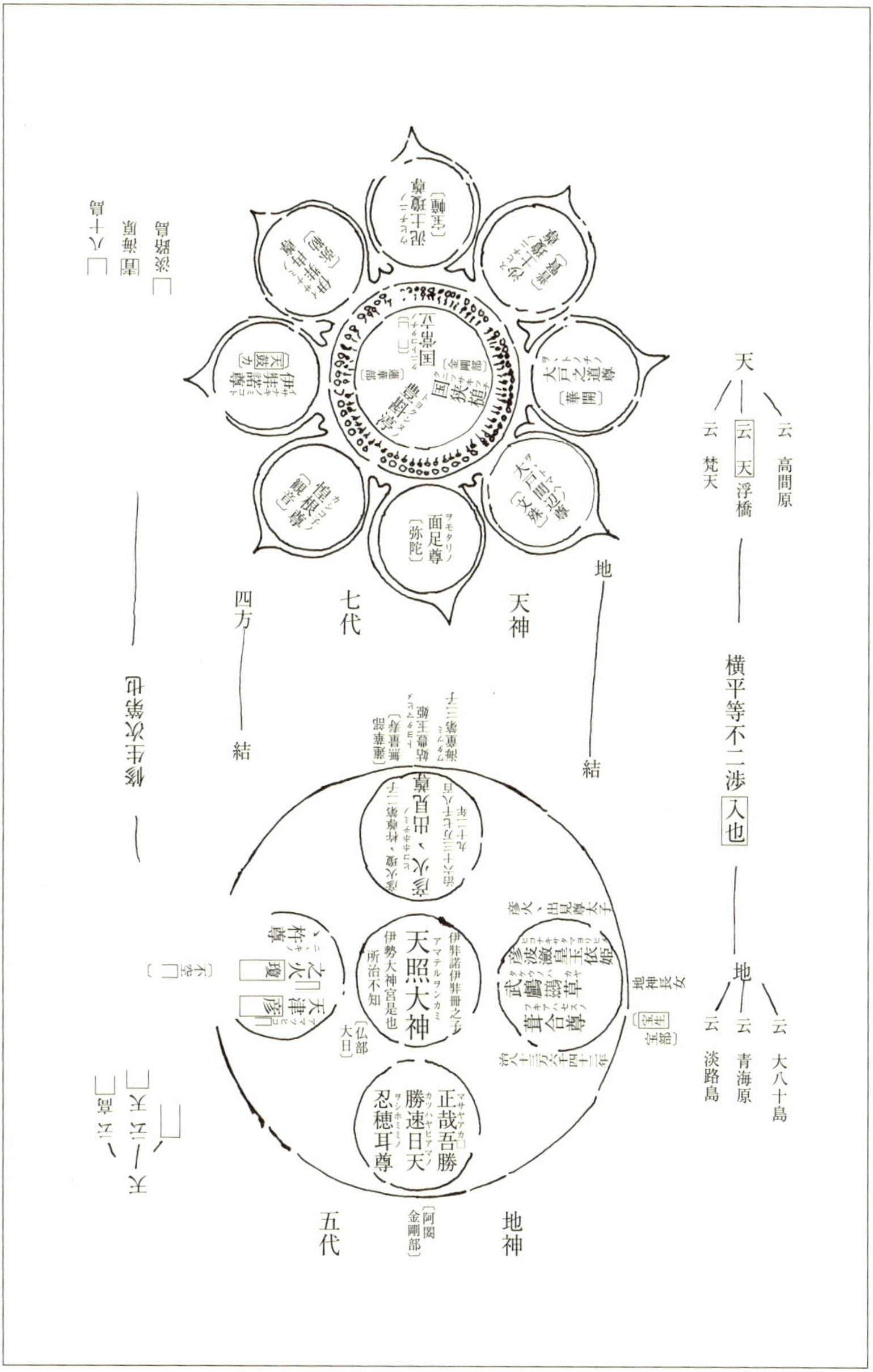

図9—4b　大日本国図

〔　〕内は裏書。

おわりに――中世顕密主義のコスモロジー――

以上、両界曼荼羅という密教理念に注目し、顕密さらには神仏からなる中世神仏世界の一端をみてきた。本章の内容をまとめるとともに、この両界曼荼羅に基づく神仏世界の位置付けについて考えてみたい。

平安時代中期から後期には、顕密の多様な諸尊、そして神々が信仰の対象として台頭し、信仰世界は混沌とした様相を呈していく。しかし、その一方で藤原道長の法成寺伽藍、白河天皇（院）の法勝寺伽藍では、金堂の中尊として、顕密の多様な諸尊によって肥大化した信仰世界の頂点に立ち、それらを統括すべく、顕教の蓮華蔵世界の教主毘盧遮那仏と密教の両界曼荼羅の中心大日如来を合わせた、顕密融合の仏が据えられた。法成寺・法勝寺の伽藍には、両界曼荼羅の理念に基づき、この顕密融合の仏を中心に多様な諸尊が統括されるという秩序が認められる。

毘盧遮那仏は、顕教において鎮護国家を担う尊格であり、毎年正月恒例の鎮護国家仏事である御斎会では、本尊として大極殿に安置される。[55] 密教が導入されてからは、御斎会と同じとき宮中真言院において後七日御修法が修されるようになり、そこでは大日如来を中心とする両界曼荼羅が本尊とされる。密教の導入にともない、鎮護国家の祈禱においても、顕教の毘盧遮那仏を中心とする蓮華蔵世界と、密教の大日如来を中心とする両界曼荼羅という顕密の仏教的世界観が並存することになったのである。そして、法成寺金堂において両者の統合がはかられ、その理念は白河天皇の法勝寺金堂、後白河法皇の鎌倉再建東大寺大仏殿へと継承されていった。[56]

法勝寺の造営や鎌倉時代の東大寺再建という国家をあげての造営事業において、この新たな顕密融合の仏教的世界観が提示された意義は大きい。この蓮華蔵世界と両界曼荼羅を融合した仏教的世界観こそが、院政期の王権が描くコスモロジーの核をなしていたと考えられるからである。東大寺大仏の再建とは、たんに奈良仏教に基づく毘盧遮那仏の再興を意味するものではなく、法成寺・法勝寺から継承された院政期仏教の理念を体現するモニュメントの、南都における創建であった。

さらに、院政期には［毘盧遮那仏―大日如来―天照大神］を一体化し、顕密のみならず神仏の世界の中心を一体化していこうとする動きがおこる。この時期、仏と神々をつなぐ本地垂迹説も成立し、さらには伊勢や熱田など神社境内の空間を両界曼荼羅と捉えるような論理があらわれ、「神道灌頂初重敷曼荼羅」や「大日本国図」に見るように、神々の世界が両界曼荼羅と重ねて捉えられるようにもなる。すなわち院政期には、京都の法勝寺や南都の東大寺、さらには伊勢など有力権門寺社を巻き込んで、顕・密・神祇からなる重層的な信仰世界が形成されるのである。

こうした重層的信仰世界では、［仏―神］のいわゆる本地垂迹の関係が、［顕教仏―密教仏］の同体の関係と同じ構造として捉えられる点も重要である。顕教の蓮華蔵世界・四方浄土変、密教の両界曼荼羅、そして神々の世界は、顕教尊と密教尊の同体説、本地垂迹の論理などによって互いに関連付けられ、時に融合、一体化した。換言すれば、こうした個別の信仰世界が重層的構造をなし、それらが全体としてゆるやかに一体化されたものが中世神仏世界ということになろう。一見すると複雑で混沌とした中世の信仰世界ではあるが、そこには個別の信仰世界に組織的構造を与える、宗派・宗教の枠をこえた共有の理念としての両界曼荼羅を見いだすことができる。両部神道も、こうした両界曼荼羅を基盤とした信仰世界が形成されるなかで成立したといえるであろう。

両界曼荼羅を基盤とし、毘盧遮那仏・大日如来・天照大神を一体化した中心を据え、顕密諸尊、そして神々からなる組織的・重層的な信仰世界――これこそが中世の王権と有力権門社寺からなる、中世顕密主義が描いた神仏のコスモロジーの一形態だったと考えられる。

註

（1）本書第一・二・八章を参照。
（2）黒田俊雄「中世における顕密体制の展開」（同『日本中世の国家と宗教』岩波書店、一九七五）。
（3）末木文美士「鎌倉仏教の形成をめぐって」（速水侑編『院政期の仏教』吉川弘文館、一九九八）。
（4）井上寛司「「神道」の成立―神社史研究序説―」（『大阪工業大学紀要』四六―一〈人文社会篇〉、二〇〇一）。同氏の見解は、黒田俊雄「中世宗教史における神道の位置」（同『日本中世の社会と宗教』岩波書店、一九九〇）における「神道」の評価を継承したものとみなされる。
（5）高橋美由紀「伊勢神道の成立とその時代」（石田一良編『日本精神史』ぺりかん社、一九八八）。
（6）佐藤弘夫「顕密体制論の現在」（同『神・仏・王権の中世』法藏館、一九九八）。このほか中世前期の神仏世界を探求した論考として、森由紀恵「中世の神仏と国土観」（『ヒストリア』一八三、二〇〇三）がある。
（7）佐藤弘夫「怒る神と救う神」（前掲註（6）佐藤著書）。
（8）藤井恵介「弘安七年東大寺大仏殿図について」（初出は『建築史学』一二〈一九八九〉。同『密教建築空間論』〈中央公論美術出版、一九九八〉に再録）。
（9）『東大寺造立供養記』（『群書類従』巻第四百三十五所収）、および鎌倉時代末期成立の『東大寺具書』（『続々群書類従』巻第七百九十四上）。
（10）「永範覚皇院供養願文案」（総本山醍醐寺編『根来要書―覚鑁基礎史料集成―』東京美術、一九九四）。
（11）この他にも、承安元年（一一七一）十二月十二日の「宮寺旧記」（『石清水八幡宮史　史料第一輯』所収）には、「一東宝塔院事」として「本尊　大日胎金大日実也、」とあり、この本尊は両部不二の大日如来を思わせる。また、『三僧記類聚』所収「高野山中院塔内陣図」（『密教文化』九〇〈一九七〇〉所収、和多秀乘氏の翻刻による）では、仏壇に胎蔵界大日如来と宝幢・開敷・普賢・文殊という胎蔵界曼荼羅中台八葉院諸尊を安置し、壁扉画として四仏・四波羅蜜をはじめとする金剛界諸尊を描いていたとしており、この胎蔵界大日如来には壁扉画の金剛界諸尊の中尊である、金剛界大日如来の意味も付加されていたことが考えられる。
（12）頼富本宏「覚鑁の思想教義と尊格信仰」（根来寺文化研究所『根来寺の歴史と美術』東京美術、一九九七）。

(13)　神戸山手女子短期大学図書・学術委員会編『金剛山宝満寺大日如来像修理報告書』（一九九七）。なお、本像の胎内には金剛界阿弥陀如来の種子も書かれ、覚鑁の大日即阿弥陀思想をあらわすものとしても注目される。

(14)　両部不二の両界曼荼羅は、山・伽藍を捉える理念としても展開し、第八章でみたように、「高野山八葉蓮華曼荼羅」（図8—2）では高野山の伽藍が、中央に両部不二の曼荼羅を象徴する大塔を置き、四方に金剛界四仏、四角に胎蔵界中台八葉院の四菩薩を置く構成と捉えられている。両界の融合は後世にも継承され、両界曼荼羅図の事例では「兵庫周辺寺本両界曼荼羅図」は、成身会四波羅蜜を胎蔵界四仏にあてているという（頼富本宏「江戸時代制作の両界曼荼羅」〈小野塚幾澄博士古稀記念論文集『空海の思想と文化』ノンブル社、二〇〇四〉）。さらに、修験でも「修験恵印総曼荼羅」では、中心に「金胎不二大日如来」が置かれ、四方に金剛界四仏（北方は釈迦とする）、四角に胎蔵界中台八葉院四菩薩が配される（仲田順浩「修験恵印総曼荼羅の一考察」〈『神変』一〇〇〇、一九九五〉）。とくに中央の大日如来が金胎不二とされる点、八方に金剛界四仏と胎蔵界四菩薩を配する点は、「高野山八葉曼荼羅」と共通しており興味深い。

(15)　『平安遺文』一四七八号「東大寺大仏殿大日悔過供田施入状」。この大日悔過については、横内裕人「南都と密教—東大寺毘盧遮那仏の変奏」（『国文学』四五—一二、二〇〇〇）で詳しく論じられている。

(16)　家永三郎「法成寺の創建」（同『上代仏教思想史研究（新訂版）』法藏館、一九六六）。

(17)　太田博太郎「法華寺の歴史」（『大和古寺大観　第五巻』岩波書店、一九七八）。

(18)　毛利久「法華寺の仏頭について」（『大和文華』一四、一九五四）。なお、この仏頭を阿弥陀浄土院の阿弥陀如来像のものとみる見解もある（奈良国立博物館『御遠忌八百年記念特別展　大勧進重源』目録〈二〇〇六〉解説）。

(19)　『真福寺善本叢刊6　両部神道集』（臨川書店、一九九九）所収。伊藤聡「『両部神道集』解題」（同上）によれば、その成立は平安時代末期に求められるという。

(20)　『群書類従』巻第三。同記第一巻の成立は、貞観十年（八六八）から延喜五年（九〇五）とみられている。『日本史文献解題辞典』（吉川弘文館、二〇〇〇）を参照。

(21)　櫛田良洪「神道思想の受容」（同『真言密教成立過程の研究』山喜房佛書林、一九六四）では、毘盧遮那仏・大日如来・天照大神を結びつける思想が、後三条天皇の時代に発生しはじめたと指摘する。

(22) 久野修義「中世東大寺と聖武天皇」（同『日本中世の寺院と社会』塙書房、一九九九）によれば、『東大寺要録』は、その序文の記載から嘉承元年（一一〇六）までにおよその形がつくられ、長承三年（一一三四）ころまでに増補され、現在の姿になったとみられる。

(23) 阿部泰郎「神道曼荼羅の構造と象徴世界」（桜井好朗編『大系仏教と日本人1　神と仏』春秋社、一九八五）。『春日御社御本地幷御託宣記』は『神道大系　神社編十三　春日』（一九八五）所収。

(24) 阿部泰郎「『東大寺衆徒参詣伊勢大神宮記』解題」（『真福寺善本叢刊8　古文書集一』臨川書店、二〇〇〇）。

(25) 牟禮仁「心御柱による大日如来造像」（同『大嘗・遷宮と聖なるもの』皇学館大学出版部、一九九九）。

(26) 図書陵叢刊『九条家文書』一所収。

(27) 『神道大系　古典註釈編　中臣祓註釈』（一九八五）所収。

(28) 『平安遺文』四一一二号。

(29) 『玉葉』元暦二年（一一八五）三月十七日の条に、「盲聖人法華（鑁阿）房来、参籠大神宮之間、天下可直之由有夢想旨所語也」とある。

(30) 岡田荘司「両部神道の成立期」（安津素彦博士古希祝賀会編『神道思想史研究』、一九八三）。

(31) 『神道大系　神社編十九　熱田』（一九九〇）所収、高野山金剛三昧院本。次にあげる『熱田宮秘釈見聞』も同書所収の真福寺本による。

(32) 三宅久雄「宝勝院阿弥陀如来像とその納入品」（『ミュージアム』三九一、一九八三）、滋賀県立琵琶湖文化館『懸仏の世界―神仏習合の歴史と造形』（一九九七）。

(33) ここには「此丹（北カ）生神殿女体、本地胎蔵大日、母、南高野神殿俗体、金界大日、第一御子、」とある。

(34) 『興教大師伝記史料全集　伝記』（ピタカ、一九七七復刻版）所収。ここには「一社有三棟、是則三部各別標幟也、中央仏部、天照・八幡・春日等也、左方東蓮華部、丹生大明神等也、右方西金剛部、高野大明神等也」とある。

(35) 伊勢と厳島の同体が示される以前、すでに承安四年（一一七四）三月の「建春門院詣厳島願文」（『本朝文集』巻第六十二）に「夫当社者、尋内證者、則大日也」とあり、また平清盛の「入道大相国安芸国伊都岐嶋千部経供養表白」（『安居院唱導集』〈角川書店、一九七二〉所収『転法輪抄』神祇上）に「今此大明神者、或大日遍照之尊」とあり、まず厳島と大日如来を結びつけることがなされている。前掲註（6）森論文を参照。

（36）菅原信海「三輪流神道の形成と発展」（同編『神仏習合思想の展開』汲古書院、一九九六）。『三輪大明神縁起』は『神道大系　神社編十二　大神・石上』（一九八八）所収。

（37）『大正新脩大蔵経』第七十六巻所収。

（38）大山公淳「本地垂迹説」（『仏教史学』一六―一、一九七二）。なお、『山家要略記』（『続天台宗全書　神道1　山王神道Ⅰ』春秋社、一九九九）巻一にも「天照大神・日吉《（大宮）》山王御本地一体事」として同じことが説かれる。『山家要略記』には、承安四年（一一七四）顕真記の奥書があるが、正応二年（一二八九）義源書写ともあり、正応の成立とみる説が有力である。

（39）前掲註（5）高橋論文。

（40）伊藤聡「中世神道説における天照大神―特に十一面観音との同体説を巡って」（斎藤英喜編『アマテラス神話の変身譜』森話社、一九九六）。

（41）辻善之助「本地垂迹説の起源について」（同『日本仏教史研究　一』岩波書店、一九八三）、前掲註（2）黒田論文、国学院大学日本文化研究所編『神道事典』（弘文堂、一九九五）所収の佐藤真人「本地垂迹一覧」を参照。

（42）『鎌倉遺文』五二六一号。

（43）『東大寺続要録』諸院編「天暦十年歳次丙辰三月十四日丁未日巳時記」。

（44）佐藤弘夫氏は、神仏の関係を捉えるさいには、「あの世（彼岸）」・「この世（此岸）」という須弥山とは別の概念を用いるが、この二つの概念がいかなる関係をもち、中世の信仰世界のなかでどのような構造をなしているのかが明確にされていない。

（45）中野玄三「線彫四面仏石」（初出は『国華』九七九号〈一九七五〉。同『日本仏教美術史研究』〈思文閣出版、一九八四〉に再録）。

（46）川勝政太郎「石塔における四仏に就いて」（『考古学』八、一九三五）。

（47）長谷寺蔵『三輪流神道許可文度記』（『大神神社史料　第五巻　三輪流神道編乾』、一九七八）所収の図版をもとに作成。

(48) 元興寺文化財研究所『神道灌頂—忘れられた神仏習合の世界』(一九九九)、菅原信海「三輪流神道の神仏習合思想」(同『神仏習合思想の展開』汲古書院、一九九六)。三輪流神道の内容・次第については、八田幸雄「三輪の神道灌頂」(同『神々と仏の世界』平河出版社、一九九一)に詳しい。

(49) これら三十神は、「三輪流神道灌頂大壇支分口決」(前掲註(47)『大神神社史料 第五巻』所収)の神々に一致する。

(50) 『仏書解説大辞典』渡辺寂昌「法華経両界和合義」の項。

(51) この論理は、『渓嵐拾葉集』第二十八「本迹二門両部及不二事」などへと継承されていく。

(52) これら儀軌については、塩田義遜『法華経学史の研究』(地方書院、一九五五)・清水谷恭順『天台密教の成立に関する研究』(文一出版、一九七二)など、円珍の真作とみなす説もある。この点は同じく円珍撰とされ、両界曼荼羅によって『法華経』を捉える『講演法華儀』の真偽とともに、慎重に検討する必要がある。なお、『講演法華儀』は、奥書に貞観九年(八六七)延暦寺講堂での講義に基づくとされる。『智證大師全集』におさめられる敬光「新刻講演法華儀凡例」には、播州明石太山寺蔵の康和年間(一〇九九〜一一〇四)の写本を得たといい、院政期には成立していたとみられる。

(53) 弘法大師一千百年御忌事務局『西院流八結幷ム言』(一九三四)。

(54) 前掲註(21)櫛田論文。

(55) 『延喜式』巻第十三「図書寮」。

(56) 朴亨國「盧遮那仏と毘盧遮那仏の図像」(GBS実行委員会編『論集東大寺の歴史と教学 ザ・グレイトブッダ・シンポジウム論集 第一号』東大寺、二〇〇三)では、蓮華座に化仏をあらわす毘盧遮那仏についてふれるなか、『清浄法身毘盧遮那心地法門成就一切陀羅尼三種悉地』(『大正新脩大蔵経』第十八巻所収)において、密教と梵網が融合していることが指摘されている。この経典は、「建久五年八月二十二日、大原御自筆本写之畢」とあるように、十二世紀末までには日本でも書写されており、こうした経典が密教の大日如来と顕教の毘盧遮那仏との融合の思想的基盤をなした可能性も考えられる。東アジアという視点からの検討も今後の課題となろう。

第十章　中世の王権と両界曼荼羅——結縁灌頂の神分投華をめぐって——

はじめに

平安時代は建築や伽藍、さらには山などの空間を捉える理念として、両界曼荼羅が重要な意味をもっていた。とくに院政期には、第Ⅰ・Ⅱ部でみたように、真言密教と院との関わりのなかで、塔や仏堂といった建築空間の構成理念としてはもちろん、顕密が融合・重層化した新たな仏教的世界観の基盤として、両界曼荼羅が顕現するようになる。さらに、こうした現象は仏教の枠をこえ、広く神祇信仰をも巻き込んで展開していった。こうして形成された両界曼荼羅を基盤とし、仏教・神祇が一体になった重層的信仰世界を、前章では中世顕密主義のコスモロジーの一形態と考えた。

院政期にはそこには天皇が取り込まれ、あるいは両界曼荼羅を基盤とした国土観が形成されるなど、聖俗が一体となった広大なコスモロジーがたちあらわれてくる。本章では、両界曼荼羅を基盤とするコスモロジーが世俗社会との関わりのなかで、どのような展開をとげたのかを検討していくことにしたい。そのうえで興味深いのが、天皇をめぐる即位灌頂・護持僧作法、および広く世俗の人々を巻き込んで修される結縁灌頂である。とくに結縁灌頂は、人々が両界曼荼羅に投華し、曼荼羅上の花の落ちた場所の仏と縁を結ぶ儀礼であり、密教が世俗社会と直接の接点をもつ法会として重要なものである。なかでも注目すべきは、結縁灌頂においては人々のみならず、神分投華を通じて、神々までもが両界曼荼羅の仏と結縁させられていた点である。結縁灌頂には神仏そして聖俗からなる顕密主義のコスモロジーが反映され、その形成や社会への浸透においても重要な役割を果たしたことが考えられる。

院政期に隆盛をきわめる結縁灌頂は、これまで密教僧の昇進ルートとして、社会制度の側面から論じられてきた[1]。しかし、なぜ院政期に数多い密教法会のなかで結縁灌頂が重視されたのか、その社会的意味や宗教的理念が問われることはなかった。また、結縁灌頂で重要な位置を占める神分投華についても、平安時代初期から江戸時代末期までおこなわれていたにもかかわらず、これまで注目されることはなかった。

顕密体制論では、あらゆる宗教が密教を主軸として統合されたものを顕密体制とするが、こうした密教偏重に対する批判があることは序章で述べたとおりである。本章は、両界曼荼羅という密教理念が中世の信仰世界においてどのような意義をもっていたのか、ひいては顕密体制論が提起した大きな問題、すなわち中世社会において密教がいかなる役割を果したのかという点を探求する、ささやかな試みでもある。

一　中世の天皇・国土観と両界曼荼羅

1　天皇と大日如来

第九章でみたように、院政期には［毘盧遮那仏―大日如来―天照大神］という、仏教世界の中心と神祇世界の中心の一体化がなされたが、鎌倉時代初期には『慈円和尚夢想記[2]』に、即位灌頂において大日如来が天皇に垂迹利生

するとされるような、天皇と大日如来を一体化する論理までもがあらわれている。ここには、

世間国王即位高御倉令付給、儀式ニハ即此大日所変金輪王義マネヒタマヒテ、智拳印令結給云伝タルナリ、是即金剛界大日、従本垂迹利生也、

として、天皇が高御座において金剛界大日如来の智拳印を結ぶとされる点に注意しておきたい。

こうした理念は大江匡房の『後三条天皇御即位記』[3]に、後三条天皇の即位儀において、

主上此間結手、如大日如来、即持拳印、

と、天皇が大日如来の「拳印」すなわち金剛界大日如来の智拳印を結んだとされるように、すでに平安時代後期から存在していた。上川通夫氏[4]は、即位灌頂を「大日如来の擬態」であり、天皇は大日如来に変身する儀礼とする。通説では、後三条天皇が即位した段階において、即位灌頂が成立していたとすることに対しては批判的である。しかし、儀礼としての成立はともかくも、平安時代後期に、天皇即位にさいして天皇と金剛界大日如来とを一体化しようとしていた動きがみられる点は注目に値しよう。上川氏の言うように、即位灌頂の本質が「大日如来の擬態」にあるならば、大江匡房の言説の意味、すなわち天皇と金剛界大日如来を結びつけることの意味が問われなければならない。

ここでもう一つ、天皇と大日如来を結びつけようとする言説をあげておこう。

中世には、奈良時代からの鎮護国家仏事である御斎会の捉え方にも変化が生じてくる。御斎会は、毎年正月に大極殿を会場としておこなわれ、このとき大極殿に毘盧遮那仏、観世音、虚空蔵を安置する。しかし、鎌倉時代初頭、仁和寺相応院禅覚が編纂したとされる『三僧記類聚』[5]には「御斎会本尊事」として、

時範記云嘉保六年二月八日甲辰、御斎会始之、大極殿高御座上敷小莚、立御仏厨子一基大日如来像為中尊、以観音虚空蔵為脇仕、以

と、『時範記』[6]を引き、御斎会本尊のうちの中尊を大日如来とする。御斎会で大日如来像を高御座上に安置したことを裏付ける他の史料は見いだせておらず、この言説はあくまで理念的なものであった可能性が高いが、高御座上の大日如来は、即位灌頂において同じく高御座で智拳印を結ぶ天皇の姿と重なってくる。

さらにいえば、毘盧遮那仏であるはずの御斎会中尊を大日如来とみなすことは、毘盧遮那仏と大日如来の同体説に基づくと考えられ、大日如来ともみなされる東大寺大仏殿毘盧遮那仏や、毘盧遮那仏と大日如来を融合した法勝寺金堂の中尊と結びついていく。『三僧記類聚』の御斎会本尊についての言説は、院政期の［毘盧遮那仏―大日如来―天皇］という観念を背景として生まれてきたものとみなせる。

ところで、御斎会で大極殿に安置される諸尊は、東大寺大仏殿と同じ毘盧遮那仏・観音・虚空蔵であり、東大寺大仏殿の安置仏からなる空間が、御斎会にさいして大極殿に出現することになる。この奈良時代の鎮護国家仏事空間の［東大寺大仏殿―毘盧遮那仏］＝［大極殿―毘盧遮那仏］という関係と同じく、院政期の鎮護国家仏事空間には、［法勝寺金堂―毘盧遮那仏＋大日如来］＝［大極殿―毘盧遮那仏＋大日如来］という関係を認めることができる。

以上のように、院政期には［毘盧遮那仏―大日如来―天照大神］という関係が明確化することに加え、即位灌頂や御斎会に関わる言説から読み取れるように、そこに天皇が結びつけられていった。慈円の言説によるならば、即位灌頂における天皇は大日如来の垂迹であり、その関係は天照大神が大日如来の垂迹であるのと同様に捉えることができる[7]。ここに［毘盧遮那仏―大日如来―天照大神―天皇］を中心とし、聖俗を包括する広大なコスモロジーが形成されてきたことが知られよう。

清浄光寺蔵後醍醐天皇像（**図10―1**）では、［天照大神―大日如来］のもとに［後醍醐天皇―金剛薩埵］が重な

図10―1　後醍醐天皇像（清浄光寺蔵）

り、それは後醍醐天皇を王法・仏法・神祇の中心に位置付けたものとされる。(8) この後醍醐天皇像にみられるような聖俗を包括するコスモロジーは、平安時代後期にすでに形成されつつあった。

2　護持僧作法にみる宮城護持と両界曼荼羅

上島享氏によって紹介された『護持僧作法』(9) は、両界曼荼羅に基づくコスモロジーの社会的意義を考えるうえできわめて興味深い。同氏の検討によれば、護持僧作法の構成は、「宮中鎮護」「諸神鎮座法」「禁中加持作法」の三つからなる。このうちの「宮中鎮護」と「禁中加持作法」は両界曼荼羅に基づく修法によって、「諸神鎮座法」は二十一社の神々を勧請することにより、宮城すなわち京都を鎮護する。「宮中鎮護」と「禁中加持作法」は、十一

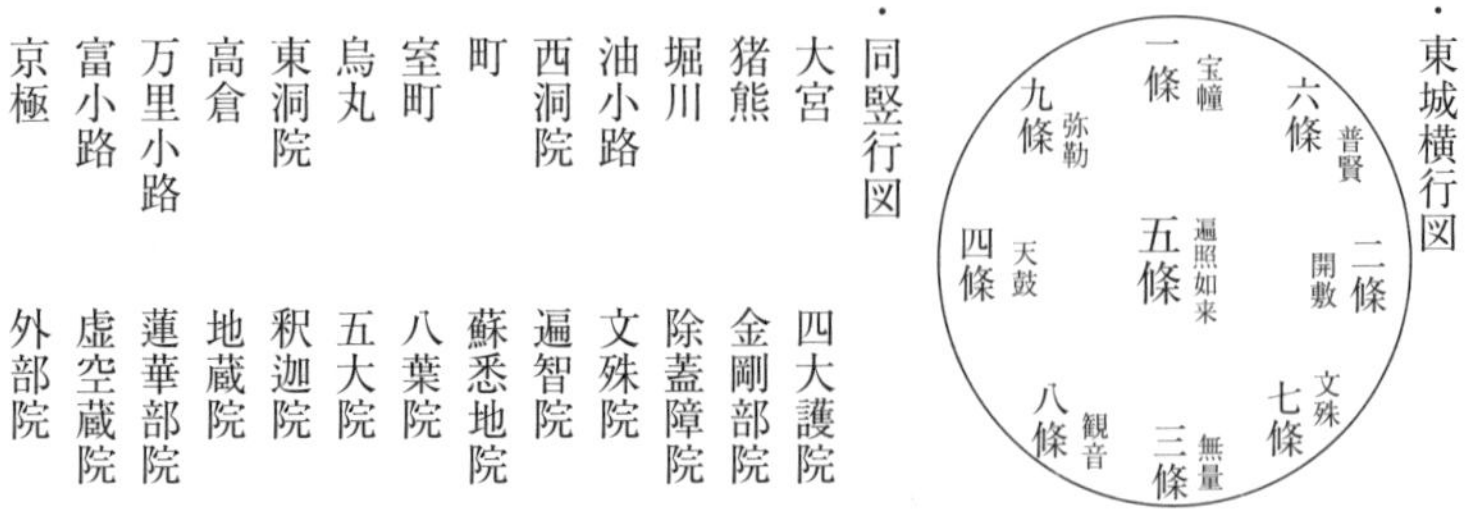

・東城横行図
一條
宝幢
六條
普賢
二條
開敷
七條
文殊
三條
無量
八條
観音
四條
天鼓
九條
弥勒
五條
遍照如来
・同竪行図
大宮　四大護院
猪熊　金剛部院
堀川　除蓋障院
油小路　文殊院
西洞院　遍智院
町　蘇悉地院
室町　八葉院
烏丸　五大院
東洞院　釈迦院
高倉　地蔵院
万里小路　蓮華部院
富小路　虚空蔵院
京極　外部院

図10―2　『護持僧作法』所収　東城横行図・同竪行図（随心院蔵）

世紀後半に成立したとみられている。

まず、「宮中鎮護或云九重鎮護或云王城鎮護」には、

次住法界定印、観想、自一条至九条配当八葉九尊、亦自西大宮至東京極観十三大院、四方四角可配分護世八天、九重中上下人民悉想胎蔵界四重曼荼羅之聖衆、

とあるように、胎蔵界大日如来の法界定印を結び、京都の南北は一条から九条までを八葉九尊、東西は西大宮から東京極までを十三大院にあてはめ、京都の都市空間を胎蔵界曼荼羅に基づいて観想する。裏書には胎蔵界曼荼羅への条坊の具体的な配当が記される（図10―2）。また、この裏書には、

以東西両城雖可配当両部、於西都者条里不足云々、其上以禁中観作金剛界之間、以東京為胎蔵界、

と、本来は東西すなわち左京・右京を両界にあてるべきところ、衰退した右京では条里が不足し、しかも宮中を金剛界にあてることから、左京を胎蔵界とみなしたとされる。護持の対象が大宮から東京極までとなっていることは、厳密な意味をもつわけではないものの、当時の人々が宮城として認識していた範囲を示すものとしても興味深い（図10―3）。

ところで、この裏書にある十三大院は現図曼荼羅にはみられない四大護院を加えたものである(10)。また配当の方法も、東西の街区、南北の街区をそれぞれ十三大

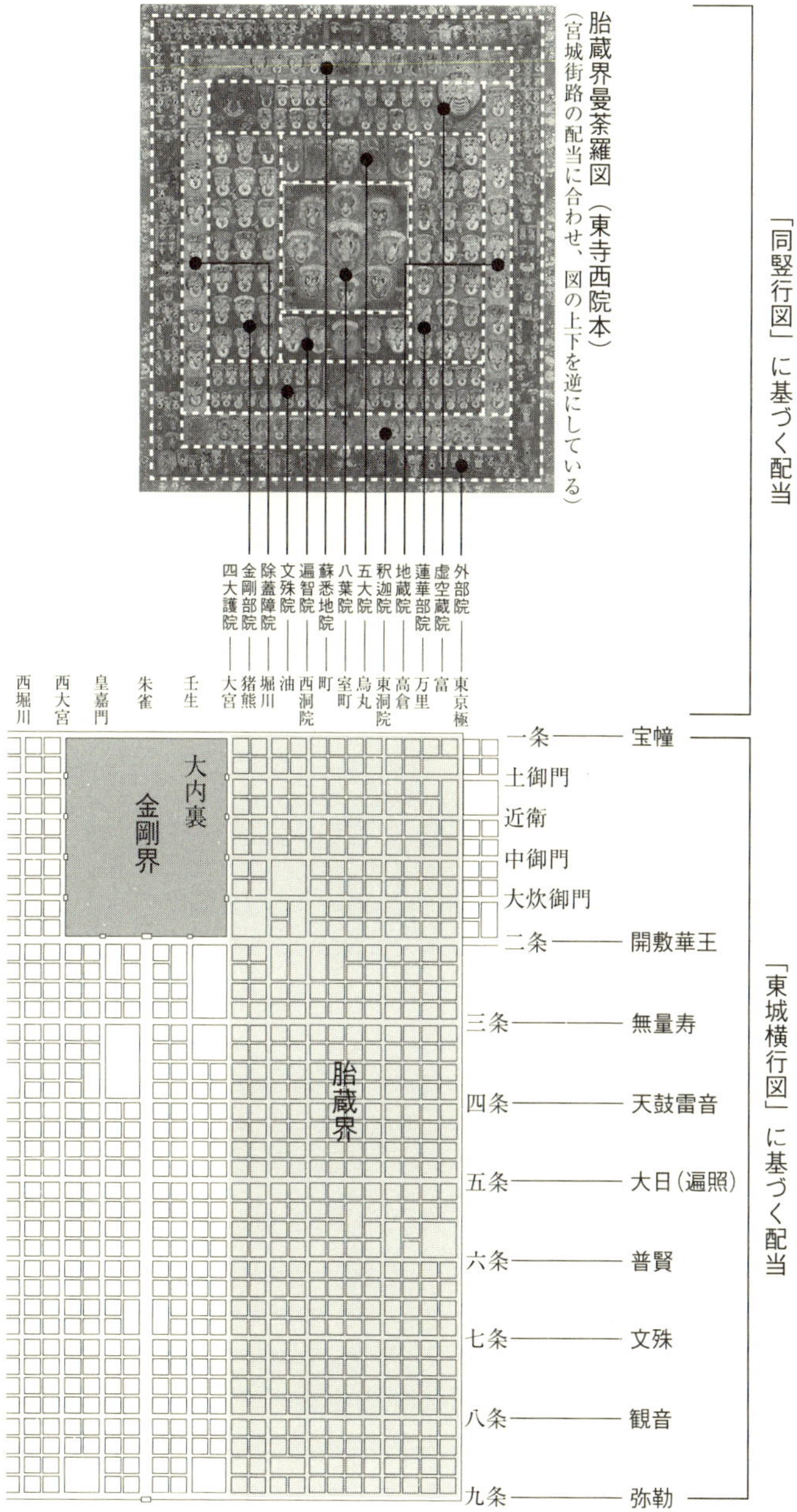

図10—3　護持僧作法における宮城街区の両界曼荼羅への配当

院、八葉九尊にあてはめるというもので、胎蔵界曼荼羅の空間構造にしたがうものではない。これは条坊に基づく京都の都市構造を、両界曼荼羅に結びつけるための観念的な操作ともいえよう。ただ、ここで京都に住まう人民を、ことごとく胎蔵界曼荼羅の聖衆すなわち曼荼羅を構成する諸尊とみなす点は、胎蔵界曼荼羅という仏教世界と世俗の人々を結びつける論理として注目される。

次に、天皇を中心とする内裏を護持する「禁中加持作法」では、

次結如来拳印、観禁裏或宮中、或殿内、（中略）塔変成金剛界九重曼荼羅主法界体性智遍照如来、此尊則大日本国本主宮中鎮護霊鏡内侍所此也、当代国主金輪正王也、

と、如来拳印（金剛界大日如来の智拳印のことか）を結び、禁裏を観想する。そのなかで、金剛界曼荼羅の中心たる大日如来が、国主金輪聖王すなわち天皇と結びつけられる。宮中を金剛界にあてることからは、護持僧による宮城護持において、宮城は［金剛界大日如来―天皇］を中心とする曼荼羅とみなされていたことが知られよう。つまり京都という都市空間は、［禁中―金剛界］と［宮城街区―胎蔵界］からなる両界曼荼羅、より具体的には［天皇―金剛界大日如来］、［上下人民―胎蔵界諸尊］からなる両部不二の曼荼羅と捉えられていたと考えられる。

この護持僧作法における［金剛界大日如来―天皇］という関係で、まず想起されるのが即位灌頂である。即位灌頂において天皇は智拳印を結ぶことで金剛界大日如来と化すのであり、護持僧作法と共通の仏教的基盤から形成されてきたことが考えられる。上島氏は、即位灌頂・護持僧作法いずれもが成尊と関連していることを指摘するが、『真言付法纂要抄』において天照大神と大日如来とを結びつけたのも成尊であり、［大日如来―天照大神―天皇］という観念が、十一世紀後半ころに成立していた可能性が考えられよう。

最後に「諸神鎮座法」では、毎夜二十一社のうちの一社を勧請し、神祇灌頂を授け、勧請神の本地呪を唱える。

二十一社とは、伊勢を筆頭に、王城を鎮護するものとして朝廷の信仰を受けた神社群であり、十世紀初頭にまず十六社制が成立し、次第に五社を加えていき、十世紀末ころに成立したとされる[11]。護持僧作法が、両界曼荼羅に基づく修法と、国家の神祇祭祀体制を合わせることで成り立っていたことに注意しておきたい。

3　国土観と両界曼荼羅

護持僧次第の理念は、天皇を中心とする京都という都市空間を、大日如来を中心とする両界曼荼羅の理念で捉えることにほかならない。このように両界曼荼羅に基づいて空間を捉える論理は、先に第九章でみた伽藍や山を捉える論理とも共通するが、さらには国土観へと展開していく。

十一世紀半ばの成尊『真言付法纂要抄』において、日本が大日如来の本国と説かれることはよく知られている。このころから、大日如来を中心とする世界観によって日本を捉える言説が、しばしばあらわれるようになる。建長二年（一二五〇）の成立と考えられる『宀一山秘密記[12]』では、

西建九州表金剛界九会、東開八国表台蔵八葉、中国建五畿内、是五大・金五智両部冥合秘処故、五畿内大和国為示、

と、九州は金剛界九会すなわち金剛界、東国は中台八葉すなわち胎蔵界、五畿は五大・五智からなる両部不二であるとする。同様の論理は天台密教にもみられ、『渓嵐拾葉集[13]』巻第四「明神相伝真言事」では、

城九重金界九会曼陀羅也、五畿分胎蔵界五大法性也、七道者蘇悉地七識相応不二妙成就也云々、

と、宮城を金剛界、五畿を胎蔵界、七道を蘇悉地とみなす。

権門寺社においては自らを中核に据えた国土観が説かれ、同書巻第三十七「日本国独胡形事」には、日本を独鈷

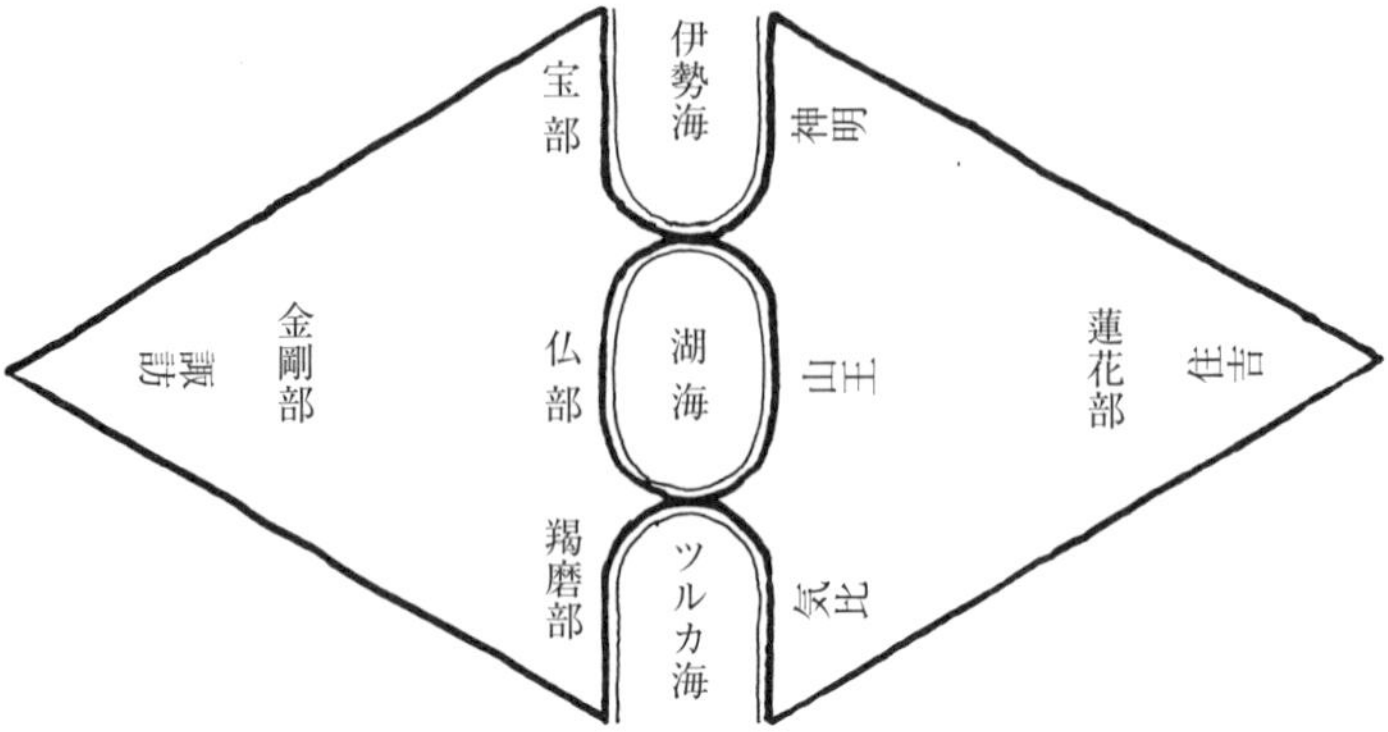

図10—4　『渓嵐拾葉集』所収　日本国図

として捉え、仏部（大日）として中心に山王を据え、金剛部（阿閦）に諏訪、宝部（宝生）に伊勢、蓮華部（無量寿）に住吉、羯磨部（不空成就）に気比をあてる図（**図10—4**）があげられる。この図は独鈷形をとることから、行基が描いたという伝説と結びついた、いわゆる「行基図」として関心を集めてきたが、[14]ここでは日本の国土を、金剛界曼荼羅を基盤とした神仏の重層構造として捉えていることが注目される。

そして、これら神仏からなる国土観を集成したのが、南さつま市坊津歴史資料センター輝津館蔵「独鈷形日本国図」[15]（**図10—5a・b**、鹿児島県有形文化財、建徳元年〈一三七〇〉書写）である。ここでは、『渓嵐拾葉集』にみられるように、日本を大日如来の三昧耶形たる独鈷形とし、『宀一山秘密記』の東国を胎蔵界、九州を金剛界、畿内を両部不二とする論理により、国土を両界曼荼羅の理念をもって捉えている。さらには天照大神を大日如来の「応用《身カ》」、諸神を両部諸尊の垂迹とみなし、日本の国土を両界曼荼羅に基づく神仏重層の世界とみなす。両界曼荼羅諸尊と、日本の国土に鎮座する神々との本地垂迹の関係をもって、両界曼荼羅世界と日本の国土とが結びつけられているのである。

また、大和の宀一山（室生山）を日本の中心とするが、これは『宀一山記』[16]に、

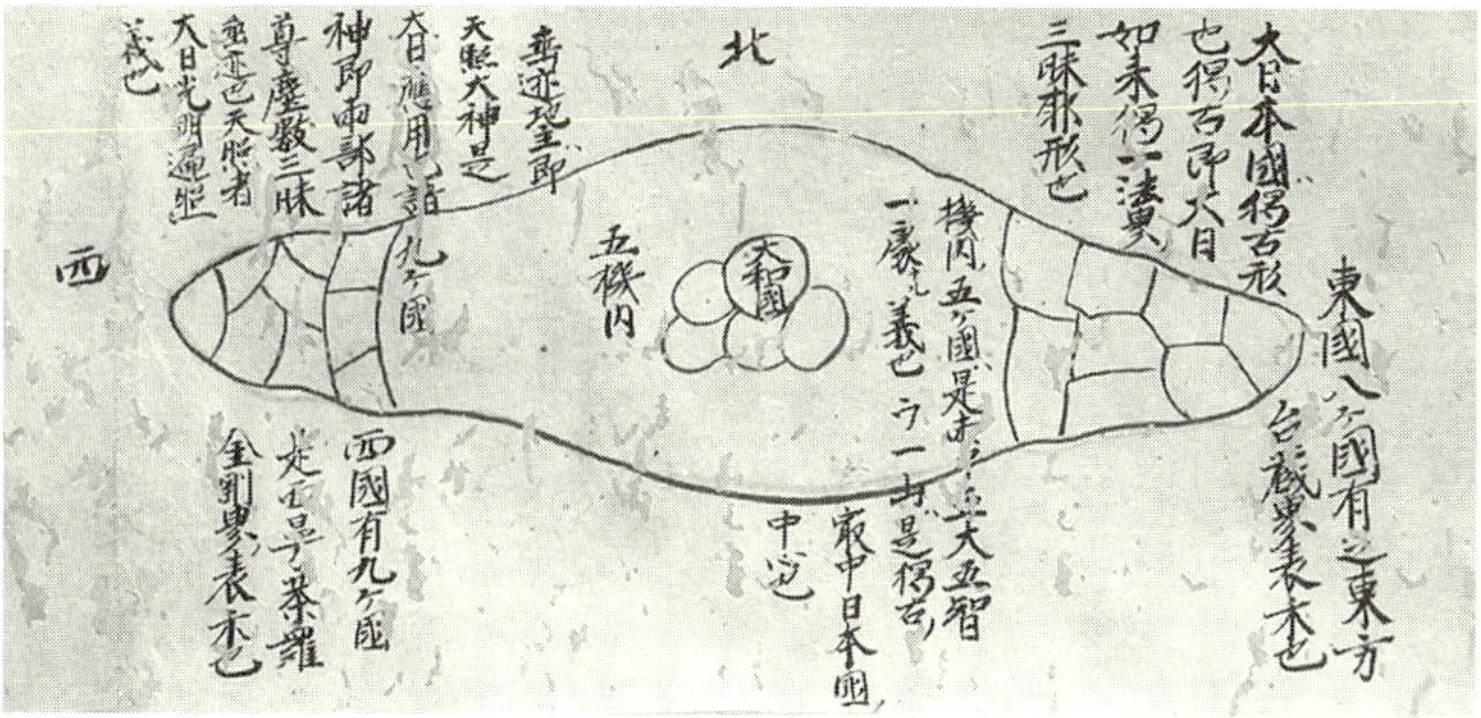

図10―5a　独鈷形日本国図（南さつま市坊津歴史資料センター輝津館蔵）

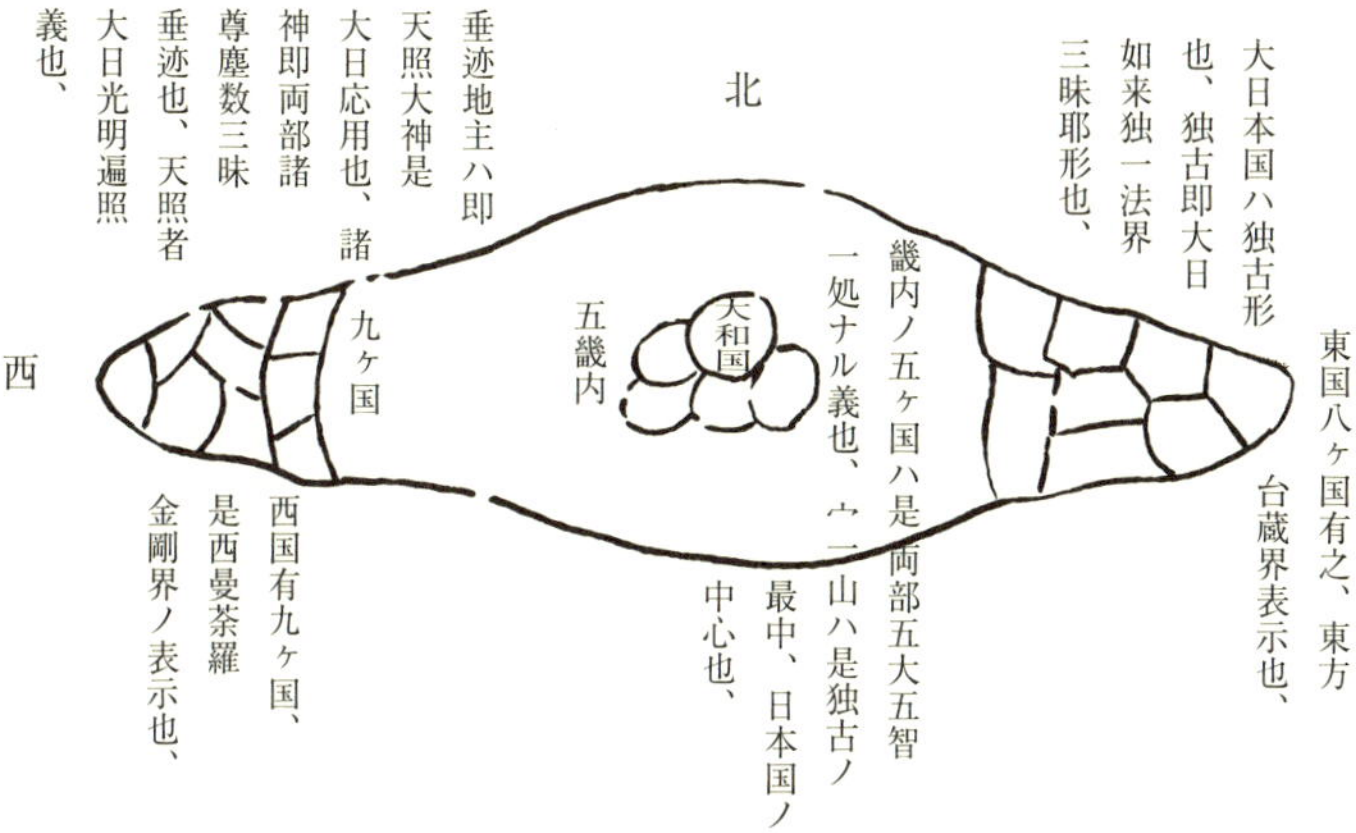

図10―5b　独鈷形日本国図

又日本国中心也、
日本国独股(鈷)形也、
彼山独股(鈷)中心相当
也、

とある、日本を独鈷形とし、室生山をその中心と位置付ける説によると考えられる。ただしこの日本国図では、室生山をたんに国土における中心とするだけではなく、神仏をふくめたコスモロジーの中心に位置付けようとしていることを見落としてはならない。

そして、両界曼荼羅の理念は印度・中国・

日本の三国の関係を捉えるさいにももちだされる。先の『宀一山秘密記』では、

西天是本有金剛界（中略）我朝大悲台蔵東曼陀羅、

と、西の印度を金剛界、東の日本を胎蔵界とする。正中元年（一三二四）成立の『鼻帰書』[17]では、

明日本独古形、唐土三古形、天竺五古形者、三古者蓮華部慈悲胎蔵界、五古者仏部智恵金剛界、独古者金胎不二精云金胎種也、

と、中国を胎蔵界、印度を金剛界とし、日本は金胎不二とされる。

両界曼荼羅の理念は、一方では信仰世界の広がりとして神々や天皇・世俗社会の人々を包括し、もう一方では空間的広がりとして、建築をこえ伽藍・山、さらには国土までを捉える論理として展開していったのである。

二　結縁灌頂と神分投華

1　院政期の結縁灌頂

結縁灌頂は、僧尼のみならず広く世俗の人々が両界曼荼羅に投華し、仏と結縁する法会である。東寺での春秋二季の結縁灌頂は空海の遺言により鎮護国家の法会として修され、円仁による比叡山での延暦寺灌頂が「奉為国家」に修するものとして勅許を得ているように、結縁灌頂は密教導入とともに鎮護国家法会としてはじめられた[18]。平安時代中期以降は貴族社会に広がり、とくに院政期には天皇御願寺を中心に灌頂堂の建立が相次ぐ。

まず、寛弘七年（一〇一〇）再建の仁和寺観音院灌頂堂では、毎年灌頂を修するため阿闍梨が置かれ[19]、保延五年

（一一三九）からは東寺の春季結縁灌頂を継承するものとして勅会となっている。高野山でも応徳元年（一〇八四）、性信が東寺の春秋二季の結縁灌頂にならって発願、応徳三年（一〇八六）に灌頂堂が完成し、毎年、性信・寛意の追善のための結縁灌頂が恒例となった。このころ多武峰でも、経暹（～寛治七年〈一〇九三〉）が結縁灌頂を修するために灌頂堂を建立している。

天皇御願寺では、延久三年（一〇七一）、後三条天皇の円宗寺に灌頂堂が建立され、『中右記』康和五年（一一〇三）十二月六日の条に、

於円宗寺灌頂堂、毎年為不変勤、法王所令行此灌頂給也、

とあるように、この灌頂堂での結縁灌頂は白河法皇により毎年恒例の仏事と定められた。院政期には、六勝寺のうち白河院政を背景に創建された堀河天皇の尊勝寺、鳥羽天皇の最勝寺でも灌頂堂が建立され、尊勝寺灌頂堂では長治元年（一一〇四）から、最勝寺灌頂堂でも保安三年（一一二二）から結縁灌頂が修されている。尊勝寺・最勝寺・東寺・仁和寺観音院の結縁灌頂は、保延五年（一一三九）までに勅願四灌頂となり、その小阿闍梨は僧綱に任ぜられるよう定められ[20]、院政期の仏事のなかでも重要な位置を占めた。さらに天承元年（一一三一）には、醍醐寺三宝院でも鳥羽院の御願により定海が灌頂堂を建立、翌年から結縁灌頂を修するようになった。このように平安時代後期には結縁灌頂が盛んになり、その背景には院の深い関わりが認められる。

2　神分投華について

結縁灌頂では灌頂を受ける人々が両界曼荼羅に投華し、それにより仏と結縁する。しかし、結縁灌頂で仏と結縁するのは参列した人々だけではなかった。「延暦寺灌頂行事[21]」には、天台密教で結縁灌頂がはじめられて間もない

貞観元年（八五九）の結縁灌頂での投華について、

次始行灌頂之間、讃衆左右共発音唱吉慶讃、但灌頂之次、先奉為大小比叡両所山王投華、
次奉為聖朝投華、　次名僧、
次尊貴人幷上等部、　次衆僧、　次官人、
次沙彌、　次俗人、　次近士、　次童子、
既灌頂了、阿闍梨亦作供養法了、

と記されている。まず「奉為大小比叡両所山王」、すなわち日吉大社の東本宮・西本宮の神々のために投華、つづいて「聖朝」、すなわち天皇のために投華しているのである。この後にようやく名僧、貴族、僧侶、つづいて官人から俗人・童子にいたる人々の投華がおこなわれる。後の院政期御願寺でも、尊勝寺結縁灌頂について記した『中右記』長治元年（一一〇四）三月二十四日の条には、

先神分、次人々灌頂、

と、やはり人々の前に神分の投華がなされている。

また、諸神・天皇のための投華は真言密教の結縁灌頂にもみられ、延喜十六年（九一六）、東寺結縁灌頂にさいして観賢が作成したとされる『結縁灌頂式』には、伊勢をはじめとする諸神、「帝皇」すなわち天皇分から投華されたことが記される[22]。ただし、空海が高雄山寺でおこなった結縁灌頂の記録である「高雄山寺灌頂歴名」には、最澄以下の僧侶、沙弥・近事・童子までの名前が連ねられるが、神分投華についての記述はみられない。空海によって結縁灌頂がはじめられた当初は、日本の神々を結縁させることはなかった可能性も考えられる。

真言密教における投華の順序については、寿永元年（一一八二）十二月の「観音院灌頂初夜次第金剛界[23]」に詳しく、

次教授引受者先神分用一生不犯、以四衆等、
　進到正面従中央間導当界壇前、
次投華得大日并金剛薩埵時誦讃、
　比丘比丘尼上臈記録注之、　優婆塞、優婆夷下臈記録注之、　童子同下臈注之、

とあるように、神分、僧侶・尼、在俗の男女、童子の順であった。神分の投華は第一の受者がおこない、この役には「一生不犯」の比丘が選ばれる。第一の受者は、神分投華をすべて終わらせると、最後に「自分」（『門葉記』では「自身」）の投華をする。神分の神々は、あらかじめ「神名帳」[24]あるいは「注記帳」と呼ばれるものに記され、第一の受者が投華すると、神名の下に記録役人が得仏を記入する。ここに神々が、両界曼荼羅の仏と結縁していくのである。

三　神分投華の構成と中世神仏世界

1　神分投華の構成

本章末の**表10―1**は、これまでに得られた結縁灌頂の注記帳・神名帳の内容をまとめたものである。神名帳（注記帳）はその構成から、次の五つに分けることができる。

Ⅰ　天台型――――大成就院（十楽院）
Ⅱ　御願寺型――――尊勝寺

Ⅲ　真言二十二社型――醍醐寺三宝院・等持寺・東寺宝泉院
Ⅳ　仁和寺観音院型――如来寿量院・石清水八幡
Ⅴ　東寺型――東寺・織田寺真禅院
以下に、その具体的な内容をみていくことにしよう。

Ⅰ　天台型

比叡山での結縁灌頂は、先の「延暦寺灌頂行事」にみられるように、貞観元年（八五九）、すでに比叡山の山王諸神を取り入れ、天皇までもが結縁の対象となっていた。『門葉記』巻第百二十六「灌頂六」には、正和五年（一三一六）十一月十五日の大成就院結縁灌頂の注記帳があげられる。同記巻第九十二「勤行三」によれば、大成就院結縁灌頂は嘉禎三年（一二三七）の慈円十三回忌にはじめられ、建長三年（一二五一）に勅願の法会となった。

さて、正和五年の注記帳には、

一、注記帳事
　大成就院結縁灌頂注記所
奉為　大梵天王弥勒
、、　帝釈天子、、
、、　四大天王、、
、、　三界天子、、
、、　八大龍王、、

〃〃　大日本国一切無名無位明神
〃〃　山王三聖
〃〃　祇園天神
〃〃　赤山明神
〃〃　十八外護神
〃〃　行疫神
〃〃　三国伝灯大師等
〃〃　准后聖霊
〃〃　国主聖朝
〃〃　太上天王
〃〃　春宮殿下
〃〃　関白殿下
〃〃　左右丞相文武百官
〃〃　官長大王
為　法界衆生
為　自身
僧　尼　男　女　童

とあり、まず梵天・帝釈天・四天王をはじめとする天部諸尊があげられる。諸天は六道思想では輪廻の対象となり、仏と結縁させられるべき世界に属していたと理解されよう。

次に、「大日本国一切無名無位明神」すなわち日本のありとあらゆる神々と、山王三聖・祇園天神・赤山明神という天台教団と直接関わる神々の名があげられている。具体的な神々を先の「延暦寺灌頂行事」と比較してみると、「大小比叡」であったところに聖真子が加えられて「山王三聖」となり[25]、さらに祇園天神と赤山明神が加えられていることがわかる。赤山明神は護法神として仁和四年（八八八）坂本に祀られたことにはじまり、祇園社も天台の傘下に入ったのは十世紀半ば以降である。つまり、もともと天台型では山王諸神のみを神分としていたところに、天台教団と関わりの深い神々を取り込んでいったと考えられる。

また、「十八外護神」という仏教守護の神々、行疫神、先師や准后の聖霊、天皇・院をはじめ、関白以下文武百官から「法界衆生」にいたるあらゆる人々が結縁の対象となっている点が注意されよう。とくに院以下の形式は、次に取り上げる御願寺型に近い。天台型が初期の神分に赤山禅院や祇園社を加えていったことを勘案すれば、「大日本国一切無名無位明神」や院以下「法界衆生」も、院政期、御願寺型の影響のもとに加えられた可能性が考えられる。

『門葉記』巻第九十二「勤行三」には、大成就院結縁灌頂の神分投華の作法について、

次授与密花ノ役人取樒一房、挿印端ニ、引入師注記ニ立向ヲ聊気色、其時注記文可読上神名帳、神分投華二十余度ノ間ハ不解覆面、一生不犯為自身投華畢テ、

と、一生不犯の僧が覆面をしたまま神分から自身までの二十余度の投華をするとあり、十三世紀半ばには観音院と同じ形式がとられていた。

なお、延暦寺での結縁灌頂は「延暦寺灌頂行事」に、「鎮護国家灌頂法」とあるように、鎮護国家の法会とされ

る点に注意しておきたい。

Ⅱ　御願寺型

天台型と同じく注記帳の書式を伝えるものとして、『阿娑縛抄』巻第十三「両寺灌頂記末」所収、元久元年（一二〇四）十二月二十三日、尊勝寺結縁灌頂の注記帳が知られる。ここには、

一、注記
神分灌頂神号等、自兼書儲之、正将投華之時、奉為大梵天王等、高声読之、得仏聞示位人詞、当座注之、結縁者名字、当座書之、得仏注書之、其書様仮令如左、

無式
尊勝寺
元久元年十二月二十三日
胎蔵界灌頂注記
奉為
大梵天王　金剛鈎菩薩
天帝釈　宝幢仏
四大天王　八葉普賢
十二天　釈迦院虚空蔵菩薩
八大龍王　宝幢仏
堅牢地天　花開敷仏

奉為
伊勢太神宮　無量寿仏
八幡大菩薩　普賢菩薩
加茂大明神　金剛輪菩薩
稲荷大明神　宝幢仏
春日大明神　大日如来
日吉大明神　天鼓雷音
祇園天神　弥勒菩薩
北野天神　普賢菩薩
当年行役疫神　七倶胝
王城鎮守諸大明神　弥勒菩薩
国内一切神祇等
伽藍護法
奉為
国主聖朝　弥勒菩薩
太上天皇　大日如来
国母仙院　八葉普賢
諸宮諸院　如来毫相

関白殿下　毘倶胝
大臣公卿　虚空蔵
文武百官　虚空蔵
国内万民　無量寿仏
薬師　檀波羅蜜
恵仁　毘倶胝
藤原盛助　毘倶胝
石王丸　地蔵菩薩

と、諸天・諸神から、天皇・院をはじめ関白以下の名前が連ねられ、得仏とともに記されている。

注目すべきは、神分の全体が「奉為」として諸天、諸神、天皇以下の三つに区分されていることである。これは天界・神界・人界の区分に対応しており、聖霊がふくまれないなどの相違点もあるが、基本的な構成は天台型と共通している。

次に、諸神の内容を詳細にみていくと、「国内一切神祇」と、日本のすべての神々が結縁の対象となっている点は天台型と共通する。また、天皇・院以下も、「関白殿下」をはじめ「大臣公卿」、「文武百官」（天台型では「左右丞相文武百官」）、「国内万民」（天台型では「法界衆生」）と、構成のみならず部分的に表記までもが一致する。「国内万民」までも結縁の対象にしたのは御願寺型と天台型のみで、両者は近い形式であったといえる。ただし、神分のなかで具体的な神々としては、伊勢を筆頭に八幡・賀茂・稲荷・春日などを加えている点が天台型とことなる。この形式は、むしろ次にあげる真言二十二社型と共通する。さらに、とくに「王城鎮守諸大明神」をあげる点も、天台型とはことなる特徴といえよう。

尊勝寺灌頂は、もとは天台と真言が交互に修するものであったが、白河院の真言優遇策が天台の反発を招き、逆に開始後間もない十二世紀初頭段階で天台教団に独占されることになった。(26) こうした経緯をふまえるならば、御願寺型の注記帳は、「延暦寺灌頂行事」にみられるような初期の天台型に基づきながら、真言密教の形式の影響を受け、伊勢をはじめ王権と密接に結びついた神社を取り入れることで成立したと理解するのが最も妥当であろう。

Ⅲ　真言二十二社型

『醍醐寺新要録』巻第十には、文永十年（一二七三）四月二十三日、醍醐寺三宝院で修された結縁灌頂の神名帳がのせられる。ここには、

一、記録事

醍醐寺

結縁灌頂金剛界、文永十年癸酉四月廿三日

多(聞)門天 御得仏名字以下准之、

持国天

伊勢太神宮

石清水

賀茂

松尾

平野
稲荷
春日
大原野
大神
磯(石)上
大和
広瀬
龍田
住吉
梅宮
吉田
廣田
祇園
北野
丹生
貴布禰
日吉

清滝
長尾
帝王
太上天皇　得仏名字受者姓名以下准之、已上文永記、
事密抄云、已上如此書之、可懐中、此下随投華、一々彼得仏可注之、此太上天皇次行、一生不犯得仏注、神名得仏融一生不犯僧名字可書、凡神名幷帝王太上天皇外先得仏注次可書名字云々已上事密抄、
一説云、神名次太上天皇奉書之、一生不犯僧名字比丘最初記之、又四輩只名字上得仏下書之、東寺灌頂如爾云々、
或記云、伽藍護法読上之、是仁和寺観音院記六様也、於東寺先東二王、次西二王、次伽藍護法也、於醍醐者、最初多聞天、持国天、是金堂安置之故也、次廿二社外清滝長尾云々、

と、神分の神々等を具体的に示すとともに、仁和寺観音院・東寺という、当時の真言密教の主要な結縁灌頂と比較されている。醍醐寺結縁灌頂の神分は、多聞・持国の二天、伊勢から長尾にいたる諸神、天皇・院という構成である。先の同じく真言密教の「結縁灌頂式」には、伊勢をはじめとする諸神、「帝王」すなわち天皇分の投華があり、醍醐寺の神分はこれを継承していたとみてよいであろう。

なお、仁和寺観音院では、はじめに伽藍護法が読み上げられるとされる点に注意しておきたい。

次に、天界・神界・人界からなる全体の構成は、基本的に天台型・御願寺型と同じであるが、伊勢から長尾にいたる諸神の構成には注意を要する。これらは、中世の国家的神祇祭祀制度である二十二社制の二十二社に、醍醐寺の清滝宮と長尾宮を加えて構成されたものだからである（**表10—1**を参照）。二十二社制は、先にみた二十一社制

に、永保元年（一〇八一）、日吉社を加えて成立した体制である[27]。

この点について、やや時代が降るが康暦元年（一三七九）十一月三十日の等持寺結縁灌頂の記録である「康暦元年結縁灌頂記[28]」をみてみよう。この結縁灌頂では、醍醐寺地蔵院「道快[29]」が大阿闍梨を勤めており、真言密教のものとみなせる。同記には醍醐寺三宝院のものと同じく、二十二社に清滝宮・長尾宮を加えた神名帳が示され、

或記云、日吉マテ廿二社ハ雖為何道場不可替、清滝長尾ノ両神ハ如多聞持国二天三宝院灌頂ノ様也、於他所者可奉除之、其所ノ鎮守可奉加之、今仍リニ神体不定云々、

と、二十二社までは道場によらず不変とし、他はその場所の鎮守を加えると説明している。表10―1のように、「東寺宝泉院結縁灌頂雑記[30]」にのせる応永二十四年（一四一七）三月十六日、東寺宝泉院結縁灌頂の神名帳には、同じく伊勢から日吉までの二十二社に、清滝・長尾・八嶋の三社が加えられていた[31]。

二十二社は王城鎮守神という性格をもち、国家的な大事においては奉幣がなされた。後白河の保元新制では二十二社が重視され、公的祭祀をおこなうべくその統制が強化されているという[32]。院政期、国家祭祀において二十二社制が重要な位置を占めていたことが知られよう。

醍醐寺三宝院の結縁灌頂は、『醍醐寺新要録』巻第十に康治二年（一一四三）の官符を引いて、

所奉祈国家安穏、法皇万歳之宝算也、

とあるように、鎮護国家を祈るものであった[33]。二十二社制という国家的神社制度を基礎とした醍醐寺の神名帳は、院政期における真言密教と国家との密接な関係のもとで成立したと考えられる。

なお、年代は不詳ながら「金剛峯寺結縁灌頂神名[34]」には、二十二社に高野・金剛力士・伽藍護法を加えた神名帳があげられる。これは二十二社型を基本に、鎮守である高野明神を加えたものとみられ、伽藍護法を加える点は次

の仁和寺観音院型との関係も想定される。中院流については史料が乏しく、詳細な検討は今後に委ねたい。

Ⅳ　仁和寺観音院型

次に、仁和寺観音院型として、「嘉元四年結縁灌頂記如来寿量院[35]」をみていくことにしよう。この結縁灌頂は、嘉元四年（一三〇六）九月十二日、後宇多院が嵯峨殿如来寿量院[36]において、亀山院一周忌に修したものである。大阿闍梨は禅助が勤めているが、顕證本「仁和寺御伝[37]」によれば、禅助は翌徳治二年（一三〇七）に東寺長者、応長元年（一三一一）には仁和寺別当となっている。この記録のいたるところで先に見た寿永元年（一一八二）、仁和寺観音院での結縁灌頂[38]が参照されている。

神分投華の構成については、

記録上首開神名帳兼事儲之、（中略）次投華、次尊号称仏無量寿、次記録注仏号、自伽藍護法至行役神等准之、

とあり、最初に「伽藍御法」があげられる。記録案をみると、

記録案

如来寿量院灌頂会　　金剛界嘉元四年九月十二日、

加（伽）藍護法　　無量寿

八幡　　愛菩薩

賀茂下　　羯磨波羅蜜

賀茂上　　大日

松尾　　因菩薩

平野	護菩薩
稲荷	歌菩薩
春日	金剛波羅蜜
大原野	法波羅蜜
北野	大日
祇園	金剛薩埵
住吉	宝波羅蜜
比叡	宝波羅蜜
愛宕子	金剛波羅蜜
垂水	大日
気比	法波羅蜜
気多	金剛波羅蜜
金峰山	大日
熊野	大日
梅宮	大日
木嶋	舞菩薩
平岡	羯磨波羅蜜
滝蔵	大日

吉田　大日
丹生　大日
高野　金剛薩埵
行役神　法波羅蜜
僧印心　大日
云准后以下御所祇候尼皆尽比丘尼
比丘尼覚知　大日
大納言入道以下書沙弥
沙弥覚円　宝菩薩
尽被之後凡庶群入
如来寿量院灌頂会　金剛界 嘉元四年九月十二日、
太上天皇　大日
帥宮　宝波羅蜜
権大納言師信卿　宝波羅蜜
権中納言経継卿　月光菩薩
右衛門督定房卿　王菩薩
参議左大弁定資卿　阿
親房朝臣　喜菩薩
藤原経子　因菩薩
　官女等後布衣、公卿殿上人以下群集、書様如右、

とあり、天部諸尊があらわれず、最初に「伽藍護法」が読まれている。これは先にみた文永十年の醍醐寺結縁灌頂

の記録で、仁和寺灌頂院のものとされている構成と一致している。「木野嶋《(木嶋)》」を入れる点も特徴的であるが、この神は仁和寺九所明神の一つとして勧請されている。[39]

また、「結縁灌頂記石清水宮元応二年正月廿五日」[40]は、元応二年（一三二〇）一月二十五日、石清水八幡宮で仁和寺御室寛性が修した結縁灌頂の記録であるが、ここでも同じ神分投華の構成がとられている（**表10―1**を参照）。寛性は嘉元三年（一三〇五）、仁和寺観音院において禅助から灌頂を受けている。顕證本『仁和寺御伝』によれば、徳治二年（一三〇七）一月十二日に、禅助は石清水八幡宮で結縁灌頂を修し、恒例仏事としたとされる。元応二年の結縁灌頂もこれを継承したものと考えられ、大阿闍梨を勤めた禅助・寛性という仁和寺の法脈からみても、これらの記録は仁和寺観音院の形式を反映したものとみなしてよかろう。

Ⅴ　東寺型

東寺結縁灌頂の神分投華の構成は、もとは先の観賢「結縁灌頂式」にあるような、伊勢を筆頭とする形式であったとみられる。しかし、永久元年（一一一三）以前の様子を伝えるとみられる「東寺年中雑事」[41]では、

次至壇前立、挿花令投、

先神分始従東西二王、八幡、賀茂、松尾等、

とあり、最初に伊勢があげられていない。八幡・賀茂・松尾からはじまる構成は、仁和寺観音院型と一致している。

元弘三年（一三三三）十二月二十六日の神分投華の記録（『東寺百合文書』あ十四ノ一）にも、

東寺灌頂会

元弘三年十二月廿六日

東二王　不空
西二王　不空
伽藍護法　不空
八幡　業菩薩
賀茂下　羯磨波羅蜜
賀茂上　滅悪趣
春日　法菩薩
大原野　宝波羅蜜
祇園　阿閦
稲荷　宝菩薩
住吉　拳菩薩
比叡　舞菩薩
愛宕護　舞菩薩
垂水　拳菩薩
気比　玉（王）菩薩
気多　舞菩薩
金峰山　滅悪趣
熊野　宝菩薩

吉田　　阿閦
丹生　　大日
高野　　業菩薩
行疫神　舞菩薩
帝王　　除憂闇菩薩

とあり、八幡以下の神社の構成、その前に伽藍護法を置く点も、やはり仁和寺観音院型と一致している。「伽藍護法」の前に「東二王」「西二王」が読まれる点は、先の文永十年の醍醐寺結縁灌頂記録にみる東寺結縁灌頂の特徴と一致し、これが仁和寺観音院型と区別する根拠となる。

ただし、建久二年（一一九一）十二月二十八日の「東寺結縁灌頂所巻数幷灌頂者人数注進状」（『東寺百合文書』あ十五ノ八）には、結縁灌頂の灌頂者について「神分十六前」とあり、また弘長三年（一二六三）十二月二十六日（同あ四ノ二十二）には神分は「二十二所」とされ、十六所とするものと二十二所とするものの二つがある。それぞれの具体的な構成は明らかでないが、東寺結縁灌頂の神分投華は仁和寺観音院型を基本にしていたと考えられ、ここでいう「十六前」や「二十二所」が十六社制や二十二社制の神社を指しているのではないと推測される。

なお、天保二年（一八三一）四月十九日、同七年（一八三六）十月十二日の結縁灌頂のように、近世末には八幡の前に伊勢を置くものもあらわれる。[42]

2　結縁灌頂のコスモロジー

『三宝絵』に九月の延暦寺灌頂が取り上げられているように、結縁灌頂は貴族社会には年中行事として定着した法会であった。また、『中右記』『兵範記』などの記録をみていくと、平安時代後期には多くの結縁灌頂が修され、貴族はいくつもの結縁灌頂に参加していたことが知られる。

結縁灌頂では、両界曼荼羅に投華することによって、人々は両界曼荼羅という仏教世界に自らを位置付けていくことになるが、『中右記』長治元年（一一〇四）三月二十四日の尊勝寺結縁灌頂における記事は、当時の人々が描いていた仏教的世界観を知るうえで興味深い。すなわち、

下官往年東寺胎蔵結縁灌頂時、投華奉得弥陀仏、今夜依供奉行幸、重修此事奉得開敷華王如来、寛智（阿脱カ）闍梨密語教云、此如来者有密号無量寿命改定如来者、是顕教之所申多宝如来也、又虚空蔵菩薩云々、予深信法華経、今奉宛多宝如来、倩思宿願落涙難抑、

と、宗忠の得仏は開敷華王如来であったが、この仏は顕教では多宝如来にあたるとの説明を受け、『法華経』を信奉する者としての感激を記している。結縁灌頂では、両界曼荼羅諸尊と結縁すると同時に、同体説をもって顕教の仏とも結縁する。つまり密教世界だけでなく、より広く顕密の仏と結縁することになり、ひいては『法華経』という顕教経典の世界へともつながっていくのである。平安時代後期の結縁灌頂は、密教世界だけにとどまるのではなく、顕密からなる仏教世界との結縁がその前提となっていた。そもそも『梁塵秘抄』にもうたわれるように、薬師・弥陀・釈迦・弥勒など、すべての仏は大日如来にいきつくのであり(43)、結縁灌頂においてどの仏と結縁するかはさほど重要な問題ではなく、顕密からなる仏の世界と自らを結びつけておくことにこそ意味があったといえよう。

また、結縁灌頂においては、法会に参列した人々のみならず、諸天・諸神・聖霊さらには天皇までもが、両界曼荼羅のもと諸仏と結縁させられていた。ここにみられる、両界曼荼羅を基盤とした重層的構造は、第九章でみた顕密主義のコスモロジーに通じる。なかでも、神分として二十二社を結縁させる真言密教の結縁灌頂は、国家的神祇

祭祀制度を両界曼荼羅世界へと統合していくものといえよう。天皇・院をはじめ関白以下の「大臣公卿」「文武百官」「国内万民」までを結縁させる御願寺の結縁灌頂は、天皇を金剛界大日如来、宮城の民を胎蔵界諸尊と結びつける護持僧作法の理念とも通じる。鎮護国家仏事としての結縁灌頂の意義は、両界曼荼羅のもとに聖俗のあらゆるものを結縁させることで国家の安穏を祈るところにあったと考えられる。

諸天をはじめ、「王城鎮守諸大明神」「国内一切神祇」、そして天皇から「国内万民」にいたる、聖俗のあらゆる要素を包括する御願寺結縁灌頂は、院政期国家の世界観を反映するものと捉えられる。結縁灌頂において、これら聖俗の諸要素は両界曼荼羅を基盤とした一つの世界に統括されており、これこそが中世顕密主義の描くコスモロジーの一つの到達点であったと考えられる。

四　中世における結縁灌頂の広がり

結縁灌頂は院政期以降、鎮護国家のためだけでなく、追善仏事として修されるようにもなる。また、中世を通じて地域や階層をこえて広がっていく。[44]ここでは結縁灌頂の社会的・地域的な広がりを追ってみたい。

1　京都における展開

平安時代の京都では、東寺・延暦寺をはじめ、仁和寺観音院・醍醐寺三宝院・円宗寺・尊勝寺・最勝寺などで結縁灌頂が修されていたが、たとえば応永二年（一三九五）の宣旨に東寺・仁和寺・尊勝寺・最勝寺の結縁灌頂に公卿が分配されており、[45]室町時代にいたっても、公家の仏事として重要な位置を占めていたことが知られる。

『東寺百合文書』には、東寺結縁灌頂での灌頂者の人数を記した、建久二年（一一九一）から建武元年（一三三四）までの「東寺結縁灌頂者人数注進状」が残る。東寺結縁灌頂では永長元年（一〇九六）に二百九十もの人々が結縁したという例もあるが、「東寺結縁灌頂者人数注進状」をみていくと、一回あたりの灌頂者の数は多くても百六十人程度、少ないときは数人と、決して多くはない。東寺結縁灌頂は後七日御修法と同じく、鎮護国家の密教法会として連綿と修されつづけたところに最大の意味があるといえよう。神々を結縁させる神分投華は、東寺の天保七年（一八三六）の神名帳（記録）が残ることから、近世末までおこなわれつづけたことが知られる。

鎌倉時代以降には、たとえば醍醐寺では三宝院以外でも、嘉元三年（一三〇五）に金剛王院、元応二年（一三二〇）に報恩院、康応元年（一三八九）に理性院で修されているなど、結縁灌頂は多くの会場で修されるようになる。さらに嘉元四年（一三〇六）、嵯峨殿如来寿量院での亀山院一周忌結縁灌頂、建武二年（一三三五）の後京極院三回忌結縁灌頂、等持寺や相国寺での室町将軍家の結縁灌頂など、追善仏事としても盛んに修されるようになった。

また、十四世紀ころになると、結縁灌頂において受者の数が拡大する傾向を認めることができる。嘉元四年の如来寿量院亀山院一周忌結縁灌頂では僧尼二百八十人、男女二百二十七人、道俗合わせた灌頂者は五百人をこえ（「嘉元四年結縁灌頂記」）、永和二年（一三七六）に伏見大光明寺で修された光厳院十三回忌結縁灌頂でも僧尼が二百六人、男女は二百二十四人にのぼる（「永和二年結縁灌頂記」）。延文四年（一三五九）等持寺で修された足利尊氏一周忌結縁灌頂では、将軍義詮以下数百人が参列し、投華は翌朝までつづけられたという（「延文四年結縁灌頂記」）。このころには貴族や武士のみならず、一般民衆までもが結縁灌頂に参列するようになっていたと考えられる。

2　武家社会への浸透

京都においては室町将軍家が結縁灌頂を修していたのであるが、鎌倉においても『吾妻鏡』寛元元年（一二四三）十二月二十五日の条に、

信濃法印道禅於南御堂廊被行結縁灌頂、将軍幷御台所同御母儀等御出、依被相催、諸人群参云云、

とあるように、南御堂で結縁灌頂が修され、鎌倉将軍藤原頼経も参列している。同四年（一二四六）二月十三日の条には、

今日、於久遠寿量院、被行結縁灌頂云云、

とあるように、将軍家持仏堂である久遠寿量院でも結縁灌頂が修された。鎌倉時代以降、結縁灌頂は武家社会にも浸透していったのである。

「宝戒寺結縁灌頂録」(51)には、鎌倉宝戒寺で文亀二年（一五〇二）十一月に修された結縁灌頂の神分投華の記録がのせられる。この神分は、天台型に「天照皇太神」「八幡大菩薩」「三島大明神」などを加えたものである。ここには神々・聖霊につづいて、

奉為　国主聖朝（後柏原天皇）
奉為　大（太）上天皇
〃　諸君親王
〃　摂政殿下
〃　左右丞相文武百官
〃　征夷大将軍（足利義澄）
〃　関東上将（足利政氏）

、、　上杉朝臣《（顕定）》

とあり、世俗社会においては、天皇・院をはじめとする公家に加え、征夷大将軍をはじめとする武家がふくまれる。宝戒寺は後醍醐天皇が北条氏追悼のため創建、足利氏が私寺として完成したもので、初代恵鎮・二代惟賢ともに、もと法勝寺の僧である。その注記帳は天台型を基礎としながらも、三島社を加えるところに地域性が、伊勢を頂点とするところに御願寺型の影響があらわれている（**表10―1**を参照）。また、ここでは武家を公家の下位に記しており、公家のコスモロジーを受容したうえでの武家の位置付けを示すものとしても興味深い。

3　地方への広がり

結縁灌頂は、政権の中心である京都や鎌倉だけで修されていたのではなく、地方へも広がっていった。『玉葉』文治三年（一一八七）七月十八日の条には、

院仰曰、来廿八日可詣天王寺、八月廿二日可受灌頂、（中略）明日可参入者、随又只今已御幸灌頂堂、公卿已下、降立庭上云々、

とあり、四天王寺に灌頂堂があったことが知られる。[52]弘安十年（一二八七）の「四天王寺五智光院結縁灌頂院由緒書」[53]によれば、この後白河法皇が灌頂を受けた道場を五智光院といい、以降、ここで恒例の結縁灌頂を修するようになったという。『猪隈関白記』には建仁元年（一二〇一）・承久元年（一二一九）・嘉禄二年（一二二六）の結縁灌頂が記録され、宝生院蔵『五智光院灌頂記』[54]には「天王寺五智光院」で修された、弘長三年（一二六三）から正応三年（一二九〇）にいたる結縁灌頂記事が残る。

さらに、醍醐寺をはじめとする真言密教僧の地方での活動は、結縁灌頂を全国に広げていくことになった。たと

えば、永徳二年（一三八二）二月二十二日、石峯寺で修された結縁灌頂での神分投華の記録[55]をみると、

男二百十二人

女九十八人　已上三百十人

（中略）

僧百十人　尼百十人

已上二百二十人

と、道俗合わせて五百人以上の結縁者のあったことが記される。文明七年（一四七五）九月十五日、醍醐寺理性院の宗典が信濃文永寺で修した結縁灌頂では、「結縁灌頂兼日用意事」[56]に、

一、従院主被立制札事、打水丁《灌頂》事、自十五日夜至十七日朝為限、其後貴賤上下共不可叶云事、

とあり、十五日の夜から十七日の朝にいたるまで投華をおこなうことが示されている。三日間にわたって修しても おさまらないほど、多くの人々が結縁することが予想されているのである。実際、十六日の記録である文永寺蔵「文永寺結縁灌頂巻数案」をみると、

水丁《灌頂》者、

神分二十二所

僧九十人

尼九十人

大男七百二十人

小女六百人

とあるように、この日だけで道俗合わせて千五百人もの受者があったとされる。

この他にも地方で修された結縁灌頂は、鎌倉時代以降、丹波国厳辺寺（弘安元年〈一二七八〉）[57]、小菅寺（弘安三年〈一二八〇〉）[58]、和泉松尾寺（観応二年〈一三五一〉）[59]、播州清水（応永十五年〈一四〇八〉）[60]、野州自在寺（文明六年〈一四七四〉）[61]、越州織田寺真禅院（永正十三年〈一五一六〉）[62]などが知られ、結縁灌頂が中世を通じて地域や階層の枠をこえ、広く浸透していったことがうかがえよう。

おわりに――中世顕密主義と両界曼荼羅――

両界曼荼羅を基盤とした神仏のコスモロジーが、中世の社会のなかでいかなる意味をもっていたのか、天皇や宮城・国土をめぐる儀礼や言説、さらには結縁灌頂における神分投華に注目して検討してきた。

東大寺・伊勢神宮などという国家的仏事・祭祀の中枢に位置する権門寺社をめぐっては、毘盧遮那仏・大日如来・天照大神の一体化、すなわち顕密からなる仏教世界の中心と神祇世界の中心の統合がなされ、両界曼荼羅を基盤とした重層的な信仰世界が形成されていった。院政期には、この神仏のコスモロジーの中心に天皇が結びつけられ、聖俗からなる広大なコスモロジーが形成されていく。

すなわち、即位灌頂においては天皇を金剛界大日如来の垂迹とみなし、鎮護国家仏事である御斎会では、その本尊を天皇の御座である高御座上の大日如来とするような言説があらわれる。護持僧作法では、天皇を金剛界大日如来、都の人民を胎蔵界諸尊とみなし、両部不二の理念によって宮城（京都）という都市空間を捉え、護持した。

また、コスモロジーの中心において毘盧遮那仏・大日如来・天照大神と天皇が一体化される一方で、両界曼荼羅を基盤とした神仏からなる国土観も形成されていく。国土と両界曼荼羅は、日本の国土に鎮座する神々を両界曼荼羅諸尊の垂迹とすること、すなわち本地垂迹の論理をもって結びつけられていた。このコスモロジーにおいて、両界曼荼羅はそこに面的な構造を与える論理であり、顕密同体説・本地垂迹説は仏の世界と神々や人々の世界をつなぐ論理であった。

院政期の天皇をめぐる即位灌頂・御斎会・護持僧作法という鎮護国家仏事では、いずれにおいてもその基盤として、大日如来を中心とする両界曼荼羅の理念を見いだすことができる。つまり両界曼荼羅は、院政期王権の鎮護国家理念の一つになっていたと考えられる。この両界曼荼羅を基盤とした、神仏そして聖俗からなる重層的世界こそが、王法仏法相依相即という理念のもと、王権と有力権門寺社を中心とする中世顕密主義が描いたコスモロジーの、一つの到達点であったといえよう。

院政期、結縁灌頂は院の主導のもと鎮護国家仏事として隆盛し、なかでも御願寺結縁灌頂においては、神分投華を通じて伊勢を頂点としたあらゆる神々、さらには天皇・院から国内万民にいたるまでが両界曼荼羅のもとに結縁させられていた。結縁灌頂は、両界曼荼羅という仏教世界を基盤として、神祇世界さらには国家を統括していこうとする顕密主義の理念の宗教的実践に他ならない。即位灌頂や護持僧作法が、天皇を中心としたごく限られた空間のなかに閉ざされていたのに対し、結縁灌頂は広く世俗社会へと開かれた法会であった。階級をこえた世俗の人々をも巻き込んだ結縁灌頂は、中世顕密主義の理念を広く人々に浸透させていくうえでも重要な意義をもち、ここに院が重視した理由があると考えられる。

中世において王権は、個別の寺社権門が自立化を深め、また多様な信仰が台頭する宗教界を統括すべく、また自立的な統括機構をもたない寺社権門は、本尊・本体たる仏や神を位置付けることで互いの位置を確認しあうべく、普遍的世界観である両界曼荼羅に共通の拠り所を求めた。王権や寺社権門は両界曼荼羅を共通かつ正統な思想的基盤とし、そこに結びつくことで、自らの国家や教団の正統性を主張したと考えられる。印度・中国・日本の三国の関係を捉えるうえで両界曼荼羅の理念があらわれたのも、神国思想のみではなしえなかった粟散辺土意識を克服すべく、普遍的世界観たる両界曼荼羅がもちだされたと理解しておきたい。

個別の寺社権門にとって、大日如来や両界曼荼羅と結びついていることの意味は、自らが顕密主義の一員であること、つまり中世社会における自らの存在が正統であることを示すことにあったと考えられる。そのため、各権門寺社は自らの教学を部分的であれ、両界曼荼羅と結びつける論理が求められた。両部神道などは、こうした背景のもとに展開されたといえよう。

そして、このような中世社会における両界曼荼羅の意義をふまえるならば、白河天皇による法勝寺の建立の意義も自ずと明らかになってくるであろう。法勝寺伽藍において両界曼荼羅の理念は明確化され、それは金堂・八角九重塔という巨大建築によって京都という都市空間のなかに顕現した。暦応五年（一三四二）、法勝寺八角九重塔の最期を語った『太平記』では、

重々に金剛九会の曼陀羅を安置せらる、

と、この塔を金剛界曼荼羅の象徴と捉えている。二十七丈（約八一メートル）という巨大な塔は、都市景観のなかで王家の権力を示威するものであったが[63]、より具体的には、白河天皇（院）の王権が両界曼荼羅に基づく正統な政権たることを示すものでもあったと考えられる。だからこそ、藤原摂関家はその後を追って、法成寺に両界曼荼羅を象徴する大規模な五重塔を建立し、足利義満は顕密体制における自らの政権の正統性を示すべく、同じく両界曼荼羅を象徴する三百六十尺（約一一〇メートル）ともいわれる相国寺七重塔を建立した[64]。院政期仏教は摂関期仏教

からの連続性のもとに捉えられるが、(65) 両界曼荼羅という密教理念を宗教・社会の共通かつ正統な論理としたところ、さらにそれを基盤として神仏、そして聖俗を包括するコスモロジーを構築していったところに重要な特質があるといえよう。法勝寺は、こうした院政期ひいては中世顕密主義の理念を象徴するモニュメントとなったのである。

ただし、こうしたコスモロジーを見ていくうえで注意すべきは、天皇や神々は大日如来と結びつくことで頂点を目指したが、それは絶対の至高性を保障するものではなく、また両界曼荼羅の理念がすべてを支配したわけでもなかったことである。たとえば、神々の世界には神社固有の建築形式が保持され、また式年造替など神社独自の儀礼が存続し、二十二社制のような国家祭祀制度に基づく秩序も形成された。また、顕教の四方浄土変四仏も、一方では両界曼荼羅に統合されながら、他方では奈良時代からの姿としても存続していたのである。

両界曼荼羅に基づく諸信仰の統合とは、決して排他的あるいは絶対の統合ではなく、多様な教学や信仰の存在を前提としたものであった。個別の権門寺社は、一部において両界曼荼羅と結びつく論理さえ用意しておけば、他の部分では独自の信仰を存続・展開していくことが可能だったのである。換言すれば、中世社会における両界曼荼羅の意義とは、王家や摂関家さらには武家・寺社権門など、多様な価値観や理念・教義をもった組織が台頭・並立するなかで、全体に秩序を与え、国家をゆるやかに統括していくための、共通の基盤になっていたことといえよう。

これまで、密教はその呪術的性格が強調されてきた。しかし、本章でみたような、中世の宗教・社会における共通かつ正統な思想的基盤としての両界曼荼羅の在り方にこそ、密教の重要な意義があったと考えられる。

註

（1）平岡定海「六勝寺の成立について」（同『日本寺院史の研究』吉川弘文館、一九八一）、上川通夫「平安時代の東

寺」(『古文書研究』二四、一九八五)、真木隆行「平安時代の東寺結縁灌頂会―永久元年(一一一三)公請化の歴史的前提」(『山口大学文学会志』五四、二〇〇四)。

(2) 赤松俊秀「慈鎮和尚夢想記について」(同『鎌倉仏教の研究　上』(平楽寺書店、一九五七)。

(3) 『群書類従』巻第九十一所収。

(4) 上川通夫「中世の即位儀礼と仏教」(初出は、同「中世寺院の構造と国家」〈『日本史研究』三四四、一九九一〉)。岩井忠熊・岡田精司編『天皇代替り儀式の歴史的展開』〈柏書房、一九八九〉に再録)。

(5) 『三僧記類聚』の成立については、竹居明男「『三僧記類聚』と禅覚僧都―仁和寺蔵本にもとづく知見を中心に―」(『仁和寺研究』一、一九九九)、武内教善編『科学研究費補助金研究成果報告書『三僧記類聚』に関する総合的研究』(二〇〇二)を参照。「御斎会本尊事」は、和多秀乗氏の翻刻(『密教文化』九〇〈一九七〇〉所収。武内氏によればこの翻刻の底本は龍光院本とみられる)による。内閣文庫本(第五所収)、同和学講談所本(第九所収)により校訂。

(6) 『時範記』は、平時範の日記を指すと考えられる。なお、ここで嘉保六年とするのは誤写とみられるが、内閣文庫本・同和学講談所本・和多氏翻刻いずれにも同じく記される。『時範記』の現存部分のなかに、御斎会本尊に関するこの記述は見いだせていないが、たとえば『為房卿記』の応徳二年(一〇八五)の記事を引いた『三僧記類聚』「諸尊常行堂阿弥陀五仏事」の内容は正確であり、『三僧記類聚』が引用する記事そのものは信頼に値するとみてよかろう。

(7) 「垂迹」という概念は神仏の関係にとどまるものではなく、たとえば佐藤弘夫『偽書の精神史』(講談社、二〇〇二)第四章では、怨霊や空海・聖徳太子などの聖人にもあてはめられていたことが指摘される。

(8) 黒田日出男「肖像画としての後醍醐天皇」(同『王の身体　王の肖像』平凡社、一九九三)。

(9) 上島享「日本中世の神観念と国土観」(一宮研究会編『中世一宮制の歴史的展開　下　総合研究編』岩田書院、二〇〇四)所収『随心院聖教』第十七箱二号。この他にも、護持僧作法については、堀裕「護持僧と天皇」(大山喬平教授退官記念会編『日本国家の史的特質　古代・中世』思文閣出版、一九九七)を参照している。

(10) 胎蔵界十三大院をもって空間を捉える論理は、天台の『山家要略記』巻四(『続天台宗全書　神道1　山王神道

I』、一九九九）にもみられ、「十三大会配西塔院事」として、西塔を十三大院にあてる説があげられる。『山家要略記』の奥書には承安四年（一一七四）に顕真が記したとされるが、正応二年（一二八九）に義源が書写したともあり、正応の成立とみる説が有力である（『続天台宗全書解題』を参照）。

(11) 岡田荘司「十六社奉幣制の成立」「二十二社の成立と公祭制」（同『平安時代の国家と祭祀』続群書類従完成会、一九九四）。なお、『護持僧作法』で二十一社とされるのは、二十二社から伊勢を除いたものであった可能性が高い。

(12) 彦根城博物館蔵。国文学研究資料館蔵影印本による。成立年代は伊藤聡「大日本国説について」（『日本文学』五〇―七、二〇〇一）を参照。

(13) 『大正新脩大蔵経』第七十六巻所収。

(14) 前掲註（12）伊藤論文、黒田日出男「「行基式」〈日本図〉とはなにか」（黒田日出男、M・E・ベリ、杉本史子編『地図と絵図の政治文化史』東京大学出版会、二〇〇一）、同『龍の棲む日本』（岩波書店、二〇〇三）。

(15) 鹿児島県歴史資料センター黎明館『祈りのかたち―中世南九州の仏と神―』目録（二〇〇六）所収。

(16) 『続群書類従』巻第八百。

(17) 『神道大系　論説編二　真言神道（下）』（一九九二）所収。

(18) 東寺灌頂については、『東宝記』第四「灌頂」に「依御遺告、為鎮護国家、被置春秋二季灌頂」とある。延暦寺灌頂についてては、『類聚三代格』巻第二所収、嘉祥元年（八四八）六月十五日の太政官符。

(19) 『御堂関白記』同年三月二十五日の条。平安時代の灌頂堂については、藤井恵介「平安時代中・後期の灌頂とその建築」（同『密教建築空間論』中央公論美術出版、一九九八）を参照。

(20) 前掲註（1）平岡論文。

(21) 『日本大蔵経』天台宗密教章疏一所収。

(22) 『国訳密教』事相章疏第三所収。ここには、「次に下臘の記録称して曰く伊勢、次に受者投華、次に尊号を称す、若し得仏大日の時は、教授讃を催す、次に記録之を記す、次に又教授花を取て、受者の印に挿む、諸神、帝皇、並に自分を打たしむる事先の如し」とある。また、仁海（九五一～一〇四六）の著作である『小野六帖』巻第七「結縁灌頂次第」（『大正新脩大蔵経』第七十八巻所収）には、「先神分料僧、次次上下僧俗等」とあり、神分の投華を勤める僧侶の存在が知られる。
(23) 仁和寺紺表紙小双紙研究会編『守覚法親王の儀礼世界』(勉誠社、一九九五)所収。
(24) 修正会・修二会などの仏事において、神名帳により神々が勧請されることは池田源太「神名帳と修正」(『神道学』二五、一九六〇)・佐藤道子「神名帳」(同『悔過会と芸能』法藏館、二〇〇二)などで論じられ、よく知られているが、結縁灌頂では神々の勧請とは別に、得仏を記録するために神々の名前を連ねた文書が用いられる。
(25) 菅原信海「円珍の山王信仰」「山王七社の形成」(同『山王神道の研究』春秋社、一九九二)によれば、山王三聖の信仰があらわれるのは、『園城寺伝記』巻一所収、貞観二年(八六〇)の「山王勧請在唐院事受戒事、貞観二年」、仁和四年(八八八)の『制誡文』『仏説観普賢菩薩行法経文句合記』であり、円珍のころとみられている。
(26) 前掲註(1)平岡論文。
(27) 前掲註(11)岡田論文。
(28)『続群書類従』巻第七百五十六所収。
(29)「道快」すなわち聖快は、醍醐寺地蔵院覚雄より伝法灌頂を受け、永徳三年(一三八三)には東寺長者となっている。『日本仏教人名辞典』(法藏館、一九九二)聖快の項を参照。
(30)『続群書類従』巻第七百五十三所収。
(31)『醍醐寺新要録』巻第十の結縁灌頂記事の巻数の項には、「灌頂者」として二十二社に清滝宮・長尾宮の二社を加えた神々を「神分廿四所」とするが、こうした表現は元久元年(一二〇四)(註釈に元久二年とある)十二月十四日、醍醐寺の「結縁灌頂巻数案」(『大日本古文書　醍醐寺文書之十一』二四六六号)にもみられ、鎌倉時代初頭までは遡りうるとみてよいであろう。
(32) 岡田荘司「後白河院と神祇の世界」(前掲註(11)岡田著書)。
(33)『醍醐寺新要録』巻第十には、文永十年の結縁灌頂についても、「右奉為、金輪聖王天長地久、太上天皇玉体安穏、兼天下泰平万民豊楽」とある。
(34) 中院流伝授記念会編『中院流聖教集　灌頂部乙　下』(一九八一)所収。
(35)『続群書類従』巻第七百五十三所収。

（36）『増鏡』「おりゐる雲」に「寝殿のならびに、いぬゐにあたりて、西に薬草院、東に如来寿量院などいふものあり」とある。

（37）『奈良国立文化財研究所史料第六冊　仁和寺史料　寺誌編二』（一九六七）所収。

（38）この結縁灌頂の記録には『続群書類従』巻第七百五十七所収「観音院恒例結縁灌頂記寿永元年」もあるが、ここにも神名帳はのせられていない。

（39）『本要記』（前掲註（37）『仁和寺史料　寺誌編二』所収）「九所明神」項には、「東五所」として「八幡三所」「賀茂上下」「日吉大明神」「牛頭天皇」「稲荷大明神」、「西四所」として「松尾大明神」「平野大明神」「小日吉大明神」「木野嶋天神」があげられる。

（40）東京大学史料編纂所架蔵写本『仁和寺記録　三』所収。この神分では、とくに八幡については三所権現と若宮・若宮殿・武内・高良の摂社四社があげられる。

（41）『大日本古文書　家わけ第十九　醍醐寺文書之五』九七二号。成立年代については、前掲註（1）真木論文を参照。

（42）東寺観智院金剛蔵文書二三一函五号「春季結縁灌頂記録上巻天保二年四月十九日」、同二三一函六号「天保七年丙申十日十二日結縁灌頂記録上」、同二二八函四十八号「天保七年十月結縁灌頂予記」。

（43）『梁塵秘抄』に、「仏はさまざまにいませども、まことは一仏なりとかや、薬師も弥陀も釈迦弥勒も、さながら大日とこそきけ」とある。本書第九章を参照。

（44）上田霊城「結縁灌頂の庶民化（一）・（二）」（『印度学仏教学研究』一九—一・二〇—一、一九七〇・七一）。

（45）『実冬公記』所収「応永二年正月宣旨諸祭並大祓国忌等公卿分配事、」。

（46）『鎌倉遺文研究』所収「東寺百合文書」未収翻刻を参照。

（47）『東寺長者補任』同年十二月二十一日に「灌頂、受者二百九十人」とある。

（48）京都における東寺以外の場所での結縁灌頂をみていくと、たとえば嘉慶二年（一三八八）九月二十三日、大成就院での結縁灌頂では僧尼男女童合わせて百六十五人が結縁したという（『門葉記』巻第百二十七）。醍醐寺三宝院の恒例結縁灌頂では、建長七年（一二五五）十二月二十四日の記録に僧尼二十四人、女童十五人、建長六年（一二五四）十二月二十日の記録に女童十七人、僧尼十八人をあげる（『醍醐寺新要録』巻第十）。
（49）これらの結縁灌頂については、醍醐寺蔵文書・金沢文庫蔵文書に指図がのこる。金剛王院は嘉元三年（一三〇五）の醍醐寺蔵文書三〇三函一二一・四七三函一〇〇号指図、理性院は康応元年（一三八九）の同四七二函五三号指図、報恩院は元応二年（一三二〇）の金沢文庫蔵二五号指図（『金沢文庫資料全書　第九巻　寺院指図篇』〈便利堂、一九八八〉所収）。山岸常人「醍醐寺院家の建築的構成」（同『中世寺院の僧団・法会・文書』東京大学出版会、二〇〇四）を参照。
（50）延文四年（一三五九）等持寺での尊氏一周忌、康暦元年（一三七九）同寺での義詮十三回忌、明徳元年（一三九〇）相国寺での義詮三十三回忌など。冨島義幸「等持寺仏殿と相国寺八講堂―顕密仏教空間としての評価について―」（『仏教芸術』二七三、二〇〇四）を参照。
（51）『鎌倉市史　資料編第一』（一九五六）四五七号。この他、四五八号は永正十四年（一五一七）三月の結縁灌頂の記録であり、四五九・四六〇号は日付を欠くが同じ頃の記録とみられる。
（52）四天王寺灌頂堂については、この他にも『吾妻鏡』建久六年（一一九五）五月二十日の条に「卯刻参天王寺給、（中略）午刻御参着、先入御念仏所寺門外、次御礼仏、長吏法親王予於灌頂堂、令奉待御、将軍則有御謁拝」とある。
（53）東寺観智院金剛蔵文書第二八三函六号。ここには「爰後白河聖王、於此四天王寺受三摩耶戸羅、入灌頂壇、此道場号曰五智光院、自爾以降以為恒例勤」とある。
（54）東京大学史料編纂所蔵影写本による。
（55）『醍醐寺文書』五二六函一七号（東京大学史料編纂所蔵影写本による）。この結縁灌頂の神分には、神々の最後に牛頭天王が加えられているが、兵庫県神戸市の石峯寺では康正三年（一四五七）、鎮守社の牛頭天王像がつくられていることから（『重要文化財石峯寺三重塔修理報告書』）、この神分の構成は二十二社に石峯寺鎮守である牛頭天王を加えたものと考えられる。
（56）「結縁灌頂兼曰用意事」および「文永寺結縁灌頂巻数案」は『信濃史料』第九巻（一九七〇）所収。
（57）高野山大学図書館蔵『結縁灌頂厳辺寺記』。

(58) 真福寺（宝生院）蔵『小菅寺結縁灌頂記』（東京大学史料編纂所蔵謄写本による）。
(59) 『大日本史料』同年九月九日の条所収「松尾寺文書」。
(60) 前掲「東寺宝泉院結縁灌頂記」に、このとき大阿闍梨を勤めた快玄について、「先年応永十五年、於播州清水被勤仕、今度第二度云々」とある。
(61) 『醍醐寺蔵文書』第五二六函一二号（東京大学史料編纂所蔵影写本による）。
(62) 東寺観智院金剛蔵文書二二八函一二号「結縁灌頂受者交名記録越州織田寺真禅院」。
(63) 冨島義幸「白河―院政期「王家」の都市空間」（院政期文化研究会編『院政期文化論集　第三巻　時間と空間』森話社、二〇〇三）。
(64) 冨島義幸「相国寺七重塔―安置仏と供養会の空間からみた建立の意義―」（『日本宗教文化研究』五―一、二〇〇一）。
(65) 冨島義幸「法勝寺の伽藍形態とその特徴」（『日本建築学会計画系論文集』五一六、一九九九）、上島享「中世王権の創出と院政」（『日本の歴史8　古代天皇制を考える』講談社、二〇〇一）、山岸常人「顕密仏教と浄土の世界」（『日本の時代史7　院政の展開と内乱』吉川弘文館、二〇〇二）。

東寺観智院		東寺	東寺
天保 2 (1831) 4.19		天保 7 (1836) 10.12	不明
春季結縁灌頂記録（観智院金剛蔵文書231—5）		結縁灌頂記録（観智院金剛蔵文書231—6）	結縁灌頂次第（観智院金剛蔵文書228—64）
東寺型	得仏	東寺型	東寺型
弁才天	大日如来	東二王・西二王	東西二王
伊勢	大日如来	伊勢	
八幡	阿閦如来	八幡	八幡
賀茂下	阿閦如来	賀茂下	賀茂下
賀茂上	宝生如来	賀茂上	賀茂上
松尾	阿閦如来	松尾	松尾
平野	阿閦如来	平野	平野
稲荷	阿閦如来	稲荷	稲荷
春日	阿閦如来	春日	春日
大原野	宝生如来	大原野	大原野
住吉	大日如来	住吉	住吉
比叡	阿閦如来	比叡	比叡
日吉	薩菩薩	日吉	
吉田	阿閦如来	吉田	吉田
祇園	阿閦如来	祇園	祇園
北野	大日如来	北野	
丹生	大日如来	丹生	
愛宕護	大日如来	愛宕護	愛宕
清滝	大日如来	清滝	
八嶋	大日如来	八嶋	大（八カ）嶋
金峰山	薩菩薩	金峰山	金峯
高野	阿閦如来	高野	
藤森	大日如来	藤森	
比良	阿閦如来	比良	比良
行役神	大日如来	行役神	行疫
伽藍護法	阿閦如来	伽藍護法	伽藍護（法脱カ）
〔僧尼19人〕			
自分	大日如来	自分	
帝王	宝生如来	帝王	
太上天皇	大日如来	太上天皇	
〔俗人154人〕	大日	〔俗人93人〕	

＊1　三所権現および若宮から高良までの石清水八幡宮摂社四社が続く

三所権現	弥勒菩薩
若宮	一切如来智印
若宮殿	金剛釣女
武内	一切如来智印
高良	金剛薩埵

（表10－1のつづき）

会　場	石清水八幡宮神宮寺		東寺		織田寺真禅院	
年月日	元応2（1320）1.25		元弘3（1333）12.26		永正13（1516）9.7	
典　拠	結縁灌頂記（仁和寺記録3）		東寺灌頂会灌頂者得仏注文（東寺百合文書あ14―1）		結縁灌頂受者交名記録（観智院金剛蔵文書228-12）	
形　式	仁和寺観音院型	得仏	東寺型	得仏	東寺型	得仏
天　部						
			東二王・西二王	不空・不空		
神祇信仰	部類諸神	宝幢				
■(1)伊　勢					伊勢	大日
■(2)石清水	→＊1		八幡	業菩薩	八幡	大日
■(3)賀　茂	加茂下	宝幢	賀茂下	羯磨波羅蜜	賀茂下	大日
	加茂上	普賢	賀茂上	滅悪趣	賀茂上	大日
■(4)松　尾	松尾	一切如来智印			松尾	大日
■(5)平　野	平野	大勇健				
■(6)稲　荷	稲荷	大日	稲荷	宝菩薩		
■(7)春　日	春日	大勇健	春日	法菩薩	春日	大日
■(8)大原野	大原野	金剛鈎女	大原野	宝波羅蜜		
■(9)大　神						
■(10)石　上						
■(11)大　和						
■(12)広　瀬						
■(13)龍　田						
■(14)住　吉	住吉	大日	住吉	拳菩薩	住吉	大日
(15)日　吉	比叡	弥勒	比叡	舞菩薩	日吉	大日
(16)梅　宮						
(17)吉　田	吉田	大日	吉田	阿閦	吉田	大日
(18)広　田						
(19)祇　園	祇園	宝幢	祇園	阿閦	祇園	大日
(20)北　野					北野	大日
■(21)丹　生	丹生	大日	丹生	大日	丹生	大日
■(22)貴布禰						
以上、仁安3（1168）廿二社奉幣 ■：十六社	愛岩護	大日	愛宕護	舞菩薩	愛宕護	大日
	垂水	大日	垂水	拳菩薩	清滝	大日
	気比	観音	気比	王菩薩	気比	大日
	気多	大日	気多	舞菩薩		
	金峯山	大日	金峰山	滅悪趣	金峰山	大日
	熊野	宝幢	熊野	宝菩薩		
	木嶋	一切如来智印				
	平岡	大日				
	滝蔵	大日				
	高野	大日	高野	業菩薩	高野	大日
	小野	仏眼			白山	大日
	柏宮	大日			大□	大日
	行役神	大日	行役神	舞菩薩	鈫明神	大日
					行疫神	大日
			伽藍護法	不空	伽藍護法	大日
聖　霊						
僧　尼	僧□修	大日	〔僧13人〕			
自身（自分）					自分	大日
世俗社会			帝王	除憂闇菩薩	帝王	大日
	親王	大日				
	若宮	大日				
	中納言正秀	大□詳明	〔童子6人〕		〔俗人74人〕	大日
	参議・殿上人					
	男女					

石峯寺		東寺宝泉院	金剛峯寺(中院流)	如来寿量院	
承徳2(1098)2.22		応永24(1417)3.16	不明	嘉元4(1306)9.12	
石峯寺結縁灌頂 (醍醐寺文書526—17)		東寺宝泉院結縁灌頂雑記	金剛峯寺結縁灌頂神名	嘉元四年結縁灌頂記	
真言二十二社型	得仏	真言二十二社型	真言二十二社型	仁和寺観音院型	得仏
多聞天	大日		多聞		
持国天	金剛波羅蜜		持国		
			金剛力士		
伊勢大神宮	宝波羅蜜	伊勢太神宮	伊勢両大神宮		
石清水	大日	八幡	石清水	八幡	愛菩薩
賀茂	大日	賀茂	賀茂	賀茂下	羯磨波羅蜜
				賀茂上	大日
松尾	宝波羅蜜	松尾	松尾	松尾	因菩薩
平野	金剛波羅蜜	平野	平野	平野	護菩薩
稲荷	金剛波羅蜜	稲荷	稲荷	稲荷	歌菩薩
春日	大日	春日	春日	春日	金剛波羅蜜
大原野	金剛波羅蜜	大原	大原野	大原野	法波羅蜜
大神	金剛波羅蜜	大神	大神		
磯上	大日	礒上	礒上		
大和	金剛波羅蜜	大和	大和		
広瀬	金剛波羅蜜	広瀬	広瀬		
龍田	羯磨波羅蜜	龍田	龍田		
住吉	法波羅蜜	住吉	住吉	住吉	宝波羅蜜
日吉	金剛波羅蜜	日吉	日吉	比叡	宝波羅蜜
梅宮	大日	梅宮	梅宮	梅宮	大日
吉田	法波羅蜜	吉田	吉田	吉田	大日
広田	金剛波羅蜜	広田	広田		
祇園	金剛波羅蜜	祇園	祇園	祇園	金剛薩埵
北野	金剛波羅蜜	北野	北野	北野	大日
丹生	宝波羅蜜	丹生	丹生	丹生	大日
貴布禰	金剛波羅蜜	貴布禰	貴布根		
牛頭天王	金剛波羅蜜	清滝	高野	愛宕子	金剛波羅蜜
		長尾		垂水	大日
		八嶋		気比	法波羅蜜
				気多	金剛波羅蜜
				金峰山	大日
				熊野	大日
				木嶋	舞菩薩
				平岡	羯磨波羅蜜
				滝蔵	大日
				高野	金剛薩埵
				行役神	法波羅蜜
		伽藍護法	伽藍護法	加(伽)藍護法	無量寿
〔僧尼220人〕				僧印心	大日
				比丘尼覚知	大日
				沙弥覚円	宝菩薩
一生不犯僧	羯磨波羅蜜		一生不犯僧		
帝王	大日	帝王	帝王		
		太上天皇	太上天皇	太上天皇	大日
				師宮	宝波羅蜜
〔男女310人〕				権大納言師信	宝波羅蜜
				権中納言経継	月光菩薩
				右衛門督定房	王菩薩
				参議左大弁定資	阿
				親房朝臣	喜菩薩
				藤原経子	因菩薩

（表10－１のつづき）

会　場	醍醐寺三宝院	丹波国厳辺寺	醍醐寺	等持寺
年月日	文永10(1273)4.23	弘安元(1278)閏10.15	永和２(1376)閏7.16	康暦元(1379)11.30
典　拠	醍醐寺新要録	結縁灌頂厳辺寺記	東大寺図書館蔵記録聖教類81	康暦元年結縁灌頂記
形　式	真言二十二社型	真言二十二社型	真言二十二社型	真言二十二社型
天　部				
	多聞天	多聞天	多聞天	
	持国天	持国天	持国天	
神祇信仰				
■(1)伊　勢	伊勢大神宮	伊勢太神宮	伊勢大神宮	伊勢大神宮
■(2)石清水	石清水	石清水	石清水	石清水
■(3)賀　茂	賀茂	賀茂	賀茂	賀茂
■(4)松　尾	松尾	松尾	松尾	松尾
■(5)平　野	平野	平野	平野	平野
■(6)稲　荷	稲荷	稲荷	稲荷	稲荷
■(7)春　日	春日	春日	春日	春日
■(8)大原野	大原野	大原野	大原野	大原野
■(9)大　神	大神	大神	大神	大神
■(10)石　上	磯上	磯上	磯上	（磯上脱カ）
■(11)大　和	大和	大和	大和	大和
■(12)広　瀬	広瀬	広瀬	広瀬	広瀬
■(13)龍　田	龍田	龍田	龍田	龍田
■(14)住　吉	住吉	住吉	住吉	住吉
(15)日　吉	日吉	日吉	日吉	日吉
(16)梅　宮	梅宮	梅宮	（梅宮脱カ）	梅宮
(17)吉　田	吉田	吉田野	吉田	吉田
(18)広　田	広田	広田	広田	広田
(19)祇　園	祇園	祇園	祇園	祇園
(20)北　野	北野	北野	北野	北野
■(21)丹　生	丹生	丹生	丹生	丹生
■(22)貴布禰	貴布禰	貴船	貴布禰	貴布禰
以上、仁安３(1168)廿二社奉幣 ■：十六社	清滝	清滝	清滝	清滝
	長尾	長尾	長尾	長尾
聖　霊				
僧　尼				
自身(自分)			一生不犯僧	
世俗社会	皇帝	帝王	皇帝	帝王
	太上天皇	太上天皇	太上天皇	太上天皇

大成就院		宝戒寺	醍醐寺		醍醐寺	
嘉慶 2 (1388) 9. 23		文亀 2 (1502) 11. 23	建長 6 (1254) 12. 20		建長 7 (1254) 12. 24	
門葉記灌頂 6		宝戒寺結縁灌頂録	醍醐寺文書526—11		醍醐寺文書526—11	
天台型	得仏	天台型	真言二十二社型	得仏	真言二十二社型	得仏
大梵天王	八葉観音	大梵天王				
帝釈天子	天鼓音	帝釈天王				
四大天王	無量寿	四大天王	多聞天	般若波羅蜜	多聞天	金剛薩埵
三界天衆	無量寿	三界天衆	持国天	開敷花	持国天	喜菩薩
八大龍王	禅波羅蜜	八大龍王				
大日本国一切無名無位明神		大日本国一切無名無位明神				
	大吉祥	天照皇太神	伊勢大神宮	宝幢	伊勢大神宮	不明
		八幡大菩薩	石清水	大日	石清水	阿閦
			賀茂	虚空蔵	賀茂	嬉菩薩
			松尾	観音	松尾	金剛波羅蜜
			平野	降三世	平野	宝波羅蜜
			稲荷	不動	稲荷	羯磨波羅蜜
			春日	阿弥陀	春日	法菩薩
			大原野	文殊	大原野	業菩薩
			大神	文殊	大神	法波羅蜜
			磯上	大日	磯上	法菩薩
			大和	文殊	大和	金剛波羅蜜
			広瀬	普賢	広瀬	大日
			龍田	観音	龍田	無量寿
		住吉明神	住吉	虚空蔵	住吉	法波羅蜜
山王三聖		山王三聖	日吉	虚空蔵	日吉	羯摩波羅密
			梅宮	阿弥陀	梅宮	大日
			吉田	大日	吉田	金剛波羅蜜
			広田	大日	広田	業菩薩
祇園天神		祇園天王	祇園	文殊	祇園	法波羅蜜
天満天神		北野天神	北野	一切如来智印	北野	金剛波羅蜜
			丹生	観音	丹生	法波羅蜜
			貴布禰	大日	貴布禰	法波羅蜜
赤山明神		赤山大明神	清滝	大日	清滝	宝波羅蜜
		三島大明神	長尾	文殊	長尾	大日
		得宗新宮				
行疫神		行疫神				
十八外護神		十八外護神				
		開闢以来登霞聖霊				
三国伝灯大師等聖霊		三国伝灯諸大師等				
一品聖霊		伝信・慈威・慈源・昌俊・忠靖	〔僧18人〕		〔僧23人〕	
自身					一生不犯僧乗勒	大日
国主聖朝		国主聖朝	帝王	大日	帝王	宝波羅蜜
太上天皇		太上天皇	太上天皇	大日	太上天皇	宝波羅蜜
諸宮諸院						
准三后殿下						
関白殿下		摂政殿下				
左右丞相文武百官		左右丞相文武百官				
二品大王						
官長大王						
		征夷大将軍	〔童子17人〕		〔童子13人〕	
		関東上将				
		上杉朝臣				
		〔道俗78人〕				
法界衆生		〔法界衆生〕				

表10―1　結縁灌頂における神分投華の構成

会　場	尊勝寺		大成就院		十楽院御坊熾盛光堂	
年月日	元久元(1204)12.23		正和5(1316)11.15		文和2(1353)4.11	
典　拠	阿娑縛抄両寺灌頂記末		門葉記灌頂6		門葉記灌頂6	
形　式	御願寺型	得仏	天台型	得仏	天台型	得仏
天　部	大梵天王	金剛鈎菩薩	大梵天王	弥勒	大梵天王	無量寿
	天帝釈	宝幢仏	帝釈天子		帝釈天子	大日
	四大天王	八葉普賢	四大天王		四大天王	忍波羅蜜
	十二天	釈迦院虚空蔵菩薩	三界天子			
	八大龍王	宝幢仏	八大龍王		八大龍王	無量寿
	堅牢地天	花開敷仏				
神祇信仰	国内一切神祇等		大日本国一切無名無位明神		大日本国無名無位明神	水吉祥
■(1)伊　勢	伊勢太神宮	無量寿仏				
■(2)石清水	八幡大菩薩	普賢菩薩				
■(3)賀　茂	加茂大明神	金剛輪菩薩				
■(4)松　尾						
■(5)平　野						
■(6)稲　荷	稲荷大明神	宝幢仏				
■(7)春　日	春日大明神	大日如来				
■(8)大原野						
■(9)大　神						
■(10)石　上						
■(11)大　和						
■(12)広　瀬						
■(13)龍　田						
■(14)住　吉						
(15)日　吉	日吉大明神	天鼓雷音	山王三聖		山王三聖	不動
(16)梅　宮						
(17)吉　田						
(18)広　田						
(19)祇　園	祇園天神	弥勒菩薩	祇園天神		祇園天神	文殊
(20)北　野	北野天神	普賢菩薩				
■(21)丹　生						
■(22)貴布禰						
以上、 仁安3(1168) 廿二社奉幣 ■：十六社			赤山明神		赤山明神	大日
	当年行役疫神	七倶胝	行疫神		行疫神	宝幢
	王城鎮守諸大明神	弥勒菩薩				
	伽藍護法		十八外護神		十八外護神	花開敷
聖　霊					開白(闕)已来登霞聖霊	大日
			三国伝灯大師等		三国伝灯大師等聖霊	大日
			准后聖霊		二品大王聖霊	大日
僧　尼						
自身(自分)			自身		自身	執持金剛
世俗社会	国主聖朝	弥勒菩薩	国主聖朝		国主聖朝	文殊
	太上天皇	大日如来	太上天王		太上天皇	大日
	国母仙院	八葉普賢				
	諸宮諸院	如来毫相			諸宮諸院	大日
			春宮殿下			
	関白殿下	毘倶胝	関白殿下		摂政殿下	弥勒
	大臣公卿	虚空蔵	左右丞相文武百官		左右丞相文武百官	金剛恵
	文武百官	虚空蔵				
			官長大王			
	国内万民	無量寿仏	法界衆生		法界衆生	慈愍菩薩

初出一覧

序　章　「五大堂の形態変化と五壇法の成立――密教空間の展開に関する一考察――」『建築史学』第三三号（一九九九年九月）および「密教空間の形成と展開」鈴木博之・石山修武・伊藤毅・山岸常人編『シリーズ都市・建築・歴史2　古代社会の崩壊』（東京大学出版会、二〇〇五年八月）の一部をもとに大幅に加筆。

第Ⅰ部　塔における両界曼荼羅空間の展開

第一章　法成寺の塔について
『仏教芸術』二二八号（毎日新聞社、一九九六年九月）。

第二章　塔における両界曼荼羅空間の諸相

補　論　醍醐寺五重塔の両界曼荼羅空間の構成について
「塔における両界曼荼羅空間の展開――平安時代の層塔を中心に――」『仏教芸術』二三八号（毎日新聞社、一九九八年五月）をもとに加筆、二章に分割。

第Ⅱ部　仏堂における両界曼荼羅空間の展開

第三章　両界曼荼羅諸尊を安置する仏堂とその空間
『日本建築学会計画系論文集』五三六号（二〇〇〇年十月）。

第四章　阿弥陀堂における両界曼荼羅空間の展開
『日本建築学会計画系論文集』五四四号（二〇〇一年六月）。
第五章　阿弥陀五尊の諸形式と中世仏教的世界観
『仏教芸術』二八〇号（毎日新聞社、二〇〇五年五月）。

第Ⅲ部　密教修法と仏堂・伽藍

第六章　五大堂の形態変化と五壇法の成立
第七章　御願寺・氏寺の伽藍と密教修法
前掲「五大堂の形態変化と五壇法の成立」をもとに、一九九八年十二月一日、日本史研究会古代史・中世史合同部会での口頭発表「修法と仏堂——別尊法とその空間の形成・展開——」の内容および前掲「密教空間の形成と展開」の一部を加え大幅に加筆、二章に分割。

第Ⅳ部　顕密融合の両界曼荼羅とその展開

第八章　寺院伽藍における両界曼荼羅空間の展開
博士学位論文『平安時代寺院建築における密教空間の形態とその変遷に関する研究』（一九九八年三月）
第七章「伽藍構成理念の変遷」および前掲「密教空間の形成と展開」の一部をもとに加筆。
第九章　中世神仏世界の形成と両界曼荼羅
第十章　中世の王権と両界曼荼羅——結縁灌頂の神分投華をめぐって——

「両界曼荼羅と中世神仏世界」『名古屋造形芸術大学紀要　第十号　曼荼羅のシステムと造形』（二〇〇四年三月）をもとに、二〇〇四年八月二十七日、第二期第五回日本宗教史懇話会サマーセミナーにおける口頭発表「建築空間にみる両界曼荼羅の展開と中世神仏世界の形成」の内容を加え大幅に加筆、二章に分割。

本書への収録にあたり、一部に補訂を加え、また大幅に加筆した部分もあるが、いずれも論旨を変更するものではない。

図版一覧

図序―1　密教空間の形成と展開
図序―2　胎蔵界曼荼羅図（西院本）（教王護国寺蔵）
図序―3　金剛界曼荼羅図（西院本）（教王護国寺蔵）
図序―4　『年中行事絵巻』宮中真言院後七日御修法の場面（田中家蔵）
図1―1　『平知信記』所収　天承再建法成寺東西五重塔指図
図1―2　天承再建法成寺東西五重塔の両界曼荼羅空間
図2―1　高野山大塔復元諸説（足立康『塔婆建築の研究』、清水擴『平安時代仏教建築史の研究』、藤井恵介『密教建築空間論』〈いずれも中央公論美術出版〉より転載）
図2―2　石町率都婆供養曼荼羅供指図　大塔部分（称名寺蔵、神奈川県立金沢文庫保管）
図2―3　創建高野山大塔空間構成概念図
図2―4　『東宝記』所収　東寺五重塔指図（教王護国寺蔵）
図2―5　永仁再建東寺五重塔空間構成概念図
図2―6　円勝寺東三重塔空間構成概念図
図2―7　法勝寺八角九重塔空間構成概念図
図2―8　『三僧記類聚』所収　蓮華王院五重塔四面大日の配置諸説
図2―9　天承再建法成寺東西五重塔から蓮華王院五重塔へ
図2―10　創建高野山大塔における仏像配置（初重に心柱が通る場合の推定配置）
図補―1　醍醐寺五重塔初重壁画の両界曼荼羅諸尊配置
図補―2　醍醐寺五重塔初重心柱覆板壁画（金剛界）
図補―3　醍醐寺五重塔初重心柱覆板壁画（胎蔵界）
図補―4　醍醐寺五重塔空間構成概念図
図3―1　『本要記』所収　仁和寺円堂指図
図4―1　金剛界曼荼羅と法界寺阿弥陀堂の空間
図4―2　八葉蓮華寺阿弥陀如来立像胎内墨書（八葉蓮華寺蔵）
図4―3　『兵範記』所収　福勝院阿弥陀堂曼荼羅供指図
図4―4　仁和寺蔵『鎮壇記』所収　蓮華光院御堂指図
図5―1　金剛界八十一尊大曼荼羅　蓮華部五尊部分（根津美術館蔵）
図5―2　浄土曼荼羅刻出龕　部分（耕三寺蔵）
図5―3　線刻阿弥陀五尊鏡像（個人蔵）
図5―4　『覚禅鈔』所収　五尊曼荼羅（勧修寺蔵、『勧修寺善本影印集成』第一巻〈親王院堯榮文庫〉より転載）
図5―5　両界曼荼羅五仏にみる顕密重層構造
図5―6　輪王寺東常行堂五尊図（輪王寺蔵）
図5―7　輪王寺東常行堂前壁図（輪王寺蔵）
図5―8　輪王寺東常行堂五尊図にみる顕密重層構造
図5―9　阿弥陀五尊にみる顕密重層構造
図6―1　『阿娑縛抄』所収　五壇法指図
図6―2　『門葉記』所収　永仁五年（一二九七）禁中五壇法指図
図6―3　『阿娑縛抄』所収　七仏薬師法指図
図6―4　『東宝記』所収　東寺講堂指図（教王護国寺蔵）

図6―5　『阿娑縛抄』所収　無動寺五大明王配置図
図6―6　『門葉記』所収　無動寺本堂指図
図6―7　五大堂の形態変化と五壇法の成立
図6―8　東寺講堂仁王経法指図（称名寺蔵、神奈川県立金沢文庫保管）
図7―1　『門葉記』所収　法勝寺薬師堂指図
図7―2　『門葉記』所収　保延三年（一一三七）三条富小路殿七仏薬師法指図
図7―3　『民経記』所収　法勝寺愛染堂十壇愛染王護摩指図
図8―1　法成寺伽藍復元図（清水擴『平安時代仏教建築史の研究』〈中央公論美術出版〉より転載）
図8―2　法勝寺伽藍復元図
図8―3　高野山八葉蓮華曼荼羅（宝寿院蔵）
図8―4　室生山図（称名寺蔵、神奈川県立金沢文庫保管、『金沢文庫資料全書　第九巻　寺院指図篇』〈便利堂〉より転載）
図9―1　宝満寺大日如来像および胎内大日如来小像（宝満寺蔵）
図9―2　『三輪流神道許可支度記』所収　神道灌頂初重敷曼荼羅
図9―3　『法華曼荼羅諸品配釈』所収　法華経諸品配図
図9―4a・b　大日本国図（称名寺蔵、神奈川県立金沢文庫保管）
図10―1　後醍醐天皇像（清浄光寺蔵）
図10―2　『護持僧作法』所収　東城横行図・同竪行図（随心院蔵）
図10―3　護持僧作法における宮城街区の両界曼荼羅への配当
図10―4　『渓嵐拾葉集』所収　日本国図
図10―5a・b　独鈷形日本国図（南さつま市坊津歴史資料センター輝津館蔵）

写真提供（五十音順、敬称略）

神奈川県立金沢文庫（図2―2、6―8、9―4a）
京都国立博物館（図序―2、序―3、5―3）
中村康（図9―1）
財団法人美術院（図4―2）
財団法人角川文化振興財団（図序―4）
清浄光寺（図10―1）
便利堂（図2―4、6―4）
南さつま市坊津歴史資料センター輝津館（図10―5a）
根津美術館（表紙カバー図版「金剛界八十一尊大曼荼羅」蓮華部五尊部分、図5―1）
輪王寺（図5―6、5―7）

あとがき

私は建築史学を専門としているが、この学問分野は建築学のなかの歴史学と、歴史学のなかの建築学という二つの顔をもつ。本書もどちらかに限定されるものではなく、建築学に対しては「建築の空間や造形を生みだした思想・理念の探求」、関連諸学に対しては「空間から読み解く中世信仰世界」という意味をもつと考えている。

＊

大学院修士課程のときのこと。日本建築史の勉強を一通り終わらせた私にとって、『中右記』を通読したときの衝撃は大きかった。浄土教建築一色に染められた平安時代中・後期の建築イメージは崩れ去り、かわって顕密の多様な仏や神々からなる、豊饒な信仰世界が広がっていった。それからは史料をできる限り広くみていこうと考え、今では文献史料や発掘遺構はもちろん、美術作品、経典や儀軌などの聖教、中世神道説なども建築と同じく建築空間を探求するための史料と考えている。

こうした史料から、例えば塔や仏堂にあらわれた両界曼荼羅空間を検討していくと、そこにみえてきたのは今日考えられているような、典型的・単一的な両界曼荼羅ではなかった。むしろ顕密が融合し、典型とされる現図曼荼羅と一致しないものが多々みうけられ、しかも重要な位置を占めていたのである。本来、こうした多様な両界曼荼羅の姿を包括的に説明することができなければ、個別の建築や伽藍の空間を正当に評価することはできない。

もちろん、これまでの建築史学にこうした現象を評価する基盤はない。では、従来の仏教史や思想史などの論理で説明できているかといえば、それは否であった。こうした現象は従来の宗派ごとの枠組に基づく研究の枠からははずれており、研究対象とはならなかったといえよう。こうしたなか、顕密体制論に出会ったとき道が開けると直感した。しかし、実際の位置付けとなると、それは決して単純なものではなかった。

「顕密仏教」なる概念は、中世仏教史全体を捉える枠組としてはきわめて有効だが、その一方で大きな危険性も孕んでいる。はじめ、私は層塔で見出した顕密融合の両界曼荼羅を、ともかくも顕密仏教の一形態と評価したし、両界堂の設けられた鎌倉再建東大寺大仏殿も、このように評価すればそれでよいと考えていた。しかし、これだけでは具体的な意味や位置付けは何も明らかになっていない。「浄土教」なる概念が拡大され、平安時代の阿弥陀堂や園池をもつ伽藍について、浄土教に結びつければすべて説明がついたような錯覚をおこさせてきたように、密教の影響のあるものはすべて顕密仏教とすればその位置付けがなされたかのような錯覚に陥る危険性がある。浄土教の批判的再考を通じて、顕密仏教の中身やそこにおける密教の役割を具体的に明らかにしていく必要性を痛感した。

＊

近代の学問分野は細分化・高度化し、それ相当の成果をあげてきたといえよう。しかし、仏教建築についていえば、うつわである建築は建築史、中身の彫刻や絵画の仏像は美術史、そこで行われる法会は仏教史や芸能史というように、本来あるべき空間を分割し、それを生みだした人々の思想や世界観を解体してしまうことになった。

建築史学についていえば、うつわとしての建築から論じられる世界は、人々の営みのわずかな部分にすぎない。仏教建築やその空間を論じようとするならば、そこに安置された仏像や法会、さらには信仰・教学の世界にまで踏み込んでいかなければならないことは明らかである。建築にしても美術作品にしても、宗教芸術はそれを生みだした人々の信仰世界――コスモロジー――の具現化といえるであろう。信仰世界の解明なくして、作品の意味を語ることはできないはずである。

私は、神仏さらには聖俗からなる中世のコスモロジーは、経典や儀軌よりも、むしろ建築空間からの方が捉えやすいと考えている。というのも、こうした融合的・重層的信仰世界が仏教と世俗社会との接点において顕著にあらわれ、建築や伽藍がその舞台となっており、しかも建築の現象からは、コスモロジーを空間として構造化して把握することができるからである。

ともあれ、私は建築という地平を飛び立たねばならなかった。辞書を片手に、『覚禅鈔』や『阿娑縛抄』を読みはじめたが、専門外の世界にわずかでも足を踏み入れることが、これほどまで大きな不安と多くの苦悩をともなうとは思わなかった。それぞれの専門分野ではごく当たり前のことを理解するのに何ヶ月も、ときには何年もかかった。そして、正しく理解できているか、という不安がいつもつきまとった。しかし、素人であるがゆえに先入観なく史料が読め、現在の学問の範疇からはずれた現象も、素直に受け止めることができたといえよう。

*

本書で描こうとした世界は、これまでの建築史学の問題意識とは、およそかけ離れたものかもしれない。とはいえ、本書の問題意識は伽藍や建築空間の分析から生まれてきたものであり、あくまでも建築史学からの発言と考えている。建築学の社会的な役割は、けっして建物を建てることだけではない。新しい時代に向かって、建築学として可能な、新たな役割を模索していくことが必要であろう。

もちろん、本書で論じた世界は、中世のコスモロジーのごく一部にすぎない。しかし、それは多様な信仰・思想が接点を求め、重なり合ってくる重要な部分と考えている。しかも、そこでは多様な信仰や論理・価値観の存在を前提とした、緩やかな統合がなされており、こうした現象は宗教の社会的役割の一面を示すものとして、現代社会においても示唆的といえよう。

また、本書では両界曼荼羅を基盤とした中世顕密主義のコスモロジーという、仮説を提示したにすぎない。今後、より広く対象を求め、実証的な検討を積み重ねていくことが必要であることはいうまでもない。そして、専門外の美術史や宗教史・思想史に関わる内容については、基本的な理解や解釈の誤りも多いことと思う。多方面の史料を乱読したため、その意味を充分読み切れていないのではないかという不安もある。多くの分野の方から批判と意見をいただければ幸いである。

*

このような暗中模索のなかで、何よりも恵まれていたのは良き環境と良き指導者、そして良き研究仲間である。自ら興味をもった問題にとことん深入りすることを許してくれる、京都大学建築史研究室の自由な学風は有り難いものであった。もちろん自由なだけではない。高橋康夫・山岸常人両先生の厳しく、しかも的確な指導がなければ、けっして建築という地平から飛び立つことはできなかった。

高橋先生からは、論理を組み立てる方法、史料から引き出せる情報の豊かな広がりなど、研究のもっとも基礎となる部分を教えていただいた。山岸先生は同じ分野ということもあり、日常的に実に多くの専門的な助言をいただいてきた。そもそも、私が仏教建築史に深入りすることになったのは、先生の著書『中世寺院社会と仏堂』（塙書房）に、研究の魅力と新たな広がりの可能性を感じたことが大きい。また、同研究室に内地留学をされていた丸山茂・溝口正人両氏との夜を徹しての議論も、寺院建築史に偏っていた視野を広げてくれた。伊東史朗・上島享・大原嘉豊・菅野成寛・黒田龍二・苫米地誠一・永村眞・藤井恵介・藤澤彰・藤田盟児各氏をはじめ、専門分野を問わない多くの方々から指導と助言をいただいてきた。佐藤弘夫・頼富本宏両氏から、おりにふれて道標となる著書・論文をいただいたのも、専門の異なる私にとって大変有り難いものであった。

元来怠慢な私が本書をまとめることができたのは、山岸先生の強い後押しがあったからである。そして一九九八年の夏、法藏館社長西村七兵衛氏が提出したばかりの博士論文を見て、即出版を受けてくださったことは、その後の研究を進めるうえで大きな励みになった。とはいえ、そのまま本にすることは躊躇された。従来よりも広く密教空間を捉えられるようになったものの、建築空間で見いだした様々な現象に、納得のいく評価ができていなかったからである。建築空間の現象を中世のコスモロジーの問題として捉えられるようになったのは最近のことで、本書の骨格が見えてきた二〇〇四年の夏、その構想を日本宗教史懇話会サマーセミナーで口頭発表したさい、意外にも多くの方に興味をもっていただいたことが本書をまとめる勇気を与えてくれた。当日、コメンターを勤めてくださった平雅行氏をはじめ、貴重なご意見をいただいた諸氏に謝意をあらわしたい。また、八年という長い間、出版を待ってくださった法藏館の上別府茂氏、編集担当の辻本幸子氏、校正者の宮崎雅子氏に感謝したい。

なお、本書刊行にあたっては、平成十八年度科学研究費補助金（研究成果公開促進費）の交付を受けた。

＊

私事ではあるが、私が最初の論文を発表してから、今年でちょうど十年になる。研究の道に進もうと思ったものの、なかなか成果を出せない私に一言の文句も言わず待ってくれた母、研究のことばかり考えている私を辛抱強く支えてくれた妻に感謝の気持ちをあらわしたい。そして、私に考える喜びを教えてくれたのは亡き父であった。本書は父の墓前に捧げたいと思う。

平成十八年十二月

冨島義幸

王法と仏法　中世史の構図〈増補新版〉　黒田俊雄著　二、六〇〇円
アマテラスの変貌　中世神仏交渉史の視座　佐藤弘夫著　二、四〇〇円
神・仏・王権の中世　佐藤弘夫著　六、八〇〇円
描かれた日本の中世　絵図分析論　下坂　守著　九、六〇〇円
延暦寺と中世社会　河音能平・福田榮次郎編　九、五〇〇円
中世寺院と法会　佐藤道子編　一三、五〇〇円
仏教美術と歴史文化　真鍋俊照編　九、七〇〇円

冨島義幸（とみしま　よしゆき）

1966年生まれ。1992年京都大学工学部建築学科卒業。1998年京都大学大学院工学研究科建築学専攻博士後期課程修了。同年博士（工学）。現在、滋賀県立大学環境科学部助教授。
著書（共著）に『院政期文化論集　第三巻　時間と空間』（森話社）、『シリーズ　都市・建築・歴史　2　古代社会の崩壊』（東京大学出版会）、主要論文に「相国寺七重塔―安置仏と供養会の空間からみた建立の意義―」（『日本宗教文化史研究』第5巻第1号）、「平泉柳之御所遺跡出土部材にもとづく板葺屋根の復元考察」（『建築史学』第43号）、「九体阿弥陀堂と常行堂―尊勝寺阿弥陀堂の復元と位置づけをめぐって―」（『仏教芸術』283号）、復元設計に平泉無量光院阿弥陀堂・毛越寺金堂（CG による復元。平泉町『甦る都市平泉』に収録）などがある。

密教空間史論

二〇〇七年二月二八日　初版第一刷発行

著　者　冨島義幸
発行者　西村七兵衛
発行所　株式会社法藏館
京都市下京区正面通烏丸東入
郵便番号　六〇〇-八一五三
電話　〇七五-三四三-〇〇三〇（編集）
〇七五-三四三-五六五六（営業）

装幀者　小林　元
印刷・製本　亜細亜印刷株式会社

ISBN 978-4-8318-7472-6 C3021
乱丁・落丁本はお取り替えいたします

索　引

＊(　)内は同義語、もしくは省略した文字を記す.
＊堂舎名の欄に記した頁は、寺院名の欄に重ねて記載はしていない.

あ　行

閼伽棚　256
足利尊氏　424
足利義詮　424
足利義満　430
熱田（宮）　370,385
熱田宮秘釈見聞　370
熱田宮本地仏曼荼羅［宝勝院阿弥陀如来像納入品］　200
熱田宮本地仏曼荼羅［神宮徴古館］　371
熱田本地仏懸仏［大興寺］　371
熱田明神講式　370
天照大神　20,362,368～373,376,380,385,392,394,398,400,425,428（→伊勢内宮）
天照皇太神儀軌　368
阿弥陀（無量寿）　7,8,43～47,66,72,75,84,85,89,98～100,171,172,174～187,189～193,195,200～204,206～221,224～229,232～234,236,238,240～242,244,297,317,319,338,339,341,346,358,371,373,376,387（→宝冠阿弥陀如来）
　阿弥陀如来像［伊豆山浜生活協同組合］　211
　阿弥陀如来像［浄厳院］　181
　阿弥陀如来像［八葉蓮華寺］　185
　阿弥陀如来像［平等院鳳凰堂］　66,72,172,181
　阿弥陀如来像［法界寺］　174～176,195
　阿弥陀如来像［宝勝院］　200
　（宝冠）阿弥陀如来像［耕三寺］　210,211
　（宝冠）阿弥陀如来像［梵釈寺］　211,216
　（宝冠）阿弥陀如来像［輪王寺常行堂］　210,211
阿弥陀五尊　108,116,204,205,208～213,215～221,224～227,229,233～244,246,247（→『覚禅鈔』阿弥陀五尊曼荼羅,線刻阿弥陀五尊鏡像）
　阿弥陀五尊像［一乗寺］　220,224
　保安寺・奈良博蔵阿弥陀五尊像　220,224
阿弥陀護摩　218,219
阿弥陀三尊　99,122,171,185,187～189,213,214,221,225,234,242,245,247,248,297
　阿弥陀三尊像［醍醐寺］　221
　阿弥陀三尊像［仁和寺］　171,221
　阿弥陀三尊像［保安寺］　220（→阿弥陀五尊）
阿弥陀四十八願　191
阿弥陀聖衆来迎図［有志八幡講十八箇院］　221
阿弥陀浄土　→極楽浄土
阿弥陀大小呪　172
阿弥陀堂　7,8,14,20,72,96,127,134,163,170～181,183～185,187,188,191～199,202,203,205,209,210,213,226,237,238,242～244,274,303,317～319,325,326,345～347,349～351,353～356,360（→往生極楽院、願成寺、勝光明院、浄瑠璃寺、尊勝寺、平等院、福勝院、富貴寺、法界寺、法成寺、法勝寺）
阿弥陀二十五菩薩　202
阿弥陀法　179,193,218,219,225,234,236,238,247
阿弥陀曼荼羅　203
阿弥陀来迎　→来迎
安居講　288
安祥寺　146,161
　五大堂　266～268
　毘盧遮那五輪率都婆　296
　礼仏堂　139,296
安鎮法　256
安然　217
安楽寿院　187
伊弉冉尊　380
石町率都婆供養曼荼羅供指図　70,71

伊豆山常行堂　211
伊勢（神宮）　20,368～370,372,373,385,399,404,409,411,412,414,415,419,421,426,428,429
　外宮（豊受大神）　20,370
　内宮（天照大神）　20,370
伊勢神道　11,362
伊勢大神宮御正体厨子［西大寺］　370
一字金輪法　329
一条天皇　309
厳島（神社）　362,372
稲荷（大社）　411
石清水八幡宮　406,419
　東宝塔　386
院　21,195,408,411,414,423,426,429
院覚　136
院源　304,310
院政期仏教　21,385,430
印度　401,402,430
殷富門院　190
鸕鷀草葺不合尊　380
宇多天皇（法皇）　155,157
馬町南十三重石塔　56,57
運慶　153
永久寺真言堂　144
　多宝塔　101
栄山寺石塔　102
叡尊　56,370,376
延喜式　16
円教寺御願堂　140,162,348,352
円宗寺　423
　灌頂堂　403
　講堂　349,352,353
　五大堂　275,278,279
　金堂　141,162,279,348,352
　常行堂　215,216,236
　中門　352
　南門　352
延昌　254,283
円勝寺五大堂　275,278
　五重塔　81,95
　金堂　95,142,162
　三重塔（東三重塔）　81,94,95,125,127,134,135,177,193
延勝寺金堂　348
円珍　23,104,379,380,434
円仁　23,24,53,162,184,204,205,207,216～218,241,268,308,402
円密一致　380
円融寺　84,85
　五重塔　84,85,95,96,103,108,126,224,240,242,342,346,354
円融天皇（院）　84
延暦寺　→比叡山
延暦寺灌頂行事　403,406,408,412
王権　384,385,391,412,429,430
往生極楽院（三千院）　184
　本堂（阿弥陀堂）　184,186,187,190,194,202
王城鎮守　410,411,415,423
往生要集　244,249
王法　9,362,395
王法仏法相依相即　429
大江匡房　393
大野丘北の塔　54
大峰山　340
大神（社）　371～373
大御輪寺　376
押出阿弥陀三尊二比丘像［東京国立博物館・法隆寺献納宝物］　221
織田寺真禅院　406,428
小野宮家　273
小野六帖　433
於美阿志神社石塔　116
御室（仁和寺御室）　150,183,194～196,226,227,232,237,243,419
園城寺　213
　講堂　139,162
　常行堂　215
御衣加持　292
御衣机　289,300

か　行

『覚禅鈔』阿弥陀五尊曼荼羅　215,219,221,233
覚鑁　158,174,177,178,196,227～229,232,233,239,240,365,387
覚法（法親王）　82,136,180,182～184,194,226,228,237,240,243
覚猷　180
覚雄　434
勘解由使庁　24
鹿島（宮）　376
勧修寺宝山院三重塔　101

宝満院灌頂堂　201
春日（大社）　51,371,373,376,411
西五重塔(御塔)　48,49,51〜53,100
東五重塔　49
春日御社御本地幷御託宣記　368
鎌倉　425,426
鎌倉将軍　425
鎌倉新仏教（新仏教）　9,10
鎌倉南御堂　425
上醍醐　267
香取（宮）　376
賀茂（社）　259,411,419
元興寺極楽坊本堂　198
五重塔　98
寛助　178
願成寺阿弥陀堂　198
観無量寿経　219,221,225,234,241
寛空　157
観賢　404,419
勧修　213
寛助　225,238
寛性　419
灌頂　3〜5,13,23,24,146,149,307,361,391,392,402〜404,406,408,409,412,414〜416,418,419,421〜429,434（→結縁灌頂、伝法灌頂）
灌頂堂（灌頂院）　14,24,79,142,149〜152,162,201,402,403,419,426
鑑真　53
観心寺　154,161
如法堂　154
観想　179,396,398
寛朝　85
観音供　320
観音堂　300,303,313〜315,316,319,321,324〜326（→成勝寺、尊勝寺、得長寿院、法成寺）
関白　190,277,344,407,408,411,423
観無量寿経中略要問答鈔　174
紀伊国金剛峯寺解案　66,68,69,73,103,104,126,339,340
祇園（社）　408
感神院御塔（多宝塔）　168
義海　283
岸寺　145
起請文　362
北野天満宮　6
畿内　400
木野嶋（宮）　419
逆修　187,189,361
九州　399,400
宮城　4,395,398,399,423,428
宮城護持　395,398
宮中真言院　24,285,384
宮中鎮護　395
旧仏教　9
行宴　146,147,149
行基図　400
京都　395,396,398,399,423,425,426,428,430
行道　214
行林抄　178
清水寺［播州］　428
清水寺三重塔［京都］　98
禁中加持作法　395,398
金峰山　36,340
三重塔　99
金輪聖王　398
空海　3,22,46,53,63,65,73〜76,78〜80,102,105,107,133,152,253,264,268,286,289〜292,305,336,337,339,345,361,364,402,404,432
久遠寿量院　425
孔雀経法　256
九条兼実　369
九壇阿弥陀護摩　7,173,317,318,325,326
国常立尊　380
紅頗梨阿弥陀像［知恩院］　219
九品往生　9,180
九品浄土　241
九品曼荼羅　202
熊野（社）　340,376
恵果　152
恵鎮　426
慶命　276,304,310
渓嵐拾葉集　341,372,390,399,400
華厳会　367
解脱寺常行堂　213
結縁灌頂　24,149,361,391,392,402〜404,406,408,409,412,414〜416,418,419,421〜429（→灌頂）
結縁灌頂式　404,414,419
玄鑒　271
源信　204,241,308

現図曼荼羅　107, 171, 396
劔阿　380
賢宝　146
顕密兼修　363, 364
顕密主義　12, 237, 240, 242, 385, 428, 429～431
顕密主義のコスモロジー（中世顕密主義のコスモロジー）　12, 14, 20, 21, 385, 391, 392, 422, 423, 429
顕密体制　9～11, 361, 362, 367, 392, 430
顕密体制論　9, 10, 12, 21, 361, 392
顕密仏教　10, 12, 105, 108, 240, 356, 361
顕密融合　11, 14, 20, 41, 161, 218, 224, 225, 239～243, 343, 343, 346, 347, 354, 355, 360, 361, 364, 366, 368, 371, 375, 384
講演法華儀　380
宏教（禅遍）　236
皇慶　178, 218, 238
光孝天皇　73
後宇多天皇（院）　416
光智　374
興福寺　83, 99, 221
　講堂　349
　五重塔　44, 51, 52, 54, 55, 98
　三重塔　98, 123
弘法大師信仰　292
弘法大師像　291
光明真言　172, 173
光明真言法　172
光明峯寺奥院金堂　145, 369
高野山（金剛峯寺）　5, 13, 22, 46, 63, 66, 73, 74, 337～340, 361, 364, 371, 403
　奥院　338
　覚皇院　159, 160, 162, 193, 364, 365
　灌頂堂　142, 403
　講堂　73, 103
　高野明神　371, 415
　金剛三昧院多宝塔　72
　根本大塔（大塔・東塔）　22, 24, 63～75, 80, 96, 103, 126, 133, 162, 338～340, 364, 370
　西院　338
　西塔　22, 63, 65, 66, 73, 74
　慈尊院　338
　持明院　338
　勝蓮花院　338
　真言堂　139
　大伝法院（伝法院）　158, 162, 169, 371
　谷上　338
　中院　338
　中院塔　386
　南院　338
　丹生明神　371
　遍照院　145
　宝寿院　337
　菩提心院　145
　南谷　338
　御社山　338
高野山八葉蓮華曼荼羅　337, 340
広隆寺常行堂　214
五会念仏　217
五畿　399
国土観　14, 391, 399, 400, 429
極楽浄土（阿弥陀浄土）　6, 8, 177, 189, 195, 241, 346
後三条天皇　322, 349, 387, 393, 403
後三条天皇御即位記　393
護持僧　398
護持僧作法　391, 395～399, 423, 428, 429
古事談　372
後七日御修法　23, 24, 256, 285, 300, 361, 384, 424
後白河天皇（院・法皇）　89, 149, 150, 190, 321, 364, 366, 369, 384, 415, 426
小菅寺　428
五大虚空蔵菩薩像［東寺観智院］　296
後醍醐天皇　394, 395, 426
後醍醐天皇像［清浄光寺］　394
五台山竹林寺　205
五大堂　5, 15, 96, 153, 253, 254, 258～263, 265～268, 270～282, 284～286, 288, 292, 293, 303, 305, 310, 325, 326, 337, 349, 354～356（→安祥寺、円宗寺、円勝寺、最勝寺、成勝寺、神護寺、尊勝寺、醍醐寺、平等院、法成寺、法性寺、法勝寺）
五壇法　253～259, 263, 270～273, 276, 278～282, 284～286, 292, 293, 303, 305, 310, 313, 325, 326
五智光院　→四天王寺灌頂堂
五智光院灌頂記　426
護摩法　323
五輪九字明秘密釈　177
後冷泉天皇　322

金剛界沙汰
　→金剛頂経蓮華部心念誦次第沙汰
金剛界大法対受記　217
金剛界八十一尊大曼荼羅　204, 208～211, 216, 218, 224, 229, 241
　金剛界八十一尊大曼荼羅［根津美術館］　209, 248
金剛界法　264
金剛界曼荼羅　→両界曼荼羅
金剛寺本堂　145, 146
金剛頂経　3, 13, 97, 228, 233, 234, 237, 242, 375
金剛頂経義訣　97
金剛頂瑜伽中略出念誦経　97
金剛頂経蓮華部心念誦次第沙汰（金剛界沙汰）　199, 227, 228, 232, 233, 239
金剛般若経　51, 52
金剛峯寺　→高野山
金剛峯寺結縁灌頂神名　415
金光明最勝王経（最勝王経）　16, 51, 52, 55
金胎不二　→両部不二
厳辺寺　428

さ　行

最勝会　349
最勝王経　→金光明最勝王経
最勝王講　363
最勝寺　403, 423
　灌頂堂　403
　五大堂　275, 278
　金堂　348
済暹　174, 279
最澄　22, 36, 174
西明寺三重塔　29, 127
嵯峨殿　416
　如来寿量院　406, 416, 424
相模国大庭御厨大日堂　369
散華　202
山家最略記　341
山家要略記　389
三十三間堂　319, 320
三十三壇観音供　320, 326
三十三壇（御）修法　319～321
三十壇観音供　325
三条富小路殿　310, 312
三千院　→往生極楽院
三僧記類聚　50, 87, 90, 118, 363, 393, 394
山王（社）　406
山王三聖　408
三宝院流　172
三宝輔行記　357
慈円　394, 406
慈円和尚夢想記　392
四円寺　146, 348, 352
式年造替　431
自在寺　428
四十帖決　218, 219, 238
仁寿殿　312
熾盛光法　24, 256
四摂菩薩　79, 108, 135, 202, 206～210
地神五代　380
四親近菩薩　108, 116, 181～183, 204, 207, 208, 210, 211, 216, 219, 226, 227, 232～234, 237～243, 375
地蔵・龍樹像［奈良国立博物館］　220（→阿弥陀五尊）
十界論　362
七道　399
七仏薬師堂　→薬師堂
七仏薬師法　256, 257, 300, 304, 305, 307～313, 326
実範　197
四天王寺　6, 426
　五重塔（塔）　6, 52, 53, 99
　五智光院（灌頂堂）　426
四波羅蜜菩薩　46, 89, 120, 123～125
四方浄土変　16, 20, 44, 45, 57, 64, 91, 98, 99, 101～105, 108, 224, 228, 233, 342, 343, 346, 356, 361, 364, 375, 376, 385, 431
四面大日（四面毘盧遮那）　90, 91, 97, 107
　四面大日如来坐像［ナーランダー出土］　97
　四面大日如来像［ラダック・アルチ寺金剛界曼荼羅］　97
四面仏石［今宮神社］　376
十一月会　349
釈迦十六善神　101
釈迦八相　→八相
釈迦八相成道　→八相成道
積善寺　344, 347
石峯寺　427
舎利（仏舎利）　34, 48～56, 58, 116, 291
舎利会　53
舎利講　53

十三大院　396
十壇愛染王護摩　323
十二光仏　172
十二天屛風［東寺］　176
周辺寺本両界曼荼羅図　387
十六大菩薩　79, 135, 228, 233, 242
十六社制　399, 421
守覚（法親王）　146, 149, 157, 190
修験　10
修験恵印総曼荼羅　387
修正会　292, 434
修二会　434
須弥山　375
須弥山説　362
受明灌頂　178, 179, 193
淳祐　225, 234
請雨法　256
定海　290, 403
貞観寺　297
　金剛界堂（西堂）　108, 154, 155, 161
　胎蔵界堂（東堂）　108, 154, 155, 161
聖観音法　319, 320
常行三昧　184, 241
常行堂　11, 108, 116, 171～173, 183, 196, 204～219, 225, 227～229, 232, 235～238, 240～242, 334, 349, 355, 432（→伊豆山、円宗寺、園城寺、解脱寺、広隆寺、比叡山、法成寺、法住寺、法勝寺、箕面寺、輪王寺）
将軍　424
勝光明院阿弥陀堂　8, 170, 172, 179～181, 183, 194, 195, 226, 237, 238, 242, 243
聖恵（親王）　180
相国寺　424
　七重塔　430
成勝寺　307, 316
　観音堂（六観音堂）　316, 325
　五大堂　275
　金堂　348
清浄法身毘盧遮那心地法門成就一切陀羅尼三種悉地　390
性信（法親王）　157, 322, 403
浄土往生　174
浄土教　7, 8, 10, 172, 173, 174, 195, 205, 216, 241～243, 333, 355, 356
浄土教伽藍　11, 253, 333, 352～354, 356
浄土教建築　7～9, 163, 170～173, 195, 319, 326, 333
浄土五会念仏略法事儀讃　217
浄土寺浄土堂　8, 198
浄土信仰　8, 180, 197, 218, 239, 355, 356
浄土図（浄土変相図）　16, 98, 102, 108, 353
浄土変相図（変相図）　→浄土図
浄土曼荼羅刻出龕［耕三寺］　214, 225
聖徳太子　432
常寧殿　263
静遍　90
声明業　157
称名寺　380
聖武天皇　368, 369
匠明　70
成楽院西御堂　144
浄瑠璃寺　345
　阿弥陀堂　345
　三重塔　345
諸山縁起　340
諸神鎮座法　395, 398
白河天皇（院・法皇）　85, 95, 163, 188, 199, 253, 274, 307, 322, 324, 349, 364, 366, 384, 403, 412, 430
神祇　385, 391, 395
神祇灌頂　398
神祇信仰　14, 371, 369, 391
神祇世界　372, 392, 428
神祇曼荼羅　380
信堅　339
神国思想　430
神護寺　5, 153, 161, 336, 337
　講堂　152, 153, 162
　五大堂　5, 153, 253, 263, 265, 266, 268, 286, 288, 337
　五仏堂　5, 152, 153, 337
　真言堂　313
　毘盧遮那宝塔　5, 153, 337
神護寺寺領牓示図　296
親厳　291, 292
真言阿弥陀信仰　174, 177, 210, 240
真言八祖像　149
真言付法纂要抄　369, 398, 399
真紹　154
真然　73
神道灌頂初重敷曼荼羅　376～378, 385
心御柱　369
神仏習合　5, 11, 20

神分　404,405,408,411,414,421,422,425
神分投華　391,392,402,404,405,408,416,
419,424,427～429
神名帳　405,412,415,424,434（→注記帳）
新薬師寺　306,312
惟賢　426
垂迹　372,373,392,394,400,428,429
水晶五輪塔　56
崇福寺三重塔　114
朱雀天皇（院）　122,123
図書寮　16
図像鈔　178
住吉（大社）　376
征夷大将軍　426
聖覚　174
勢至菩薩像［往生極楽院］　184
成尊　172,369,398,399
清凉寺石塔　116
清涼殿　308
赤山禅院（明神）　408
世尊寺　140,347
摂関（家）　273,274,281,285,293,303,347,
430,431
摂関期仏教　21,430
禅覚　393
線刻阿弥陀五尊鏡像［個人蔵］　216,220,
224,225,240～242
線刻阿弥陀五尊鏡像［醍醐寺］　220
千手観音供　321
禅助　416,419
千体阿弥陀堂　319
千体観音堂　→得長寺院、蓮華王院
禅遍　→宏教
宣陽門院　291
禅林寺　154,162
相応　205,268,269,282,285
僧綱　403
即位　393
即位灌頂　391～394,398,428,429
粟散辺土意識　430
尊意　272,283
尊勝寺　7,315,325,403～405,409,412,422,
423
阿弥陀堂　210,213,317
灌頂堂　142,403
観音堂（六観音堂）　313,324,326,
326
講堂　352
五重塔　49,50,52
五大堂　275,278
金堂　348,352
中門　352
曼荼羅堂　325,326
尊勝法　325
尊勝曼荼羅　325

た　行

大威徳法　282,283,286
大円明寺　144
待賢門院　81,82,136,183,194,323
大光明寺　424
大極殿　5,6,15,16,384,393,394
醍醐寺　173,259,414,415,418,421,424,
426
一重宝塔　122
円光院　142,197
清滝宮　414
五重塔　41,43,57,117～127,151,
363
五大堂　267,268
金剛王院　424
西岳院　145
三宝院　142,403,406,412,415,423,
424,435
地蔵院　415,434
中門　352
東安寺　145
長尾宮　414
東院　176
遍智院　145
報恩院　424
本堂　352
理性院　424,427
醍醐天皇　122,262,267
大乗会　349
大成就院（十楽院）　405,406,408,435
大神宮諸雑事記　368
胎蔵界曼荼羅　→両界曼荼羅
大日経　3,13
大日悔過　366
大日（如来）　11,17,20,43～47,49,57,58,
64～67,69,72,74,75,78～98,100,102～
108,118,120,121,124～127,133～146,
148,149,151,153,158～163,165,170,172,

177～181, 183, 185, 192, 193, 215, 224, 228, 238～240, 333, 336, 337, 339～351, 353～356, 359, 360, 362～379, 381, 383～388, 390, 392～401, 405, 410, 416～418, 421～423, 428～431（→四面大日，両部大日）
大日如来像［高野山西塔］　66
大日如来像［宝満寺］　365
大日本国図　380, 382, 383, 385
大般若経　271
大仏様　9
大法　256, 305, 309, 312
大宝積経　102
当麻寺　6, 221
三重塔　6, 55
平時範　432
内裏　309, 316, 325, 398
高雄山寺　23, 289, 404
高雄山寺灌頂歴名　404
高雄曼荼羅　176
高御座　393, 394, 428
詫間家本　229
壇所　325
筑前宝塔院　23
知順　199
知足院　145
中院流　416
中院流事　339
注記帳　405, 406, 409, 412, 426（→神名帳）
中国　401, 402, 430
忠尋　180
中世王権　237
中世神道　362
中世神道説　11
中世神話　372, 378
中世日本紀　11
中世仏教　21
中尊寺金色堂　191
三重塔　84
両界堂　161
中門廊　309
長宴　178, 218, 219
重源　363, 367, 369, 370
長日大日護摩　370
長日両界供養法　370（→両界供養法）
長福寺本堂　202
勅願四灌頂　403
勅使座　289
珍海　197
鎮護国家　12, 23, 24, 254, 285, 288, 291～293, 384, 402, 408, 415, 423, 424
天神七代　380
天台阿弥陀信仰　174
天台座主（山座主）　168, 180, 189, 271, 272, 283, 304, 309, 310
天台座主良源遺告　189
天台浄土信仰　334
天皇　20, 162, 163, 253, 254, 275, 285, 289, 300, 348, 391～394, 398, 399, 402, 404, 406, 408, 411, 414, 422, 423, 426, 428, 429, 431
伝法灌頂　149, 434（→灌頂）
道快　415
東国　399, 400
東寺　22, 63, 292, 293, 336, 353, 403, 404, 406, 414, 419, 421, 423, 424
灌頂院　24, 79, 149, 150, 152, 162
観智院　146
講堂　5, 13, 15, 22, 24, 133, 137, 146～148, 151, 153, 154, 159, 161, 162, 253, 263, 264, 268, 273, 286～293, 305, 336, 337, 344, 345
五重塔　22, 63, 64, 75～80, 85, 95, 102, 107, 134, 135, 148, 160, 162
五重小塔　291
金堂　352
不動堂　291
宝泉院　406, 415
御影堂　291
東寺結縁灌頂者人数注進状　424
東寺講堂仁王経法指図　288, 289
東寺百合文書　421, 424
等持寺　406, 415, 424
道場観　222, 225, 234, 236, 238
唐招提寺　48
東大寺　347, 353, 364, 366, 369, 385, 428
七重塔（東七重塔）　55, 98
真言院　23, 24
尊勝院　374
大仏殿　163, 363, 364, 367, 384, 394
東南院　366
両界堂（金剛界堂・胎蔵界堂）　363, 364, 367
多武峰　403
灌頂堂　403
三重塔　83, 100

十三重塔　99,100
南院堂　141
銅板法華説相図［長谷寺］　54
時範記　394
読経　259
得長寿院　319,320,325
千体観音堂　319〜321
得仏　405,411,422
独鈷形日本国図［南さつま市坊津歴史資料センター輝津館］　400,401
鳥羽天皇（院・上皇・法皇）　49,158,159,179,182,187,194,226,319,329,364,403
豊浦寺塔　114
豊受大神　20,370（→伊勢外宮）

な　行

中川寺成身院　142
中臣祓訓解　369,370
那智山出土金銅三昧耶形［東京国立博物館］　156
夏見廃寺　221
南都焼き討ち　363
西院流八結（西院流八結幷ム言）　236,380
西対　309
二十二社（制）
日想観　6
日本　399〜402,429,430
日本国図　400
入峰修行　340
仁海　66,104,290,315,433
仁覚　168
仁和寺　157,171,173,240,259,419
円堂　155〜157,161
観音院　403,408,414,416,423
灌頂堂　152,162,402,419
北院　305
九所明神　419
金堂　353
大教院　157
菩提院　146
南院三重塔　82,94
釈迦堂　143,202
法金剛院三重塔　82,83,89,91,94,136,183,184
北斗曼荼羅堂　136,168,184,323,324
南御堂　183,194,195
蓮華光院　190,191
蓮華心院　213
仁和寺御室　→御室
仁王経　259
仁王経念誦儀軌　264,336,337
仁王経法　256,264,285,287〜293
仁王経曼荼羅　285,289〜291,336
仁王般若波羅蜜経　148,290
仁明天皇　264,308
年中行事絵巻　23,285
念誦堂　156,157
念仏聖　175

は　行

筥崎宮多宝塔　23
箱根山宝篋印塔　376
八供養菩薩　202
八大菩薩曼荼羅経　199
八幡（宮・大菩薩）　371,373,376,411,419,421
八相（釈迦八相）　35,38〜40,57
八相成道（釈迦八相成道）　35,37,39〜41,57,58,83,163,334
鑁阿　370
鑁阿寺　145
般若経　101
般若寺十三重石塔　56,57
般若心経　51,101
日吉（社）　6,372,404,415
比叡山（延暦寺）　23,24,162,184,205,208,263,269,270,283,309,402,406,408,421,423
恵心院　140,162,257,258,270,272,280,281
講堂（大講堂）　138,146,205,206,349,390
虚空蔵尾　205
五仏院　140,169
金剛寿院　142,162
根本中堂（中堂）　306,309,310
西塔　341,433
常行堂　205〜208,210
西塔院　23
食堂　309,310
持明院　306
静慮院　140,162
首楞厳院　297

常行堂　116,212,213,218,219,225,228,232,237,240,242
総持院　24
灌頂堂　24
真言堂　24
多宝塔　23,24,162
大日院　259
東塔　268,341
常行堂　205～210
前唐院　218
無動寺　258,268,270
大堂　268～270,273,280,283,285
横川常行堂　205～210,212,216,227,242
真言堂　189
蓮華院　297,298
東三条殿　44,316
鼻帰書　402
秘蔵記　48
日野資業　174
秘密漫荼羅教付法伝　152
平等院　333,347
阿弥陀堂(鳳凰堂)　7,8,72,163,170～173,181,347,353
五大堂　254,274,278,280
本堂　141,162,347
平泉　353
平野（社）　259
毘盧遮那仏　16,20,46,97,103,154,163,239,271,341～349,354,355,363,364,366～369,374,384,385,387,390,392～394,428
毘盧遮那仏像［唐招提寺］　341
毘盧遮那仏像（大仏）［東大寺］　29,239,341,343,344,366～368,385,394
毘盧遮那法界体性塔　5,13,22,46,63,65,66,73,74,80,107,337,364
不灌鈴等記　289,290
富貴寺大堂（阿弥陀堂）　191
不空羂索経　51,52
福勝院阿弥陀堂　187,317
武家　431
普賢延命法　256,313
藤原宮　221
藤原安子　189
藤原兼家　270,347,349
藤原清衡　84
藤原実資　273
藤原実頼　273
藤原忠実　44
藤原忠平　259,270,271,347,349
藤原忠通　34
藤原為光　349
藤原仲平　269
藤原不比等　100
藤原道隆　344,347,349
藤原道長　33,34,36,39,57,253,258,272,274,276～278,306,309,310,315,343,347,349,364,366,384
藤原光範　99
藤原宗忠　422
藤原基房　83
藤原師実　33,201,274
藤原師輔　189,190
藤原師通　278
藤原行成　347
藤原頼経　425
藤原頼通　33,35,277,315,347
豊前宝塔院　23
不断念仏　7,184,190,214,215,241
仏舎利　→舎利
仏頭［法華寺］　367
仏法　9,362,395
不動法　253,254,269,282,283
文永寺　427
文永寺結縁灌頂巻数案　427
変相図　→浄土変相図
別行（鈔）　178,225,238
宀一山記　400
宀一山秘密記　399,400,402
法界寺　174
阿弥陀堂　8,127,172～180,185,193,195,198
薬師堂　174
宝戒寺　425,426
宝戒寺結縁灌頂録　425
宝冠阿弥陀如来（像）　204,208,210,211,215,216,218,220,221,224,225,229,241（→阿弥陀）
法金剛院　→仁和寺
法住寺常行堂　209
法照　217

放生院十三重石塔　56,57
法成寺　7,11,33,146,163,253,274,293,303,313,325,333,334,343,345〜347,349,351,354〜356,364,366,374,384
　阿弥陀堂（九体阿弥陀堂・無量寿院）　274,317,345,347,349
　観音堂（六観音堂）　300,315
　五重塔　33,34,37,39,57,58
　五重塔（天承再建）　34,41〜53,56〜58,64,88,89〜91,93〜95,102,108,125,228,239,240,242,342,375,430
　五大堂　274,278,284,286,310,354,355
　金堂　20,39,140,162,274,313,315,343〜345,349,353〜355,366,367,384
　三重塔（承暦再建）　33〜38,41,48,57,58
　十斎堂　34,35,39,141,349,354
　釈迦堂　34,39,349
　新堂（講堂）　141,162,353,360
　西北院（常行堂）　212
　東北院（常行堂）　212,216
　法華三昧堂　39
　薬師堂(七仏薬師堂)　300,304〜306,310,313,315,326,345,349,355
北条泰時起請文　374
法然　174
奉幣　415
法隆寺　313,359
　綱封蔵　221
　五重塔　54
北斗法　307,323,324
北斗曼荼羅　321,323,324
保元新制　415
法興院　347,349
北京三会　349
法界衆生　408,411
法華会　349
法華経（妙法蓮華経）　22,23,35,36,51,56,57,78,123,378,379,380,422
法華経両界和合義　104,379,380,381
法華三十講　36
法華三昧　23
法華寺阿弥陀浄土院　387
　金堂　367
法華八講　7,190
法華曼荼羅諸品配釈　379
法性寺　259,270〜272,274,283,347,349
　五大堂　258,270,272〜282,285,310
　新造堂　259,271,280,281,284,285
　尊勝堂　328
　大門　271
　東北院　257,258,272,273,285
　本堂　165,271,347
　南堂　271
　礼堂　271
法勝寺　7,11,12,253,274,275,321,322,325,326,333,335,347〜351,354〜356,366,374,384,385,426,430,431
　愛染堂　321〜323,326,349,354,355
　阿弥陀堂　96,188,317,325,349,354,355,360
　九重塔（八角九重塔）　12,49,50,52,85〜91,94〜96,107,108,136,319,352,430
　講堂　96,349,352,353,360
　五大堂　96,254,275,278,280,284,349,354,355
　金堂　12,86,96,108,141,148,162,343〜345,349,352〜355,360,364,367,384,394,430
　常行堂　212,213,216,355
　南大門　87
　北斗曼荼羅堂（北斗堂・曼荼羅堂）　168,307,321〜326,349,354,355
　法華堂　349,355
　薬師堂（七仏薬師堂）　300,307,316,324,325,354,355,360
堀河天皇　150,403
本地垂迹　372,378,385,400,429
本地垂迹説　373,378,385,429
本地仏　373
梵網経毘盧遮那仏説菩薩心地戒品第十巻（梵網経）　341〜344,364

ま　行

摩訶止観　241
松尾（社）　259,419
松尾寺　428
末法思想　195,355
曼荼羅供　186〜190,194,361
御影供　291,302

御斎会　15, 23, 24, 384, 393, 394, 428, 429
三島（社・大明神）　425, 426
御衣木　369
密厳浄土　174, 177
源師時　136, 182, 226, 227, 237
箕面寺常行堂　213
妙法蓮華経　→法華経
弥勒菩薩画像集　99
三輪（社）　376
三輪大明神縁起　341, 371, 372
三輪山　341
三輪流神道灌頂　376
三輪流神道灌頂大壇支分口決　390
三輪流神道許可支度記　377
六月会　349
室生山　340, 341, 400, 401
室生山図　340
室町将軍家　424, 425
無量寿　→阿弥陀
無量寿院　→法成寺
無量寿如来観行儀軌　172
毛越寺金堂　353
本薬師寺　33, 37, 38
文覚　146, 147, 153

や　行

薬師寺　35, 37〜40, 334, 359
　講堂　349, 353
　三重塔（東塔・西塔）　35, 38〜41, 57
薬師浄土　346
薬師堂　174, 300, 303〜307, 310〜313, 315, 316, 319, 324〜326, 345, 346, 349, 354, 355, 360（→法界寺，法成寺，法勝寺）
薬師瑠璃光如来本願功徳経　308
益信　157
唯識会　100
維摩会　349, 360
永観　197
永厳　178
要尊道場観　225, 234
要尊法　178

ら　行

来迎（阿弥陀来迎）　8, 202, 203
来迎図　221
律宗　370
律令体制　355
遼　247
両界供養法（長日両界供養法）　363, 370
両界曼荼羅（図）　7, 8, 12, 13, 15〜22, 24, 39, 41, 43〜46, 48, 57, 64, 66, 69, 72〜75, 79, 80, 83, 85, 86, 89〜94, 96, 97, 100, 101〜105, 107, 108, 118, 119, 124〜127, 133〜138, 140〜145, 148, 152, 154, 158〜163, 170〜174, 177〜181, 183〜191, 193〜195, 202, 204, 208, 224〜228, 233, 237, 239〜243, 285, 334, 336, 337, 339, 340〜343, 345, 346, 350, 351, 354〜356, 358, 360〜365, 367, 369〜371, 375, 376, 378〜381, 384, 385, 387, 391, 392, 395, 397〜403, 405, 422, 423, 428, 429〜431
　金剛界曼荼羅（図、金剛界八十一尊大曼荼羅）　17, 19, 46, 57, 64, 86, 88, 97, 102, 103, 116, 120, 123, 125, 127, 135, 148, 154, 157, 172, 175〜177, 181, 183, 185, 191, 193, 194, 204, 208〜210, 218, 219, 226, 227, 229, 232, 238〜243, 248, 337, 340, 341, 371, 375, 380, 398, 400, 430
　胎蔵界曼荼羅(図)　17, 18, 45, 57, 64, 73, 75, 89, 103, 116, 119, 120, 125, 154, 155, 185, 191, 202, 337, 340, 376, 378〜380, 386, 396〜398
両界曼荼羅空間（金剛界曼荼羅空間、胎蔵界曼荼羅空間）　14, 15, 17, 20, 22, 47, 63, 64, 73〜75, 78〜92, 97, 98, 104, 105, 107, 108, 117, 124〜127, 133〜137, 138, 146, 151, 161〜163, 170, 174, 177, 179, 191〜196, 208, 242, 333, 334, 337, 341, 342, 346, 354, 355, 362, 366, 375
良源　173, 189, 204, 241, 254, 255
梁塵秘抄　374, 375, 422
両部神道　10, 20, 370, 385, 430
両部大日　363
両部不二（金胎不二）　14, 80, 338, 340, 363〜366, 370, 399, 400, 402
輪王寺　229
　常行堂　210, 211, 229
輪王寺東常行堂五尊図　229, 230, 232, 233, 236, 240, 242, 375
輪王寺東常行堂前壁図　229, 231
麗気記　370
蓮華王院五重塔　82, 89〜91, 97, 105, 107,

118, 363, 364
本堂（三十三間堂、千体観音堂）
320, 321
蓮華寺周防堂　213
蓮華蔵院　317
蓮華蔵世界　20, 342, 343, 345～347, 355, 356, 361, 364, 367, 368, 375, 384, 385
六観音法　300, 307, 313～316, 319, 325, 326
六道思想　407
六勝寺　146, 275, 293, 303, 326, 336, 348, 352, 354
六条殿　316
六処宝塔　22, 23, 36
論義会　349